여러분의 합격을 응원하는
해커스공무원의 특별 혜택

FREE 공무원 건축구조 특강

해커스공무원(gosi.Hackers.com) 접속 후 로그인 ▶ 상단의 [무료강좌] 클릭하여 이용

해커스공무원 온라인 단과강의 20% 할인쿠폰

35CF8F382AA2322D

해커스공무원(gosi.Hackers.com) 접속 후 로그인 ▶ 상단의 [나의 강의실] 클릭 ▶
좌측의 [쿠폰등록] 클릭 ▶ 위 쿠폰번호 입력 후 이용

* 등록 후 7일간 사용 가능(ID당 1회에 한해 등록 가능)

합격예측 온라인 모의고사 응시권 + 해설강의 수강권

2BDAFA577A3C2EBD

해커스공무원(gosi.Hackers.com) 접속 후 로그인 ▶ 상단의 [나의 강의실] 클릭 ▶
좌측의 [쿠폰등록] 클릭 ▶ 위 쿠폰번호 입력 후 이용

* ID당 1회에 한해 등록 가능

쿠폰 이용 관련 문의 **1588-4055**

단기 합격을 위한 해커스공무원 커리큘럼

입문
탄탄한 기본기와 핵심 개념 완성!
누구나 이해하기 쉬운 개념 설명과 풍부한 예시로 부담없이 쌩기초 다지기
TIP 베이스가 있다면 **기본** 단계부터!

기본+심화
필수 개념 학습으로 이론 완성!
반드시 알아야 할 기본 개념과 문제풀이 전략을 학습하고
심화 개념 학습으로 고득점을 위한 응용력 다지기

기출+예상 문제풀이
문제풀이로 집중 학습하고 실력 업그레이드!
기출문제의 유형과 출제 의도를 이해하고 최신 출제 경향을 반영한
예상문제를 풀어보며 본인의 취약영역을 파악 및 보완하기

동형모의고사
동형모의고사로 실전력 강화!
실제 시험과 같은 형태의 실전모의고사를 풀어보며 실전감각 극대화

마무리
시험 직전 실전 시뮬레이션!
각 과목별 시험에 출제되는 내용들을 최종 점검하며 실전 완성

* 커리큘럼 및 세부 일정은 상이할 수 있으며,
자세한 사항은 해커스공무원 사이트에서 확인하세요.

단계별 교재 확인 및 **수강신청은 여기서!**
gosi.Hackers.com

해커스공무원
안병관
건축구조 기본서

안병관

약력

한양대학교 공학대학원 건설관리학 전공
건축시공기술사, 토목시공기술사, 국제기술사
현 | 지안Makers기술사사무소 대표기술사
현 | ㈜동성엔지니어링 건설사업관리본부 상무이사
협 | 해커스 건축직 공무원(건축구조) 교수
현 | 성안당 이러닝 건축부문(건축시공, 건축설비) 교수
현 | ㈜강남에듀 온캠퍼스 건축설비 교수
현 | 종로기술사(건축건축부문) 전임교수
현 | 서울기술사(건축부문) 전임교수
현 | ㈜건화엔지니어링 CM사업관리 기술이사
현 | 한국환경공단 수도권서부지역본부 공사감독

저서

해커스공무원 안병관 건축구조 기본서
핵심 건축기사(건축설비), 성안당
스마트 건축기사(실기) 기출문제집, 성안당
건축설비기사 기본서·기출문제집, 예문사

건축직 공무원 시험의
길잡이가 되어줄 나의 첫 기본서,
안병관 건축구조

공무원을 준비하는 모든 예비 주무관님들께

안녕하세요. 해커스 건축구조 강사 안병관입니다.
시험에 응하는 것은 우리의 삶과 필연적으로 동행할 수밖에 없는 과정입니다. 시험이란 존재의 목적은 합격을 위한 과정이며, 이 과정에서 많은 어려움과 고난, 번뇌 등이 찾아오는 시기를 한 번씩은 겪어봤을 거라 생각합니다. 하지만 여러분의 인생에서 이 고난의 시간은 짧으면 1년, 혹은 길면 2년 남짓 되는 짧지 않은 시간이나 여러분의 남은 인생을 생각한다면 찰나와 같은 찬란한 시간입니다. 이 시간을 절대 허투루 사용하거나 아깝게 쓰지 않았으면 합니다.

『해커스공무원 안병관 건축구조 기본서』는 여러분들이 건축구조 과목을 보다 쉽게 이해하고 효율적으로 학습할 수 있도록 구성하였으며, 다음과 같은 특징이 있습니다.

첫째, 국가기술센터(KCSC)의 최신 개정된 건축구조 기준을 바탕으로 기본이론을 정립하여, 변화하는 건축구조에 대한 상세한 설명과 이론을 기술하였습니다.
둘째, 각 편별로 공무원 시험에 출제되는 우선순위를 착안하여, 기본이론과 기출문제를 바탕으로 이론과 실전의 조화를 이룰 수 있도록 하였고, 강의에서도 동형 기출문제들의 풀이와 해법을 제시합니다.
셋째, 건축구조 이론을 기본과 심화로 구분하고, 난이도별 학습방향과 실전문제 솔루션을 제공합니다.
넷째, 시험일 기준으로 역방향 학습플랜을 수립하여 체계적인 학습량을 제시하고, 최소 3회 반복 학습을 통해 암기보다 이해도를 높이는 고득점 전략을 추구합니다.

더불어, 공무원 시험 전문 사이트 해커스공무원(gosi.Hackers.com)에서 교재 학습 중 궁금한 점을 나누고 다양한 무료 학습 자료를 함께 이용하여 학습 효과를 극대화할 수 있습니다.

『해커스공무원 안병관 건축구조 기본서』가 건축직 공무원을 꿈꾸시는 모든 예비주무관님이 그 꿈을 이룰 수 있도록 네비게이터의 역할을 수행함과 동시에, 제가 건축에 입문한 선배로서 그 길을 밝혀줄 수 있는 등불이 되길 바랍니다. 부디 꿈을 이루시길 두 손 모아 기원하며, 엔지니어로서의 자부심을 갖기를 희망합니다.

마지막으로 이 책을 출간하는데 도움을 주신 해커스 임직원 여러분들께 감사의 마음을 전하며, 자격과 능력이 출중한 주무관님들을 양성하는 해커스공무원의 사회적 역할에 작은 버팀목이 되기를 바랍니다.

안병관 두 손 모음

목차

건축직 공무원 건축구조 합격 로드맵　　6~9

제1편 총론

제1장 건축구조 일반사항　　12

제2편 일반구조

제1장 토질 특성 및 토공사　　22

제2장 기초공사　　32

제3장 조적공사　　56

제4장 목구조　　71

제3편 구조역학

제1장 구조역학 개론　　108

제2장 단면의 성질　　112

제3장 정정구조물　　118

제4장 응력과 변형률　　133

제5장 구조물의 변형　　139

제6장 부정정구조　　144

제4편 하중 및 내진설계

제1장 설계하중　　150

제2장 내진설계　　176

제5편 철근콘크리트구조

제1장　철근콘크리트 개론　200

제2장　철근콘크리트구조 해석 및 설계원칙　220

제3장　휨재 및 압축재의 설계　225

제4장　슬래브, 기초판, 벽체 설계　238

제5장　전단설계　247

제6장　사용성 및 내구성 설계　256

제7장　철근상세 설계기준　263

제8장　프리스트레스트 콘크리트구조 설계기준　283

제9장　콘크리트 내진설계　289

제10장　기타 콘크리트구조 설계기준　297

제6편 강구조(철골구조)

제1장　강구조 개론　306

제2장　강구조 부재설계 기준　315

제3장　인장재 설계　317

제4장　압축재 설계　323

제5장　휨부재 설계　328

제6장　합성부재　332

제7장　강구조 연결 설계기준(하중저항계수설계법)　339

제8장　강구조 내진설계　355

제7편 막구조 및 케이블구조

제1장　막구조 및 케이블구조　360

제2장　부유식 구조　365

건축직 공무원 건축구조 합격 로드맵

요약

주요 공종에 대한 우선순위 학습

1. 우선순위

[제5편] 철근콘크리트구조 > [제6편] 강구조 > [제3편] 구조역학

2. 차순위

① [제4편] 하중 및 내진설계: [제2장] 내진설계 > [제1장] 설계하중
② [제2편] 일반구조: [제2장] 기초구조 > [제3장] 조적구조 > [제4장] 목구조 > [제1장] 토질
③ [제7편] 막구조 및 케이블구조

3. 편별 출제 경향 및 학습 방법

공종		출제 경향	학습 방법
[제5편] 철근콘크리트구조		6~8문제	정량적 학습 시간 확보
[제6편] 강구조		4~5문제	
[제3편] 구조역학		4~5문제	공식 암기 + 실전 동형 문제풀이
[제4편 제1장] 설계하중		1~2문제	• 기출문제 위주의 학습 범위 수립
[제4편 제2장] 내진설계		2문제	• 이론 다독 + 실전 문제풀이
[제2편] 일반구조	[제1장] 토질	0~1문제	제한된 학습 범위 설정 후 다독
	[제2장] 기초	1~2문제	빈출 분야의 선별적 학습
	[제3장] 조적	1~2문제	재료, 설계방법, 보강조적, 시공에 대한 용어 및 숫자 위주의 암기 + 동형 문제풀이
	[제4장] 목	1문제	요약노트 작성 후 3회독 + 동형 문제풀이
[제7편] 막구조 및 케이블구조		0~1문제	기출문제 위주의 학습

최소 5개년의 동형 문제풀이

1. 이론 정립 후 실전 감각의 향상
2. 이론 정독 후 출제 경향 판단
3. 실전 문제풀이를 통해 부족한 이론 보완

정량적 학습 시간의 설정과 실천

1. 공시 준비 초기에 건축구조의 선 학습 → 공시 준비 말기에 타 과목의 학습 시간 확보 가능
2. 최소한의 암기와 최대한의 이해를 추구하는 학습 방법

2 건축구조 학습 전략

- 건축구조의 출제 경향을 분석하기 위해서는 건축구조에 대한 구성 체계를 파악하는 것이 우선입니다. 각 편의 구성 체계를 세분화하여 출제 경향 및 빈출 분야 파악이 가능합니다.
- 학습 전략이 수립이 되면 자신만의 일정한 루틴을 설정하여 정량적 학습 시간의 확보가 필요합니다.

공종별 구성체계별 출제 경향의 파악

[제1편] 총론
① 총론은 건축구조를 학습하기 위한 선행학습 단계입니다. 건축구조 형식에 따른 구조시스템에 대한 명확한 정의 및 구조설계의 종류·방법, 건축구조의 기본적 용어에 대한 설명으로 구성되어 있습니다.
② 총론은 국가직·지방직·서울시(이하 '국지서'라 함) 각 공무원 시험에서 출제 경향이 낮아 학습의 우선순위에서는 배제하여야 하나, 건축구조를 학습하기 위한 기초 지식이므로 중요한 단원입니다.

[제2편] 일반구조(토질, 기초구조, 조적구조, 목구조)
일반구조의 경우 토질 및 토공사와 기초구조, 조적구조, 목구조로 공종을 구분할 수 있습니다.
① 토질 및 토공사
- 건축물을 시공할 대지에 대한 흙의 공학적 성질, 흙파기 및 흙막이를 위한 구조설계기준, 토질시험으로 크게 분류할 수 있습니다.
- 국지서 각 시험에서 2년에 1회 정도로 출제되어 빈출 분야는 아니지만 학습 범위가 타 공종보다 상당히 협소하고 출제되는 분야도 한정적이므로 우선순위에서 배제할 수는 없습니다. 따라서 제한된 범위의 학습 분량을 설정해서 시간을 효율적으로 사용하여야 합니다.
② 기초구조
- 건축물의 기초는 기초형식, 기초판의 형태별 설계기준을 기본으로 하여, 직접기초와 깊은기초를 세분화하고 각 기초형식별로 지지력 및 침하, 말뚝의 종류(기성말뚝, 현장타설말뚝, 강말뚝)별 설치기준에 대한 내용을 주로 다룹니다.
- 국지서 각 시험에서 최소 1문제 이상은 출제되는 주요 공종에 해당되므로, 기출되는 부분을 위주로 선별적인 학습을 해야 합니다.
③ 조적구조
- 조적구조는 학습 범위도 제법 상당하며 암기할 사항도 많은 공종이라 수험생들이 많은 어려움을 겪는 단원입니다.
- 빈출 분야는 조적 재료, 설계방법, 보강조적, 쌓기방법으로, 주요 용어 및 숫자 위주의 다독과 동형 문제풀이를 통한 암기가 필요합니다.
- 국지서에서 자주 출제 되는 공종으로, 1문제에서 2문제까지 출제되는 경향을 보이고 있습니다.
④ 목구조
- 목구조의 체계는 재료, 설계기준, 시공방법(맞춤, 접합) 및 시공순서를 위주로 출제됩니다.
- 조적구조에 비해 상대적으로 학습할 양이 적기 때문에, 요약노트 작성 후 3회독 이상과 동형 문제풀이를 통해 완벽히 학습할 수 있는 단원입니다.
- 국지서에서 각 1문제씩은 출제되는 경향을 보이고 있습니다.

[제3편] 구조역학
① 구조역학의 구성 체계는 일반사항, 단면의 성질, 정정구조물, 트러스, 재료역학, 처짐으로 크게 분류할 수 있으며 우선순위는 정정구조물 > 단면의 성질 > 재료역학 및 처짐 순입니다.
② 구조역학은 4~5문제 정도 출제되는 빈출 분야로서, 공식의 암기와 적용(동형 문제풀이), 계산과정과 검산이 중요하며 정답이 산출되는 명확한 분야이기 때문에 반드시 득점을 하여야 하는 단원입니다.
③ 구조역학의 풀이 과정에서는 계산기 사용이 불가하기 때문에 계산과정에서 실수를 "ZERO"화 하기 위해 무리한 암산은 삼가도록 하고 반드시 검산 과정을 거쳐야 합니다.

건축직 공무원 건축구조 합격 로드맵

[제4편] 하중 및 내진설계
① 설계하중
- 설계하중은 학습 범위도 상당히 넓고 암기할 사항도 많은 단원입니다.
- 하중조합 및 하중계수, 중요도분류, 하중의 종류별 설계기준(활하중, 설하중, 풍하중)이 주로 출제되는 경향을 보이므로 반드시 학습을 해야 할 부분이며, 요약정리를 통한 다독을 하여 기본적인 점수를 확보할 수 있도록 학습 전략을 수립하여야 합니다.
- 국지서에서 최소 1문제 이상(최대 2문제) 출제되는 단원입니다.

② 내진설계
- 내진설계는 상당히 학습하기 어렵고 잘 암기가 되지 않는 단원이지만, 난도에 비해 학습 범위가 좁기 때문에 중점적 학습이 필요합니다.
- 내진설계의 구성 체계는 크게 내진설계 일반사항(용어, 성능목표, 내진설계범주, 층간변위 등), 내진설계해석(등가정적, 동적, 성능기반 설계), 지진력 저항시스템으로 분류할 수 있습니다.
- 최근 지진에 대한 경각심이 가중되면서 내진설계에 대한 문제가 자주 출제되는 경향을 보이며, 국지서에서 2문제 정도는 출제될 것으로 예상하며 학습하여야 합니다.

[제5편] 철근콘크리트구조
① 철근콘크리트구조는 건축구조에서 가장 중요하고 시험 출제율이 높은 단원입니다. 학습 범위가 광범위하고 암기해야 할 내용이 많으며, 계산문제가 함께 출제되어 학습 난도가 높습니다. 따라서 충분한 학습 시간을 투자하여 철저히 시험에 대비해야 합니다.
② 철근콘크리트구조의 구성 체계에는 일반사항(용어, 재료, 시험, 시공), 설계방법(휨 및 압축부재, 전단, 슬래브·기초·옹벽부재, 철근상세, 프리스트레스트콘크리트(이하 'PSC구조'라 함)구조, 철근콘크리트의 내진설계까지 포함되어, 건축구조에서 상당한 부분을 차지하는 주요 공종에 해당합니다.
③ 철근콘크리트구조의 우선순위는 휨 및 압축재의 설계방법을 첫 번째로 하여 차례로 철근상세(이음 및 정착, 피복, 가공), 전단설계, 일반사항(설계일반원칙, 설계제한사항, 강도감소계수), 슬래브·벽체 설계, PSC구조 순이라 할 수 있습니다.
④ 철근콘크리트구조는 최소 5문제 이상 출제될 수 있고 최대 8문제까지 출제된 이력이 있습니다. 따라서 이 분야에서 높은 점수를 획득하면 건축구조 과목의 전체 평균 점수를 크게 향상시킬 수 있습니다.

[제6편] 강구조(철골구조)
① 강구조는 일반사항(용어, 재료), 설계방법(인장재, 압축재, 휨재), 합성구조 및 국부좌굴, 접합부 설계(설계원칙 및 제한사항, 볼트접합, 용접접합)로 구분할 수 있습니다
② 강구조의 우선순위는 첫 번째로 설계방법(인장재, 압축재, 휨재)이고 일반사항 중 재료, 접합부설계가 뒤를 이으며, 합성구조 및 국부좌굴 또한 무시할 수 없는 단원입니다.
③ 강구조의 설계방법은 철근콘크리트구조와 유사하기 때문에 압축재와 휨재는 학습이 용이한 편이며, 인장재가 추가되는 특성이 있고 접합부 설계에서 볼트접합과 용접접합에 대한 중점 학습 범위를 수립하여야 합니다.
④ 강구조는 철근콘크리트구조 다음으로 빈출되는 부분으로 최소 4문제에서 최대 6문제까지 출제됩니다.

[제7편] 기타 구조(막구조 및 케이블구조)
① 막구조와 케이블구조는 기타 구조 분야 중 출제범위가 상당히 제한적이고 반복 출제되는 유형이 명확합니다.
② 막구조와 케이블구조에서는 막구조를 우선적으로 학습하여야 하며, 막구조 재료의 요구사항 및 케이블구조의 특징 정도만 파악하여도 효율적으로 득점할 수 있습니다.
③ 주로 지방직 시험에서 출제되며, 지방직을 준비하는 수험생들은 적은 학습 시간으로도 득점하기 용이한 단원입니다
④ 최근에는 국가직 시험에서도 출제되는 추세지만, 출제빈도는 연 1회 정도이고 출제되지 않을 수도 있으므로 우선순위에서 배제하여도 무방하나, 출제범위가 제한적이므로 기출문제 위주로 학습 전략을 수립하는 것이 효과적입니다.

건축구조 수험 전략

정독은 필수! 그 후 빠른 시간 내 재독

1. 정독의 과정은 상당히 지루하고 답답하며 시간도 많이 소요됩니다. 하지만 이러한 과정이 없이는 깊이 있는 공부를 할 수 없고, 시험에서 변별력이 높은 문제를 만났을 때 해결할 수 있는 능력이 결여될 수밖에 없습니다. 따라서 반드시 정독 과정이 필요하며, 정독 과정을 임할 때에는 "버리는 공부"를 하여야 합니다.
2. "버리는 공부"란, 모든 것을 머릿속에 담아둘 수 없기 때문에 과감한 결단을 통해 선택과 집중을 하라는 의미입니다. 선택된 분야의 학습이 완료되었을 때 조금씩 더 넓은 범위로 학습하는 전략을 수립하여야 합니다.
3. 정독 과정이 마무리되면 자신만의 요약노트나 교재에서 주요 내용이 체크된 결과물이 나올 것이며, 이 결과물을 가지고 자투리 시간을 활용하여 재독과 다독을 반복하시기 바랍니다. 자주 보고 접할수록 건축구조가 더욱 친숙하게 느껴질 것입니다.

우선순위 위주의 학습 전략 수립

1. 건축구조 학습에서는 철근콘크리트구조를 최우선으로 하고, 그 다음 강구조, 구조역학 순으로 우선순위를 두어야 합니다.
2. 철근콘크리트구조에서 6~8문제를 득점하여 과락을 방지하고, 강구조에서 4~5문제를 득점하여 평균 60점을 확보해야 합니다. 구조역학에서는 반드시 4문제를 득점하여 최소 70점을 확보해야 합니다. 이처럼 최소 70점을 목표로 하는 것은 시험 중 실수, 착각, 미학습 등을 고려한 안전한 점수입니다.
3. 토질·기초·조적·목구조의 일반구조는 총 4~6문제가 출제되는 경향이 있으나, 학습량이 상당히 방대하므로 각 구조별로 학습 범위를 명확히 설정하고 완벽하게 숙지해야 합니다.
4. 기초·조적·목구조에서 각각 1문제 이상을 득점하여 최소 15~20점은 확보해야 합니다. 이 점수가 철근콘크리트구조·강구조·구조역학에서 득점한 점수와 합쳐지면 최소 80점 이상의 점수를 달성할 수 있습니다.

5개년 이상의 동형 문제풀이를 통해 실전문제에 대한 적응력 배양

1. 동형 문제풀이의 중요성은 아무리 강조해도 지나치지 않습니다. 정독과 다독만으로는 실전 문제 해결에 필요한 감각을 완전히 습득하기 어렵기 때문입니다.
2. 실전 감각을 향상시켜 체계적으로 시험에 대비하기 위해서는 동형 문제풀이나 최소 5개년 기출문제 풀이를 소홀히 해서는 안 됩니다.
3. 정독과 재독, 다독 과정을 통해 습득한 이론을 실전에 적용하는 간접 경험은 필수적입니다. 이를 통해 출제 경향과 문제의 출제 의도를 파악하고, 부족했던 이론까지 보완할 수 있습니다.

최소한의 암기와 최대한의 이해력

1. 건축구조는 건축계획과는 달리 완전한 암기과목은 아닙니다. 암기해야 할 내용이 적지는 않지만, 건축계획과 비교하면 상대적으로 암기 분량이 적은 편입니다.
2. 빠르고 효과적인 암기를 위해서는 설계기준에 대한 명확한 이해가 필수적입니다. 이러한 깊은 이해력은 응용 문제나 처음 접하는 문제에 대처할 수 있는 수험생 여러분들의 강점이 될 수 있습니다. 따라서 단순 암기보다는 최대한 이론을 이해하는 데 중점을 두어야 합니다.

정량적 학습량의 선정 및 실천

1. 건축구조 학습을 위해 매일 또는 매주 일정한 시간을 정량적으로 투자하여야 합니다.
2. 건축직 공무원 시험은 공통과목(국어, 영어, 한국사)과 전공과목(건축구조, 건축계획)으로 구성됩니다.
3. 건축직 공무원 수험생들에게 항상 강조하는 바는, 학습 초기에 건축구조에 우선적으로 시간을 배분하여 충분한 학습 시간을 확보하는 것이 효과적이라는 점입니다. 건축구조는 In-put과 Out-put 명확한 과목으로, 다른 과목들보다 확실하게 점수를 획득할 수 있는 과목임을 반드시 명심하여야 합니다.

해커스공무원 학원·인강
gosi.Hackers.com

해커스공무원 안병관 건축구조 기본서

제1편

총론

제1장　건축구조 일반사항

제1장 건축구조 일반사항

1 건축구조 용어

구분	설명
강도감소계수	재료의 공칭강도와 실제 **강도의 차이**, 부재를 제작 또는 시공할 때 설계도와 완성된 **부재의 차이**, 그리고 **내력의 추정과 해석**에 관련된 **불확실성**을 고려하기 위한 안전계수
저항계수	공칭강도와 실제 강도 사이의 불가피한 오차 또는 파괴모드 및 파괴결과가 부차적으로 유발하는 위험도를 반영하기 위한 계수
하중계수	하중의 공칭값과 실제 하중 사이의 불가피한 차이 및 하중을 작용외력으로 변환시키는 해석상의 불확실성, 환경작용 등의 변동을 고려하기 위한 안전계수
사용하중	고정하중 및 활하중과 같이 이 기준에서 규정하는 각종 하중으로서 하중계수를 곱하지 않은 하중
계수하중	강도설계법 또는 한계상태설계법으로 설계할 때 **사용하중에 하중계수를 곱한 하중**
설계하중	**구조설계 시 적용하는 하중**으로서, 강도설계법 또는 한계상태설계법에서는 계수하중을 적용하고, 기타 설계법에서는 사용하중을 적용
공칭강도	**구조체나 구조부재의 하중에 대한 저항능력**으로서, 적합한 구조역학 원리나 현장실험 또는 축소모형의 실험 결과(실험과 실제 여건 간의 차이 및 모형화에 따른 영향을 감안)로부터 유도된 공식과 규정된 재료강도 및 부재치수를 사용하여 계산된 값
탄성해석	구조물이 탄성체라는 가정아래 **응력과 변형률의 관계를 1차 함수관계**로 보고 구조부재의 부재력과 변위를 산출하는 해석
허용응력설계법	**탄성이론에 의한 구조해석**으로 산정한 부재 단면의 응력이 허용응력(안전율을 감안한 한계응력)을 초과하지 아니하도록 구조부재를 설계하는 방법
허용강도설계법	허용강도법하중조합 아래에서 부재의 허용강도가 소요강도 이상이 되도록 구조부재를 설계하는 방법
강도설계법	구조부재를 구성하는 재료의 **비탄성거동**을 고려하여 산정한 부재 단면의 공칭강도에 강도감소계수를 곱한 설계용 강도의 값(설계강도)과 계수하중에 의한 부재력(소요강도) 이상이 되도록 구조부재를 설계하는 방법
한계상태설계법	**한계상태를 명확히 정의**하여 하중 및 내력의 평가에 준해서 한계상태에 도달하지 않는 것을 **확률통계적 계수**를 이용하여 설정하는 설계법
성능설계법	건축구조기준에서 **규정한 목표성능**을 만족하면서 건축구조물을 **건축주가 선택한 성능지표**(안전성능, 사용성능, 내구성능 및 친환경성능 등)에 만족하도록 설계하는 방법
사용성	과도한 **처짐**이나 불쾌한 **진동**, **장기변형과 균열** 등에 적절히 저항하여 마감재의 손상방지, 건축구조물 본래의 모양유지, 유지관리, 입주자의 쾌적성, 사용 중인 기계의 기능유지 등을 충족하는 구조물의 성능
안전성	건축구조물의 예상되는 **수명기간** 동안 **최대하중**에 대하여 **저항하는 능력**으로서, 각 부재가 항복하거나 좌굴·피로·취성파괴 등의 현상이 생기지 않고 회전·미끄러짐·침하 등에 저항하는 구조물의 성능

내구성	건축구조물의 안전성을 일정한 수준으로 유지하기 위해 필요한 것으로서 장기간에 걸친 외부의 물리적, 화학적 또는 기계적 작용에 저항하여 변질되거나 변형되지 않고 **처음의 설계조건과 같이 오래 사용할 수 있는 구조물의 성능**
친환경성	자연환경을 오염하지 않고 자연 그대로와 환경과 잘 어울리는 건축구조물의 성능
탄성해석	구조물이 탄성체라는 가정아래 **응력과 변형률의 관계를 1차 함수관계**로 보고 구조부재의 부재력과 변위를 산출하는 해석
비선형해석	실제 구조물에 큰 **변형이 예상되거나 변형률의 변화가 큰 경우** 또는 사용재료의 **응력 – 변형률 관계가 비선형인 경우**에 이를 고려하여 실제 거동에 가장 가깝게 부재력과 변위가 산출되도록 하는 해석
강도	구조물이나 구조부재가 외력에 의해 발생하는 힘 또는 모멘트에 저항하는 능력
응력	하중 및 외력에 의하여 구조부재에 생기는 단위면적당 힘의 세기
인성	높은 강도와 큰 변형을 발휘하여 충격에 잘 견디는 성질. 재료에 계속해서 힘을 가할 때 탄성적으로 변형하다가 소성변형 후 마침내 파괴될 때까지 소비한 에너지가 크면 인성이 크다고 말함

2 건축물의 구조형식

1. 건축물 구조형식의 분류

재료별 분류	구성양식별 분류	시공형식별 분류

• 목구조
• 조적 및 블록구조, 석구조
• 철근콘크리트구조
• 강구조
• 철골철근콘크리트구조
	• 가구식: 강, 목, 트러스구조
	• 조적식: 벽돌, 블록, 석구조
	• 일체식: 철근콘크리트, 철골철근콘크리트구조
		• 건식 구조
		  (기성재료의 맞춤으로 시공)
		• 습식 구조(RC, SRC, 조적구조)
		• 조립식 구조(Pre-fab, OSC)
		  (부재의 공장제작, 현장조립)

2. 건축물의 구조형식

(1) 일반적 구조형식

① 라멘구조: 기둥과 보 등의 강절점으로 접합된 구조물(철근콘크리트구조, 철골철근콘크리트구조)
② 벽식구조: 구조체의 외력에 대한 주요 저항요소가 판상의 부재로 구성되어 있는 구조
③ 트러스구조: 구조 부재가 휘지 않게 접합점을 핀을 이용하여 삼각형으로 연결한 구조
④ 막구조: 자중을 포함하는 외력이 셀구조물의 기본원리인 막응력에 따라서 저항되는 구조
⑤ 현수구조(케이블구조): 휨에 저항이 작은 구조로 인장응력만을 받을 목적으로 제작 및 시공되는 구조
⑥ 셸구조: 곡면판으로 이루어진 구조(곡률을 가지는 연속체 셸형의 구조물)
⑦ 플랫슬래브구조: 슬래브가 직접 또는 드롭 패널을 중간에 두고 기둥으로 지지된 구조
⑧ 부유식 구조: 부유식 함체 위에 설치되는 부유식 건축물을 포함한 구조
⑨ 돔구조: 경선방향과 위선방향으로 하중을 전달하는 원형구조

(2) 초고층건축물의 구조형식
　① 아웃리거구조: 초고층 건물에서 횡변위를 제어하기 위해 건물의 일부 층을 강성이 큰 벽체나 트러스 형태의 구조물을 이용하여 내부 코어와 건물 외부 기둥을 연결하는 횡력저항구조형식
　② 벨트트러스: 건축물의 일부 층을 강성이 큰 벽체나 트러스 형태의 구조물을 띠같이 설치하는 구조형식
　③ 다이아그리드 구조: 각선 방향의 가새가 삼각형으로 균일한 구조형태를 이루고 있어 구조물의 수직하중과 횡력을 저항할 수 있는 구조
　④ 튜브구조: 건물 외부벽체를 강한 외피로 둘러싸서 횡력에 저항하는 구조
　⑤ 메가컬럼 구조: 복수의 층 또는 경간마다 두는 거대한 기둥과 보로 구성되는 구조
　⑥ 전이층: 상부와 하부의 구조형식이 상이한 복합구조의 경계부에 시공하는 상부하중을 전달하는 구조

3 건축물의 구조설계

1. 구조설계의 원칙

구분	설명
안전성	건축구조물은 유효적절한 구조계획을 통하여 건축구조물 전체가 각종 하중에 대하여 구조적으로 안전하도록 함
사용성	건축구조물은 사용에 지장이 되는 변형이나 진동이 생기지 않도록 충분한 강성과 인성의 확보를 고려함
내구성	구조부재로서 특히 부식이나 마모·훼손의 우려가 있는 것에 대해서는 모재나 마감재에 이를 방지할 수 있는 재료를 사용하는 등 필요한 조치를 취함
친환경성	건축구조물은 저탄소 및 자원순환 구조부재를 사용하고 피로저항성능, 내화성, 복원가능성 등 친환경성의 확보를 고려함

2. 구조설계법

(1) 허용응력설계법
　① **탄성이론**에 의해 탄성거동을 한다는 가정하에 설계
　② 사용하중 작용 시 부재에 발생하는 응력 계산
　③ 허용응력과 비교하여 구조물의 안정 여부를 판별
　④ 설계방법: 소요강도 ≤ 설계강도(공칭강도 × 안전율)

(2) 강도설계법(→ 철근콘크리트구조설계)
　① 재료의 **비탄성거동**을 고려한 설계법
　② 부재단면의 **공칭강도**에 강도감소계수를 곱한 설계용 강도의 **값**(설계강도)
　③ 계수하중에 의한 부재력(소요강도) 이상이 되도록 구조부재를 설계
　④ 설계방법: **소요강도(하중계수 × 하중) ≤ 설계강도(강도감소계수 × 공칭강도)**

(3) 하중저항계수설계법(→ 강구조 설계)
① 불확실성에 의한 변동폭을 구분하여 확률론적으로 반영한 설계법
② 하중에 대한 불확실성: 하중계수 반영
③ 재료에 대한 불확실성: 강도감소계수(저항계수) 반영
④ 설계방법: 소요강도(하중계수 × 하중) ≤ 설계강도(강도감소계수 × 공칭강도)

(4) 성능설계법
① 건축구조기준에서 규정한 목표성능 만족
② 건축주가 선택한 성능지표(안전성, 사용성, 내구성, 친환경성) 만족

3. 하중계수 및 강도감소계수

(1) 하중계수(하중에 대한 불확실성 반영)
① 예상되는 초과 하중에 대비
② 구조물 설계 시에 사용하는 가정과 실제와의 차이에 대비
③ 주요 하중의 변화에 대비
　㉠ 고정하중(D)
　㉡ 활하중(L)
　㉢ 지붕활하중(L_r)
　㉣ 적설하중(S)
　㉤ 풍하중(W)
　㉥ 지진하중(E)
　㉦ 지하수압·토압, 분말 및 입자형 재료의 횡압력(H)
　㉧ 온도하중(T)
　㉨ 유체압(F) 및 용기내용물하중(F 또는 H)
　㉩ 운반설비 및 부속장치 하중(M)
　㉪ 강우하중(R)

Check 강도설계법 또는 한계상태설계법 하중조합

① $1.4(D+F)$
② $1.2(D+F+T)+1.6L+0.5(L_r$ 또는 S 또는 $R)$
③ $1.2D+1.6(L_r$ 또는 S 또는 $R)+(1.0L$ 또는 $0.5W)$
④ $1.2D+1.0W+1.0L+0.5(L_r$ 또는 S 또는 $R)$
⑤ $1.2D+1.0E+1.0L+0.2S$
⑥ $0.9D+1.0W$
⑦ $0.9D+1.0E$

(2) 강도감소계수(→ 철근콘크리트구조에서 재료에 대한 불확실성 반영)
　　① 재료의 공칭강도와 실제 강도와의 차이
　　② 부재를 제작 또는 시공할 때 설계도와의 차이
　　③ 부재 강도의 추정과 해석에 관련된 불확실성
　　④ 구조물에서 차지하는 부재의 중요도 차이 등

Check 철근콘크리트구조의 강도감소계수

구분		ϕ
인장지배단면, 포스트텐션 정착구역		0.85
압축지배단면	나선철근	0.70
	그 외(띠철근)	0.65
전단력 및 비틀림모멘트		0.75

구분		ϕ
콘크리트 지압력		0.65
스트럿타이	스트럿, 절점부, 지압부	0.75
	타이	0.85
프리텐션 휨부재		0.75
무근콘크리트의 휨모멘트, 압축력, 전단력, 지압력		0.55

(3) 저항계수(→ 강구조 부재설계 시 반영)
　　① 공칭강도와 실제 강도 사이의 불가피한 오차
　　② 파괴모드 및 파괴 결과가 부차적으로 유발하는 위험도를 반영

Check 강구조의 강도저항계수

강도저항계수		ϕ
압축재		$\phi_c = 0.90$
인장재	총단면 항복한계	$\phi_t = 0.90$
	유효순단면 파단한계	$\phi_t = 0.75$
휨부재		$\phi_b = 0.90$

강도저항계수		ϕ
접합부재	압축강도	0.90
	지압강도	0.75
웨브	인장항복	0.90
	국부항복 강도	1.00
	크리플링 강도	0.75
	횡좌굴 강도	0.85
주각부 및 콘크리트 지압강도	철근콘크리트	0.65
	무근	0.55

4 건축물의 구조설계 관련 문서

1. 구조설계서의 종류

(1) 구조설계 개요서
구조시스템 주요 개념을 기술
(2) 구조설계 요약서
건축구조기준의 기술적 조항을 만족하도록 작성한 문서
(3) 구조계산서
부재력, 변위, 지점반력 등 구조역학적으로 계산한 문서
(4) 구조설계도
구조체의 구성, 부재의 형상, 접합상세 등의 도면
(5) 구조체공사 시방서(구조특기 시방)

2. 구조안전 확인대상 건축물(건축구조기술사 협력대상 건축물)

착공단계	설계단계
• 주요구조부인 기둥과 보를 설치하는 건축물로서 층수가 2층 이상(목구조: 3층 이상)인 건축물 • 연면적이 200m² (목구조: 500m²) 이상인 건축물 (다만, 창고, 축사, 작물재배사는 제외) • 높이가 13m 이상인 건축물 • 처마높이가 9m 이상인 건축물 • 기둥과 기둥 사이의 거리가 10m 이상인 건축물 • 건축물의 용도 및 규모를 고려한 중요도가 높은 건축물 • 국가적 문화유산으로 보존할 가치가 있는 건축물	• 6층 이상인 건축물 • 특수구조 건축물 • 다중이용 건축물(바닥면적 합계 5,000m² 이상) • 준다중이용 건축물(바닥면적 합계 1,000m² 이상) • 3층 이상의 필로티형식 건축물 • 국토교통부령으로 정하는 건축물

3. 단계별 구조안전 확인

(1) 설계단계
① 구조체 배근시공도
② 구조체 제작·설치도(강구조 접합부 포함)
③ 구조체 내화상세도
④ 부구조제의 시공도면과 제작·설치도
⑤ 건축 비구조요소의 설치상세도
⑥ 건축설비 설치상세도
⑦ 가설구조물 구조시공상세도
⑧ 건축가치공학(V.E) 구조설계도서
⑨ 기타 구조안전의 확인이 필요한 도서

(2) 시공단계 및 유지관리단계(책임구조기술자의 책임업무)

시공단계	유지관리단계
• 구조물 규격에 관한 검토 및 확인 • 사용 구조자재의 적합성 검토 및 확인 • 구조재료에 대한 시험성적표 검토 • 배근의 적정성 및 이음·정착 검토 • 설계변경에 관한 사항의 구조 검토 및 확인 • 시공하자에 대한 구조내력 검토 및 보강방안 • 기타 시공과정에서 구조, 안전, 품질에 영향요소	• 안전진단: 정기안전점검, 정밀점검, 정밀안전진단 • 리모델링을 위한 구조 검토 • 용도변경을 위한 구조 검토 • 증축을 위한 구조 검토

(3) 내진성능의 구조안전의 확인대상

① 층수: 2층(기둥과 보를 설치하는 건축물) // 목구조: 3층 이상

② 연면적 200m^2 이상(목구조: 500m^2 이상)

③ 그 밖에 건축물의 규모와 중요도를 고려하여 대통령령으로 정하는 건축물

5 건축물의 중요도 분류

1. 중요도(특)

(1) **연면적 1,000m^2 이상**인 위험물 저장 및 처리시설

(2) **연면적 1,000m^2 이상**인 국가 또는 지방자치단체의 청사·외국공관·소방서·발전소·방송국·전신전화국·국가 또는 지방자치단체의 데이터센터

(3) 종합병원, 수술시설이나 응급시설이 있는 병원

(4) 지진과 태풍 또는 다른 비상시의 **긴급대피수용시설로 지정한 건축물**

(5) 중요도(특)으로 분류된 건축물의 기능을 유지하는데 필요한 부속 건축물 및 공작물

2. 중요도(1)

(1) 연면적 1,000m^2 미만인 위험물 저장 및 처리시설

(2) 연면적 1,000m^2 미만인 국가 또는 지방자치단체의 청사·외국공관·소방서·발전소·방송국·전신전화국·국가 또는 지방자치단체의 데이터센터

(3) 연면적 **5,000m^2 이상**인 공연장·집회장·관람장·전시장·운동시설·판매시설·운수시설

(4) 아동관련시설·노인복지시설·사회복지시설·근로복지시설

(5) 5층 이상인 숙박시설·오피스텔·기숙사·**아파트**·교정시설

(6) 학교

3. 중요도(2) 및 중요도(3)

(1) 중요도(2)

　중요도(특) 및 중요도(1), (3)에 해당하지 않는 건축물

(2) 중요도(3)

　농업시설물, 소규모 창고, **가설구조물**

구분	중요도(특)	중요도(1)
위험물 저장 및 처리시설	연면적 1,000m² 이상	연면적 1,000m² 미만
국가 또는 지방자치단체의 청사·외국공관·소방서·발전소·방송국·전신전화국, 국가 또는 지방자치단체의 데이터센터		
병원	종합병원, 수술시설이나 응급시설이 있는 병원	• 수술시설과 응급시설 모두 없는 병원 • 기타 연면적 1,000m² 이상인 의료시설로서 중요도(특)에 해당하지 않는 건축물
기타	지진과 태풍 또는 다른 비상시의 긴급대피수용시설로 지정한 건축물	• 면적 5,000m² 이상인 공연장·집회장·관람장·전시장·운동시설·판매시설·운수시설 • **아동관련시설**·노인복지시설·사회복지시설·근로복지시설 • 5층 이상인 숙박시설·오피스텔·기숙사·**아파트** • 학교

- 중요도 (2): 중요도(특) 및 중요도(1), (3)에 해당하지 않는 건축물
- 중요도 (3): 농업시설물, 소규모 창고, **가설구조물**

해커스공무원 학원·인강
gosi.Hackers.com

해커스공무원 안병관 건축구조 기본서

제 2 편
일반구조

제1장 토질 특성 및 토공사
제2장 기초공사
제3장 조적공사
제4장 목구조

제1장 토질 특성 및 토공사

1 토질 특성

1. 흙의 분류

구분	설명
조립토	• 자갈과 모래로 이루어진 흙 • No. 200체(0.075mm) 통과율이 50% 이하 – 자갈: No. 4체(4.76mm) 통과율이 50% 이하 – 모래: No. 4체(4.76mm) 통과율이 50% 이상
세립토	• 실트, 점토 등의 미세립자로 이루어진 흙 • No.200체(0.075mm) 통과율이 50% 이상

2. 흙의 구성

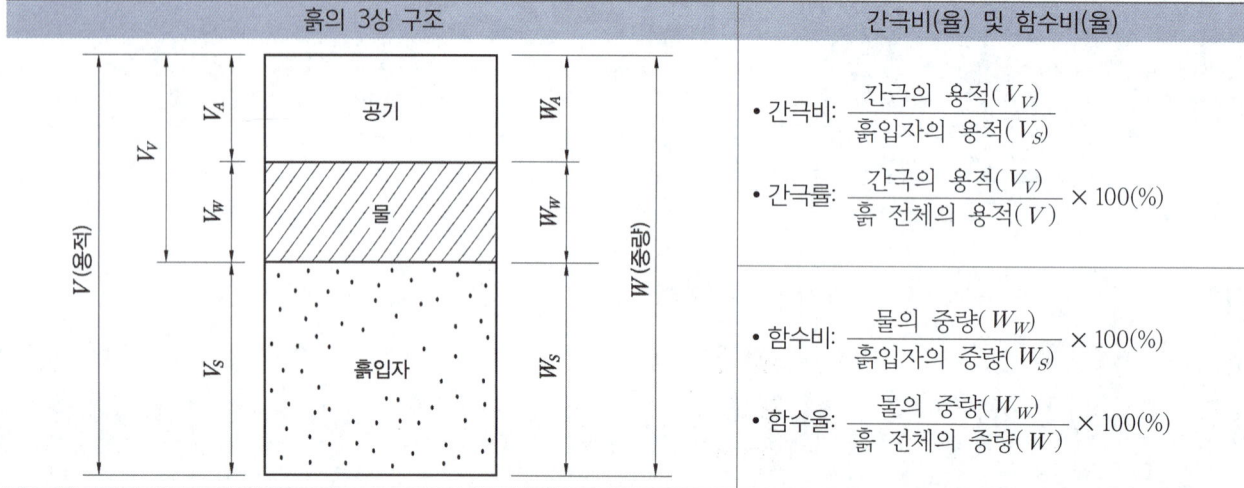

흙의 3상 구조	간극비(율) 및 함수비(율)
	• 간극비: $\dfrac{\text{간극의 용적}(V_V)}{\text{흙입자의 용적}(V_S)}$ • 간극률: $\dfrac{\text{간극의 용적}(V_V)}{\text{흙 전체의 용적}(V)} \times 100(\%)$
	• 함수비: $\dfrac{\text{물의 중량}(W_W)}{\text{흙입자의 중량}(W_S)} \times 100(\%)$ • 함수율: $\dfrac{\text{물의 중량}(W_W)}{\text{흙 전체의 중량}(W)} \times 100(\%)$

3. 전단강도

Coulomb's Law	토질별 전단강도 산정
$\tau = C + \bar{\sigma} \cdot \tan\phi$ • τ: 전단강도　　• ϕ: 내부마찰각 • C: 점착력　　• $\tan\phi$: 마찰계수 • $\bar{\sigma}$: 파괴면에 수직인 힘	• 점토(내부마찰각 zero): $S \fallingdotseq C$ • 직접전단시험 및 Vane test(점착력 측정) • 모래(점착력 zero): $S \fallingdotseq \sigma'\tan\phi$ • 표준관입시험(내부마찰각 측정)

4. 연경도

(1) 정의

점착성이 있는 흙의 성질로서, 함수량의 변화에 따라 액성 → 소성 → 반고체 → 고체의 상태로 변하는 성질

(2) 함수량 변화에 따른 연경도 상관관계

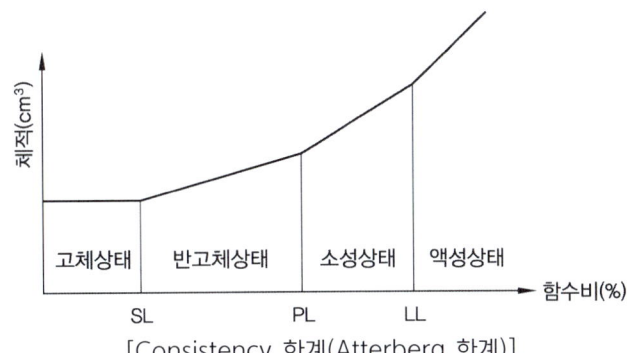

[Consistency 한계(Atterberg 한계)]

수축한계(SL)	함수량의 증가로 흙의 부피가 증대되는 한계의 함수비
소성한계(PL)	파괴 없이 변형시킬 수 있는 최소의 함수비
액성한계(LL)	외력에 전단저항력이 "0"이 되는 최소의 함수비

5. 예민비

(1) 예민비의 정의 및 산정식

예민비의 정의	산정식
점토의 경우 함수율 변화 없이 자연상태의 시료를 이기면 약해지는 성질 정도를 표시한 것으로, 자연시료의 강도에 대한 이긴 시료의 강도비	예민비 = $\dfrac{\text{자연시료의 강도}}{\text{이긴 시료의 강도}}$

(2) 토질별 예민비의 특성

구분	예민비	예민비 특성
점토지반	• $S_t > 1$ • $S_t > 2$: 비예민성 • $S_t = 2 \sim 4$: 보통 • $S_t = 4 \sim 8$: 예민 • $S_t > 8$: 초예민	• 점토를 이기면 자연상태보다 강도 감소 • 점토지반은 진동다짐보다는 전압식 다짐공법을 적용
사질지반	• $S_t < 1$ • 비예민성	• 모래를 이기면 자연상태보다 강도 증가 • 사질지반은 진동식 다짐공법 적용

6. 액상화(Liquefaction)

(1) 정의
모래지반에서 지진 등에 의해 간극수압의 상승으로 유효응력이 감소되어 전단저항을 상실하고 지반이 액체와 같이 되는 현상

(2) 방지대책
① 탈수공법: Sand drain, Paper drain, Pack drain
② 배수공법: Well point, Deep well 공법
③ 입도 개량: 치환, 약액 주입 공법
④ 전단변형 억제: Sheet pile, 지중연속벽 공법

7. 안식각(휴식각)

(1) 정의
안정된 비탈면과 원지반면이 이루는 흙의 사면각도

(2) 흙파기 경사각
안식각의 2배로 산정

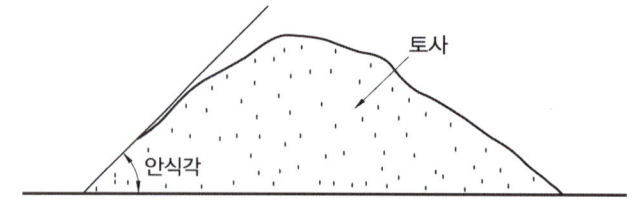

8. 토질 특성 – 다짐과 압밀

(1) 정의

구분	설명
다짐(Compaction)	사질토 지반에서 외력을 가하여 흙속의 공기를 제거하면서 압축되는 현상
압밀(Consolidation)	점성토 지반에서 하중을 재하하여 흙 속의 간극수를 제거하면서 압축되는 현상

(2) 다짐과 압밀의 특성 비교

구분	다짐(Compaction)	압밀(Consolidation)
적용 지반	사질토 지반	점성토 지반
목적	전단강도 증가, 투수성 감소	전단강도 증가, 침하 촉진
간극 제거	흙 속의 공기 제거	흙 속의 간극수 제거
시간 특성	단기적 진행	장기적으로 진행
함수비 변화	함수비 증가	함수비 감소
침하량	작음	비교적 큼
변형거동	탄성적 변형	소성적 변형

9. 토질별 응력분포도

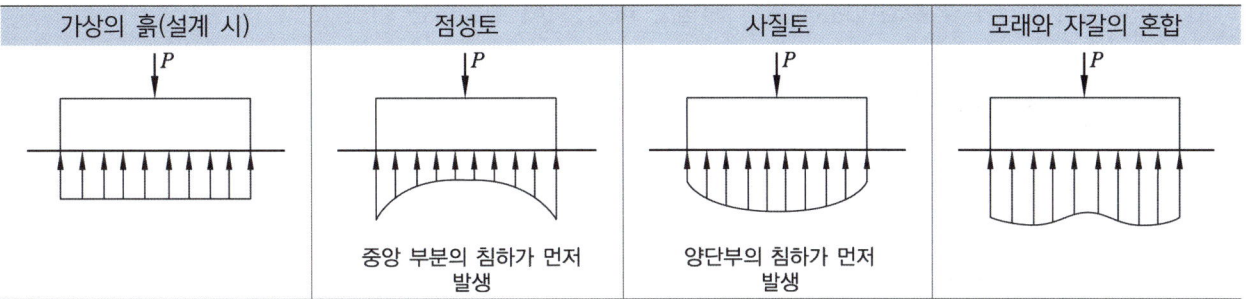

2 지반조사

1. 지반조사의 순서

(1) 예비조사
   ① 정의: 기초의 형식을 결정하고, 본 조사의 계획을 세우기 위하여 시행하는 것(기초의 지반조사 자료의 수집, 지형에 따른 지반개황의 판단 및 부근 건축구조물 등의 기초에 관한 제 조사를 시행하는 것)
   ② 조사내용: 대지 내의 개략적인 지반 구성, 층을 구성하는 토질의 단단함과 연함 및 지하수의 위치 등

(2) 본 조사
   ① 정의: 기초의 설계 및 시공에 필요한 제반 자료를 얻기 위하여 시행하는 것
   ② 조사내용: 토질시험, 표준관입시험, 샘플링, 원위치시험 및 지하수에 관한 조사

2. 지반조사의 종류

(1) 지반조사의 종류

종류	지반조사 방법
지하탐사법	짚어보기, 터파보기, 물리적 탐사법(탄성파)
보링(boring)	• 오거식 • 회전식 • 충격식 • 수세식
사운딩(sounding)	• 표준관입시험(사질지반) • Vane test(점토지반) • Cone 관입시험
시료채취	• 교란 시료(이긴시료; 물리적 시험용) • 불교란 시료(자연시료; 역학적 시험용)
토질시험	• 물리적 시험(함수량, 투수성, 비중, 연경도시험 등) • 역학적 시험(전단시험, 압밀시험, 1축·3축 압축시험 등)
지내력시험	• 평판재하시험 • 말뚝박기시험 • 말뚝재하시험

(2) 보링(Boring)
① 정의: 지반의 구성의 확인이나 원위치 시험을 하기 위해 천공하는 작업
② 보링의 종류

구분	공법 특징
오거식 보링 (auger boring)	• 나선형의 오거 회전에 의한 천공방식 이용 • 깊이 10m 이내의 얕은 연약한 점토지반에 적용
수세식 보링 (washer boring)	• 선단에 충격을 주어 이중관을 박아 수압에 의해 천공하는 방식 • 흙을 물과 함께 배출하여 침전 후 토질 판별 • 연약한 토사에 적용
충격식 보링 (percussion boring)	• 충격날의 상하 작동에 의한 충격으로 천공하는 방식 • 거의 모든 지층에 적용 가능 • 공벽붕괴 방지 목적으로 안정액 사용(안정액: 벤토나이트, 황색점토 등)
회전식 보링 (rotary type boring)	• 드릴 로드 선단의 bit를 회전시켜 천공하는 방식 • 지층의 변화를 연속적으로 판별 가능 • 공벽붕괴가 없는 지반(다소 점착성이 있는 토사층)

(3) 사운딩(Sounding)
① 정의 및 종류

구분	설명
정의	로드 선단에 설치한 저항체를 땅속에 삽입하여서 관입, 회전, 인발 등의 저항으로 토층의 성상을 탐사하는 방법
대표 시험	표준관입시험(사질지반에 적용), 베인시험(점토질 지반에 적용)

② 표준관입시험 및 베인테스트

베인시험 - 점토지반	표준관입시험 - 사질지반
• 연약 점성토 지반의 점착력 판별 • 회전력 작용시 회전저항력 측정 • 단단한 점토질 지반에는 부적당 • 깊이 10m 이상시 rod의 되돌음 발생	표준관입시험용 샘플러를 중량 63.5kg의 추로 76cm 높이에서 자유낙하시켜 30cm 관입시키는 데 필요한 타격 수(N값)를 측정하는 시험

(4) 지내력 시험

① 평판재하시험

구분	설명
정의	기초 저면까지 터파기 하여 하중을 직접 재하하여 지반의 허용지내력을 구하는 원위치 시험
시험방법	• 재하판 지름: 300mm 이상 • 시험빈도: 3개소 이상 • 하중재하는 매회 100kN/m² 또는 예정파괴하중의 1/5 이하 • 침하량 측정은 일정하중 유지 시 동일시간(15분) 간격으로 6회 이상 측정 • 총침하량은 24시간 경과 후 침하 증가가 0.1mm 이하가 될 때의 침하량 • 허용지지력 산정은 항복하중의 1/2 또는 극한지지력의 1/3 중 작은 값으로 산정

② 말뚝박기시험 및 말뚝재하시험

말뚝박기시험	말뚝재하시험
말뚝박기 시공 전에 말뚝의 길이, 지지력 등을 조사하기 위해 동일한 조건에서 시험	실제 사용 예정인 말뚝으로 시험하여 지지력 판정의 자료를 얻는 시험
• 시험빈도 　- 기초면적 1,500m²: 2본 　- 기초면적 3,000m²: 3본 • 말뚝의 최종관입량 산정: 5~10회 타격한 평균 침하량으로 결정 • 타격횟수 5회의 총침하량 6mm 이하는 항복상태로 항타 중지 • 지지력 추정: 매회 말뚝의 최종관입량과 rebound양	• 동재하시험 • 정재하시험 　- 압축재하시험: 실물재하시험, 반력파일 재하시험 　- 인발시험 　- 수평재하시험 • 최대 재하하중: 말뚝의 극한지지력 또는 예상되는 설계하중의 3배

(5) 지반의 안전성

① 지반침하에 따른 영향
② 경사지에서의 부지를 포함한 사면의 붕괴나 변형의 가능성
③ 지진 시 액상화 발생의 가능성

3 연약지반 개량공법

1. 지반개량공법의 종류

공법 종류	공법 개요	공법 종류
치환공법	연약점토층을 양질의 토사(사질토)로 치환	굴착치환, 미끄럼치환, 폭파치환
탈수공법	지반의 간극수를 제거하여 지반의 밀도 증대	샌드·페이퍼·pack 드레인공법
배수공법	지하수위를 저하하여 전단강도 개선	웰포인트공법, Deep well공법
다짐공법	흙 속의 간극(공기)을 제거하여 지지력 향상	Vibro-flotation(진동다짐), Vibro-compaction
주입공법	지중콘크리트 및 모르타르를 주입하여 고결	약액주입공법
고결공법	지중에 생석회 또는 액체질소 등의 냉각제를 이용하여 일시적으로 흙을 동결시키는 공법	생석회말뚝공법, 동결공법
	지중에 수직·수평의 공동구를 설치하여 연료를 연소시켜 고결 탈수하는 공법	소결공법

2. 토질별 연약지반 개량공법의 분류

사질지반	점토질지반
• 진동다짐공법 • 모래진동다짐공법(SCP) • 전기충격 공법 • 폭파다짐공법 • 약액주입공법	• 치환공법, 표면처리공법 • 압밀공법(선행재하공법, 사면선단재하공법) • 탈수공법, 배수공법 • 고결공법, 동결공법 • 전기침투공법, 침투압공법

4 터파기 및 흙막이공사

1. 터파기공법

구분	아일랜드컷공법(Island-cut method)	트렌치컷공법(Trench-cut method)
굴착순서	중앙부 터파기 → 중앙구조물 시공 → 버팀대 설치 → 주변부 터파기 → 지하구조물 완성	주변부 터파기 → 주변부 구조물 시공 → 중앙부 터파기 → 중앙부 구조물 → 지하구조물 완성
적용	얕고 넓은 터파기	깊고 넓은 터파기, Heaving 예상 시
특징	• 지보공 및 가설재 절약 • 트렌치컷공법보다 공기 단축	• 중앙부 공간 활용 가능 • 버팀대 길이 절감으로 경제적 • 연약지반 적용 시 우수

2. 흙막이공법

(1) 흙막이공법의 분류
  ① 지지방식별 분류: 자립식, 버팀대식, 지반정착식(Earth anchor)
  ② 구조방식별 분류: 널말뚝식, 지하연속벽(Slurry wall)

(2) 역타설공법(Top down method)
  ① 정의
    ㉠ 지하 외벽 및 지하의 기둥과 기초를 선시공하고 1층 바닥판을 설치하여 작업공간으로 활용이 가능하며, 지하 토공사 및 구조물 공사를 동시에 진행하여 **지하구조체와 지상구조물을 동시에 진행하는 공법**
    ㉡ 공기단축이 가능함
  ② 특징

장점	단점
• 흙막이벽이 안정성 우수(본구조체로 사용) • 가설공사의 감소로 경제성 우수 • 1층 바닥을 작업공간으로 활용 가능 • 건설공해(소음, 진동)의 저감 • 도심지의 인접건물의 근접시공 가능 • 부정형의 평면시공 가능 • 지상과 지하구조물 동시 축조 가능(공기단축)	• 지하구조물 역조인트 발생 • 지하 굴착공사 시 대형 장비의 반입 곤란 • 조명 및 환기설비의 필요 • 고도의 시공기술과 숙련도가 요구됨 • 지중 콘크리트 타설 시 품질관리 난해 • 치밀한 시공계획의 수립이 요구됨 • 설계 변경이 곤란하고 공사비가 고가임

(3) **지반정착공법(Earth anchor method)**
   ① 정의: 흙막이 배면을 굴착한 후 지중에 Anchor체를 설치하여 주변 지반을 지지하는 흙막이공법
   ② 특징

장점	단점
• 넓은 굴착 공간 확보 가능 • 대형 장비의 반입으로 시공효율 증대 • 흙막이 배면의 지압효과로 주변 지반 변위의 감소 • 협소한 작업공간에서도 시공성 우수 • 터파기 공사 시 공기단축 가능	• 시공 완료 후 품질검사 곤란 • 흙막이 배면에 형성되므로 품질관리 미흡 • 정착장 부위의 토질이 불명확할 경우 붕괴가 우려됨 • 도심지 및 인접건물이 있을 경우 적용 곤란 • 지하수위의 강하가 발생할 수 있음

(4) **지하 연속벽공법(Slurry wall method)**
   ① 정의: 공벽 붕괴 방지를 위해 **안정액**을 사용하여 지반을 굴착한 뒤 **철근망을 삽입**하고 콘크리트를 타설하여 지중에 연속적인 벽체를 조성하는 공법
   ② 슬러리월 공법의 특징

장점	단점
• 흙막이 벽체의 강성 우수 • 차수성 및 지수성 양호 • 다양한 지반 적용 가능 • 인접 지반의 영향 최소화 • 벽길이, 깊이 등 조정 가능	• 이수처리 단점(환경오염) • 소요 시공비 고가 • 벽체 이음부의 누수 우려 • 대형 장비 및 기계설비 필요 • 소규모 현장에서 적용 곤란

3. 흙막이벽체에 작용하는 토압

(1) 토압분포도

수평버팀대 구조도	토압분포도	하중도	휨모멘트도

(2) 토압의 종류

구분	설명	토압의 크기 (대소관계)
정지토압(P_0)	• 벽체의 변위가 없을 때의 토압 • 지하구조물에 작용하는 토압	주동토압 < 정지토압 < 수동토압
주동토압(P_a)	• 벽체가 전면으로 변위가 생길 때의 토압 • 배면 흙이 가라앉음 • 주로 옹벽에서 발생	
수동토압(P_p)	• 벽체가 배면으로 변위가 생길 때의 토압 • 배면 흙이 부풀어 오름 • 주로 흙막이벽에서 발생	

4. 흙막이벽체의 붕괴

(1) 히빙(Heaving) 현상(지반 융기 현상)

구분	설명
정의	연약 점토지반의 흙막이 내외의 흙의 중량차 등에 의해 굴착저면의 흙이 지지력을 잃고 붕괴되어 흙막이 배면의 토사가 안으로 밀려 굴착저면이 부풀어 오르는 현상
원인	• 흙막이벽 내외 흙의 중량차 • 상부 재하중 과다 • 흙막이벽의 근입깊이 부족 • 기초저면 지지력 부족
대책	• 흙막이 벽의 근입깊이 확보 • 부분굴착으로 굴착지반 안정성 확보(소단) • 기초 저면의 연약지반 개량 • 흙막이 배면 상부하중 제거

(2) 보일링(Boiling) 현상(Quick sand 현상)

구분	설명
정의	투수성이 좋은 사질지반에서 흙막이벽의 배면 지하수위와 굴착저면과의 수위차에 의해, 굴착저면을 통하여 모래와 물이 부풀어 오르는 현상
원인	• 흙막이벽의 근입 깊이 부족 • 굴착저면과 배면과의 지하수위 차가 클 때 • 굴착하부 지반의 투수성이 좋은 사질층이 있을 경우
대책	• 흙막이벽의 근입 깊이 증대 • 지하수위 저하 • 수밀성 우수한 흙막이벽 설치 • 지수벽 및 지수층 형성

(3) 파이핑(Piping) 현상

구분	설명
정의	사질지반, 흙막이 배면 미립 토사 유실 지반 내 파이프 모양의 수로가 형성되면서 지반이 점차 파괴되는 현상
원인	• 차수성이 약한 흙막이 벽체 시공 • 지하수위의 상승 • 흙막이 배면의 피압대수층 존재 • 보일링 발생 • 투수성이 큰 사질지반의 특성 • 흙막이 근입 깊이의 부족
대책	• 흙막이벽의 근입 깊이 증대 • 지하수위 저하 • 수밀성이 우수한 흙막이벽 설치 • 지수벽 및 지수층 형성

(4) 히빙 및 보일링, 파이핑 현상 스케치

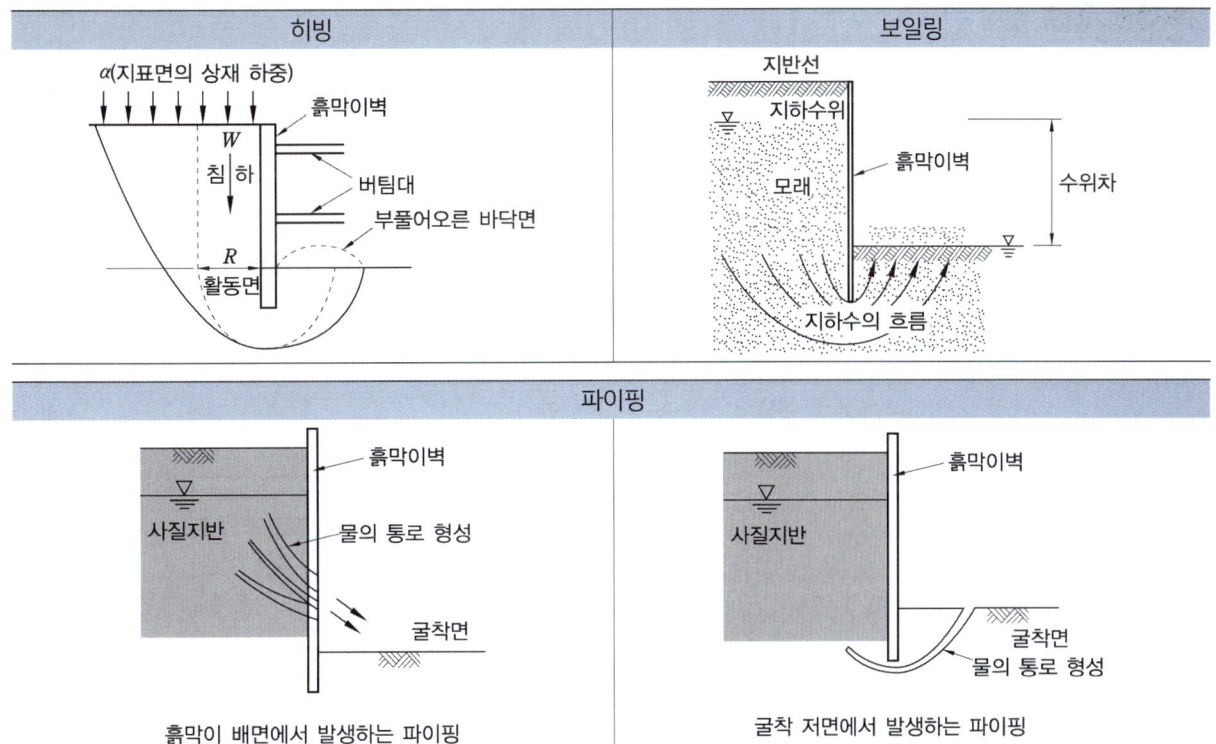

제2장 기초공사

1 기초구조 개론

1. 기초의 구조

구분	설명
기초	건축물의 최하부에서 건축물의 하중을 지반에 안전하게 전달시키는 구조부
지정	기초판을 지지하기 위해서 그 아래에 설치하는 버림 콘크리트, 잡석, 말뚝 등

2. 기초공사 용어의 정의

구분	설명
극한지지력	흙에서 전단파괴가 발생되는 기초의 단위면적당 하중(단위: kN/m^2)
허용지지력	침하 또는 부등침하와 같은 허용한도 내에서 지반의 극한지지력을 적정의 안전율로 나눈 값 (단위: kN/m^2)
깊은기초	기초의 지반 근입 깊이가 깊고 상부구조물의 하중을 말뚝 등에 의해 깊은 지지층으로 전달하는 기초형식
얕은기초	기초 폭에 비하여 근입 깊이가 얕고 상부 구조물의 하중을 분산시켜 기초 하부 지반에 직접 전달하는 기초
기초피어	수평단면의 길이가 폭의 3배 이하이고 높이가 폭의 4배 미만인 수직기초
강성기초	기초 지반에 비하여 기초판의 강성이 커서 기초판의 변형을 고려하지 않는 기초로서 기초의 변위 및 안정 계산 시 기초 자체의 탄성변형을 무시할 수 있는 기초
연성기초	지반강성에 비하여 기초판의 강성이 상대적으로 작아서 지반반력이 등분포로 작용하는 기초
복합기초	두 개 이상의 기둥으로부터의 하중을 하나의 기초판을 통하여 지반으로 전달하는 구조체
줄기초	벽체를 지중으로 연장한 기초로서 길이 방향으로 긴 기초
연속기초	벽 아래를 따라 또는 일련의 기둥을 묶어 띠모양으로 설치하는 기초의 저판에 의하여 상부 구조로부터 받는 하중을 지반에 전달하는 형식의 기초
전면기초	상부구조물의 여러 개의 기둥 또는 내력벽체를 하나의 넓은 슬래브로 지지하는 기초형식
확대기초	상부구조물의 기둥 또는 벽체를 지지하면서 그 하중을 말뚝이나 지반에 전달하는 기초형식
지지말뚝	연약한 지층을 관통하여 굳은 지반이나 암층까지 도달시켜 지지력의 대부분을 말뚝 선단의 저항으로 지지하는 말뚝
마찰말뚝	지지력의 대부분을 주면의 마찰로 지지하는 말뚝

매입말뚝	기성말뚝의 전장을 굴착한 지반 속에 매입한 말뚝
암반소켓	말뚝의 일부를 근입시키기 위해 암반에 형성한 구멍
마이크로 파일	지반에 구멍을 뚫고 강봉을 삽입하여 그라우트한 깊은 기초이며 소구경 말뚝이라고 함
저강도 재료	재령 28일의 압축강도가 8.3MPa 이하가 되도록 제어된 시멘트계 슬러리 재료
부마찰력	지지층에 근입된 말뚝의 주위 지반이 침하하는 경우 말뚝 주면에 하향으로 작용하는 마찰력
접지압	직접기초에 따른 기초판 또는 말뚝기초에서 선단과 지반 간에 작용하는 압력
지중보	기초와 기초를 연결하는 수평보(주각부의 강성을 증대시키는 효과)

2 기초의 부동침하

1. 기초침하의 형태

구분	균등침하	부동침하	
스케치		[전도침하]	[부동침하]
발생조건 (기초지반 및 하중조건)	• 균일한 사질지반에서 발생 • 건축물 높이가 낮고 면적이 넓은 구조물에서 발생	• 불균일한 지반에서 발생 • 건축물 높이가 높고 면적이 좁은 구조물에서 주로 발생	• **연약한 점토지반에서 발생** • 구조물 하중 영향 범위 내 연약점토층이 있을 경우 발생

2. 부동침하의 원인 및 영향

부동침하의 원인		부동침하의 영향
• 경사지반 • 상이한 기초제원 • 인접지역 터파기 • 일부 증축 • 연약지반의 깊이 상이	• 지하 매설물 존재 • 이질지반 • 지하수위의 변동 • 연약한 점토지반	• 상부구조물에 강제변형 • 인장응력과 압축응력의 발생 • 인장응력과 직각방향으로 균열 발생 • 균열방향: 침하가 적은 부위에서 많은 부위로 빗방향으로 발생

3. 부동침하 방지대책

상부구조부에서의 대책	하부구조부에서의 대책
• 구조물의 경량화 • 구조물의 강성 증대 • 구조물의 하중의 균등 배분 • 구조물의 평면길이 축소 • 인접건물과의 거리 확보 • 신축줄눈 설치	• 동일한 제원의 기초구조 • 경질지반에 기초부 지지 • 마찰말뚝을 사용 • 지반에 지지하는 유효기초면적 확대 • 지하수위를 강하하여 수압변화 방지 • 언더피닝공법 실시(기초 및 지반 보강)

4. 언더피닝공법(Under pinning method)

목적	공법 종류
• 기존 건축물 보강 • 신설기초 형성 • 경사진 건축물 복원 • 인접 터파기 시 기존 건축물 침하 방지	• 덧기둥 지지 공법 • 내압판 방식 • 말뚝 지지에 의한 내압판 방식 • 2중 널말뚝 방식

3 건축물 기초설계

1. 기초지반의 지지력 및 침하에 대한 설계
(1) 기초는 허용지지력을 초과하지 않고, 부등침하가 최소화되도록 설계하여야 한다.
(2) 기초는 **접지압이 지반의 허용지지력을 초과하지 않아야** 하며, 또한 기초의 침하가 **허용침하량 이내**이고, 가능하면 **균등**해야 한다.
(3) **기초형식은 지반조사 결과에 따라 달라지며**, 직접기초에서는 기초저면의 크기와 형상, 그리고 말뚝기초에서는 그 제원, 개수, 배치 등을 결정하여야 한다.

2. 설계하중
(1) 기초는 '건축물 강도설계법 또는 한계상태설계법의 하중조합' 중 가장 불리한 영향에 대해 설계하여야 한다.
(2) 고정하중은 기초자중과 기초판에 상재되는 되메우기한 하중을 포함한다.
(3) 기초설계 시 '건축물 설계하중'의 활하중 저감의 규정에 따라 저감한 활하중을 사용할 수 있다.

3. 상재하중
(1) 건물 또는 구조물의 되메우기나 상재하중으로 인한 추가하중을 지지할 수 없으면 건물 또는 구조물에 인접하여 메우기나 상재하중과 같은 추가하중을 발생시켜서는 안 된다.
(2) 굴착으로 인하여 영향을 받게 될 기존의 기초는 기초 하부를 보강하거나 또는 침하방지 조치를 해야 하며, 수평 또는 수직변위 또는 수평수직변위 같은 유해한 변위에 대한 방지조치를 취하여야 한다.
(3) 예외조항으로 조경목적의 소규모 정지공사에서 인력구동 소규모 장비로 시공하는 경우, 정지면이 원래 설계 정지면에서 300mm를 초과하지 않는 경우 또는 담당원이 승인한 경우에 허용된다.

4. 팽창성 지반에서의 설계

(1) 팽창성 지반의 활동구역 또는 구역 내에 위치한 기초는 부등 체적변화에 저항하며, 지지된 구조물의 구조적 손상이 방지되도록 설계하여야 한다.

(2) 구조물의 유용성과 사용성을 저해하지 않도록 지지된 구조물의 처짐과 변형을 제한하여야 한다.

(3) 체적변화가 발생하는 곳의 하부 또는 팽창성 지반의 하부에 설치되는 기초는 다음의 규정을 따라야 한다.

① 팽창성 지반까지 확장되거나 관통하는 기초는 지지된 구조물의 부상이 방지되도록 설계하여야 한다.

② 팽창성 지반을 관통하는 기초는 흙의 체적변화로 인해 기초에 가해지는 응력에 저항하도록 설계하거나 또는 팽창성 지반에서 분리시켜야 한다.

(4) **예외조항**: 토사를 제거하거나 지반의 안정화를 담당원이 승인한 경우

(5) **팽창성 토사의 제거**

① 잔류토의 함수비가 일정하게 유지되도록 토사를 충분한 깊이까지 제거하여야 한다.

② 메우기 재료는 팽창성 토사가 포함되어서는 안 된다.

③ 예외조항으로 만약, 메우기와 지지된 구조물에 의해 발생한 팽창성 토사의 구속압력이 팽창압력을 초과한다면, 일정 습윤의 깊이까지 팽창성 토사를 제거할 필요는 없다.

5. 경사지반 기초

사면의 경사가 1/3(33% 경사) 이상인 경사면 위 또는 인접해 있는 건물과 구조물의 배치는 다음 규정에 따른다.

(1) **오르막경사로부터 건물 이격거리**

① 비탈면의 하부에 있는 건물은 비탈면의 배수, 침식 및 표면붕락으로부터 보호하기 위하여 충분한 거리를 이격시켜야 한다.

② 기초와 경사 사이의 순간격

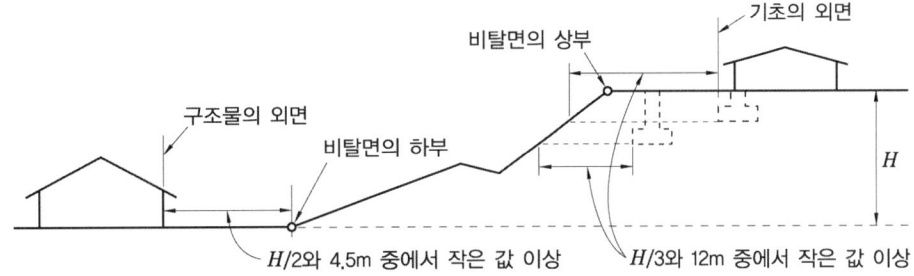

③ 다음의 규정은 보호조치를 한 것으로 간주된다.

㉠ 기존 비탈면이 1/1(100%)경사 이상인 경우, 비탈면의 하부는 기초상부에서 그은 수평면과 수평에 대해 45°로 비탈면에 접선으로 그은 평면과의 교차점에 있는 것으로 가정하여야 한다.

㉡ 옹벽이 비탈면 하부에 시공되는 경우, 비탈면의 높이는 옹벽의 상부에서 비탈면의 상부까지로 산정하여야 한다.

(2) 내리막경사 비탈면에서의 기초의 이격
　① 비탈면의 위 또는 비탈면에 인접한 기초는 단단한 지반에 매립하여 설치하고, 기초에 유해한 침하가 발생하지 않게 수직 및 횡방향으로 지지할 수 있도록 비탈면으로부터 충분히 이격하여야 한다.
　② 기초와 경사 사이의 순간격을 제외하고, 다음의 이격은 규정을 충족하기에 적합한 것으로 간주된다. 비탈면의 경사가 1/1(100 % 경사) 이상인 경우, 소요 이격거리는 비탈면 하부에서 위쪽으로 투영한 수평면에 45°인 가상면으로부터 산정하여야 한다.

(3) 저수지
　① 저수지와 비탈면 사이의 이격은 이 절에서 요구하는 건물기초 이격거리의 1/2이어야 한다.
　② 비탈면의 상부로부터 수평거리 2.1m 이내에 있는 저수지의 벽체 부분은 외측 지반의 지지 없이 저수지의 내측 수압을 지지할 수 있어야 한다.

(4) 기초 높이
　① 정지작업된 부지에서, 외부기초의 상부는 승인된 배수시설의 방류 또는 인입 지점에서 도로의 배수로 높이 위로 최소 300mm에 2%를 추가한 높이만큼 높여야 한다.
　② 구조물로부터 그리고 방류지점까지 요구되는 배수가 부지 내 모든 위치에서 원활하다는 것을 입증할 수 있다면, 담당원의 승인을 받아 높이를 달리 할 수 있다.

6. 콘크리트 기초

(1) 콘크리트 또는 충전재의 강도 및 배합비
　① 기초용 콘크리트 또는 충전재의 설계압축강도(f_{ck})는 다음 표에 제시된 해당 값 중 최댓값 이상이어야 한다.

기초 요소 또는 조건	최소 설계기준 압축강도 f_{ck}(MPa)
1. 내진설계범주 A, B, C에 해당하는 구조의 기초	18
2-a. 내진설계범주 'D'에 해당하는 경량골조 및 2층 이하 높이 구조	18
2-b. 내진설계범주 'D'에 해당하는 2a에 규정하지 않은 이외 구조의 기초	21
3. 기성콘크리트파일	27
4. 천공정착피어	27
5. 마이크로파일	27
6. 프리스트레스트 기성콘크리트파일	35

　② 콘크리트를 깔때기 모양의 호퍼를 사용하여 깊은 기초의 상부에서 타설하는 경우, 콘크리트 배합은 슬럼프값이 100mm 이상 그리고 200mm 이하인 점착력과 시공성 있는 배합이 되도록 배합설계하여야 한다.
　③ 콘크리트 또는 충전재를 압송하는 경우, 슬럼프를 포함한 배합설계는 압송이 가능한 배합이 되도록 조절하여야 한다.

(2) 콘크리트 피복두께

① 기초용 프리스트레스트 및 비프리스트레스트 보강재에 대한 콘크리트 피복두께는 다음 표에 규정된 해당하는 값 중 최댓값 이상이어야 한다.

기초 요소 또는 조건	최소 두께 (mm)
1. 얕은기초	콘크리트구조설계 준용
2. 비프리스트레스트 기성콘크리트말뚝	
• 해수에 노출되는 경우	80
• 공장제품 생산조건과 동일하지 않은 조건으로 생산된 말뚝	50
• 공장제품 생산조건과 동일한 조건으로 생산된 말뚝	콘크리트구조설계 준용
3. 프리스트레스트 기성콘크리트말뚝	
• 해수에 노출되는 경우	65
• 이외	콘크리트구조설계 준용
4. 강관, 튜브 또는 영구케이싱으로 감싸지 않은 현장타설말뚝	65
5. 강관, 튜브 또는 영구케이싱으로 감싸인 현장타설말뚝	25
6. 강관, 튜브 또는 영구케이싱 안의 구조용 강재코어	50
7. 견고한 암반의 천공구(소켓) 내부의 현장타설말뚝	40

② 순간격이 38mm 이하인 주근은 콘크리트 피복두께는 다발철근으로 간주하여야 한다.

> **참고**
>
> **다발철근의 피복두께**
> ① 50mm와 다발철근의 등가지름 중 작은 값 이상
> ② 흙에 접하여 콘크리트를 친 후 영구히 흙에 묻혀 있는 경우: 75mm 이상
> ③ 수중에서 콘크리트를 친 경우: 100mm 이상

③ 콘크리트 피복두께는 콘크리트 표면에서 피복조건을 적용할 최외측 철근의 표면까지 거리로 산정한다.
④ 콘크리트가 임시 또는 영구 케이싱 또는 맨드럴 내부에 타설되는 경우, 케이싱 또는 맨드럴의 내부면을 콘크리트 표면으로 간주하여야 한다.

4 얕은 기초의 지지력 산정[KDS 11 50 05 얕은 기초 설계기준(일반 설계법)]

1. 지지력 산정을 위한 고려사항

(1) 기초설계 시 시추조사, 현장 및 실내시험을 통하여 지반 특성을 파악한 후 지지력을 산정한다.
(2) 상재하중이 작은 구조물 또는 가설구조물의 기초는 인근 구조물의 경험값, 기초설계 및 시공성과, 현장시험 자료를 통하여 지지력을 추정할 수 있다.

2. 허용지지력

얕은기초의 허용지지력은 지반의 극한 지지력을 적정의 안전율로 나눈 값과 허용변위량으로부터 정하여진 지지력 중 작은 값으로 결정한다.

(1) 이론적 극한지지력
   ① 지반조건, 하중조건(경사하중, 편심하중), 기초크기 및 형상, 근입깊이, 지반경사, 지하수위 영향 등을 고려하여 산정한다.
   ② 구조물의 하중이 기초의 형상 도심에 연직으로 작용하고 지반의 각 지층이 균질하며 기초의 근입깊이가 기초의 폭보다 작고 기초 바닥이 수평이며 기초를 강체로 간주할 수 있을 경우에는 기존의 이론식으로 연직지지력을 산정한다.
   ③ 소성이론에 의한 계산결과나 재하시험 또는 모형실험의 결과를 이용하여 지지력을 산정한다.
   ④ 기초의 영향범위 내에 여러 지층이 포함된 경우 이러한 층상의 영향을 고려하여 지지력을 산정한다.

(2) 경험적 지지력
   ① 경험에 의해 제시된 지지력공식을 이용하거나, 직접적인 계산이나 시험을 통하지 않고 각종 문헌이나 기준에 제시된 허용지지력 범위나 추천값을 인용하여 지지력을 추정하는 방법이다.
   ② 경험적 지지력 산정방법의 적용요건
      ㉠ 기초바닥면 이하의 지반이 기초폭의 2배까지 거의 균질한 경우
      ㉡ 지표와 지층경계면이 거의 수평인 경우
      ㉢ 기초의 크기가 큰 경우
      ㉣ 규칙적인 동하중을 받지 않는 경우
      ㉤ 개략적인 지지력 예측이 필요한 경우
      ㉥ 정밀한 조사가 불가능한 경우
   ③ 경험적 지지력 산정방법에 의해 도출된 지지력은 기초의 크기, 근입깊이, 지하수위 등에 따라 수정하여 적용한다.

(3) 현장시험에 의한 지지력 산정

구분	설명
기초지반에 대한 평판재하시험	• 하중 - 침하량 곡선으로부터 허용지지력을 산출 • 기초의 크기 효과를 고려하여 설계지지력을 산정
표준관입시험	• 시추기 해머의 에너지 효율에 대하여 보정한 N값을 사용 • 필요에 따라 롯드 길이, 시추공 크기, 유효상재하중 등에 대하여 N값을 보정하여 적용
콘관입시험	조밀한 지반이나 자갈이 섞여 있는 지반에서는 주의하여 적용
현장베인시험	지반의 비배수전단강도를 구하고, 이를 보정하여 기초의 지지력을 추정
공내재하시험	다른 종류의 현장시험이 어려운 모래, 자갈, 풍화토, 풍화암 등에 적용

3. 수평지지력

(1) 얕은기초의 허용수평지지력은 기초저면의 전단저항력을 적정 안전율로 나눈 값이다.
(2) 지표면 근처에서 안정된 지지층을 확보할 수 있는 경우에는 기초전면에 작용하는 수동토압을 안전율로 나눈 값을 적용한다.
(3) 기초저면에 있어서 전단저항력이 부족할 경우에는 활동방지벽을 설치하여 전단저항력을 증가시킬 수 있다.

4. 얕은 기초의 추정지지력(KDS 41 19 00 건축물 기초구조 설계기준)

(1) 추정 지지력은 물리적 특성과 성질이 유사한 토질에 적용한다.

(2) 진흙, 유기질 실트, 유기질 점토, 토탄 또는 검증되지 않은 매립토는 그러한 지지력을 입증할 자료를 제출하지 않는 한 추정 지지력을 사용할 수 없다.

(3) 얕은 기초의 추정지지력

지반분류	수직지지력 (kN/m²)	횡방향 지지력 (kN/m²/0.3m)	횡방향 활동저항 마찰계수	점착력(kN/m²)
결정질 기반암	580	57.5	0.70	-
퇴적암 및 엽리성암	190	19.2	0.35	-
모래질 자갈/자갈	140	9.6	0.35	-
모래, 실트질 모래, 점토질 모래, 실트질 자갈 및 점토질 자갈	100	7.2	0.25	-
점토, 모래질 점토, 실트질 점토, 점토질 실트, 실트 및 모래질 실트	70	4.8	-	6.2

(4) 조합 저항력

횡방향 지지력과 활동저항력으로부터 유도한 값을 조합하여 산정한다.

(5) 횡방향 활동저항력의 한계값

점토, 모래질 점토, 실트질 점토, 점토질 실트, 실트 및 모래질 실트의 횡방향 활동저항력은 어떠한 경우에도 고정하중의 1/2을 초과해서는 안 된다.

(6) 깊이에 따른 지지력 증가

횡방향 지지력은 깊이 0.3m가 증가할 때마다 증가시킬 수 있다. 단, 표 값의 15배를 초과할 수 없다.

5. 얕은 기초의 허용 수직지지력(KDS 41 19 00 건축물 기초구조 설계기준)

산출식: $q_a = \dfrac{q_u - q_o}{SF} + q_o$

- q_a = 허용 수직지지력
- q_u = 극한 수직지지력(최대 3,000kPa로 제한)
- q_o = 기초의 저면 수평선에서 상부지반의 유효중량에 의한 압력

  (즉, $q_o = \gamma_s' D_f$ 여기서 γ_s'와 D_f는 기초저면 위에 있는 원지반의 유효 단위체적중량과 깊이)

- SF = 안전계수(3 이상)

5 얕은 기초의 침하량 산정

1. 얕은 기초의 침하량

(1) 얕은 기초의 침하량

즉시침하량, 일차압밀침하량, 이차압축침하량을 합한 것

(2) 기초하중에 의해 발생된 지중응력의 증가량이 초기응력에 비해 상대적으로 작지 않은 영향깊이 내 지반을 대상으로 침하량을 계산한다.
(3) 쌓기층에 놓이는 구조물은 쌓기층 자체의 장기침하량(creep 침하)을 고려한다.

2. 지중응력 증가량

(1) 기초에 작용하는 하중에 의해 지반 내에 발생되는 지중응력의 증가량은 **지반이 균질하고 등방성인 탄성체**라고 가정하고, 기초형상과 하중의 분포형태에 따라 제시된 계산식(Boussinesq 식 등)을 적용한다.
(2) 지반이 선형 탄성적으로 변형되는 하중범위 내에서는 비교적 잘 적용될 수 있으나, 파괴직전 하중에서는 계산결과가 실제값과 많은 오차를 보일 수 있다.
(3) 층상지반 또는 서로 인접한 지층의 강도가 큰 차이를 나타내는 경우, 계산결과가 실제와 상이할 수 있으므로 지층의 성상을 고려하여 지중응력의 증가량을 구한다.

3. 즉시 침하량

(1) 기초의 강성과 형상 및 지반의 특성을 고려하여 산정한다.
(2) 지반을 단위면적의 흙기둥으로 간주하고 탄성이론으로 기초의 즉시침하를 계산한다.
(3) 평판재하시험을 실시하여 구한 재하판의 하중 - 침하량 관계로부터 지층의 구성과 지반의 종류를 고려하여 실제 기초의 침하량을 추정한다.
(4) 평판재하시험의 결과값은 크기효과 등의 원인으로 인해 지층전체의 변형특성을 대표할 수 없으므로 유의하여 사용한다.
(5) 공내재하시험(프레셔미터시험) 결과로부터 기초의 침하량을 검토할 수 있으며, 다른 종류의 현장시험이 어려운 모래, 자갈, 풍화토, 풍화암 등에 적용할 수 있다.

4. 일차압밀침하

(1) 지반의 압축특성, 유효응력변화, 지반의 투수성, 경계조건 등을 고려하여 계산한다.
(2) 압밀층이 두꺼울 경우에는 지반을 여러 개의 수평지층으로 나누고, 각 층에 대해 기초하중에 의한 응력증가량을 적용하여 다음과 같이 침하량 산정한다.
　① 일차압밀에 의한 최종 침하량은 압밀시험을 실시해서 구한 압축지수나 체적변화계수 등을 적용하여 계산하며, 정규압밀 상태와 과압밀 상태로 구분하여 계산한다.
　② 일차압밀이 종료되기 전 압밀진행정도(압밀도)에 따른 압밀침하속도는 시간 - 침하량 관계로부터 구한다.

5. 이차압축침하

일차압밀침하 완료 후의 시간 - 침하량 관계 곡선의 기울기를 적용하여 계산한다.

6 얕은 기초 설계기준(KDS 41 19 00 건축물 기초구조 설계기준)

1. 일반사항

(1) 기초지반

교란되지 않은 지반, 다짐한 채움재 또는 제어된 저강도재료 위에 시공하여야 한다.

(2) 계단식 기초

① 기초의 상부면은 평평하여야 하며, 기초의 하부면은 1/10을 초과하지 않는 경사는 허용된다.

② 기초 상부면의 높이에 변화가 필요한 곳 또는 지표면의 경사가 1/10을 초과하는 곳에서는 기초에 단차를 두어야 한다.

2. 기초의 깊이와 폭

(1) 교란되지 않은 지표면 아래로 **기초의 깊이는 최소 300mm**이어야 한다.

(2) 동결보호 요구사항을 적용하여야 할 경우, 이를 만족하여야 한다.

(3) 또한 **기초의 폭도 최소 300mm**이어야 한다.

3. 동결보호

(1) 지역의 **지반동결선 아래로** 기초저면을 연장한다.

(2) 기초저면의 지반이 동결되지 않도록 적절한 방법으로 **열전달을 차단하는 방법**으로 시공한다.

(3) **단단한 암반 위에** 설치한다.

(4) **동결보호조치 예외조항**

① 건축물의 중요도 분류에서 **중요도(3)**에 해당되는 경우

② 경량골조로서 바닥면적이 56m² 이하이거나 경량골조이외의 구조로서 바닥면적이 37m² 이하인 경우

③ 처마높이가 3m 이하인 경우

4. 기초 위치

조립토질 지반 위에 놓이는 기초는 만일 다음 조건의 하나인 경우에는 **인접한 기초들의 낮은 가장자리 사이를 연결한 선이 수평과 이루는 경사가 30°보다 더 가파르지 않도록** 위치하여야 한다.

(1) 높은 위치의 기초를 지지하는 재료가 횡구속되거나 유지되지 않는 경우

(2) 달리 승인된 방법으로 횡지지되지 않는 경우

(3) 공학적 해석에 의해 더 큰 경사가 적합한 것으로 입증되지 않는 경우

5. 경량골조용 표준기초

기초가 지지하는 바닥의 수	기초폭	기초두께
1	300mm	150mm
2	380mm	150mm
3	460mm	200

6. 무근콘크리트 기초

(1) 경량골조 이외 구조의 벽체를 지지하는 무근콘크리트 기초의 단부 두께는 **지반 또는 암반에 설치되는 경우 200mm 이상**

(2) 예외조항

주거용 소규모 건축물을 지지하는 무근콘크리트 기초는 만일 기초가 지지벽체의 양측 어느 측에도 기초두께보다 더 크게 내밀지 않는다면, 기초단부의 두께를 150mm로 할 수 있다.

7. 조적식 기초

(1) 기초 깊이

벽체 및 피어 또는 기둥에서 내민 길이 2배 이상

(2) 기초 폭

지지되는 벽체의 폭보다 200mm 이상 넓게 설치

7 전면기초

1. 정의

(1) 여러 개의 기둥들을 지지하는 커다란 콘크리트 슬래브

(2) 근입깊이

건물 외측을 기준으로 하고 합력의 작용위치는 각각 기둥들의 위치와 작용 하중의 크기에 따라 결정

2. 전면기초의 허용지지력

(1) 해석법

상부구조 - 기초판 - 지반의 상대적 거동을 고려하여 강성법, 연성법, 혼합법, 수치해석법 등

(2) 하부지반에 국부적으로 존재하는 연약지층 등의 특성보다는 **지반의 전체적인 특성을 적용하여** 침하를 계산하여야 하며, 전체침하와 부등침하가 과도하게 발생하지 않아야 한다.

8 깊은기초 설계기준(KDS 11 50 15 깊은 기초 설계기준 - 일반설계법)

1. 말뚝기초의 축방향 허용지지력과 허용변위

(1) 말뚝기초의 축방향 허용지지력

말뚝본체의 허용압축하중과 지반의 허용지지력 중 작은 값

(2) 말뚝기초의 축방향 허용변위

상부 구조물의 허용변위량 이내

2. 말뚝본체의 허용압축하중

(1) 강말뚝

구분	설명
허용압축응력	• 강재의 허용압축응력 × 본체의 유효단면적 • 세장비(말뚝 지름에 대한 길이의 비) 및 말뚝이음에 의한 지지하중 감소를 고려하여 결정
유효단면적	• 강말뚝 본체의 유효단면적은 구조물 사용기간 중의 부식을 공제한 값 • 부식을 공제할 때에는 육상말뚝과 해상말뚝으로 구분하여 고려

(2) 기성 콘크리트말뚝

구분	설명
RC 말뚝 허용압축응력	• 콘크리트의 허용압축응력 × 콘크리트의 단면적 • 세장비 및 말뚝이음에 의한 지지하중 감소를 고려하여 결정
PC 및 PSC 허용압축응력	• 콘크리트의 허용압축응력 × 콘크리트의 단면적 • 프리스트레싱의 영향을 고려하고, 세장비 및 말뚝이음에 의한 지지하중 감소를 고려하여 결정

(3) 현장타설 콘크리트말뚝

구분	설명
현장타설 콘크리트말뚝 허용압축하중	• 콘크리트와 보강재로 구분하여 허용압축하중을 각각 산정 • 이 두 값을 합한 값에 세장비에 의한 지지하중 감소를 고려하여 결정
	• 콘크리트 허용압축하중 = 콘크리트의 허용압축응력 × 콘크리트의 단면적 • 보강재 허용압축하중 = 보강재의 허용압축응력 × 보강재의 단면적
	지하수에 의해 부식이 우려되는 경우에는 부식 방지공을 고려하여 말뚝 본체의 허용압축하중을 결정

3. 재하시험에 의한 축방향 허용압축지지력 결정

(1) 말뚝기초의 압축재하시험

구분	설명
압축 정재하시험	고정하중을 적재하거나 지반앵커의 인발저항력 또는 반력말뚝의 마찰력을 이용
양방향 재하시험	말뚝본체에 미리 설치된 가압잭(또는 가압셀)을 이용
동재하시험	동적하중을 재하

(2) 말뚝의 압축지지력

지반조건에 따라 말뚝을 시공한 후 경과한 시간에 따라 변화하므로 이에 대한 확인이 필요한 경우 동일한 말뚝에 대하여 시공 후 일정한 시간이 경과한 조건에서 압축재하시험을 실시

(3) 동재하시험

① 실시 기술자의 자질에 따라 그 신뢰도가 영향
② 필요한 경우 동일한 말뚝에 대해 수행된 정재하시험 결과와 비교 평가하는 등 동재하시험 결과의 신뢰도를 확인하는 절차를 거치도록 한다.

(4) 허용압축지지력
　　① 재하시험에 의한 허용압축지지력: 항복하중의 1/2 및 극한하중의 1/3 중 작은 값
　　② 재하시험을 하지 않는 경우: 지지력 산정식에 의해 구해지는 극한지지력의 1/3 중에서 가장 작은 값

4. 말뚝의 부주면 마찰력

(1) 정의
　　말뚝과 지반의 상대적인 침하거동에 따라 발생하는 **하향의 마찰력**
(2) 부주면 마찰력 고려조건
　　① 기초지반에 점토, 실트 또는 유기질토와 같은 **압축성 지반이 분포**하는 경우
　　② 말뚝기초와 **인접하여 쌓기**가 예상되거나, 최근에 **쌓기**가 실시된 경우
　　③ 기초지반의 **지하수위가 저하**되는 경우
　　④ 느슨한 사질토에 **액상화**가 예상되는 경우
(3) 무리말뚝에 대해서는 무리말뚝 효과를 고려한 부주면마찰력을 적용할 수 있다.
(4) 부주면마찰력이 발생하는 지반조건에서는 선단지지력의 크기, 주면마찰력의 크기 및 분포를 판단할 수 있는 **하중전이시험이 포함된 압축재하시험**을 실시하여 축방향 허용압축지지력을 결정할 수 있다.
(5) 부주면마찰력이 큰 경우에는 **부주면마찰력 감소방법**을 적용할 수 있다.
(6) 액상화에 의해 발생된 말뚝 부주면마찰력은 **다른 하중조합에 포함**하여 고려해야 하며, 액상화로 인한 말뚝의 부주면마찰력은 압밀침하에 의한 말뚝 부주면마찰력과 조합하지 않는다.
(7) 일시적으로 작용하는 하중(지진하중, 풍하중, 빙하중, 충돌하중, 제동하중 등)으로 인해 말뚝 부주면마찰력이 감소되는 것을 말뚝기초 설계에 고려한다면, 이들 하중과 동일한 하중을 말뚝 부주면마찰력에서 감소시켜야 한다.
(8) 말뚝의 부주면마찰력과 활하중 또는 일시적으로 작용하는 하중은 동시에 조합하여 고려하지 않는다.

5. 말뚝기초의 침하

(1) **침하에 의한 구조물의 안정성을 판정 시 고려요소**
　　외말뚝의 침하량, 무리말뚝의 침하량, 부주면마찰력에 의한 외말뚝의 침하량, 부주면마찰력에 의한 무리말뚝의 침하량 및 부등침하량 등을 고려
(2) **허용침하량**
　　상부구조물의 구조형식, 사용재료, 용도, 중요성 및 침하의 시간적 특성 등에 의해 정한다.
(3) **외말뚝의 침하량의 판정**
　　① 압축 정재하시험을 실시하여 판정하는 것이 가장 바람직하다.
　　② 압축 정재하시험 결과를 얻을 수 없는 경우: 침하량 산정 공식이나 해석적 기법을 이용하여 추정

6. 말뚝재료의 허용응력

구분	허용압축응력 및 허용압축하중(력)
나무말뚝	• 소나무, 낙엽송, 미송: 5MPa • 기타의 수종: 상시 습윤상태의 허용압축응력과 5MPa 중 작은 값 • 허용압축하중은 나무말뚝의 최소단면에 대해 산정
기성콘크리트말뚝	• 콘크리트설계기준강도의 **최대 1/4까지**를 말뚝재료의 허용압축응력 • 콘크리트의 설계기준강도는 35MPa 이상 • 허용하중은 말뚝의 최소단면에 대해 산정
현장타설 콘크리트말뚝	• 말뚝본체의 전부 또는 일부의 콘크리트가 물 또는 흙탕물 중에 타설될 경우: 콘크리트 설계기준강도의 20% 이하 • 말뚝본체 콘크리트 타설을 위한 굴착구멍에 물 또는 흙탕물이 없는 상태에서 콘크리트가 타설될 경우 또는 수중타설콘크리트에 대한 조치가 있는 경우: 콘크리트 설계기준강도의 25% 또는 8.5MPa 이하
강재말뚝	• 부식부분을 제외한 단면에 대해 재료의 항복응력과 국부좌굴응력을 고려하여 결정 • 강말뚝의 부식은 말뚝이 설치되는 지역조건 및 환경조건에 따라 결정 • 단기 허용압축응력 = 장기 허용압축응력 × 1.5배

7. 말뚝기초의 설계 시 고려사항

(1) 말뚝에 작용하는 압축, 인장, 전단, 휨응력이 모두 허용응력 범위 안에 있어야 한다.
(2) 말뚝과 기초 푸팅의 연결부, 말뚝의 이음부 등은 확실하게 시공할 수 있도록 설계한다.
(3) 말뚝의 부식, 풍화, 화학적 침해 등에 대하여 적합한 대책을 강구한다.
(4) 침식, 세굴 또는 인접지반의 굴착, 지하수 변동 등에 대한 검토와 대책을 수립한다.
(5) 말뚝을 소요 지지층까지 관입시킬 수 있는 공법을 선정한다.
(6) 시공 시 발생할 수 있는 소음, 진동 등은 환경기준을 만족하여야 한다.
(7) 지반의 액상화 가능성에 대하여 검토한다.
(8) 말뚝종류 선정, 시공장비 선택, 시공법 선정, 지지층 선정, 시멘트풀 보강 여부, 무리말뚝 시공으로 인한 말뚝 솟아오름 가능성 등에 대하여 검토한다.

8. 말뚝간격과 말뚝배열

(1) **말뚝의 배열**
  연직하중 작용점에 대하여 가능한 한 대칭을 이루며 각 말뚝의 하중 분담률이 큰 차이가 나지 않도록 한다.

(2) **말뚝중심 간격**
  최소한 말뚝지름의 2.5배 이상, 기초측면과 말뚝중심 간의 거리는 최소 말뚝지름의 1.25배 이상

9. 말뚝기초의 반력

(1) 말뚝기초의 연직하중은 말뚝에 의해서만 지지되는 것으로 간주하며 기초 푸팅의 지지효과는 무시한다(다만, 기초 푸팅의 지지효과에 대하여 충분히 신뢰할 수 있는 경우에는 이를 고려).

(2) **말뚝기초의 횡방향 하중**: 말뚝에 의해서 지지되는 것으로 한다(다만, 기초의 깊이가 깊고 뒤채움이 잘 다져져서 횡방향 하중을 분담할 수 있다고 판단될 때에는 기초 측면의 횡방향 지지력을 고려할 수 있음).
(3) 기초에 큰 횡방향 하중이 작용할 때에는 경사말뚝을 배치하여 횡방향 하중을 분담하게 할 수 있다.

10. 말뚝재하시험

(1) **말뚝재하시험 종류**
　　압축재하시험, 인발재하시험, 횡방향재하시험 등
(2) 압축재하시험은 **정재하시험을 원칙**으로 한다.
(3) 시험목적, 공사의 규모와 중요도, 실시수량, 현장여건 등 실시조건을 고려하여 **동재하시험을 선택적으로 적용**할 수 있다.
(4) **동재하시험방법으로 적용할 경우**
　① 시공장비의 성능 확인, 장비의 적합성 판정, 지반조건 확인, 말뚝의 건전도 판정, 지지력 확인 등을 목적으로 실시한다.
　② 말뚝지지력의 시간경과효과 및 시험품질을 검증할 수 있다.
(5) **압축재하시험의 최소 실시수량**
　① 지반조건에 큰 변화가 없는 경우 **전체 말뚝 수량의 1% 이상**
　② 말뚝이 100개 미만인 경우에도 최소 1개

9 깊은 기초 설계기준(KDS 41 19 00 건축물 기초구조 설계기준)

1. 말뚝의 횡지지

(1) 유동성 토사가 아닌 어떤 토사라도 말뚝의 좌굴을 방지하기에 충분한 횡지지를 할 수 있는 것으로 간주
(2) **단단한 지반의 경우 1.5m 깊이 지점** 또는 **연약한 지반의 경우는 3.0m 깊이 지점**에서 횡지지되는 것으로 간주

2. 안정성

(1) 말뚝은 모든 방향에 대해 횡적 안정을 갖도록 횡지지되어야 한다.

구분	설명
강체두부로 연결된 3개 이상의 말뚝	말뚝군의 도심에서 방사 방향으로 60도 이상 떨어져 위치한다면 횡지지 된 것으로 간주
강체두부로 연결된 2개의 말뚝군	2개의 말뚝을 연결하는 축방향에 대해서는 횡지지된 것으로 간주
벽체를 지지하는 말뚝	편심 및 횡력에 대해 저항할 수 없거나, 또는 말뚝들의 횡적안정을 위하여 적합한 횡지지를 하지 않는다면, 300mm 이상의 간격으로 이격된 양쪽 선상에 번갈아 배치하고 또한 벽체 전달하중의 중심에 대해 대칭으로 배치

(2) 예외조항
  ① 최소수평치수가 600mm 이상이며, 적합하게 횡지지되고 또한 높이가 최소수평치수의 12배를 초과하지 않는 경우, 횡지지가 없는 현장타설 독립말뚝을 사용할 수 있다.
  ② 말뚝들의 중심이 지지벽체의 폭 내에 위치한다면, 1~2 가구의 주택이나 지상 2층 이하 또는 건물높이 10m 이하인 경량구조물에 대하여 한 줄로 배치된 말뚝들을 횡지지 없이 사용할 수 있다.

3. 수평하중
(1) 말뚝의 설계용 모멘트, 전단력 및 수평변위는 책임기술자에 의해 결정된 말뚝본체와 지반의 비선형 상호작용을 고려하여 결정해야 한다.
(2) 말뚝의 최소 수평치수에 대한 말뚝 매입깊이의 비가 6 이하인 말뚝은 강체말뚝으로 가정할 수 있다.

4. 무리말뚝 효과
(1) 횡력이 작용하는 방향으로 말뚝의 중심간 간격이 말뚝의 수평 최소치수의 8배 미만인 경우 횡방향 거동에 대한 무리말뚝의 효과를 해석에 포함해야 한다.
(2) 말뚝의 중심간 간격이 말뚝의 수평 최소치수의 3배 미만인 경우 축방향 거동에 대해서도 무리말뚝의 효과를 해석에 포함해야 한다(단, 암반에 근입된 선단말뚝의 경우는 제외).

10 깊은 기초 설계상세(KDS 41 19 00 건축물 기초구조 설계기준)

1. 설계조건
(1) 콘크리트 말뚝의 설계방법
  ① 콘크리트 말뚝이 전체 높이에 걸쳐 횡지지되고, 작용하중에 의해 발생하는 휨모멘트가 우발편심에 의한 휨모멘트보다 크지 않은 경우 **허용응력설계법의 하중조합과 허용응력을 사용**하여 설계
  ② 그렇지 않을 경우, 콘크리트 말뚝의 구조설계는 **강도설계법 또는 한계상태설계법의 하중조합과 승인된 강도설계법을 사용**하여 설계

(2) 합성 및 복합말뚝
  단일말뚝이 2가지 이상의 상이한 재료 또는 상이한 말뚝종류로 이음된 단면으로 이루어진 경우
  ① 합성체의 각 단면은 이 기준의 해당 요구사항들을 만족
  ② 각 단면의 최대 허용하중은 그 단면의 구조내력으로 제한

(3) 위치이탈
  ① 기초 또는 상부구조는 **75mm 이상의 말뚝의 위치이탈** 영향에 저항할 수 있도록 설계하여야 한다.
  ② 말뚝은 위치이탈의 영향을 고려하여 **허용설계하중의 110%까지 초과압축하중에 저항**할 수 있도록 설계되어야 한다.

(4) 타입말뚝
  취급, 항타 및 사용하중에 의해 발생하는 모든 응력에 저항할 수 있도록 설계하고 제작

(5) 나선형 말뚝
  지중내 설치 및 사용하중에 의해 발생하는 모든 응력에 저항할 수 있도록 설계하고 제작

(6) 케이싱
　① 임시 및 영구 케이싱은 강재로 하여야 하며, 콘크리트타설 중에 붕괴를 방지할 수 있도록 충분히 강해야 하고 이물질이 유입되지 않도록 수밀성이 충분히 확보
　② 영구케이싱을 구조용 보강 강재로 고려할 경우, 강재를 유해물질로 부터의 보호조치를 강구하여야 한다.

2. 말뚝에 사용하는 재료의 허용응력

재료 종류 및 조건	최대허용응력[1]
1. 압축을 받는 콘크리트 또는 그라우트[2]	
• 영구케이싱 된 현장타설	$0.40 f_{ck}$
• 강관 및 기타 영구케이싱 또는 암반 속 현장타설	$0.33 f_{ck}$
• 영구케이싱이 없는 현장타설	$0.30 f_{ck}$
• 프리캐스트	$0.33 f_{ck}$
• 프리스트레스트 프리캐스트	$0.33 f_{ck} - 0.27 f_{pc}$
2. 압축을 받는 철근	$0.40 f_y \leq 200 \text{MPa}$
3. 압축을 받는 강재	
• 콘크리트충전강관 내부의 코어	$0.50 F_y \leq 220 \text{MPa}$
• 규정한 값보다 더 높은 허용응력 사용할 경우의 강관 또는 H형강	$0.50 F_y \leq 220 \text{MPa}$
• 마이크로파일용 강관	$0.40 F_y \leq 220 \text{MPa}$
• 이외 강관 또는 H형강	$0.35 F_y \leq 110 \text{MPa}$
• 나선형 강재	$0.60 F_y \leq 0.50 F_u$
4. 인장을 받는 철근	
• 마이크로파일 내부 철근	$0.60 f_y$
• 이외 철근	$0.50 f_y \leq 165 \text{MPa}$
5. 인장을 받는 강재	
• 규정한 값보다 더 높은 허용응력 사용할 경우의 강관 또는 H형강	$0.50 F_y < 220 \text{MPa}$
• 이외 강관 또는 H형강	$0.35 F_y \leq 110 \text{MPa}$
• 나선형 강재	$0.60 F_y \leq 0.50 F_u$
6. 목재	목구조 설계기준에 따름

1) f_{ck}: 콘크리트 또는 그라우트의 설계기준압축강도
　f_{pc}: 유효 프리스트레스 힘에 의한 총콘크리트단면에 대한 압축응력
　f_y: 철근의 설계기준항복강도
　F_y: 강재의 설계기준항복강도
　F_u: 강재의 최소인장강도
2) 콘크리트 순단면적에 적용하는 응력
　(콘크리트 표면 안의 총단면에 적용하는 응력. 임시 또는 영구 케이싱이 사용되는 경우 케이싱의 내면이 콘크리트 표면으로 고려되어야 함)

3. 말뚝의 치수

(1) 프리캐스트
기성콘크리트말뚝의 수평 최소치수는 200mm이다.

(2) 현장타설 또는 그라우팅

구분	설명
케이싱이 있는 말뚝	영구적인 케이싱이 있는 제자리타설말뚝의 공칭외경은 200mm 이상
케이싱이 없는 말뚝	• 영구적인 케이싱이 없는 제자리타설말뚝의 직경은 300mm 이상 • 말뚝길이는 평균직경의 30배를 초과하지 않아야 함
마이크로 파일	마이크로파일의 외경은 300mm 이하

(3) 강재말뚝

구분	설명
H형강 말뚝	• 플랜지의 내민길이: 플랜지 또는 웨브의 최소두께의 14배를 초과해서는 안 되며, 플랜지폭은 단면 춤의 80% 이상 • 웨브방향의 공칭춤: 200mm 이상 • 플랜지 및 웨브의 공칭두께: 최소 9.5mm

강관말뚝	• 강관말뚝 공칭외경: 200mm 이상
	• 선단개방형 강관말뚝을 타입할 경우
	  - 말뚝햄머에너지에 저항할 수 있도록 1,360N·m마다 강재단면이 최소 220mm^{2}씩 증가
	  - 항복강도가 240MPa를 초과하는 강재와 동등한 강도
	  - 말뚝단면이 선정된 햄머에 적합한지를 평가하기 위해 파동방정식해석을 사용하여 항타로 인한 압축응력을 평가
	  - 4.6mm 미만의 벽두께를 가진 강관말뚝을 선단개방으로 타입할 경우, 적합한 커팅슈를 씌워야 함

나선형 말뚝	중심축의 치수 및 나선형 지압판의 수, 크기 및 두께는 설계하중을 지지하기에 충분하여야 함

4. 말뚝의 이음

(1) 동일 말뚝의 이음
이음내력은 약한 단면의 휨강도의 50% 이상

(2) 다른 재료 또는 다른 형태의 말뚝의 이음
이음부 내력은 약한 단면의 전체 압축강도와 인장 및 휨 강도의 50% 이상

(3) 강재코어 단면을 이음
단부 접합면을 완전히 접촉되도록 가공 또는 연마하고 전체 두께를 용접

(4) 말뚝매입부의 상부 3.0m 이내에서의 이음
① 축하중의 가상편심 75mm에 의한 모멘트 및 전단력에 대해 허용응력으로 저항할 수 있도록 설계
② 말뚝을 매입부의 상부 3.0m 이내에 이음이 없는 다른 말뚝에 횡지지하여야 한다.

5. 프리캐스트 콘크리트 말뚝

(1) 철근
종방향 철근은 대칭형태로 배근하여야 하며, 다음과 같은 중심간 간격의 띠철근 또는 나선철근으로 횡방향을 구속하여야 한다.
① 양단에서 처음 5개의 띠철근 또는 나선철근은 25mm 이하 간격
② 양단으로부터 첫 600mm 내의 나머지 구간은 100mm 이하 간격
③ 그 외 구간은 150mm 이하 간격

(2) 띠철근 및 나선철근의 규격
① 말뚝의 수평 최소치수가 400mm 이하인 경우: 5.6mm 이상의 철선
② 말뚝의 수평 최소치수가 400mm를 초과 500mm 미만인 경우: 6mm 이상의 철선
③ 말뚝의 수평 최소치수가 500mm 이상인 경우: 6.4mm 이상 원형철근 또는 6.6mm 이상의 철선

(3) 비인장 기성콘크리트 말뚝
① 최소철근비: 종방향 철근은 4개 이상으로 최소철근비가 0.8% 이상
② 내진설계범주 'C', 'D'에서의 내진보강

(4) 프리스트레스트 기성콘크리트 말뚝
① 유효 프리스트레스: 프리스트레싱 강재에서 207 MPa의 프리스트레스 손실 가정에 근거한 것이며, 프리스트레싱 강재의 인장응력은 규정된 값들을 초과해서는 안 된다.
② 내진설계범주 'C' 및 'D'에서의 내진보강

6. 현장타설 콘크리트 말뚝

(1) 설계 균열모멘트: $\phi M_n = 0.25\sqrt{f_{ck}} S_m$ (S_m: 철근과 케이싱을 무시한 말뚝단면의 탄성 단면계수, mm³)

(2) 철근배근
① 철근배근 원칙: 필요한 철근보강은 조립 후 함께 결속하여, 말뚝 보강부분을 콘크리트로 충전하기 전에 일체로 말뚝 내에 설치한다.
② 예외조항
  ㉠ 묻힘길이가 1.5m 이하인 다월: 콘크리트가 아직 반유동체 상태일 경우 콘크리트 타설 후 설치
  ㉡ 중공 오거로 설치하는 말뚝: 콘크리트가 아직 반유동체 상태일 경우 콘크리트 타설 후 설치
  ㉢ 횡방향 띠철근이 없는 종방향 철근: 타설 전 오거의 중공을 통해 설치, 콘크리트가 아직 반유동체 상태일 경우 콘크리트 타설 후 설치
  ㉣ 경량골조로 된 2층 이하의 주거용 소규모 건축물
    ⓐ 콘크리트가 아직 반유동체 상태일 경우 콘크리트 타설 후 설치
    ⓑ 시공방법이 담당원의 요구를 충족할 수 있다면, 콘크리트 피복두께는 50mm로 저감할 수 있다.

(3) 저면확장말뚝
　① 선단을 확장 천공한 저면확장말뚝의 경우, 벨의 가장자리 두께는 기초 가장자리에 필요한 두께 이상이어야 한다.
　② 벨의 사면이 수평에서 60° 이내의 각도로 경사질 경우, 수직전단의 영향을 고려하여야 한다.

7. 마이크로 파일

(1) 일반사항
　① 토사, 암 또는 토사와 암의 혼합지반에서는 부착구간에 의해 지지력이 발현되어야 한다.
　② 마이크로파일은 그라우팅해야 하고, 말뚝의 전장을 따라 모든 단면에서 강관 또는 철근으로 보강하여야 한다.
　③ 인장 정착길이 이상 강관의 단면내부로 철근을 연장함으로써 이형철근으로부터 강관으로 하중을 전이할 수 있다.

(2) 재료
　① 마이크로파일의 보강은 **이형철근**으로 한다.
　② 강관의 두께는 4.8mm 이상이어야 한다.
　③ 강관은 품질검사증명서(MTC) 또는 강관 중량 18.0ton당 2개의 시편 시험성적서에 표기된 항복강도는 310MPa 이상, 연신율은 15% 이상이어야 한다.

(3) 마이크로파일의 내진보강
　① 내진설계범주 'C'에 속하는 구조물의 경우, 마이크로파일 상부에서 곡률 0인 점(변곡점)까지 영구 강재 케이싱으로 보강해야 한다.
　② 내진설계범주 'D'에 속하는 구조물의 경우, 마이크로파일은 대안 시스템으로 고려하여야 한다.

8. 말뚝 기초판

(1) 말뚝기초판은 철근콘크리트로 타설하고, 지중보, 기초판을 포함한 수직말뚝에 접합되는 모든 부재들을 포함한다.
(2) 말뚝기초판 바로 밑 지반은 어떠한 수직하중도 지지하는 것으로 고려해서는 안 된다.
(3) 수직말뚝의 머리는 75mm 이상 말뚝기초판에 매입하여야 하고, 말뚝기초판은 말뚝 가장자리에서 100mm 이상 확장해야 한다.

9. 말뚝기초의 내진상세

구분	설명
내진설계범주 'C', 'D'	• 콘크리트 말뚝의 띠철근 및 나선철근은 갈고리 상세에 따라 배근 • 말뚝의 이음부: 말뚝재료의 공칭강도, 특별지진하중으로 부터 발생된 축력, 전단력, 모멘트 중 작은 값에 대하여 견딜 수 있도록 설계 • 프리텐션이 사용되지 않은 기성콘크리트말뚝 　- 종방향 주철근비는 전체 길이에 대해 1% 이상 　- 횡방향철근은 직경 9.5mm 이상의 폐쇄띠철근이나 나선철근을 사용

내진설계범주 'C'	• 종방향 주철근: 4개 이상 또한 설계단면적의 0.25% 이상 • 배근구간: 말뚝길이의 1/3, 말뚝최소직경의 3배, 3.0m, 설계균열모멘트가 소요휨강도를 초과하는 지점까지의 거리 중 최댓값 구간에 배근
내진설계범주 'D' 말뚝	• 종방향 주철근: 4개 이상 또한 설계단면적의 0.25% 이상 • 배근구간: 말뚝길이의 1/2, 말뚝최소직경의 3배, 3.0m, 설계균열모멘트가 소요휨강도를 초과하는 지점까지의 거리 중 최댓값 구간에 배근 • 기초판과의 구속에 따른 인발력 및 휨모멘트에 의해 발생되는 축력을 조합하여 설계 • 말뚝의 인장강도의 25% 이상 발휘할 수 있도록 기초판 속으로 정착 • 말뚝머리의 정착: 종방향 주철근 직경의 12배, 말뚝 최소직경의 1/2, 305mm
내진설계범주 'D' 현장타설 말뚝	• 종방향 주철근: 현장타설말뚝: 주철근 4개이상 또한 설계단면적의 0.5% 이상 • 인발에 대한 정착: 말뚝의 종방향 주철근의 공칭인장강도, 철골부재의 공칭인장강도, 말뚝과 지반 사이의 마찰력의 1.3배 • 비틀림에 대한 정착: 특별지진하중에 의해 발생되는 축력, 전단력, 휨모멘트를 저항하도록 설계하거나 또는 말뚝의 축력, 휨, 전단에 대한 공칭강도를 저항할 수 있어야 함

현장타설말뚝	• 횡방향 철근: 직경 10mm 이상의 폐쇄띠철근이나 나선철근을 사용
	• 횡방향 철근간격
	  - 말뚝머리부터 말뚝직경의 3배의 구간: 주철근 직경의 8배와 150mm 중 작은 값 이하
	  - 나머지 구간: 주철근 직경의 16배를 초과하지 않아야 함

10. 말뚝의 구조적 건전성

(1) 기성콘크리트말뚝의 압축강도

콘크리트는 설계기준압축강도(f_{ck})의 75% 이상의 압축강도에 도달해야 하며, 또한 취급 및 항타 과정에 충분히 견딜 수 있는 강도 이상이어야 한다.

(2) 케이싱

① 현장타설말뚝이 불안정한 지반에 형성되고 또한 콘크리트를 개방천공에 타설하는 경우, 콘크리트 타설 전에 케이싱을 천공 속에 삽입해야 한다.

② 콘크리트를 타설하면서 케이싱을 빼낼 경우, 콘크리트 타설높이는 수압이나 횡토압을 상쇄하기에 충분한 높이를 케이싱 밑면에서 위로 유지하여야 한다.

(3) 케이싱되지 않은 콘크리트의 인접항타

① 콘크리트 충전 후 **재령 48시간 경과 전**에 케이싱 되지 않은 말뚝으로부터 **자갈층에서는 중심간 거리가 말뚝직경의 6배 이내** 또는 **점토질 지반에서는 말뚝길이의 1/2 이내**에서 말뚝의 항타작업을 해서는 안 된다.

② 완성된 말뚝의 콘크리트 표면이 상승하거나 또는 하강하면, 그 말뚝은 보강 또는 교체하여야 한다.

③ 케이싱 안 된 타설말뚝은 융기를 야기할 수 있는 지반에 설치해서는 안 된다.

(4) 케이싱된 콘크리트의 인접항타

① 콘크리트 충전 후 **재령 24시간 경과 전**에 케이싱된 **말뚝의 평균직경 4.5배 이내**에서 말뚝의 항타작업을 해서는 안 된다.

② 타입 시 지반융기가 예상되는 케이싱에는 콘크리트를 타설해서는 안 된다.

> 참고

개정 전의 기초설계 구조기준

1. 일반사항

(1) 기초판 형식에 따른 분류

구분	설명
독립기초	기둥 1개를 1개의 기초판으로 지지하도록 만든 기초
복합기초	2개 이상의 기둥을 1개의 기초판으로 지지하도록 만든 기초
연속기초	벽 또는 1열의 기둥을 연속된 기초판으로 지지하도록 만든 기초
온통기초	• 기초지반이 연약한 경우에 사용되는 기초 • 모든 기둥을 하나의 기초판으로 지지하도록 만든 기초

(2) 지정형식에 따른 분류

구분	설명
직접기초	기둥 1개를 1개의 기초판으로 지지하도록 만든 기초
말뚝기초	기초판 저면의 지지력이 작은 경우, 말뚝을 박아 구조물을 지지하는 기초
피어기초	기둥 모양의 긴 기초구조물로서 하중을 지지하는 기초
잠함기초	• 지상에서 원통형, 사각형의 상자를 구축하고, 기초 주변을 굴착하면서 침하시키는 기초 • 용기 잠함(pneumatic caisson, 공기 케이슨), 개방 잠함(open caisson, 오픈 케이슨) 등

2. 직접기초

(1) 기초의 접지압

① 기본사항
- 독립기초: 각 기둥마다 독립적으로 설치(상부하중이 작은 경우에 적합한 기초형식)
- 복합기초: 2개 이상의 기둥을 지지하는 형태 → **접지압은 하중의 편심을 고려**
- 온통기초: 강성이 충분할 때 복합기초와 동일하게 취급 → **복합기초와 동일**
- 연속기초: 일정 폭과 길이를 갖는 연속된 형태 → **접지압 균등분포**

② 접지압 산정식

독립기초	복합기초 및 온통기초	연속기초
• 수직하중 작용 시: $\sigma_e = \dfrac{P}{A_f} \leq f_e$ • 편심하중 작용 시: $\sigma_e = \alpha \cdot \dfrac{P}{A_f} \leq f_e$	$\sigma_e = \alpha \cdot \dfrac{\Sigma P}{A_f} \leq f_e$	$\sigma_e = \dfrac{P_n}{A_n} \leq f_e$

- σ_e: 설계용 접지압(kN/m²)
- f_e: 허용지내력(kN/m²)
- P: 기초자중을 포함한 기초판에 작용하는 수직하중(kN)
- ΣP: 기초자중을 포함한 연직하중의 합(kN)
- α: 하중의 편심과 저면의 형상으로 정해지는 접지압계수
- A_f: 기초판의 저면적(m²)
- A_n: 인접한 기둥까지 거리의 1/2 범위를 택한 각 기둥의 지배면적(m²)

(2) 직접기초의 즉시 침하량의 산정

① 지반을 탄성체로 보고 **탄성이론**에 기초한 **지반의 탄성계수와 푸아송비**를 적절히 설정
② 탄성이론에 의한 계산과 평판재하시험에 따른 추정으로 산정

탄성이론에 의한 즉시 침하량	평판재하시험에 따른 추정
$S_E = \dfrac{I_S(1-\nu^2)qB}{E_S}$	$S_2 = S_1 \cdot \dfrac{I_{S2} \cdot B_2}{I_{S1} \cdot B_1}$
• S_E: 즉시침하량(m) • I_S: 기초저면의 형상과 강성에 따라 정해지는 계수 • q: 기초에 작용하는 단위면적당 하중(kN/m²) • B: 기초의 단변길이(원형의 경우는 지름)(m) • L: 기초의 장변길이(m) • E_S: 지반의 탄성계수(kN/m²) • ν: 지반의 푸아송비	• S_1: 평판의 침하량(m) • S_2: 기초의 침하량(m) • I_{S1}: 재하판의 침하계수 • I_{S2}: 기초의 침하계수 • B_1: 재하판의 폭(m) • B_2: 기초의 폭(m)

3. 말뚝기초

(1) 말뚝의 최소간격

나무말뚝	기성콘크리트말뚝	강재말뚝	현장타설 콘크리트말뚝	매입말뚝
2.5D 이상 또한 600mm 이상	2.5D 이상 또한 750mm 이상	2.0D 이상 (폐단: 2.5D 이상) 또한 750mm 이상	2.0D 이상 또한 D + 1,000mm 이상	2.0D 이상

(2) 말뚝의 허용지지력

① 타입말뚝
- 허용압축응력에 최소단면적을 곱한 값 이하
- 재하시험을 할 경우: **항복하중의 1/2 및 극한하중 이하 값의 1/3 중 작은 값**
- 재하시험을 하지 않는 경우: 지지력 산정식에 따라 구해지는 극한지지력의 1/3 중에서 가장 작은 값

② 매입말뚝 및 현장타설 콘크리트말뚝
- 허용압축응력에 최소단면적을 곱한 값 이하
- 재하시험을 할 경우: **항복하중의 1/2 및 극한하중 이하 값의 1/3 중 작은 값**
- 재하시험을 하지 않는 경우: 지지력 산정식에 따라 구해지는 극한지지력의 1/3 중에서 가장 작은 값

(3) 말뚝의 허용응력

① 말뚝 재료별 허용응력

구분	허용압축응력 및 허용압축하중(력)
나무말뚝	• 소나무, 낙엽송, 미송: 5MPa • 기타의 수종: 상시 습윤상태에 있는 경우의 값과 5MPa 중 작은 값
기성콘크리트말뚝	• 콘크리트설계기준강도의 최대 1/4까지를 말뚝재료의 허용압축응력 • 콘크리트의 설계기준강도는 35MPa 이상
강재말뚝	부식부분을 제외한 단면에 대해 재료의 항복응력과 국부좌굴응력을 고려하여 결정
현장타설 콘크리트말뚝	보강재의 장기허용압축응력은 항복강도의 40% 이하

② 현장타설 콘크리트말뚝의 허용압축응력

구분	최대 허용응력
영구 케이싱이 없는 현장타설 콘크리트	$0.30 f_{ck}$
강관 및 이외 영구 케이싱 또는 암 내부의 현장타설 콘크리트	$0.33 f_{ck}$
영구 케이싱 내부의 현장타설 콘크리트	$0.40 f_{ck}$

(4) 말뚝재료의 허용응력 저감

① 허용응력 저감에 대한 분류

구분	설명
이음말뚝의 저감	이음의 종류와 개수에 따라 말뚝재료의 허용압축응력을 저감
무타격 말뚝의 저감	타격력을 전혀 사용하지 않고 시공하는 말뚝의 이음에 대해서는 타입말뚝 이음 저감률의 1/2을 택할 수 있음
세장말뚝의 저감	말뚝의 세장비가 큰 말뚝에 있어서 그 말뚝의 재질, 단면의 형상, 지반상황 및 시공방법에 따라 $\mu(\%)$에 해당하는 비율만큼 말뚝재료의 허용압축응력을 저감
세장이음말뚝의 저감	이음말뚝으로 세장비가 n보다 큰 경우 위의 각 항에 따라 정해진 각 저감률의 합으로 저감

② 세장말뚝의 저감
- 세장비에 따른 저감률

산정식	비고
$\mu = \dfrac{L}{d} - n$	• μ: 세장비에 대한 저감률(%) • L/d: 말뚝의 세장비 • n: 재료의 허용압축응력을 저감하지 않아도 되는 세장비의 한계값

- 세장비에 따른 허용응력 감소의 한계값

말뚝 종류	세장비 한계값(n)	세장비 상한값
RC 말뚝	70	90
PC 말뚝	80	105
PHC 말뚝	85	110
강관 말뚝	100	130
현장타설 콘크리트말뚝	60	80

(5) 말뚝에 작용하는 부마찰력
  ① 정의
    - 말뚝의 부마찰력이란 지지말뚝에서 주면마찰력이 하향으로 작용하는 현상이다.
    - 연약지반의 깊이가 깊고, 점토지반의 압밀침하, 상부하중의 과다 등의 원인으로 발생한다.
  ② 검토대상
    - 지반침하가 생기는 지역 및 그 가능성이 있는 지역
    - 15m 이상에 걸쳐 압밀층 및 그 영향을 받는 층을 관통하여 타설된 말뚝

(6) 말뚝재료별 구조세칙
  ① 기성콘크리트말뚝

구분	설명
주근	• 6개 이상 또한 그 단면적의 합은 말뚝의 실단면적의 0.8% 이상 • 띠철근 또는 나선철근으로 상호 연결 • 피복두께: 30mm 이상
말뚝의 중심 간격	말뚝머리지름의 2.5배 이상 또한 750mm 이상(2.5D, 750mm 이상)

  ② 강재말뚝
    - 부식에 대한 검토 및 부식방지를 위한 유효한 대책 강구
    - 말뚝의 중심 간격
      - 개단 강관말뚝: 말뚝머리의 지름 또는 폭의 **2.0배 이상** 또한 750mm 이상
      - 폐단 강관말뚝: 말뚝머리의 지름 또는 폭의 **2.5배 이상** 또한 750mm 이상
  ③ 현장타설 콘크리트말뚝

구분	설명
말뚝의 단면적	전 길이에 걸쳐 각 부분의 설계단면적 이하이어서는 안 됨
말뚝의 선단부	지지층에 확실히 도달 및 공저의 슬라임 제거대책 강구
주근	• 4개 이상 또한 그 단면적의 합은 말뚝의 실단면적의 0.25% 이상 • 띠철근 또는 나선철근으로 보강 • 피복두께: 60mm 이상
단면 확대 말뚝	측면경사가 수직면과 이루는 각은 30° 이하로 하고 전단력에 대해 검토
말뚝의 중심 간격	말뚝머리지름의 2.0배 이상 또한 말뚝머리지름에 1,000mm를 더한 값 이상 (2.0D, D + 1,000mm 이상)

제3장 조적공사

1 조적구조 개론

1. 용어 설명

구분	설명
그라우트	시멘트 성분을 가진 재료와 골재의 혼합물로 구성되어 있으며, 조적 개체의 사이 혹은 속빈 조적 개체의 채움용으로 쓰이는 모르타르 혹은 콘크리트
가로줄눈	조적단위가 놓인 **수평적인 모르타르 접합부**
가로줄눈면적	가로줄눈에서 모르타르와 접한 조적단위의 표면적
세로줄눈	**수직으로 평면을 교차하는** 모르타르 접합부
공칭치수	규정된 부재의 치수에 부재가 놓이는 접합부의 두께를 더한 치수
기준치수	조적조, 조적단위, 접합부와 다른 구조요소의 시공과 제작을 위해 규정된 치수
겹	두께 방향으로 단위 조적개체로 구성된 벽체
대린벽	한 내력벽에 직각으로 교차하는 벽
보강기둥	보강재와 조적체가 모두 압축력을 받는 수직부재
보강조적	보강근이 조적체와 결합하여 외력에 저항하는 조적시공형태
조적개체	규정한 요구조건을 만족하는 벽돌, 타일, 석재, 유리블록 또는 콘크리트블록
속빈 단위 조적개체	중심공간, 미세공간 또는 깊은 홈을 가진 공간에 평행한 평면의 **순단면적이** 같은 평면에서 측정한 **전단면적의 75%보다 작은 조적단위**
속찬 단위 조적개체	중심공간, 미세공간 또는 깊은 홈을 가진 공간에 평행한 평면의 **순단면적이** 같은 평면에서 측정한 **전단면적의 75% 이상인 조적단위**
블록의 공동	전체 공동단면적이 967mm^{2}보다 큰 빈 공간
블록전단면적	블록의 수평면의 외곽 4변 안에 있는 면적, 즉 속이 빈 공간 등을 포함한 전체면적
대린벽	한 내력벽에 **직각으로 교차하는** 벽
테두리보	조적조에 보강근으로 보강된 수평부재
프리즘	그라우트 또는 모르타르가 포함된 단위조적의 개체로 조적조의 성질을 규정하기 위해 사용하는 시험체
순단면적	전단면적에서 채워지지 않은 **빈 공간을 뺀** 면적
환산단면적	기준 물질과의 **탄성비의 비례**에 근거한 등가면적
유효보강면적	보강면적에 유효면적 방향과 보강면과의 사잇각의 **코사인값**을 곱한 값

2. 조적구조의 특징

장점		단점	
• 시공간단	• 내구성 및 방화성 우수	• 고층건축물 시공 불가	• 수평력 저항성능 저하
• 방서 및 방한 우수	• 외관 미려	• 중량의 구조물	• 벽체 흡수율 과다

3. 조적의 재료

(1) 표준형 콘크리트 벽돌

구분	길이	너비	두께	비고
치수	190mm	90mm	57mm	-
허용오차	±2%(±5)	±2%(±3)	±2%(±2.5)	( ): 점토벽돌

(2) 속 빈 콘크리트 블록

구분	길이	너비	두께	허용오차	비고
기본블록	390mm	190mm	190mm 150mm 100mm	±2%	

(3) 모르타르와 그라우트

① 재료기준

구분	설명
모르타르 (Mortar)	시멘트성분의 재료로서 석회, 포틀랜드시멘트 중에서 한 가지 또는 그 이상의 재료로 이루어질 수 있음
그라우트 (Grout)	시멘트성분의 재료로서 석회 또는 포틀랜드시멘트 중에서 한 가지 또는 두 가지로 만들 수 있음
첨가제 및 혼화재	• 에폭시수지와 그 부가물이나 페놀, **석면섬유** 또는 **내화점토**를 포함할 수 없음 • 동결방지용액이나 염화물 등의 성분은 모르타르나 그라우트에 사용할 수 **없음**
물	깨끗해야 하고, 산·알칼리의 양, 유기물 또는 기타 유해물질의 영향이 없어야 함
착색제	순수한 광물질산소나 카본블랙(carbon black), 합성연료만을 사용할 수 있음 (단, 카본블랙의 사용은 시멘트 전체 중량의 3% 이하로 제한)

② 모르타르 용적배합

모르타르의 종류		용적배합비(세골재/결합재)	비고
줄눈 모르타르	벽체용	2.5 ~ 3.0	
	바닥용	3.0 ~ 3.5	
붙임 모르타르	벽체용	1.5 ~ 2.5	
	바닥용	0.5 ~ 1.5	• 시멘트: 단위용적중량은 1.2kg/L 정도
깔 모르타르	바탕 모르타르	2.5 ~ 3.0	• 세골재: 표면건조 내부포수 상태
	바닥용 모르타르	3.0 ~ 6.0	
안채움 모르타르		2.5 ~ 3.0	
치장줄눈용 모르타르		0.5 ~ 1.5	

③ 벽돌 조적조의 충전 모르타르 배합

종류		배합비	
		시멘트	세골재
용적비	단층 및 2층 건물	1	3.0
	3층 건물	1	2.5

④ 모르타르 및 그라우트 용적 배합비

종류		배합비			
		시멘트	석회	모래	자갈
모르타르	줄눈용	1	1	3	-
	사춤용	1	-	3	-
	치장용	1	-	1	-
그라우트	사춤용	1	-	2	3

- 그라우트의 압축강도: 조적개체 강도의 1.3배 이상
- 모르타르: 적절한 시공연도 확보, 비빔 후 1시간 이내 사용

⑤ 모르타르에 사용하는 골재
  ㉠ 모르타르에 사용되는 잔골재의 성질

품질항목	절건비중 (g/㎤)	흡수율 (%)	점토량 (%)	유기불순물	세척시험 손실량(%)	염분 (%)
규정치	2.4 이상	4.0 이상	2.0 이하	합격	3.0 이하	0.04 이하

  ㉡ 굵은 골재의 최대치수: 충전하는 벽돌공동부 최소 직경의 1/4 이하
  ㉢ 철근 피복두께: 20mm 이상
     (단, 칸막이벽에서 콩자갈 콘크리트 또는 모르타르를 충전하는 경우에 있어서 10mm 이상)
  ㉣ 공동부 타설: 반복적 타설, 1회 타설 높이 1.5m 이하

2 벽돌공사

1. 일반사항

(1) 가로 및 세로줄눈의 너비
   10mm를 표준으로 한다.
(2) 벽돌쌓기 방법
   영식 쌓기 또는 화란식 쌓기
(3) 하루 쌓기 높이
   1.2 m(18켜 정도)를 표준으로 하고, 최대 1.5 m(22켜 정도) 이하
(4) 나중쌓기 할 경우 그 부분을 층단 들여쌓기로 시공한다.
(5) 벽돌벽과 블록벽의 직각으로 교차할 경우
   블록 3단마다 연결철물로 보강한다.

2. 쌓기 공법의 분류

(1) 형태별 쌓기 종류

구분	쌓기 방법	특성
마구리쌓기	벽두께: 1.0B (190mm)	구조용, 주벽체(내력벽)
길이쌓기	벽두께: 0.5B (90mm)	치장용
영롱쌓기	"+"자 형태의 구멍을 내어 쌓는 방법	장식용(난간벽, 비내력벽)
엇모쌓기	45° 각도로 모서리가 면에 나오도록 쌓는 방법	장식용(비내력벽)
세워쌓기	길이면이 내보이도록 수직으로 쌓는 방법	–
옆세워쌓기	마구리면이 내보이도록 수직으로 쌓는 방법	–

(2) 나라별 쌓기 종류

구분	쌓기 방법	특성
영식 쌓기	• 한 켜: 길이쌓기, 다음 한 켜: 마구리쌓기 • 모서리: 반절 또는 이오토막	가장 튼튼한 구조(내력벽)
화란식 쌓기	• 한 켜: 길이쌓기, 다음 한 켜: 마구리쌓기 • 모서리: 칠오토막	튼튼한 구조(내력벽) 가장 많이 사용
불식 쌓기	• 매 켜: 길이쌓기 + 마구리쌓기 번갈아 쌓음 • 모서리: 칠오토막	통줄눈 발생(비내력벽)
미식 쌓기	• 5켜: 길이쌓기 • 다음 5켜: 마구리쌓기	치장용으로 사용

(3) 구조별 쌓기 종류

구분	쌓기 방법	특성
기초쌓기	• 형식: 연속기초 • 기초판: 콘크리트 구조, 두께 200 ~ 300mm • 벌림각도: 60° 이상 • 내쌓기: 한 켜 당 1/8B, 두 켜 당 1/4B • 맨 밑켜: 벽두께의 2배 이상, 2켜 이상 겹쌓기	–
기둥쌓기	최소두께 1.5B 이상	–
내쌓기	• 한 켜: 1/8B, 두 켜: 1/4B 내쌓기 • 최대 2.0B 이하 내쌓는 방식	내쌓기는 마구리쌓기로 한다.
공간쌓기	• 외벽: 1.0B(주벽체), 내벽: 0.5B(보조벽체) • 내부 공간: 50 ~ 70mm(0.5B 정도) • 연결철물: 수직 600mm, 수평 900mm 이하	목적: 단열, 방습, 방음 등
창대쌓기	윗면을 15° 내외로 경사지게 옆세워 쌓는 방법	돌출길이: 1/8 ~ 1/4B 정도
아치쌓기	개구부 상단의 상부하중을 옆 벽면으로 분산시키기 위한 쌓기 방법	• 개구부 1.0m 이하: 평아치 • 개구부 1.8m 이하: 인방보 보강
내화벽돌쌓기	• 내화벽돌: 기건성으로 물축임 방지 • 줄눈너비: 6mm 표준	내화벽돌에 물축임 금지

3 블록공사

1. 일반사항

(1) 블록의 종류

① 기본형 블록: BI형(우리나라), BM형, BS형, 재래형
② 이형블록: 창대블록, 인방블록(U블록), 창쌤블록

(2) 블록의 치수

형상	치수			허용치(mm)	
	길이	높이	두께	길이 및 두께	높이
기본블록	390	190	210 190 150 100	±2	
이형블록	• 길이, 높이 및 두께의 최소 크기를 90mm 이상으로 한다. • 가로근 삽입 블록, 모서리 블록과 기본 블록과 동일한 크기인 것의 치수 및 허용치는 기본 블록에 따른다.				

(3) 블록구조의 종류

구분	설명
단순조적 블록구조	블록을 단순히 쌓거나 수평줄눈에 철망을 넣는 정도로 보강한 블록구조
보강블록구조	속빈 콘크리트블록 개체의 속빈 부분 또는 수직 단면 간의 공동부에 철근을 매입하고 그라우팅하여 내력벽으로 한 블록구조
거푸집블록구조	거푸집 콘크리트 블록을 사용하여 조합시켜 거푸집으로 하고 공동 부분에 철근을 배근하고 그라우팅하여 내력벽과 기둥, 보 등의 구조체를 만드는 블록구조
ALC 블록구조	고온·고압 증기양생한 경량기포 콘크리트 블록을 건축물 또는 공작물 등의 외벽, 칸막이벽 등으로 사용하는 블록구조

2. 블록 쌓기

(1) 준비

① 블록은 깨끗한 건조상태로 유지, 모르타르면만 물 축임
② 모르타르 및 그라우트의 비빔시간: 기계믹서를 사용하는 경우 5분 동안 비빔(기계비빔이 원칙)
③ 모르타르 비빔 후 2시간 이내, 그라우트는 1시간 이내 재비빔하여 사용 가능

(2) 쌓기

① 블록 살두께가 두꺼운 면이 위로 하여 쌓기
② 하루 쌓기 높이 제한: 1.5m(7켜)
③ 줄눈모르타르는 쌓은 후 줄눈누르기 및 줄눈파기 실시
④ 줄눈의 너비: 공사시방서에 지정이 없을 경우 10mm가 표준

(3) 모르타르 및 그라우트의 사춤
　① 사춤 높이: 3켜 이내
　② 하루 작업 종료 시 세로줄눈의 공동부의 타설 높이: 블록 상단에서 약 50mm 아래에 두도록 함
　③ 보강근의 배근: 모르타르 및 그라우트 사춤하기 전에 배근
　④ 보강철근의 피복두께: 20mm 이상
　⑤ 단순조적 블록쌓기의 경우에는 막힌 줄눈, 보강블록구조 경우에는 통줄눈이 원칙

3. 보강블록구조

(1) 정의
　① 콘크리트 블록 속에 철근을 배근하고 콘크리트를 부어 수직·수평 하중에 대응할 수 있도록 하는 조적식 구조법
　② 조적조의 수평하중에 취약한 단점을 철근으로 보완하는 내력구조

(2) 보강근의 배근기준(건축공사 표준시방서)

구분	설명
벽 세로근	• 기초 및 테두리보에서 위층의 테두리보까지 잇지 않고 배근 • 정착길이: 철근 직경의 40배 이상 • 상단의 테두리보 등에 적정 연결철물로 세로근을 연결 • 테두리보 위에 쌓는 박공벽의 세로근: 테두리보에 40d 이상 정착 • 세로근 상단부는 180°의 갈고리를 내어 벽 상부의 보강근에 걸치고 결속선으로 결속
벽 가로근	• 단부는 180°의 갈고리로 구부려 배근 • 철근의 피복두께: 20mm 이상 • 모서리에 가로근의 단부: 세로근의 바깥쪽으로 두르고 정착길이 40d 이상 확보 • 개구부 상하부의 가로근을 양측 벽부에 묻을 때의 정착길이: 40d 이상 • 동등 이상의 유효단면적을 가진 **블록보강용 철망으로 대신 사용**

4 조적구조의 구조기준(내력벽 구조기준)

1. 내력벽

(1) 내력벽 구조 일반사항

길이	두께	2층 내력벽 높이	내력벽으로 둘러쌓은 바닥면적
10m 이하	190mm 이상 (비내력벽: 90mm)	4m 이하	80m² 이하

참고 　비내력벽의 두께
• 경계벽(내력벽이 아닌 그 밖의 벽): 90mm
• 경계벽의 바로 위층에 조적식 구조인 경계벽이나 주요 구조물을 설치하는 경우: 190mm 이상

(2) 내력벽의 두께 기준(건축물 높이 및 벽의 길이 층수에 따른 조적조 내력벽의 최소두께)

건축물 높이		5m 미만		5m 이상 ~ 11m 미만		11m 이상	
벽의 길이		8m 미만	8m 이상	8m 미만	8m 이상	8m 미만	8m 이상
층별 두께	1층	150mm	190mm	190mm	190mm	190mm	290mm
	2층	-	-	190mm	190mm	190mm	190mm

- 조적조가 벽돌일 경우: 벽높이 × $\frac{1}{20}$ 이상
- 블록인 경우: 벽높이 × $\frac{1}{16}$ 이상
- 조적재가 돌이거나 돌과 벽돌 또는 블록 등을 병용한 경우: 벽높이 × $\frac{1}{15}$ 이상

2. 벽량

산정식	산정기준
벽량(cm/m²) = $\frac{\Sigma 내력벽의\ 길이(mm)}{바닥면적(m^2)}$ ≥ 150mm/m²	• 바닥면적: 80m² 이하 • 벽량: 150mm/m² 이상

3. 인방보(Lintel)

구분	설명
정의	조적벽체의 개구부위에 설치되는 보강된 수평부재
설치목적	• 상부하중의 균등분산 • 개구부의 처짐 방지 • 벽체의 강성 확보 • 벽체의 균열방지
최소지지길이	조적식 구조 설계기준: 허용응력도가 초과하지 않도록 최소지지길이 100mm 이상
최소 걸침길이	• 소규모 건축구조기준 조적식 구조: 200mm • 건축공사 표준시방서 - 벽돌공사: 200mm

4. 테두리보(Wall girder)

구분	설명		
정의	슬래브의 하중을 조적벽에 균등히 전달할 수 있도록 콘크리트 슬래브 또는 ALC 패널 슬래브와 조적벽 사이에 설치되는 콘크리트 혹은 모르타르를 타설한 보		
설치목적	• 벽체의 강성 확보 • 수평력에 대한 저항성 증대 • 상부하중의 균등분산 → 수직균열 방지 • 가로철근 및 세로 철근의 정착		
테두리보의 크기	구분	춤	너비
	1층	250mm 이상 또는 벽두께의 1.5배	벽두께 이상
	2층 이상	300mm 이상 또는 벽두께의 1.5배	L/20 이상
배근기준	• D13 이상 단근 배근(주요 보는 복근으로 배근) • 원형철근 사용 시 ϕ9mm 또는 ϕ12mm 단근 배근(주요 보는 복근으로 배근) • 늑근: D10 이상(간격 300mm)		

5. 기초보(지중보)

(1) 내력벽에 대한 기초는 연속기초로 하여야 한다.

(2) 지반의 동결융해로 인한 손상을 방지하기 위해 지반으로부터 1.0m 하부에 위치하여야 한다.

6. 대린벽 및 부축벽

구분	설명
대린벽	• 내력벽에 직각으로 교차하는 벽 • 상부 수직하중에 대한 하중 부담
부축벽	• 외력에 의해 내력벽의 전도 방지 • 상부 집중하중 및 수평하중 부담 • 내진보강 요소로 활용

5 조적구조 설계 일반사항

1. 공간쌓기벽의 벽체 연결철물

(1) 벽체 연결철물의 단부는 90°로 구부려 길이가 최소 50mm 이상

(2) 벽체면적 0.4m²당 적어도 직경 9.0mm의 연결철물 1개 이상 설치

(3) 공간쌓기벽의 공간너비가 80mm 이상, 120mm 이하인 경우에는 벽체면적 0.3m²당 적어도 직경 9.0mm의 연결철물을 1개 이상 설치

(4) 연결철물 간의 수직과 수평 간격은 각각 600mm와 900mm를 초과할 수 없다.

(5) 개구부 주위에는 개구부의 가장자리에서 300mm 이내에 최대 간격 900mm인 연결철물을 추가로 설치

(6) 다중 겹벽의 줄눈보강철물의 수직 간격은 400mm 이하

2. 재하시험

(1) 재하 하중

해당 부위에 설계 활하중의 2배 + 고정하중의 0.5배

(2) 재하 시간

24시간 하중을 재하한 후 하중 제거

3. 유효두께

구분	설명
홑겹벽	해당 벽체의 유효두께와 동일
다중겹벽	• 홑겹벽 사이에 모르타르가 채워져 있는 경우: 해당 벽체의 두께와 동일 • 홑겹벽 사이에 모르타르가 채워져 있지 않은 경우: 공간쌓기벽과 같이 계산
공간쌓기벽	• 2개의 홑겹벽이 독립적으로 거동하는 경우: 각 홑겹벽의 유효두께와 동일 • 1개의 홑겹벽만 축력을 받는 경우: 유효두께 $t_e = \sqrt{(t_1)^2 + (t_2)^2}$

4. 기둥과 벽체의 유효높이
(1) 부재의 양단에서 부재의 길이 축에 직각 방향으로 횡지지된 부재의 최소한의 순 높이
(2) 부재 상단에 횡지지되지 않은 부재의 경우 **지지점부터 부재 높이의 2배**

5. 대린벽의 유효폭
(1) 전단벽이 다른 벽체와 직각으로 만나는 경우, 전단벽 양쪽에 형성되는 플랜지는 휨강성 계산 가능
(2) 플랜지의 유효폭은 **교차되는 벽체 두께의 6배**를 초과할 수 없음
(3) 수평전단력에 대해서는 전단력 방향에 평행인 벽체의 유효면적만이 저항하는 것으로 가정

6. 수직 집중하중의 분산
막힌줄눈쌓기에서 수직 집중하중에 대한 최대 허용압축응력 산정 시
(1) 유효벽체의 길이는 **수직하중 지점 사이의 중심 간 거리 또는 지압판의 너비에 벽두께의 4배를 더한 값을 초과해서는 안 됨**
(2) 수직지점 하중의 분산을 위한 별도의 구조부재가 설치되지 않는 경우, 수직지점 하중이 통줄눈과 같이 연속한 수직모르타르 또는 신축줄눈을 가로질러 분산하지 않는 것으로 가정

7. 수직 변형
(1) 조적조를 지지하는 요소들은 총하중하에서 그 수직변형, 순스팬의 1/600을 넘지 않도록 설계
(2) 인방보는 조적조가 허용응력도를 초과하지 않도록 **최소한 100mm의 지지길이 확보**

8. 조적재료의 탄성계수
(1) 조적재 탄성계수
  ① $0.05f_m'$에서 $0.33f_m'$을 연결하는 할선기울기로 결정
  ② $E_m = 750f_m'$, 최대 20,500MPa
(2) 조적조 재료의 전단탄성계수: $G = 0.4E_m$

9. 앵커볼트의 설치기준

구분	설치기준
일반사항	• 훅형: 훅의 안지름은 볼트지름의 3배이고, 볼트지름의 1.5배만큼 연장 • 민머리형: 둥근머리 앵커볼트와 같은 크기의 정착효과를 가질 수 있도록 볼트몸통 부분에 강판을 용접 유효매입길이 • 훅형: 조적체의 표면으로부터 머리부분의 지압면 수직으로 측정된 묻힌 길이 • 민머리 및 둥근머리형: 조적조의 표면에서부터 훅의 지압지점 거리에서 앵커볼트 지름만큼을 뺀 값 • **최소 25mm 이상 조적조와 간격**(단, 6.4mm 직경의 볼트를 두께 13mm 이상인 바닥 가로줄눈에 설치 시 예외)
최소 연단거리	l_{be}: 40mm 이상
최소 묻힘길이	l_b: 볼트직경의 4배 이상 또는 50mm 이상
최소 중심간격	볼트직경의 4배 이상

6 보강조적조의 구조세칙

1. 원형철근
6mm 이상의 원형철근의 사용은 금지

2. 길이방향의 철근
(1) 순간격
  ① 순간격: 철근 공칭직경이나 25mm보다 작아서는 안 됨
  ② 단, 이음철근은 예외
(2) 피복두께
  ① 얇은 그라우트의 경우: 6mm 이상
  ② 거친 그라우트의 경우: 12mm 이상

3. 휨철근의 정착
(1) 철근의 정착길이
  ① 묻힘길이와 정착 또는 인장만 받는 경우 갈고리 조합으로 확보할 수 있음
  ② 인장력에 저항하기 위해서 변곡점으로부터 철근직경의 12배나 보춤 중 큰 값 이상으로 연장하여 배근
(2) 정착철근의 연장배근

구분	설명
부모멘트	• 부모멘트에 대한 소요철근량의 최소 1/3 이상 • 변곡점부터 소요 강도의 1/2 이상이 발휘될 수 있을 만큼 충분히 연장 • 연장길이는 순스팬의 1/16이나 보 깊이 d 중 큰 값 이상
연속보의 자유단	• 정모멘트 소요철근단면적의 최소한 1/3 이상 • 부재 내부로 최소 150mm 이상 연장
연속보	단부에서 정모멘트에 소요철근 단면적의 1/4 이상을 연장

(3) 휨부재의 압축철근
  ① 지름 6mm 이하인 띠철근이나 전단보강근으로 보강
  ② 보강철근의 간격: 주 방향철근지름의 16배, 띠철근지름의 48배 중 작은 값을 초과할 수 없음

4. 전단보강근의 정착

구분	설명
일반사항	• 길이방향 철근에 180°로 감은 갈고리로 조립 • 보 단면의 중립축에서 압축측으로 충분히 정착 • 소요응력 52MPa를 발휘할 수 있도록 정착길이 확보
U자형 전단보강근	• 전단보강근 직경 이상으로 길이방향 철근을 따라 90° 이상 굽혀 정착 • 전단보강근의 지름의 12배 이상 연장 정착
폐쇄형 전단보강근	• 전단보강근의 단부는 길이방향 철근을 따라 90° 이상 굽혀 정착 • 전단보강근의 지름의 12배 이상 연장하여 정착길이 확보

5. 띠철근

구분	설명
배치 및 형태	• 길이 방향의 철근은 135° 이하로 굽어진 폐쇄형 띠철근으로 고정 • 기둥 표면으로부터 38mm 이상에서 130mm 이하로 배근
간격	• 길이방향철근지름의 16배 • 띠철근지름의 48배 또는 기둥의 단변길이 이하 • 50mm 이하
지름	• 길이방향 철근 D22 이하: 최소 6mm 이상 • 길이방향 철근 D22 이상: 최소 D10 이상
앵커볼트 보강용 띠철근	• 기둥 상부에 설치된 앵커볼트 주위에는 띠철근을 추가적으로 배근 • 각각 최소 4개의 앵커볼트, 최소 4개의 수직방향철근으로 보강하거나 또는 합해서 4개의 앵커볼트와 수직 방향 철근에 대하여 보강 • 띠철근은 기둥 상부로부터 50mm 이내에 최상단 띠철근을 설치 • 기둥 상부로부터 130mm 이내에 단면적은 260mm² 이상으로 배근

6. 압축면적의 유효폭

(1) 보강조적벽의 휨응력 산정을 위한 유효폭

공칭벽두께나 철근 간의 중심거리의 6배를 초과하지 않는다.

(2) 통줄눈쌓기벽체의 유효폭

마구리가 열린 조적개체가 사용된 경우가 아니면, 유효폭이 공칭벽두께나 철근중심간격 또는 홑겹벽 길이의 3배를 초과하지 않는다.

7 기준 압축강도의 확인

1. 프리즘 시험

(1) 각 프리즘군의 압축강도: 기준압축강도 f'_m 이상

(2) 28일 압축강도 기준

(3) 시공 전에 사용된 조적조: 3일, 7일, 28일 압축강도 상관관계가 확인될 경우 3일, 7일 압축강도 사용 가능

2. 프리즘 시험 시료채취

구분	프리즘 제작기준
시공 전	5개
규정된 허용응력 모두 적용된 경우	벽면적 500m²당 3개
규정된 허용응력의 1/2을 적용한 경우	생략 가능

3. 프리즘 시험 성적

구분	프리즘 제작기준
프리즘 시험성적 기준	최소 30개의 프리즘 시험성적 사용
평균압축강도	기준 압축강도의 1.33배(1.33f'_m 이상)

4. 프리즘의 제작과 시험

(1) 조적개체와 모르타르는 조적체에 사용되는 것
(2) 모든 프리즘의 **평균값**으로 하지만 최소 시험값의 **125%를 초과할 수 없음**
(3) **압축강도**
  최대하중을 프리즘에 사용한 조적체의 단면적으로 나누어 산정(압축강도는 수정계수를 곱하여 결정)

h/t	1.5	2.0	3.0	4.0	5.0	비고
수정계수	0.86	1.0	1.20	1.30	1.37	• h: 프리즘 높이 • t: 프리즘 두께

(4) 프리즘은 최소한 **1개 이상의 가로줄눈이 포함**되어야 함(두께: 높이의 비 ~1.5 이상, 5를 초과할 수 없음)
(5) 온도 21±3℃, 상대습도 90% 이상의 조건에서 7일 동안 보양하고, 그 후에 21±3℃, 상대습도 30~50%에서 시험할 때까지 보양
(6) 현장에서 만든 프리즘은 90% 습도에서 48~96시간 동안 교란되지 않은 채 보양하고, 실험실에 운반하여 상기한 바와 같이 계속 보양
(7) **28일간 보양**하는 것을 기준으로 함

8 조적구조의 내진설계

구분	설명
구조해석방법	등가정적해석법 및 동적해석법
부재설계	허용응력설계법 및 강도설계법
바닥과 벽체의 접합부	최소 3.0kN/m의 하중에 저항할 수 있도록 **최대 1.2m 간격**의 적절한 정착기구로 정착력을 발휘
높이의 제한	• 비보강 조적조: 전체 13m, 처마높이 9m 이하 • 보강 조적조: 전체 13m, 처마높이 9m 초과 시 내진설계
전단벽 구조	• 수직벽체 철근: **최소단면적 130mm²** 연속 배근 • 수평벽체 철근: 배근의 **최대간격은 1.2m** 이내 • 벽체개구부의 하단과 상단: 600mm 또는 철근직경의 40배 이상 연장 배근 • 구조적으로 연결된 지붕과 바닥층, 벽체의 상부에 연속적으로 배근 • 벽체의 하부와 기초의 상단에 **장부철근으로** 연결 배근 • 균일하게 분포된 접합부철근이 있는 경우를 제외하고는 3m의 **최대간격**을 유지

9 조적구조의 설계법

1. 일반사항(설계법 종류)

구분	설명
허용응력설계법	응력-변형률 관계의 가정에 기초하여 모든 응력은 탄성범위에 있는 것으로 함 • 휨모멘트에 대한 단면의 평면유지법칙을 유지 • 응력은 변형률에 비례 • 조적조의 부재는 균질한 요소로 형성

강도설계법	• 계수하중 조항 중 가장 불리한 것에 저항 • 설계강도: 공칭강도에 강도감소계수 ϕ를 곱한 수치
경험적 설계법	전체 높이 13m, 처마높이 9m 이하 시 적용

2. 허용응력설계법

(1) 허용응력설계법 일반사항

구분	설명
해석	순면적의 탄성 환산단면에 기초
설계가정	• 휨모멘트에 대한 단면의 평면유지법칙을 유지함 • **응력은 변형률에 비례함** • 조적조의 부재는 균질한 요소로 형성됨 • 조적조는 **인장응력을 전달하지 않음** • 철근은 조적재료로 피복 부착되어서 허용응력 이내에서는 **하나의 균일한 재료로 작용함**

최대철근치수	• 최대 철근 치수: 35mm 이하
	• 최대 철근면적
	  - 겹침이 없는 경우: 공동면적의 **6%**
	  - 겹침이 있는 경우: 공동면적의 **12%**

피복두께	• 줄눈 보강근 외에 모든 철근은 모르타르 및 그라우트에 묻혀 있어야 함 • 최소피복: 최소 19mm, 외부 노출 시 40mm, 흙에 노출 시 50mm
정착길이	원형철근에 대한 정착길이는 이형철근, 철선의 **2배**로 적용

(2) 합성 조적구조의 일반사항

구분	설명
해석	순면적의 탄성환산단면에 기초
최대응력	해당 부분의 재료 허용응력을 초과할 수 없음
조적개체의 재사용	재사용되는 조적부재의 허용응력은 같은 성능을 갖는 신설 조적개체에 허용응력의 50%를 초과하지 않아야 함
환산단면	• 하나의 재료가 기준재료로서, 다른 재료에 대해 단면적을 기준재료 탄성계수의 상대적인 비를 곱하여 등가면적으로 환산함 • 환산된 면적의 두께는 일정하며, 부재의 유효높이나 길이는 변하지 않음

3. 강도설계법

(1) 보강 조적조 설계가정

  ① 조적조: 파괴계수 이상의 인장응력을 받지 못한다.
  ② 보강근: 조적 재료에 의해 완전히 부착되어야만 하나의 재료로 거동
  ③ 보강근과 조적조의 변형률은 중립축으로부터의 거리에 비례
  ④ 조적조벽의 인장강도 무시(단, 처짐을 구할 때는 제외)
  ⑤ **최대 변형률**: 보, 피어, 기둥, 그리고 벽체 설계 시에는 e_{mu} = 0.003 사용
  ⑥ 조적조의 응력($0.85 f_m{'}$): 등가압축영역에 균일하게 분포한다고 가정

(2) 보강 조적조 보강근 요구사항과 상세

구분	설명
최대 크기	• 지름 29mm • 보강근의 지름은 공동의 최소 크기 1/4을 초과하지 않아야 함 • 벽체나 골조의 공동 안에는 최대 2개까지 보강근 허용
설치 간격	보강근 공칭직경의 $1\frac{1}{2}$배 또는 40mm보다 작아서는 안 됨
피복	• 모르타르나 그라우트에 완전히 매립되어야 함 • 40mm 또는 $2.5d_b$ 이상
표준갈고리의 내민길이	• 180° 갈고리: 보강근 직경의 4배(4D) 이상 또는 65mm 이상 • 135° 갈고리: 근직경의 최고 6배(6D) 이상 • 90° 갈고리: 보강근 직경의 최소 12배(12D) 이상
최소 휨직경	• D10mm ~ D25mm: 보강근의 6배(6D) • D29mm ~ D35mm까지는 8배(8D)
이음길이	• 최소 이음길이: 305mm • 접촉되지 않는 철근: 필요이음길이의 1/5 또는 203mm를 넘지 않도록 함 • 용접이음 및 기계적 이음: 철근 항복강도의 125% 발현

(3) 강도설계법 – 내진설계

① 조적조 부재의 치수제한

구분	설명
보	• 폭: 150mm보다 적어서는 안 됨 • 보의 깊이: 200mm 이상
피어	• 유효폭: 150mm 이상, 400mm를 넘을 수는 없음 • 횡지지 간격: 피어 폭의 30배를 넘을 수 없음 • 길이: 피어 폭의 3배보다 작아서는 안 되며, 6배보다 커서는 안 됨 • 높이: 피어 공칭길이의 5배를 넘을 수 없음
기둥	• 폭: 300mm보다 작을 수 없음 • 횡지지 간격: 기둥 폭의 30배를 넘을 수 없음 • 공칭길이: 300mm보다 작을 수 없으며, 기둥의 폭의 3배를 넘을 수 없음

② 모멘트 저항벽체 골조의 치수제한

구분	설명

보	• 순경간: 보 깊이의 **2배 이상**
	• 공칭깊이
	  – 두 개의 단위 조적개체 혹은 400mm를 넘을 수 없음
	  – **보의 폭에 대한 보의 깊이의 비는 6을 넘을 수 없음**
	• 보의 폭: 보의 폭은 200mm 또는 피어 경간의 1/26을 넘을 수 없음

피어	• 공칭깊이
	  – 2,400mm를 넘을 수 없음
	  – 2개의 피어 단위 또는 810mm 중 큰 값보다 작지 않아야 함
	• 공칭폭: 보의 공칭폭 또는 200mm 또는 보 사이의 순 높이의 1/14 중 큰 값보다 작아야 함
	• **피어의 깊이에 대한 높이의 비는 5를 넘을 수 없음**

강도감소계수	휨	전단	앵커볼트	철근배근
	$\phi = 0.65 \sim 0.85$	$\phi = 0.80$	$\phi = 0.80$	$\phi = 0.80$(정착/이음)

4. 경험적 설계법

(1) 일반사항

구분	경험적설계법 일반사항
적용기준	전체 높이가 13m, 처마높이가 9m 이하 시 적용
횡안정성	• 전단벽들이 횡력과 평행한 방향으로 배치 • 조적전단벽의 공칭두께는 최소 200mm 이상 • 횡안정성을 위해 전단벽 길이의 합계가 건물의 장변 길이의 50% 이상
최소 두께	• 2층 이상의 조적내력벽의 공칭두께: 200mm 이상 • 층고가 2,700mm를 넘지 않는 1층 건물: 속찬 조적벽의 공칭두께는 150mm 이상 • 층간에 두께 변화가 발생한 경우에는 더 큰 두께값을 상층에도 적용
패러핏벽	• 두께: 200mm 이상 • 높이: 두께의 3배를 넘을 수 없음(두께의 3배 이하) • 패러핏벽은 하부 벽체보다 얇지 않아야 함

(2) 횡안정성을 위한 길이방향의 전단벽 량

층수		전단력 량(%)
1층		50
2개층	2층	50
	1층	75
3개층	3층	50
	2층	75
	1층	100

(3) 전단벽 간의 최대 간격

바닥판 및 지붕유형	벽체 간 간격 : 전단벽 길이
현장타설 콘크리트	5 : 1
프리캐스트 콘크리트	4 : 1
콘크리트 타설 철재 데크	3 : 1
무타설 철재 데크	2 : 1
목재 다이어프램	2 : 1

제4장 목구조

1 목구조 개론

1. 용어 설명

구분	설명
건조사용조건	목구조물의 사용 중에 평형함수율이 19% **이하**로 유지될 수 있는 온도 및 습도 조건
습윤사용조건	목구조물의 사용 중에 평형함수율이 19%를 **초과**하게 되는 온도 및 습도 조건
공칭치수	목재의 치수를 실제치수보다 큰 25의 배수로 올려서 부르기 편하게 사용하는 치수
실제치수	목재를 제재한 후 건조 및 대패 가공하여 **최종제품**으로 생산된 치수
제재치수	원목을 제재하여 **건조 및 대패가공이 되지 않은 치수**
기계등급구조재	**기계적**으로 목재의 강도 및 강성을 측정하여 등급을 구분한 목재
육안등급구조재	**육안**으로 목재의 표면결점(옹이, 갈라짐, 섬유경사, 뒤틀림 등)을 검사하여 등급을 구분한 목재
경골목구조	주요구조부가 **공칭두께 50mm(실제두께 38mm)의 규격재**로 건축된 목구조
중목구조	주요구조부가 **공칭치수 125mm × 125mm(실체치수 114mm × 114mm) 이상의 부재**로 건축되는 목구조
전통목구조	주요구조재 사이의 접합부에서 철물을 사용하지 않고 전통공법에 따라 목재끼리의 **맞춤에 의해서만 연결**하는 목구조
중량목구조	**내화성능**을 확보하기 위해 규정된 최소치수 이상의 구조부재를 사용한 목구조
바닥격막구조	횡하중을 골조 또는 벽체 등의 수직재에 전달하기 위한 **바닥 또는 지붕틀 구조**
순단면적	목재의 단면에서 볼트 등의 철물을 위한 **구멍이나 홈의 면적을 제외한 나머지 단면적**
인사이징	구조재에 방부제를 깊고 균일하게 침투시키기 위하여 약제처리가 어려운 목재의 재면에 칼자국 **모양의 상처를 섬유방향으로 낸 후 방부제를 처리**하는 방법
구조용 집성재	규정된 강도등급에 따라 선정된 제재목 또는 목재 층재를 **섬유방향이 서로 평행하게 집성·접착**하여 공학적으로 특정 응력을 견딜 수 있도록 생산된 제품
구조용 목질판재	합판이나 OSB 등과 같이 구조용으로 사용되며, 목재를 원자재로 하여 제조된 목질판재
단판적층재	단판의 섬유방향이 서로 평행하게 배열하여 접착된 구조용 목질재료
피에스엘	목재단판 스트랜드를 평행한 방향으로 접착한 고강도 구조용 복합목재, 일명 패럴램이라 함
배향성 스트랜드보드	강도와 강성을 향상시키기 위하여 배향성을 부여한 스트랜드형 플레이크로 구성되는 일종의 파티클 목질판재제품
서까래	둥근 나무를 깎아 도리 사이를 건너지르게 한 나무
추녀	처마의 네 귀의 기둥 위에 끝이 위로 들린 크고 긴 서까래
우미량	**도리와 보에 걸쳐 동자기둥을 받는 곡선보**
중도리	주도리와 종도리 사이에 있는 도리로서, 처마도리와 평행으로 배치하여 서까래 또는 지붕널 등을 받는 가로재
토대	상부의 하중을 받아 기초에 전달하며 기둥 하부를 고정하여 일체화하고, 수평방향의 외력으로 인해 건물의 하부가 벌어지지 않도록 하는 수평재

	연귀	모서리 부분에서 각 부재의 끝면이 보이지 않도록 접합하는 방법
	장부	두 부재 이상을 접합할 때 하나의 부재에 만들어낸 돌기
	할렬	건조 중에 발생한 인장응력에 의해 목재의 내부 또는 표면에서 목재섬유가 분리되는 것. 할렬은 연륜을 가로지르면서 길이방향으로 분리

2. 목구조의 특징

장점	단점
• 비중이 작고 가공 용이 • 열전도율 낮음(단열, 차음 효과 우수) • 외관 미려 • 내장재 및 가구재 사용	• 내화성 결여(내화피복 필요) • 함수율에 따른 변형 용이 • 가연성 재료(250℃ 착화, 450℃ 자연발화) • 부패, 충해, 풍해의 영향(내구성 부족)

3. 목재의 규격

구분	설명
제재치수	원목을 제재하여 **건조 및 대패가공이 되지 않은 치수**
실제치수	목재를 제재한 후 건조 및 대패 가공하여 **최종제품으로 생산된 치수**
공칭치수	목재의 치수를 실제 치수보다 큰 25의 배수로 올려서 부르기 편하게 사용하는 치수

4. 목구조의 분류

구분	설명
경골 목구조	주요 구조부가 **공칭두께 50mm(실제두께 38mm)의 규격재**로 건축된 목구조
중목구조	주요 구조부가 **공칭치수 125mm × 125mm(실체치수 114mm × 114mm) 이상의 부재**로 건축되는 목구조
전통 목구조	주요 구조재 사이의 접합부에서 철물을 사용하지 않고 전통공법에 따라 목재끼리의 **맞춤에 의해서만** 연결하는 목구조
심벽 목구조	• 기둥, 도리, 중방, 보, 가새 등이 외부에 노출되는 형태 • 가구식 구조의 심벽은 **수평력에 대한 내력이 부족**
평벽 목구조	• 기둥, 샛기둥, 도리, 가새, 토대 등이 외부에 노출되지 않는 형태 • 가구식 구조의 평벽은 목재의 부패·충해 등이 용이하여 **방부처리가 필요한 구조**

5. 목재의 종류

구분		설명
형상별	침엽수	• 소나무, 해송, 삼송나무, 전나무, 낙엽송, 잣나무 등 • 건축용 구조재로 활용
	활엽수	• 밤나무, 느티나무, 오동나무, 단풍나무, 참나무, 박달나무, 은행나무 등 • 건축용 외장재 및 가구재로 활용
재질별	연질	침엽수종
	경질	활엽수종
용도별	구조재	건물의 뼈대를 이루는 부재
	수장재	실내의 치장에 쓰이는 부재
	창호재	창, 문에 쓰이는 부재

6. 목재의 구성

(1) 심재와 변재의 특성

심재	변재
• 변재보다 다량의 수액을 포함하며 비중이 큼 • 변재보다 신축이 작음 • 변재보다 내후성, 내구성이 우수 • 일반적으로 변재보다 강도가 우수	• 심재보다 비중이 작음 • 심재보다 신축이 큼 • 심재보다 내후성, 내구성 감소 • 일반적으로 심재보다 강도 감소

(2) 나뭇결

구분	설명
곧은결	연륜에 직각방향으로 켠 목재면에 나타나는 평행선상의 나뭇결
널결	연륜에 평행방향으로 켠 목재면에 나타난 곡선모양(물결모양)의 나뭇결
무늬결	나뭇결이 여러 원인으로 불규칙한 아름다운 무늬를 나타내는 결
엇결	나무섬유가 꼬여서 나뭇결이 어긋나게 나타난 목재면

7. 목재의 섬유포화점

(1) 정의

① 목재 건조 시 자유수의 증발 후 세포수가 증발하는 한계점의 함수율(**섬유포화점 = 약 30%**)

② 섬유포화점 이하가 되면 목재의 수축이 시작되며, 섬유포화점 이상이 되면 강도 및 신축률이 일정

(2) 함수율과 신축률의 상관관계

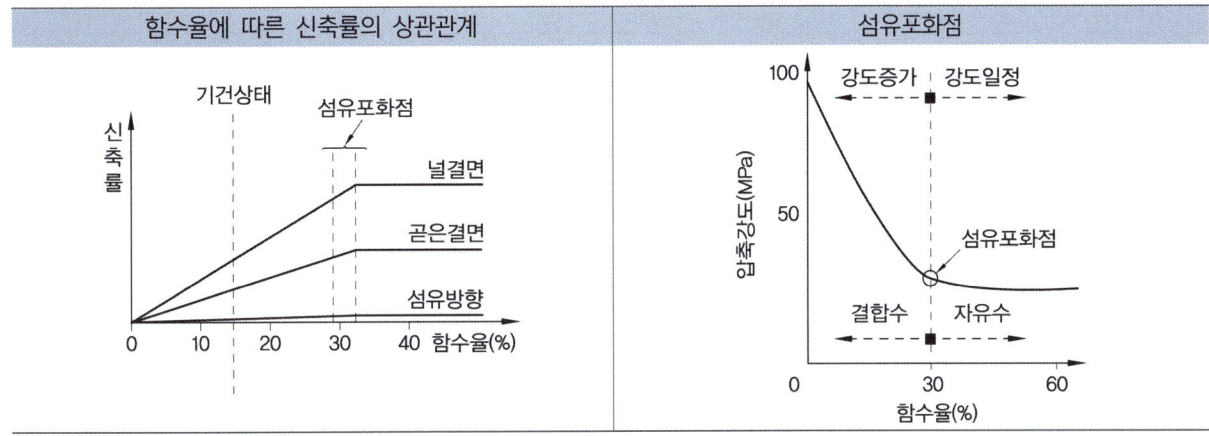

2 목구조 재료 및 허용응력

1. 목재의 등급

(1) 육안등급 구조재
① 육안으로 목재의 표면결점(옹이, 갈라짐, 섬유경사, 뒤틀림 등)을 검사하여 등급을 구분한 목재
② 각 재종에 따라 규정된 등급별 품질기준에 따라 **1종, 2종 및 3종구조재로 구분**

(2) 기계등급 구조재
① 기계적으로 목재의 강도 및 강성을 측정하여 등급을 구분한 목재
② E6, E7, E8, E9, E10, E11, E12, E13, E14 등 **9가지 등급으로 구분**

2. 침엽수 구조재의 건조상태

구분		기호	함수율
건조재	건조재 12	KD 12	12% 이하
	건조재 15	KD 15	15% 이하
	건조재 19	KD 19	19% 이하
생재		G	19% 초과

3. 침엽수 구조재의 수종

구분	포함 수종
낙엽송류	낙엽송, 북미 낙엽송, 북양 낙엽송
소나무류	소나무, 편백나무, 리기다소나무, 북미 전나무
잣나무류	잣나무, 가문비나무, 북미 가문비나무, 북양 가문비나무, 북양 적송, 라디에타소나무
삼나무류	삼나무, 전나무, 북미 삼나무

※ 목재의 휨응력의 크기: 낙엽송류 > 소나무류 > 잣나무류 > 삼나무류

4. 구조용 합판의 품질기준

구분	품질기준
접착성	내수 인장 전단 접착력이 $0.7N/mm^2$ 이상
함수율	13% 이하
못접합부 전단내력	못접합부의 최대 전단내력의 40%에 해당하는 값이 700N 이상
못뽑기 강도	못접합부의 최대 못뽑기 강도가 90N 이상

5. 기준 허용응력의 보정

(1) 일반사항
① 육안등급구조재와 기계등급구조재에 대한 기준허용응력은 **건조사용조건 이하의 사용함수율에서 기준하중기간일 때 적용**
② 목재부재 및 접합부에 대한 설계허용응력은 함수율, 하중기간 및 처리조건 등에 따른 목재의 강도적 성질의 차이를 고려한 상태에서 목재가 사용되는 조건에 적합

(2) 보정계수의 적용

① 종류: 하중기간계수(C_D), 습윤계수(C_M), 온도계수(C_t), 보안정계수(C_L), 치수계수(C_F), 부피계수(C_V), 평면사용계수(C_{fu}), 반복부재계수(C_r), 곡률계수(C_c), 형상계수(C_f), 전단응력계수(C_H), 좌굴강성계수(C_T), 지압면적계수(C_b), 인사이징계수(C_i)

② 보정계수의 적용

설계 허용 응력	기준 허용 응력	하중 기간 계수	습윤 계수	온도 계수	보 안정 계수	치수 계수	부피 계수	평면 사용 계수	반복 부재 계수	곡률 계수	형상 계수	기둥 안정 계수	전단 응력 계수	좌굴 강성 계수	지압 면적 계수	인사 이징 계수
$F_b' =$	F_b	C_D	C_M	C_t	C_L	C_F	C_V	C_{fu}	C_r	C_c	C_f	·	·	·	·	C_i
$F_t' =$	F_t	C_D	C_M	C_t	·	C_F	·	·	·	·	·	·	·	·	·	C_i
$F_v' =$	F_v	C_D	C_M	C_t	·	·	·	·	·	·	·	·	C_H	·	·	C_i
$F_{c\perp}' =$	$F_{c\perp}$	·	C_M	C_t	·	·	·	·	·	·	·	·	·	·	C_b	C_i
$F_c' =$	F_c	C_D	C_M	C_t	·	C_F	·	·	·	·	·	C_p	·	·	·	C_i
$E' =$	E	·	C_M	C_t	·	·	·	·	·	·	·	·	·	C_T	·	C_i
$F_g' =$	F_g	C_D	·	C_t	·	·	·	·	·	·	·	·	·	·	·	·

- F_b, F_b': 기준 및 설계 허용휨응력
- F_t, F_t': 섬유방향의 기준 및 설계 허용인장응력
- F_v, F_v': 섬유방향의 기준 및 설계 허용전단응력
- F_c, F_c': 섬유방향의 기준 및 설계 허용압축응력
- $F_{c\perp}$, $F_{c\perp}'$: 섬유직각방향의 기준 및 설계 허용압축응력
- E, E': 기준 및 설계 탄성계수
- F_g, F_g': 섬유방향의 기준 및 설계 장부촉허용지압응력

(단위: MPa)

③ 보정계수 적용 기준

㉠ 휨하중을 받는 집성재: 보안정계수와 부피계수 중 작은 값 적용
㉡ 치수계수: 휨하중을 받는 육안등급구조재와 원형단면 구조재에만 적용
㉢ 부피계수: 휨하중을 받는 집성재에만 적용
㉣ 평면사용계수: 휨하중을 받는 1종 구조재(규격재) 및 집성재에만 적용
㉤ 반복부재계수: 휨하중을 받는 1종 구조재(규격재)에만 적용
㉥ 곡률계수: 휨하중을 받는 집성재의 굽은 부분에만 적용
㉦ 좌굴강성계수: 38mm × 89mm 이하인 작은 치수의 구조재 트러스 압축현재에만 적용

6. 하중기간계수(C_D)

(1) 일반사항

① 장기하중보다 단기하중의 경우 더 큰 최대하중을 지지하는 성질(장기하중 < 단기하중 → 최대하중)
② 기준하중기간은 약 **10년의 누적된 기간** 동안 **총설계하중이 작용**함으로써 부재에 설계허용응력까지의 응력을 최대로 가하는 경우에 해당
③ 최대하중의 총 누적기간이 명시된 기간을 초과하지 않는 경우, 탄성계수(E) 및 변형한계에 근거한 섬유직각방향 허용압축응력($F_{c\perp}$)을 제외한 모든 기준허용응력에 하중기간에 따른 목재강도의 변화를 고려하여 적합한 하중기간계수(C_D)를 적용
④ 하중조합에 대한 하중기간계수(C_D)는 해당조합에서 가장 짧은 하중기간의 하중기간계수로 적용

⑤ 위험하중조합은 적용 가능한 모든 하중조합을 평가하여 결정하며, 구조부재와 접합부는 위험하중조합에 근거하여 설계

(2) 하중기간계수(C_D)

설계하중	하중기간계수(C_D)	하중기간
고정하중	0.9	영구
활하중	1.0	10년
적설하중	1.15	2개월
시공하중	1.25	7일
풍하중, 지진하중	1.6	10분
충격하중	2.0	충격

※ 하중기간계수의 적용기준
- 탄성계수(E) 및 변형한계에 근거한 섬유직각방향 허용압축응력($F_{c\perp}$)에는 적용 제외
- 가설구조물에서의 하중기간계수는 3개월 이내인 경우 1.20을 적용
- 수용성 방부제 또는 내화제로 가압 처리된 구조부재에 대해서는 하중기간계수를 1.6 이하로 적용
- 접합부에는 충격에 대한 하중기간계수의 적용 제외

7. 기타 보정계수 일반사항

(1) 습윤계수(C_M)

① 구조부재의 기준허용응력은 건조사용조건에 근거한 값
② 구조부재의 사용함수율이 건조사용조건보다 높은 경우 기준허용응력에 습윤계수를 적용하여 보정
③ 습윤계수

구분	두께	습윤계수(C_M)					
		F_b	F_t	F_c	$F_{c\perp}$	F_y	E
육안등급 구조재	89mm 이하	0.85	1.0	0.97	0.67	0.8	0.9
	114mm 이상	1.0	1.0	1.0	0.67	0.91	1.0
기계등급 구조재		0.85	1.0	0.8	–	–	0.9

(2) 온도계수(C_t)

① 허용응력은 일상적인 온도범위에서 주로 사용되며 65℃ 이하의 고온에 가끔 노출되는 구조부재에 적용
② 65℃ 이하의 고온에 장시간 노출되는 구조부재에 대하여는 기준허용응력에 온도계수를 적용하여 보정
③ 온도계수

기준허용응력	사용함수율 조건	C_t		
		T ≤ 35℃	35℃ < T ≤ 50℃	50℃ < T ≤ 65℃
F_t, E	습윤 또는 건조	1.0	0.9	0.9
F_b, F_v, F_c, $F_{c\perp}$	건조	1.0	0.8	0.7
	습윤	1.0	0.7	0.5

(3) 보안정계수(C_L)
   ① 기준허용휨응력에 규정된 보안정계수를 적용하여 보정
   ② 휨하중을 받는 집성재의 경우 보안정계수는 부피계수와 동시에 적용하지 아니하고 이들 계수 중 작은 값을 적용하여 보정

(4) 형상계수(C_f)
   ① 원형 단면 또는 대각면에 하중을 받는 정사각형 단면(마름모꼴 단면)의 휨부재에 대해서는 기준허용휨응력에 규정한 형상계수를 적용하여 보정
   ② 형상계수

단면의 형상	형상계수(C_f)
원형 단면	1.18
마름모꼴 단면	1.414

(5) 기둥안정계수(C_p)
   ① 섬유방향기준 허용압축응력에는 압축을 받는 부재가 횡방향 변위(좌굴)를 고려하기 위해 규정된 기둥안정계수를 적용하여 조정
   ② 압축을 받는 부재가 모든 방향에서 횡방향 변위를 막기 위하여 전체 길이에 걸쳐서 지지되는 경우의 $C_p = 1.0$이다.

(6) 전단응력계수(C_H)
   ① 1종 구조재 및 2종 구조재에 적용
   ② 기준 전단허용응력은 구조용재에 할렬, 분할 및 윤할 등의 갈라짐이 발생하는 것을 고려하여 주어진 값이므로 구조용재에 발생한 이들 갈라짐의 길이가 알려져 있고 그 값이 사용 중에 증가되지 않을 것으로 예상되는 경우 전단응력계수를 곱할 수 있다.

(7) 좌굴강성계수(C_T)
   ① 다음 조건을 만족하는 트러스 압축현재의 탄성계수(E)에 적용
      ㉠ 부재치수는 38mm × 89mm 이하
      ㉡ 트러스의 상현재 윗면에 두께 9.5mm 이상의 구조용 합판이나 OSB 등의 구조용 판재가 연속적으로 이 기준에 의하여 요구되는 못 등의 적절한 파스너로 접합되어야 한다.
      ㉢ 해당 부재는 휨과 축압축의 조합응력을 받는다.
      ㉣ 트러스는 건조사용조건하에서 사용한다.
   ② 트러스의 압축현재가 위의 네 가지 조건(㉠ ~ ㉣)을 모두 만족하지 못하는 경우의 $C_T = 1.0$이다.

(8) 지압면적계수(C_b)
   ① 섬유직각방향 기준허용압축응력($F_{c\perp}$)은 부재단부에서 임의 길이로 지압되거나 단부 이외의 부분에서 지압길이가 150mm 이상인 지점에 적용
   ② 부재 끝 면에서 75mm 이상 떨어진 길이 150mm 이하인 지압의 경우, 기준허용압축응력에 지압면적 계수 산정식에 따른 지압면적계수를 적용

③ 지압면적계수 산정식: $C_b = \dfrac{l_b + 1.0}{l_b}$ (l_b: 섬유 방향의 지압길이, mm)

④ 금속판 및 와셔 등 작은 면적의 지압길이에 대해서는 아래의 표에 의해 규정한 지압면적계수를 적용하여 보정

l_b[mm]	20	30	40	50	75	100	150 이상
C_b	1.50	1.33	1.25	1.20	1.13	1.10	1.00

(9) 인사이징계수(C_i)

① 인사이징 처리: 방부제를 깊숙이 주입하거나 균질한 방부제의 침윤층을 얻을 목적으로 약제 주입 선 목재 표면을 칼날이나 바늘로 자상(刺傷)하는 방법

② 인사이징계수

기준허용응력	C_i
탄성계수(E)	0.95
허용휨응력(F_b), 허용인장응력(F_t), 허용압축응력(F_c)	0.85
허용전단응력(F_v) 섬유직각방향의 허용압축응력($F_{c\perp}$)	1.00

(10) 치수계수(C_F)

① 두께 38~89mm의 육안등급구조재(1종구조재)에 대한 허용 휨, 인장, 압축응력은 규정된 치수계수를 곱하여 보정

② 두께 114mm 이상의 육안등급구조재(2종구조재)의 기준허용휨응력은 0.95의 치수계수를 적용하여 보정하되 하중이 보의 넓은재 면에 수직하게 작용하는 경우 규정된 치수계수를 적용하여 보정

③ 지름 336mm 이상의 원형단면보 또는 대각선방향으로 하중을 받는 한 면의 치수가 235mm 이상의 정사각형보에 대한 치수계수는 정상적인 하중을 받는 동일한 단면적의 정사각형보에 근거하여 ②에 의하여 보정

(11) 평면사용계수(C_{fu})

① 두께 38~89mm의 구조재가 넓은재 면에 하중을 받는 경우 기준허용휨응력에 규정된 평면사용계수를 적용하여 보정

② 평면사용계수

나비		38mm	89mm	114mm	140mm	184mm	235mm 이상
두께	38mm	1.0	1.1	1.1	1.15	1.15	1.2
	89mm	-	1.0	1.05	1.05	1.05	1.1

(12) 반복부재계수(C_r)

① 반복부재는 이들 규격재가 서로 접하거나 간격이 600mm 이하이고, 규격재의 수가 셋 이상이며, 설계하중을 지지하기에 적당한 바닥, 지붕 또는 다른 하중분산요소에 의하여 서로 접합되는 부재

② 두께 38~89mm의 규격재를 장선, 트러스 현재, 서까래, 스터드, 널판, 갑판 또는 이와 비슷한 부재로 사용하는 경우 기준허용휨응력에 반복부재계수 $C_r = 1.15$를 곱하여 조정

③ 하중분산요소는 구조적인 취약점이나 규정을 초과하는 처짐을 유발시키지 않고, 인접부재에 설계하중이 전달되도록 설계하거나 경험적으로 성능이 입증된 모든 구조를 의미
④ 못접합 또는 제혀쪽매접합과 관통못질한 바닥덮개, 마루판, 벽 덮개 또는 기타 마감요소는 일반적으로 이 요건을 만족

3 목구조 설계요구사항

1. 응력과 변형

(1) 하중조합
① D
② $D+L$
③ $D+L+(L_r \text{ or } S)$
④ $D+L+(W \text{ or } 0.7E)+(L_r \text{ or } S)$

(2) 응력과 변형의 해석
① 응력과 변형의 해석을 위하여 골조의 구조특성에 적절한 계산방법을 적용
② 크리프에 의한 변형이 클 경우 그 영향을 고려

(3) 구조해석의 기본가정

구분	설명
응력과 변형	• 탄성해석에 의함 • 다만, 경우에 따라 접합부 등에서는 국부적인 탄소성 변형을 고려
접합부 성상	• 핀 또는 강접합으로 가정 • 핀 또는 강접합으로 가정하기 어려운 경우 접합부 실상을 적절히 고려한 탄성스프링접합으로 가정 • 가정한 절점이 실상과 다를 경우 필요에 따라 2차 응력의 영향을 고려

2. 구조계획 일반사항

(1) 건축물 전체의 구조계획
① 건축물에 작용하는 외력의 종류, 응력의 전달, 구조물의 변형, 지반조건, 시공방법 등을 고려
② 기둥, 보, 골조, 내력벽 및 기초의 형식과 배치를 수직하중 및 수평하중에 대한 계획에 따라 결정

(2) 각부의 구조계획
① 각 부: 기초, 토대, 기둥, 보, 가새, 버팀대, 버팀기둥, 내력벽, 바닥틀, 지붕틀
② 각부계획은 건축물 전체구조의 안정성을 확보하도록 계획
③ 각 부의 응력에 대하여 안전하고 유효하게 저항하도록 설계

(3) 접합부의 계획
① 접합부의 구조는 충분한 강도 및 강성, 인성을 확보
② 목구조 접합부의 설계기준에 따라 설계

(4) 강성 및 인성의 확보

① 불필요한 변형 혹은 진동 등이 생기지 않도록 구조방법을 고려하여 접합부를 구성
② 부재의 결손을 가능한 한 억제하여 구조물 전체의 강성을 확보
③ 구조 전체의 인성을 확보

(5) **수직하중 및 수평하중에 대한 계획**

구분	설명
수직하중에 대한 계획	• 고정하중, 활하중, 적설하중 등의 수직하중을 가능한 한 균등하게 분산 • 안전성을 확보할 수 있도록 기둥 - 보의 골조 또는 벽체를 배치 • 접합부를 구성할 때 부재에 2차 응력이 발생하지 않도록 유의 • 차 응력의 발생이 불가피한 경우 이를 고려하여 설계 • 부재에 따냄을 실시할 경우 그 위치와 크기를 설계에 반영하고, 압축재에는 좌굴이 생기지 않도록 설계 • **벽체는 상하벽이 가능한 한 일치하도록 배치** • 수직하중이 국부적으로 작용하는 경우 **편심을 고려하여** 설계 • 면외강성 확보와 좌굴을 방지하기 위하여 각 골조 및 벽체를 연결재로 연결하여 일체성을 확보 • 부동침하가 일어나지 않도록 기초를 계획
수평하중에 대한 계획	• 건축물하중기준에서 정한 수평하중에 대하여 충분한 강성과 강도를 갖도록 설계 • 각 골조 및 벽체는 되도록 균등하게 하중을 분담하도록 배치 • 불균일하게 배치한 경우에는 평면적으로 가능한 한 일체가 되도록 하고, 뒤틀림의 영향을 고려 • 수평저항요소에 수평력을 적절히 전달하기 위하여 **바닥평면이 일체화된 격막구조** • 각 수평저항요소에 동등한 수평력이 분포하는 경우에도 **바닥 전체가 일체화된 격막구조가 되도록** 설계 • 수평하중이 격막구조를 통하여 구조 각부에 전달되도록 바닥구조와 구조 각부를 긴밀하게 접합

3. 각부의 구조

(1) **토대**

구분	설명
요구사항	• 구조내력상 중요한 기둥의 하부: **외벽뿐만 아니라 내벽에도 토대를 설치** • 충분한 강도, 강성을 지니도록 설계
설치	• 방습 조치: 지면에서 200mm 이상 높게 설치 • **내구력이 있고 가압방부처리 목재를 사용**
긴결	• 기초에 긴결, 설치간격: 2m • 응력집중 예상부위(가새단부, 토대 이음부): 별도의 긴결철물 설치
맞춤	• 토대 - 기둥 및 가새: 압축력 작용 → 지압력 확보 → 통맞춤 • 토대 - 토대: 연귀맞춤

(2) 바닥

구분	설명
요구사항	• 수직하중 및 수평하중 작용: 충분한 강도 및 강성 확보 • 바닥판재: 휨강도 및 전단강도 확보 • 과도한 처짐이나 진동 방지
설치	• 따냄: 보 또는 장선의 따냄은 되도록 피함 • 따냄의 위치: 중앙부 하단은 따냄을 피함 • 불가피하게 따냄을 할 경우: 충분한 유효단면 확보
바닥 격막구조	• 종류: 수평격막구조, 수평트러스구조 • 수평격막구조: 플랜지재 – 수평하중에 의한 **축방향력**에 저항 • 구조용 바닥판재: 웹재 – 수평하중에 의한 **면내전단력 및 좌굴**에 저항

(3) 기둥

구분	설명
요구사항	• 평면상 균등하게 배치 • 압축력에 의한 **좌굴 및 지압**에 대하여 안전하도록 설계
설치	• 기둥 끝 면: 횡이동 및 인발에 대한 저항성능 확보 • 직접기초 위에 설치 시 긴결철물 사용 • 기둥 밑면 높이: **지상 200mm 이상** • 부식 우려 시: 가압방부처리목재 사용 또는 동등 이상 효과의 방부구조로 설계
이음	• 단일기둥: 원칙적으로 이음을 피함 • 불가피하게 이음을 할 경우: 부재의 중앙부분을 피함

(4) 벽체

구분	설명
요구사항	• 수직하중과 수평하중에 의한 응력에 대하여 강도와 강성 확보 • **압축력에 의한 좌굴을 고려** • 휨모멘트와 축력을 동시에 받는 부재는 조합응력에 대하여 안전하게 설계
설치	• 건축물의 중량을 가능한 균등 배치 • 좌굴에 대하여 안전성 확보

(5) 휨부재(보, 층도리, 깔도리)

구분	설명
요구사항	• 휨강도와 전단강도 확보 • **처짐 및 진동 등에 의한 사용성능 확보**
설치	• 층도리와 깔도리, 기둥과의 맞춤은 철물을 사용하여서 견고하게 접합 • 보의 경간이 큰 경우: 조립보(사다리보나 포갬보, 트러스보, 못질충복보 등) 사용 • 보 양단의 걸침길이: 충분한 걸침길이의 확보 • 주요 보와 기둥과의 맞춤은 철물을 사용 • 보의 따냄을 피하며, 부득이 따냄을 할 경우 유효단면 확보

(6) 가새, 버팀대, 버팀기둥

구분	설명
가새	• **수평력**에 저항하는 대각부재 • 외부와 내부 골조의 **경간 방향, 도리 방향**에 균형 이루도록 배치 　(압축과 인장효과를 고려한 대칭이 되도록 배치) • 접합: 가새 단부를 기둥, 보, 기타 구조내력상 주요한 **가로재와 접합** • 가새가 있는 골조에서 기둥과 보, 도리, 토대 기타 **가로재와의 맞춤**은 가새의 응력에 따라서 생기는 **압축력과 인장력, 전단력**에 대하여 철물 또는 구조내력상 안전한 방법으로 긴결 • 내력 저하를 초래하는 따냄을 피함 • 옥외 노출되는 경우: 가압방부처리목재 사용 또는 동등 이상의 방부조치 목재 사용
버팀대	• 버팀대 또는 버팀기둥과 결합하는 기둥과 보에 생기는 응력과 기둥·보와의 접합부에서 생기는 응력을 충분히 고려 • 옥외 노출되는 경우: 가압방부처리목재 사용 또는 동등 이상의 방부조치 목재 사용

(7) 바닥틀 및 지붕틀

구분	설명
바닥틀	• 수직하중: 충분한 강도와 강성 확보 • 수평하중: 전단력을 안전하게 내력벽에 전달할 수 있는 강도와 강성 확보 • 바닥틀면: 주요한 두개의 내력벽과 주요한 가로재의 교차부를 보강하는 귀잡이재를 설치 　**(단, 바닥틀면에 수평트러스를 설치한 경우는 귀잡이재를 두지 않아도 됨)** • 이때, 볼트 또는 못, 기타 철물을 사용하여 가로재와 긴결 • 귀잡이재에 따라서 결합된 가로재에 생기는 응력과 가로재 간의 맞춤부에 생기는 응력을 충분히 고려
지붕틀	• 강도 및 강성 확보 　- 지붕면의 중력과 바람에 의한 **압력과 양력**에 대하여 　- 수평하중에 의한 전단력에 대하여 　- 지붕틀의 부재 상호 및 지붕틀과 하부구조 등과의 접합 • 부재 및 접합부 강도: 준공 후의 사용하중, 시공하중, 좌굴에 대한 안전성 확보 • 부재의 따냄을 피하며(특히 경간 중앙부의 인장측 따냄), 부득이 따냄을 할 경우 유효단면 확보 • 지붕면과 지붕대들보면을 구성하는 수평구면 　- 수평하중을 각 골조 및 벽체에 적절히 전달 　- 수평격막구조 또는 수평트러스 등의 바닥 격막판구조를 설치

4 목구조의 부재설계

1. 일반사항

구분	설명
순단면적	• 구멍파기와 홈파기, 면파기, 따냄 등의 방법에 따라 **제거되는 부재의 투영면적을 산정된 총단면적에서 뺀 값** • 부재의 하중전달능력을 산정하는 데 이용
접합	• 구조부재와 파스너는 대칭이 되도록 배열 • 비대칭배열에 따라 유발되는 휨모멘트를 고려하여 설계 • 각 부재가 비례하는 응력을 받도록 설계
장기처짐	2개 이상의 층이나 단면으로 구성된 골조부재에서는 설계 시 장기처짐의 영향을 고려

2. 휨부재의 설계

(1) 인장재 일반사항

구분	설명	
섬유방향 인장응력	• 섬유방향의 실제인장응력은 순단면적에 근거 • 섬유방향 설계허용인장응력을 초과하지 않도록 설계	$f_t = \dfrac{P}{A} \leq F'_t$ • f_t: 섬유 방향 인장응력 • F'_t: 설계 허용인장응력
섬유직각방향 인장응력	• 섬유직각방향으로 인장응력이 발생하지 않도록 설계 • 섬유직각방향 인장응력이 발생하는 인장부재는 모든 응력에 저항하도록 충분히 보강	

(2) 휨부재의 경간

단순보와 연속보, 캔틸레버보에서 경간은 양지점의 안쪽측면거리에 각 지점에서 필요한 **지압길이의 1/2을 더한 값**

(3) 휨부재의 따냄

① 휨부재의 따냄은 가능한 한 피하며, 특히 **부재의 인장측에서의 따냄을 피한다.**

② 각진 따냄 대신에 완만한 경사로 따내어 응력집중을 피하도록 한다.

③ 휨부재를 다음과 같은 치수로 따낼 경우 휨부재의 강성에는 영향이 없는 경우
  ㉠ **따냄깊이 ≤ 보의 두께의 1/6**
  ㉡ **따냄길이 ≤ 보의 두께의 1/3**

④ 제재목에서 **따냄깊이**는 제재목휨부재의 단부에서의 따냄을 제외하고는 **부재 두께의 1/6**을 초과하여서는 안 되며, **중간 1/3 부분**에 위치하지 않도록 한다.

⑤ 지점에서의 부재단부를 제외하고, 두께가 89mm 이상인 제재목 휨부재의 인장측은 따냄을 하지 않는다.

⑥ 휨부재의 단부에서의 따냄은 휨강도에 직접적으로 영향을 주지 않는다.

⑦ 집성재 휨부재의 단부에서의 따냄깊이 및 위치
  ㉠ 인장측: 부재두께의 1/10을 초과하지 않도록 한다.
  ㉡ 압축측: 부재두께의 2/5를 넘지 않도록, 경간의 1/3 위치까지 연장되지 않도록 한다.

(4) 휨부재의 설계 구조기준

구분	설명	
휨강도	휨응력은 설계허용휨응력을 초과하지 않도록 함	$f_b \leq F_b'$ • f_b: 휨응력(MPa) • F_b': 설계허용 휨응력(MPa)
보 안정계수 (C_L)	• 두께가 나비를 넘지 않을 경우($d \leq b$): $C_L = 1.0$(횡방향 지지는 필요하지 않음) • 횡변위를 막기 위하여 휨부재의 압축측이 전체 길이에 걸쳐 횡방향 지지되어 있고 지점의 끝이 회전을 막기 위하여 횡방향 지지되어 있을 경우: $C_L = 1.0$ • 두께가 나비를 초과할 경우($d > b$): 회전과 횡변위를 막기 위하여 횡방향 지지 설치	
세장비	• 산정식에 따라 결정되며, 그 값이 50을 초과하지 않도록 설계 • 산정식: $R_B = \sqrt{\dfrac{l_e d}{b^2}}$ (l_e: 휨부재의 유효경간, d: 휨부재 두께, b: 휨부재 나비)	
전단강도	• 임의의 단면에서 실제 섬유 방향의 전단응력은 설계허용전단응력을 초과하지 않도록 설계 • 섬유직각 방향 전단응력에 대한 검토는 불필요 (∵ 섬유 방향의 전단강도보다 매우 높기 때문)	$f_V \leq F_V'$ • f_V: 섬유방향 전단응력(MPa) • F_V': 설계허용 휨응력(MPa)

전단력 산정	• 윗면에 작용하는 하중을 아랫면에서 완전히 지지하는 보
	→ 지지점으로부터 휨부재의 두께와 같은 거리 이내에 있는 모든 하중은 무시
	• 가장 큰 단일이동하중은 휨부재의 지지점에서 두께와 같은 거리에 위치하도록 설계
	• 크기가 같고 인접하는 2개 이상의 이동하중을 가지고 있을 경우
	  – 하중은 최대전단력 V가 발생하는 지점에 위치
	  – 휨부재의 지지점에서 두께와 같은 거리 이내에 있는 하중은 무시	

처짐 산정	• 허용탄성계수 E'를 사용하여 산정
	• 보의 최대 처짐
	  – 활하중만 고려할 경우: 부재 길이의 1/360보다 작아야 함
	  – 활하중과 고정하중 동시 고려: 부재 길이의 1/240보다 작아야 함	

3. 압축부재의 설계

(1) 기둥의 분류

① 단일기둥: 단일부재로 사용되거나 여러 개의 부재를 접착제 등으로 접합하여 하나의 부재처럼 작용하도록 구성한 기둥

② 조립기둥: 여러 개의 부재를 못 또는 볼트 등의 파스너로 접합하여 구성한 기둥

(2) 기둥의 종류

① 본기둥: 주요 구조체가 되는 기둥으로서, 샛기둥이나 수장기둥 등과 구별됨

② **통재기둥: 밑층에서 위층까지 1개의 재로 상하층 기둥**

③ 평기둥: 한 층에서는 기둥, 도대와 층도리, 깔도리, 처마도리 등 가로재에 의해 구획

④ 샛기둥: 본 기둥 사이에서 벽체를 이루는 것으로서 가로재의 옆 휨을 막는 데 유효

(3) 기둥설계의 구조기준

구분	설명	
섬유방향 압축응력	• 실제 압축응력이 섬유 방향 설계허용압축응력을 초과하지 않도록 설계 • 좌굴이 발생할 가능성이 많은 위험부분에서 단면이 감소할 경우: f_c는 순단면적에 근거 • 그렇지 않을 경우: f_c는 총단면적에 근거	$f_c = \dfrac{P}{A} \leq F_c'$ • f_c: 섬유방향 압축응력(MPa) • F_c': 설계허용 압축응력(MPa)
기둥 안정계수 (C_p)	• 압축을 받는 부재가 모든 방향에서 횡방향변위를 막기 위하여 **전체길이에 걸쳐 지지될 경우**: $C_p = 1.0$ • 유효기둥길이: 구조역학의 원리에 따라 결정(단부의 지지조건에 따라 유효기둥길이 결정)	
세장비	• 기둥에 대한 세장비 l_e/d는 50을 초과하지 않도록 함 • 단, 시공 중에는 75를 초과하지 않도록 함	
원형기둥	동일한 단면적과 경사를 갖는 정사각형 기둥설계를 따름	

참고

좌굴길이계수(단부지지 조건을 알 때 유효기둥길이의 결정)

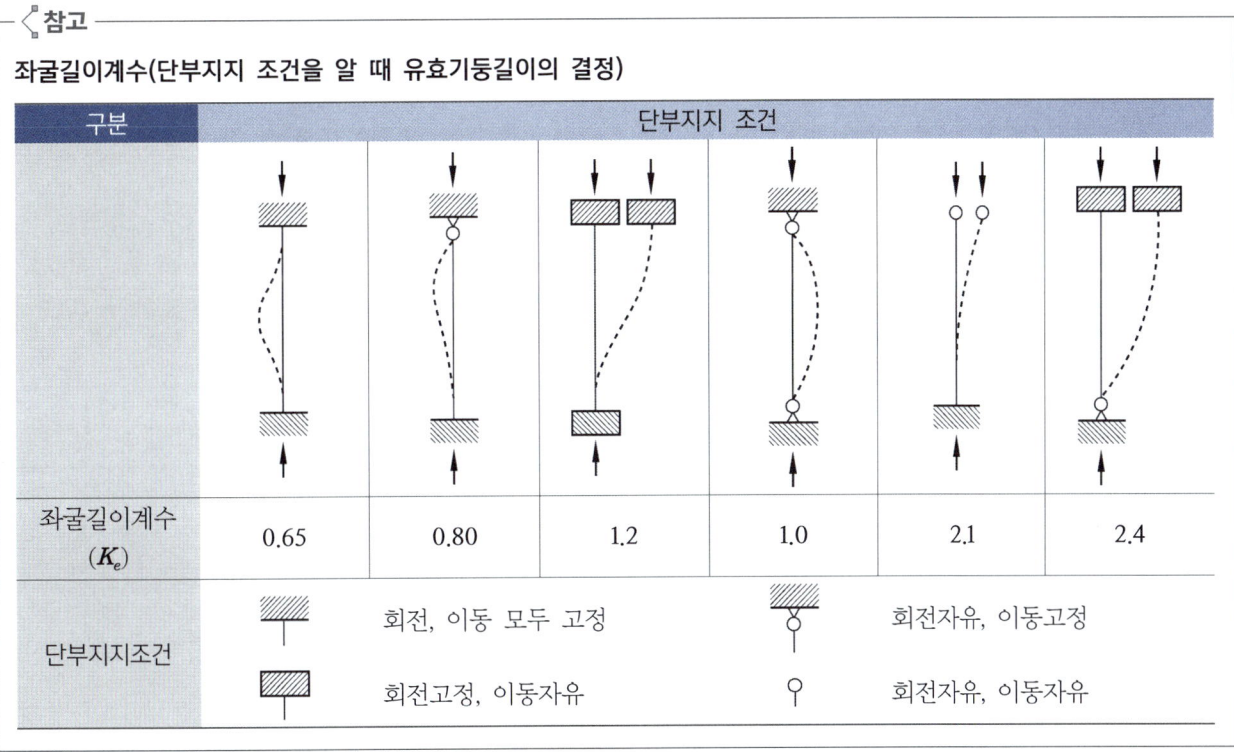

4. 지압설계

구분	설명
섬유방향 지압	• 섬유방향 실제지압응력은 순지압면적에 근거 • 섬유방향 설계허용지압응력을 초과하지 않도록 설계($f_g \leq F_g'$) • 충분한 횡방향 지지가 있고 단부절단면이 정확하게 사각형이고 수평일 경우: 섬유방향 설계허용지압응력 F_g'은 압축부재의 전면지압에 적용
섬유직각방향 지압	• 섬유방향 실제지압응력은 순지압면적에 근거 • 섬유방향 설계허용지압응력을 초과하지 않도록 설계($f_{c\perp} \leq F_{c\perp}'$) • 단부에서 지압면적을 산정: 부재가 휨에 따라 지압의 안쪽 가장자리에 작용하는 압력이 부재 단부에서의 압력보다 커지는 현상은 고려할 필요가 없음
섬유방향과 경사진 지압	섬유방향(부재의 길이방향축)과 임의의 경사각: θ

5. 수평하중저항구조의 설계

구분	설명
적용범위	• 수평하중에 저항하는 전단벽(수직격막)과 바닥(수평격막)에 관한 설계에 적용 • 층수가 2층 이하이고 연면적 1,000m² 이하의 건축물은 구조계산이 요구되지 않음
골조부재	• 두께 38mm(공칭치수 50mm) 이상의 1종 구조재 2등급 이상 • 못박기 지점: 판재의 측면으로부터 10mm 이상 떨어진 지점 • 못박기 간격 – 목질판재의 가장자리에서 150mm 이하 – 목질판재의 중앙부에서 300mm 이하
개구부	개구부 주위는 전단응력을 전달하도록 적절하게 보강
접합부	• 설계하중을 지지하도록 접합 또는 고정 • 수평지진하중이 2kN/m를 초과하는 경우: 접합부의 경사 못박기 금지

5 목구조의 내진설계

1. 일반사항

(1) 내진설계 방법
① 목구조: 가볍고 진동의 흡수를 통한 내진성능 우수
② 해석법: 등가정적 해석법을 적용하여 내진설계 또는 동적해석법을 적용하여 설계할 수 있음

(2) 내진설계에 적용되는 계수
① 지진력저항시스템 설계계수(경골목조 전단벽)

구분	설계계수			내진설계 범주에 따른 시스템 및 높이(m)의 제한		
	반응보정계수 (R)	시스템초과 강도계수(Ω_0)	변위증폭계수 (C_d)	A 또는 B	C	D
내력벽 시스템	6.0	3.0	4.0	–	20	20
건물골조시스템	6.5	2.5	4.5	–	20	20

② 기본진동주기(C_t): 목구조의 근사기본진동주기(T_a)를 산정하기 위하여 $C_t = 0.049$ 적용
③ 지진력의 연직 분포: 지진력의 연직분포 산정에 적용되는 건물주기에 따른 분포계수 k의 값으로 목구조 건축물에 대해서는 1을 적용
④ 수평전단력 분포
  ㉠ 목구조의 수직 및 수평 격막은 유연한 격막으로 분류
  ㉡ 설계층전단력은 각 저항선상에 위치한 격막의 작용면적에 근거하여 각 수직부재에 분배
⑤ 층간변위: 목구조의 층간변위를 결정하기 위하여 적용하는 변위증폭계수 C_d는 ①의 값을 적용

2. 목재 수평격막구조의 설계

(1) 일반사항
① 구조계산, 시험 또는 모형에 의하여 구한 격막면 내에서의 처짐이 격막과 접합된 하중전달 또는 지지구조의 허용처짐을 초과하지 않는 한 수평하중저항구조로 사용
② 수평격막과 연결된 하중전달 또는 지지구조와의 접합부는 작용하중을 격막구조로 전달할 수 있을 정도로 충분한 거리만큼 격막구조 내부까지 연장

(2) 처짐
① 허용처짐은 수평격막과 이와 접합된 하중분산 또는 저항구조가 설계하중조건하에서 구조적인 성능을 유지하고 건축물 내의 사람이나 재산에 피해를 주지 않으면서 작용하중을 지지할 수 있는 정도의 처짐으로 설계
② 수평격막구조의 처짐에 대한 산정에는 일반적인 휨 및 전단 요소들뿐만 아니라 수평격막의 처짐에 영향을 주는 파스너의 변형 같은 다른 요소들까지 고려

(3) 수평격막의 형상비

수평격막의 종류	길이 – 나비의 최대비율
구조용 목질판재로 덮고 모든 측면에 못을 박은 격막	4:1
구조용 목질판재로 덮고 중간이음부에 보막이가 없는 격막	3:1
대각선덮개를 단층으로 설치한 격막	3:1
대각선덮개를 이중으로 설치한 격막	4:1
수평덮개를 단층으로 설치한 격막	2:1

(4) 수평격막의 제작
① 구조용 목질판재를 덮개로 사용
② 바닥의 가장자리나 골조부재가 바뀌는 지점에서는 작은 목질판재를 사용할 수 있으나 **600mm 이상의 나비**를 가져야 하며, 이보다 작은 경우 **4면이** 모두 골조부재 또는 보막이에 못으로 접합되어야 한다.

3. 목재 전단벽의 설계

(1) 일반사항
① 실제 모든 건축물은 수직하중과 수평하중을 동시에 지지
② 내력벽시스템: 전단벽(수직격막)이 수평력의 100%를 지지하도록 설계
③ 건물골조시스템: 전단벽이 수평력의 100%를 지지하도록 설계하거나 또는 건물골조가 수평력의 25% 이하를 지지
④ 목재전단벽은 구조계산, 시험 또는 모형에 의하여 구한 전단벽면 내에서의 수평변위가 전단벽과 접합된 구조의 허용변위를 초과하지 않는 한 연직방향의 하중분산 또는 저항구조 내에서 수평하중저항요소로 사용

(2) 변위
① 허용처짐은 전단벽과 이와 접합된 하중분산 또는 저항구조가 설계하중조건하에서 구조적인 성능을 유지
② 건축물 내의 사람이나 재산에 피해를 주지 않으면서 작용하중을 지지할 수 있는 정도의 변위로 하여야 한다.

(3) 전단벽의 제작
① 적합한 구조용 목질판재를 덮개로 사용
② 바닥의 가장자리나 골조부재가 바뀌는 지점에서는 이보다 작은 목질판재를 사용할 수 있다.
③ 모든 덮개용 목질판재의 모든 가장자리는 골조부재 또는 보막이에 못으로 접합하여야 한다.

(4) 전단벽의 형상비

전단벽의 종류	높이 - 나비의 최대 비율
구조용 목질판재로 덮고 모든 측면에 못을 박은 전단벽	3.5 : 1[1]
파티클보드로 덮고 모든 측면에 못을 박은 전단벽	2 : 1
대각선 덮개를 단층으로 설치한 전단벽	2 : 1
섬유판으로 덮은 전단벽	1.5 : 1

1) 지진 하중에 대하여 설계하는 경우에 전단벽의 형상비는 2 : 1까지 허용할 수 있다.

(5) 전단벽의 높이 및 나비

구분	개구부가 있는 전단벽에서 개구부가 없는 전단벽 부위	하중전달 전단벽 피어
높이	기초의 윗면으로부터 위층 바닥격막 밑면까지의 최대높이 또는 바닥격막의 윗면으로부터 위층 바닥격막 밑면까지의 최대 높이	개구부가 있는 전단벽에서 개구부 주변의 하중전달을 위하여 설계하는 벽피어의 높이는 개구부 측면의 피어높이
너비	개구부 주변에서 전체 높이에 걸쳐서 덮개용 판재를 설치하는 부분의 나비	개구부 측면에서 덮개용 판재를 설치하는 피어의 나비

(6) 개구부가 있는 전단벽의 설계
① 개구부가 있는 전단벽의 양끝 부분에는 반드시 개구부가 없는 전단벽 부위를 설치
② 개구부가 있는 전단벽의 허용단위전단력은 7kN/m를 초과할 수 없다.
③ 전단력의 전달을 위한 버팀재는 개구부가 있는 전단벽의 전체 길이에 걸쳐서 설치
④ 개구부가 있는 전단벽의 높이 h는 6,000mm를 초과할 수 없다.

(7) 전단성능의 합
① 벽의 동일한 면에 서로 다른 성능을 가진 재료로 부착한 전단벽의 전단성능은 **누적하지 않는다**.
② **동일한 종류 및 성능의 재료가 벽의 양면에 부착된 경우에만** 그 **전단성능을 누적할 수 있다**.
③ 벽의 양면에 부착된 재료들의 전단성능이 서로 다른 경우에 허용전단성능은 약한 재료가 부착된 면의 전단성능의 2배와 강한 재료가 부착된 면의 전단성능 중에서 더 큰 값으로 한다.
④ 서로 다른 종류의 재료가 벽의 양면이나 또는 동일한 면에 부착된 경우에 그 전단성능을 합하는 것은 허용하지 않는다.

(8) 접착제
① 전단벽의 덮개재료를 기계적인 파스너 대신에 접착제로 부착하는 것은 허용하지 않는다.
② 파스너와 함께 사용한 경우에도 전단성능 산정에 접착제의 성능은 고려하지 않는다.

(9) 토대의 치수 및 고정
① 공칭두께 50mm(실제두께 38mm) 이상
② 지진하중의 크기가 5kN/m 이상인 경우 공칭두께 75mm(실제 두께 63mm) 이상의 토대를 사용
③ 고정 볼트로 고정
④ 두께 3mm에 면적 250mm² 이상의 와셔를 토대와 고정 볼트의 너트 사이에 사용

6 목구조의 접합부 설계

1. 접합부 일반사항

(1) 적용범위
① 구조용 목재, 집성재 및 기타 공학목재를 이용한 목구조에서 사용하는 못, 볼트, 스프리트링 또는 전단플레이트, 래그나사못 및 트러스플레이트접합부의 공학적 설계에 적용
② 접합부 내의 부재나 파스너의 비대칭 배열에 따라 발생하는 휨모멘트를 고려하여 설계하는 경우를 제외하고 구조부재나 파스너는 접합부 내에서 대칭으로 배열
③ 접합부의 허용전단내력은 파스너에 의하여 부재의 표면끼리 서로 밀착하며 함수율의 계절적 변이에 따른 부재의 수축이 허용되는 조건에 적용
④ 편심접합부: 목재 내에 횡인장응력을 유발시키는 편심접합부는 적절한 시험이나 분석에 의하여 작용하중을 지지하기에 충분하다는 사실이 증명된 경우를 제외하고 사용할 수 없다.

(2) 접합부 내력
① 하나의 접합부에 동일한 항복모드를 나타내는 같은 형태 및 비슷한 치수의 파스너가 2개 이상 사용되는 경우에 해당 **접합부의 총 설계허용내력은 각각의 파스너에 대한 설계허용내력의 합으로 산정**
② 설계허용내력은 기준허용전단내력에 적용 가능한 보정계수를 곱하여 산정
③ 파스너는 인장, 전단, 휨, 지압 및 좌굴에 저항하기 위하여 적절한 금속설계기법으로 설계

④ 기준허용전단내력의 보정계수를 적용하지 않는 경우
  ㉠ 접합부의 내력이 파스너의 내력에 의하여 좌우되는 경우
  ㉡ 콘크리트 또는 벽돌구조와 접합되고 접합부의 내력이 콘크리트 또는 벽돌의 내력에 의하여 좌우되는 경우
⑤ 파스너 접합부의 설계내력
  ㉠ 파스너의 지압내력에 좌우
  ㉡ 파스너의 지압내력은 접합부의 항복모드에 의하여 결정

(3) 접합부에 사용되는 구조재의 수종구분

구분	포함수종	비중
가	낙엽송류	전건비중 0.55 이상의 수종
나	소나무류	전건비중 0.50 이상 ~ 0.55 미만의 수종
다	잣나무류	전건비중 0.45 이상 ~ 0.50 미만의 수종
라	삼나무류	전건비중 0.40 이상 ~ 0.45 미만의 수종

(4) 접합의 종류
① 이음: 길이를 늘이기 위하여 길이방향으로 접합
② 맞춤: 경사지거나 직각으로 만나는 부재 사이에서 양 부재를 가공하여 끼워 맞추는 접합
③ 쪽매: 섬유방향에 평행하도록 사용 널재를 옆으로 이어대는 접합

(5) 접합 시 고려사항
① 맞춤 부위의 목재에는 결점이 없어야 하고, 빈틈없이 서로 **밀착되도록 접합**
② 맞춤 부위의 보강을 위하여 **접착제 또는 파스너를 사용가능**
③ 하중의 작용선: 접합부의 중심 또는 도심을 통과(그렇지 않은 경우 편심의 영향을 설계에 고려)
④ 인장을 받는 부재에 덧댐판을 대고 길이 이음(덧댐판 면적: 요구되는 **접합면적의 1.5배 이상**)
⑤ 접합부에 2차응력이 발생할 가능성이 있는 경우 이를 설계에서 고려
⑥ 이음과 맞춤
  ㉠ 응력이 최소지점에 설치
  ㉡ 응력방향과 직각방향으로 접합

2. 이음과 맞춤, 쪽매

(1) 이음
① 맞댄이음: 두 부재를 단순히 맞대어 잇는 방법으로, 덧판을 대고 큰못이나 볼트 조임
② 따낸이음
  ㉠ 두 부재가 서로 물리도록 따내고 맞추어 이은 것
  ㉡ 종류: 주먹장이음, 메뚜기장이음, **엇걸이이음(가장 튼튼한 이음)**, 빗걸이이음, 빗이음 등

(2) 맞춤

① 맞춤의 종류

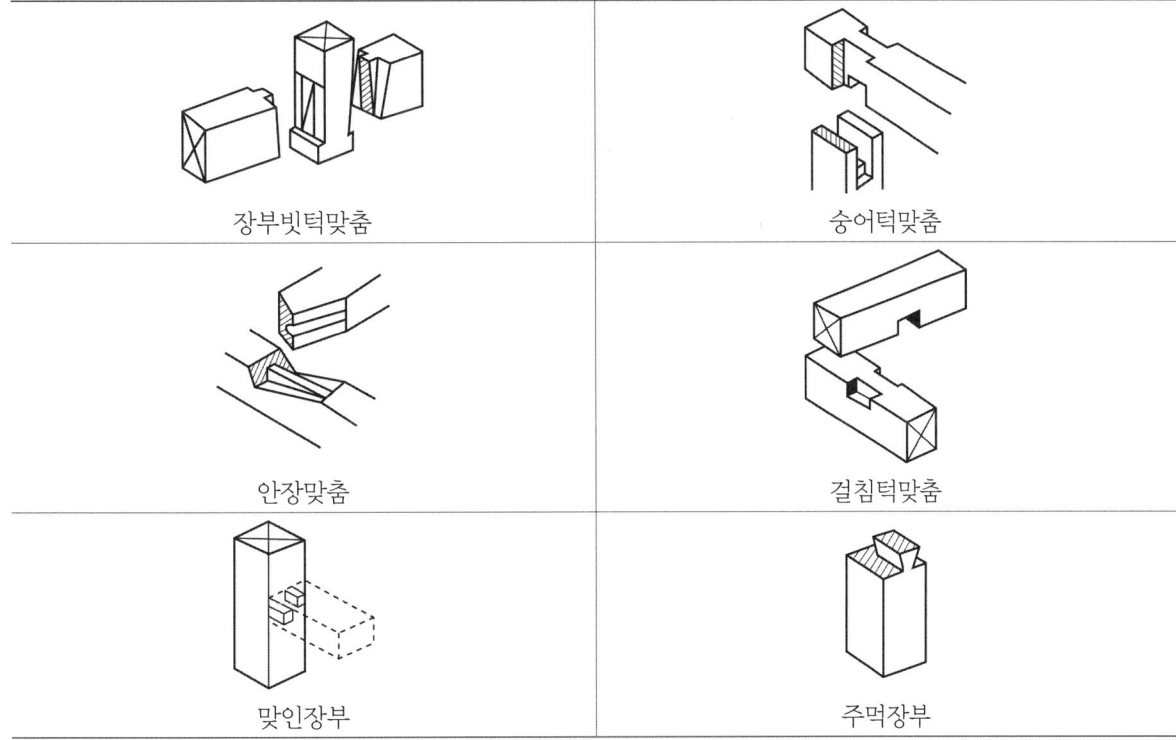

② 연귀맞춤: 나무 마구리를 감추면서 튼튼한 맞춤을 할 때 쓰이는 접합(목재창에 주로 사용)

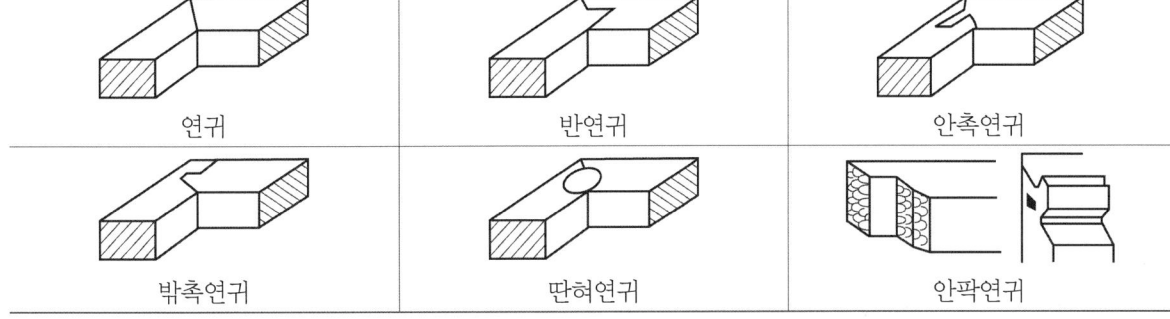

(3) 쪽매

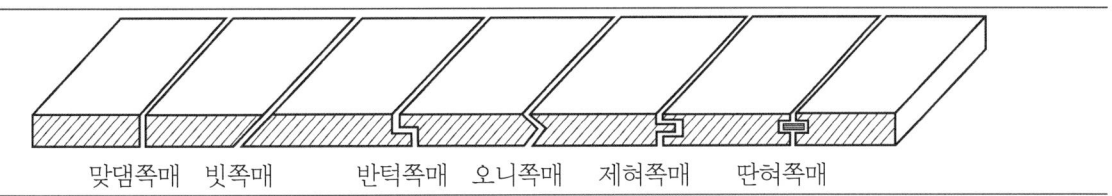

3. 못 접합부

(1) 일반사항
① 할렬이 발생할 가능성이 있는 경우: **못지름의 80%를 초과하지 않는 지름의 구멍을 미리 뚫고 못박기**
② 경사 못박기
  ㉠ 부재와 약 **30°의 경사각**
  ㉡ 부재의 **끝면으로부터 못길이의 약 1/3되는 지점에서 박기 시작**
③ 못(nail): 건축공사표준시방서(KCS) 기준
  ㉠ 못의 지름: 널두께의 1/6 이하
  ㉡ 못의 길이: 측면 부재 두께의 2 ~ 4배

(2) 못의 접합조건
① 목재의 갈라짐을 방지하기 위하여 **못에 대한 끝면거리와 연단거리, 간격의 최소치를** 정한다.
② 하나의 접합부에 2개 이상의 못이 사용된 경우: 접합부의 설계허용내력은 각각의 파스너에 대한 설계허용내력의 합이다.
③ 못접합부에 대한 최소 끝면거리와 연단거리, 간격

구분	미리 구멍을 뚫지 않는 경우	미리 구멍을 뚫는 경우	비고
끝면거리	$20D$	$10D$	
연단거리	$5D$	$5D$	
섬유에 평행한 방향에서의 파스너 사이의 간격	$20D$	$10D$	D: 못의 지름(mm)
섬유에 수직한 방향에서의 못 사이의 간격	$10D$	$3D$	

4. 볼트 접합부

(1) 일반사항
① 볼트는 인장력 부담(듀벨은 전단력 부담)
② 지름 25mm 이하의 볼트를 사용한 접합부에 적용
③ 볼트구멍: 볼트지름보다 0.75 ~ 1.5mm 더 크게 가공
④ 볼트접합부 기준허용전단내력: 주부재와 측면부재 사이에 볼트구멍의 중심이 일치하는 경우에 적용
⑤ 볼트머리와 목재 사이 및 너트와 목재 사이: 주어진 크기 이상의 금속판, 금속띠쇠 또는 와셔를 사용
⑥ 볼트접합부에 대한 기준허용전단내력은 조여진 접합부뿐만 아니라 목재의 수축으로 인하여 느슨해진 접합부에도 적용

(2) 볼트의 종류

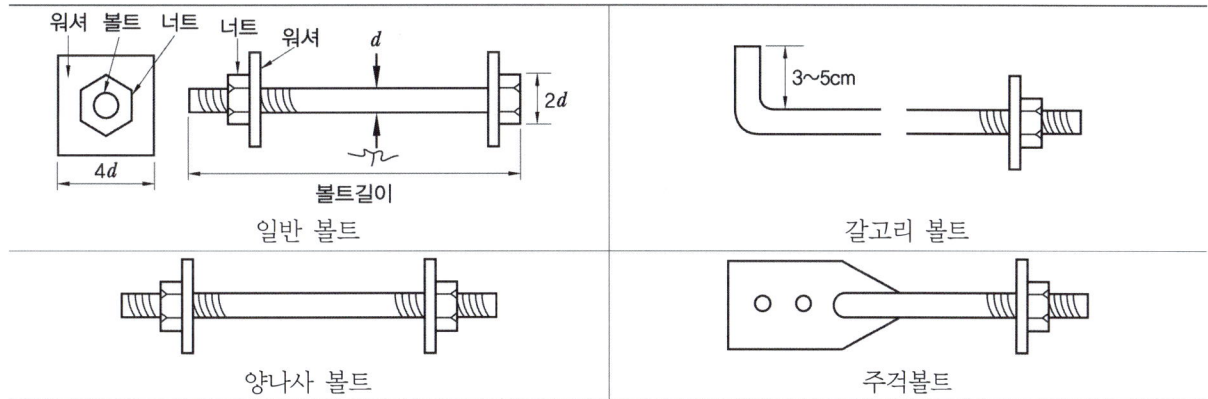

| 일반 볼트 | 갈고리 볼트 |
| 양나사 볼트 | 주걱볼트 |

(3) 볼트에 대한 최소 연단거리

하중방향		최소 연단거리(D: 지름, mm)
섬유에 평행	$l/D \leq 6$	$1.5D$
	$l/D > 6$	$1.5D$와 볼트열 사이의 간격 중에서 더 큰 값
섬유에 수직	부하 측면	$4D$
	비부하 측면	$1.5D$

- l/D의 값은 $\dfrac{l_m}{D}$, $\dfrac{l_S}{D}$ 중 작은 값으로 적용(D: 지름, mm)
  - l_m: 목재 주부재 내의 볼트길이(mm)
  - l_S: 목재 측면부재 내의 볼트길이의 합(mm)
- 부하 측면: 섬유에 수직한 하중을 받는 부재에서 하중에 의하여 볼트가 움직이는 방향에 있는 측면
- 비부하 측면: 부하측면의 반대쪽 측면

(4) 볼트의 최소 끝면거리

하중 방향		최소 끝면거리(D: 지름, mm)	
		감소된 기준허용 전단내력	총기준허용 전단내력
섬유에 수직한 압축		$2D$	$4D$
섬유에 평행한 압축		$2D$	$4D$
섬유에 평행한 인장	침엽수	$3.5D$	$7D$
	활엽수	$2.5D$	$5D$

(5) 1열 내의 볼트의 최소 간격

하중 방향	최소 간격(D: 지름, mm)	
	감소된 기준허용 전단내력	총기준허용 전단내력
섬유에 수직한 압축	$3D$	$5D$
섬유에 평행한 압축	$3D$	$5D$

(6) 볼트 열의 최소 간격

하중 방향		최소 간격(D: 지름, mm)
섬유 방향 하중		$1.5D$
섬유 직각 방향 하중	$l/D \leq 2$	$2.5D$
	$2 < l/D < 6$	$(5l + 10D) / 8$
	$6 \leq l/D$	$5D$

l/D의 값은 $\dfrac{l_m}{D}$, $\dfrac{l_s}{D}$ 중 작은 값을 적용(D: 지름, mm)

- l_m: 목재 주부재 내의 볼트길이(mm)
- l_s: 목재 측면부재 내의 볼트길이의 합(mm)

(7) 볼트군(群)

① 하나의 접합부에 2개 이상의 볼트가 사용되는 경우: 무리작용계수 C_g를 적용
② 섬유에 수직한 하중을 받는 부재에서는 볼트를 대칭으로 엇갈리게 배치하는 것을 원칙으로 함
③ 볼트접합부가 섬유에 경사진 하중을 받는 경우: 각 부재의 중심축이 볼트의 저항의 중심을 통과하도록 설계(∵ 주부재 내에서 응력의 균일한 분포와 각각의 볼트에 대한 하중의 균일한 분포)

5. 트러스플레이트 접합부

(1) 일반사항

① 트러스플레이트를 사용한 목재트러스 구조의 접합부에 적용
② 목재트러스구조는 평면트러스로 해석하며 트러스 사이의 간격, 정확한 수직면으로의 설치, 올바른 부재의 사용 및 정밀한 제조 등의 요인에 의하여 트러스의 성능이 좌우된다.
③ 트러스의 제작, 저장, 운반 및 설치 중에 트러스구조에 피해가 발생하여 트러스구조의 하중지지능력이 감소되지 않도록 주의를 기울여야 하며, 트러스 설치 시에는 항상 모든 트러스에 임시받침대를 설치
④ 트러스플레이트는 아연도금강철을 사용하여 한 구멍에서 2~3개의 핀이 나오도록 제작
⑤ 트러스플레이트는 플레이트 전면에 골고루 압력을 가하면서 목재와 밀착되도록 설치

(2) 접합부 설계

① 트러스플레이트 접합부의 기준허용내력: 접합부 시험을 통하여 결정
② 접합부 시험
  ㉠ 수평하중 저항기준 허용내력: 수평하중저항시험
  ㉡ 기준허용 인장내력: 접합부에 대한 인장시험
  ㉢ 기준허용 전단내력: 접합부에 대한 전단시험

③ 기준허용내력의 감소
  ㉠ 트러스 플레이트를 함수율이 19% 초과하는 목재에 설치한 경우: 기준허용내력의 20% 감소
  ㉡ 45° 이하의 경사각 θ인 접합부에 작용하는 모멘트의 영향을 고려: 예각감소계수 H_R을 곱하여 산정
  ㉢ 목재부재의 좁은 면에 설치된 트러스 플레이트에 대한 기준허용내력: 넓은 면에 설치된 접합부에 대한 기준허용내력에서 15% 감소시킨 값
  ㉣ 트러스 플레이트 접합부에서 목재부재의 끝면으로부터 12mm 이내와 측면으로부터 6mm 이내의 부위에는 트러스 플레이트의 핀이 없어야 함

6. 목구조 보강철물

(1) 보강철물의 종류

구분	설명
띠쇠	띠형 철판에 못구멍을 뚫은 보강철물(ㄱ자쇠, ㄷ자쇠, 안장쇠, 감잡이쇠 등)
꺾쇠	보강 및 접합용 보강철물(보통꺾쇠, 엇꺾쇠, 주걱꺾쇠)
볼트	인장력을 부담하는 보강철물
듀벨	전단력을 부담하는 보강철물
쐐기	접합부 틈새에 박아 넣어 쪼개거나 기계 부품의 결합이 느슨한 공간에 박아 넣어 단단히 결합할 때 사용하는 보강철물

(2) 보강철물에 따른 사용용도

구분	사용용도	비고
띠쇠	기둥 + 층도리, ㅅ자보 + 왕대공 맞춤부	사재 + 수직재
꺾쇠	ㅅ자보 + 빗대공	사재 + 사재
엇꺾쇠	ㅅ자보 + 중도리	사재 + 수평보
볼트	ㅅ자보 + 평보	사재 + 수평보
안장쇠	큰보 + 작은보	수평재 + 수평재

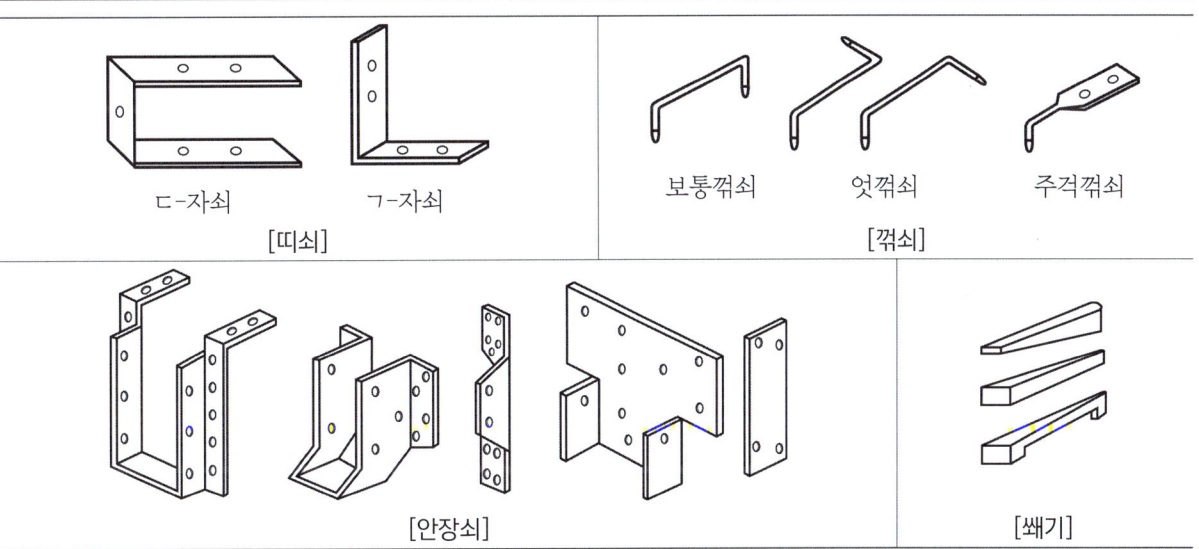

7 경골목구조의 구조설계사항

1. 재료
(1) 일반사항
  ① 구조내력상 중요한 부분에 사용하는 바닥, 벽 또는 지붕의 덮개에는 KS F 2089(목조건축 덮개 재료용 목질판상재)의 사용경간에 적합한 경간등급에 해당하는 구조용 목질 판상재나 구조용 OSB를 사용하여야 한다.
  ② 구조내력상 중요한 부분에 사용하는 재료들은 KS 또는 이와 동등 이상의 성능이 있는 것을 사용한다.
(2) 벽 또는 지붕의 덮개
  2등급 이상의 구조용 목질판상재, 구조용 OSB

2. 기초 및 토대
(1) 줄기초로 하는 경우 기초벽의 두께
  최하층 벽두께의 1.5배 이상으로서 150mm 이상
(2) 1층의 모든 벽 아래쪽에 토대 설치

3. 바닥
(1) 침엽수 구조재의 1종 구조재로서 2등급 이상으로서 너비 140mm 이상의 것을 사용한다.
(2) 바닥장선 상호간의 간격은 650mm 이하로 한다.
(3) 윗층의 내력벽 바로 아래에 내력벽을 설치하지 않는 경우 해당내력벽 바로 아래의 바닥장선을 구조내력상 유효하게 보강한다.
(4) 바닥덮개는 바닥장선과의 사이에 내수접착제를 도포한 후 적정치수의 못으로 고정한다.

4. 구조벽
(1) 인접한 수평하중저항구조(내력벽 또는 전단벽) 사이의 거리는 **12m 이하**로 한다.
(2) 경골목구조 건축물의 각 층에는 각 방향으로 2개 이상의 구조벽이 존재하여야 한다.
(3) 구조벽에 사용되는 **스터드의 간격은 650mm 이하**로 한다.
(4) 구조벽의 덮개에는 **두께 11mm 이상**의 구조용 합판이나 구조용 OSB 또는 이와 동등 이상의 것을 사용한다.
(5) 구조벽에 설치되는 **개구부 하나의 너비는 4m 이하**로 한다.

5. 지붕 및 천장

(1) 서까래 및 천장 장선에는 2등급 이상의 규격구조재(1종구조재)를 사용하고 상호간의 간격은 650mm 이하로 한다.
(2) 트러스는 작용하는 하중 및 외력에 대하여 구조내력상 안전하게 설계한다.
(3) 서까래 또는 트러스는 파스너를 사용하여 구조내력상 안전하게 윗깔도리에 고정한다.
(4) 지붕덮개에는 두께 11mm 이상의 구조용 합판이나 구조용 OSB 또는 이와 동등 이상의 것을 사용한다.
(5) 실험 또는 산정에 따라 구조내력상 안전하다고 확인된 경우를 제외하고 지붕에 설치하는 개구부의 너비는 2m 이하로 하며 그 너비의 합계는 해당 지붕의 하단너비의 1/2 이하로 한다.

6. 계단구조

(1) 계단은 구조내력상 안전하여야 하며 통행 및 가구운반 등을 위한 적절한 상부공간을 확보하여야 한다.
(2) 계단각부의 치수

계단의 종류		계단의 나비	최대 챌판 높이	최소 디딤판 나비
주택의 계단	공동주택	1,200mm 이상	230mm 이하	150mm 이상
	공동주택 이외	750mm 이상		
실내계단		1,200mm 이상	200mm 이하	240mm 이상
실외계단		900mm 이상		

(3) 공동주택의 세대수 또는 기숙사의 침실수가 6을 초과하는 경우 표 4.5-2에 따라 피난계단을 설치한다.
(4) 공동주택 내에는 나선형의 계단을 설치할 수 없다.

7. 활하중(지붕, 바닥) 및 풍하중(벽) 하에서 주요구조부의 최대처짐 허용한계

주요구조부		활하중에 의한 처짐[1]
서까래 밑면에 천장 마감재료가 부착되지 않은 경사각 15도 이상의 지붕 서까래		$L/180$
천장	강성이 높은 마감재료(드라이비트 등)가 부착된 경우	$L/360$
	유연한 마감재료(석고보드 등)가 부착된 경우	$L/240$
바닥		$L/360$
실내벽 및 칸막이벽		$L/180$
외벽[2]	드라이비트가 부착된 경우	$L/360$
	다른 강성이 높은 마감 재료가 부착된 경우	$L/240$
	유연한 마감 재료가 부착된 경우	$L/120$[3]
기타 모든 구조부재		$L/240$

1) L : 경간, 외팔보의 경우에는 부재 길이의 2배로 한다.
2) 이 규정의 처짐한계를 결정하기 위한 목적으로 적용하는 풍하중은 건축물에 작용하는 풍하중에 0.7을 곱한 값으로 한다.
3) 외벽의 실내쪽 벽면에 석고보드가 부착된 경우에는 허용처짐한계를 L/180로 제한한다.

8 목구조의 시공

1. 세우기 순서

(1) 기둥 세우기 순서

토대 → 기둥 → 층도리 → 샛기둥

(2) 수평부재 시공 순서

토대 → 층도리 → 깔도리 → 처마도리

① 깔도리: 기둥 맨 위에서 기둥머리를 고정하는 수평부재
② 처마도리: 외벽 상부에서 처마 밑에 건너지르는 수평부재
③ 층도리: 2층 이상의 마루바닥 곁에 있어 기둥을 연결하는 수평부재

2. 지붕틀

(1) 왕대공 지붕틀(양식 지붕틀)
① 구조적으로 안전성이 우수하고 장경간의 목구조에 적용
② 보강철물이 다량 소요되고, 시공비용이 높음
③ 구성부재

구분	설명
왕대공	• ㅅ자보와 버팀대공과의 맞춤자리를 만들고, 평보 위에 수직으로 세운 중앙부의 대공 • 인장부재
달대공	• 평보나 상인방 등의 부재를 상부 구조에 수직으로 매다는 대공 • 인장부재
빗대공	• 왕대공과 달 대공 사이에 설치된 대각선 방향의 부재 • 압축부재
대공밑잡이	평보 중앙부의 진동을 방지하기 위하여 왕대공 하부를 서로 연결하는 부재
ㅅ자보	• 평보와 함께 트러스의 삼각형을 이루며 중도리와 그 위 서까래를 받는 경사부재 • **휨 및 압축부재(왕대공 지붕틀에서 단면이 가장 큰 부재)**
평보	• 지붕에 실리는 무게를 받는, 옆으로 놓은 부재(양식 지붕틀의 최하부에 있는 보) • **휨 및 인장부재** • 평보의 이음 위치: 왕대공 근처에서 이음이 가장 이상적임
처마도리	• 외벽 상부에서 처마 밑에 건너지르는 수평부재 • 중도리의 일종으로 서까래를 받음과 동시에 기둥, 지붕보를 연결
중도리	• 마루대, 처마도리에 평행하고 서까래 등을 받치는 수평부재 • 동자기둥 또는 ㅅ자보 위에 처마도리와 평행으로 배치 • 약 90cm 간격으로 설치
마룻대	지붕틀 구조의 정상부를 주로 도리 간 방향으로 잇는 수평부재(종도리)
서까래	경사진 지붕에서 중도리와 중도리 사이에 지붕 경사 방향으로 일정한 간격으로 걸어두는 부재

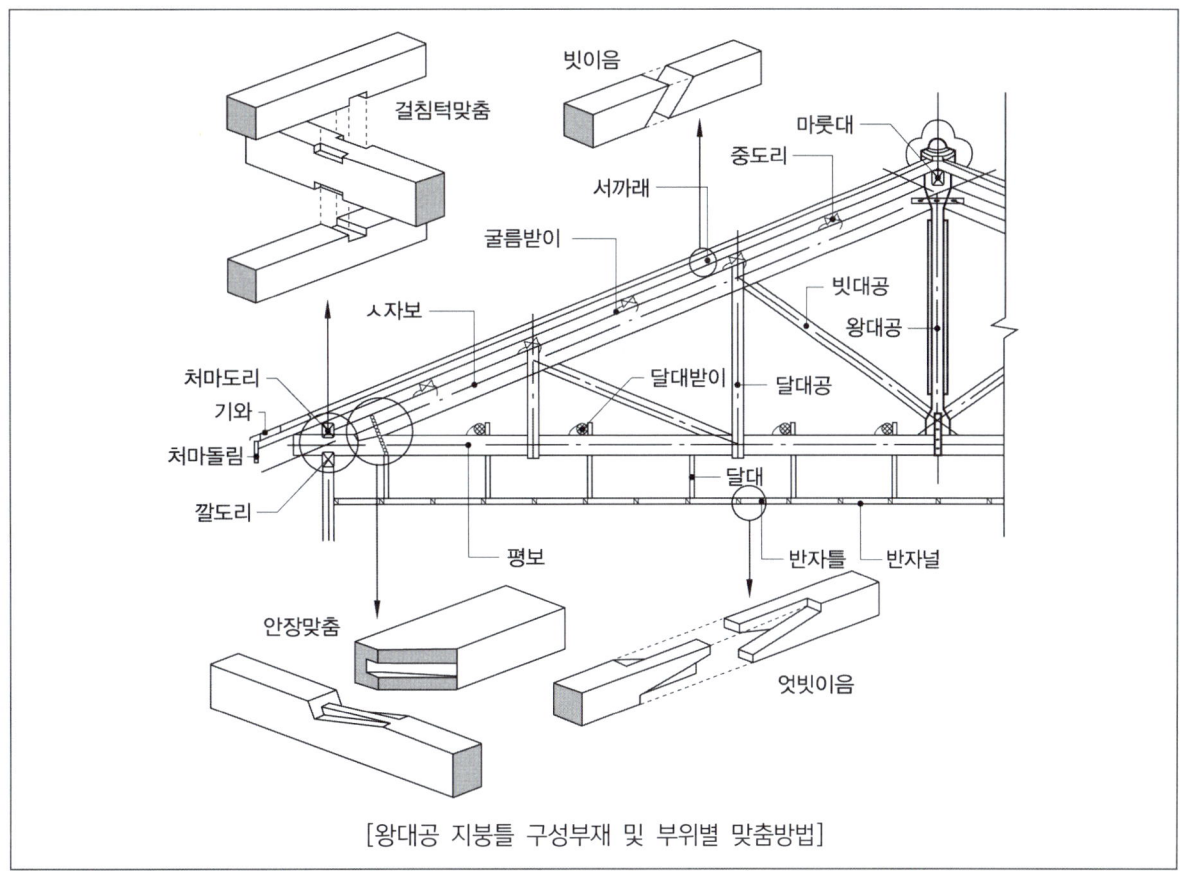

[왕대공 지붕틀 구성부재 및 부위별 맞춤방법]

(2) 절충식 지붕틀(한식 지붕틀)
① 한식 지붕틀의 일종
② 경간이 작거나 간벽이 많은 구조에 사용, 시공이 간단
③ 구성부재

구분	설명
지붕보	• 지붕틀의 가장 밑에 있는 보 • 지붕에 실리는 무게를 받는 옆으로 놓는 부재
종보	지붕이 높을 경우에 동자기둥 위에 설치하는 보 중 가장 상층에 위치하는 보
귀잡이보	직교하는 지붕틀과 도리의 모서리 부분을 보강하기 위하여 45도 대각선으로 거는 보
처마도리	• 외벽 상부에서 처마 밑에 건너지르는 수평부재 • 중도리의 일종으로 서까래를 받음과 동시에 기둥, 지붕보를 연결
중도리	• 마루대, 처마도리에 평행하고 서까래 등을 받치는 수평부재 • 동자기둥 또는 ㅅ자보 위에 처마도리와 평행으로 배치
마룻대	• 지붕틀 구조의 정상부를 주로 도리 간 방향으로 잇는 수평부재 • 종도리라 하기도 함
대공	종보 위에 놓여 마룻대(종도리)를 받고 있는 부재
동자대공	지붕보 및 종보 위에 얹어 중도리 및 마룻대를 받치는 동자주 모양의 각재
지붕꿸대	지붕대공을 상호 연결시켜 고정하는 수평 부재

서까래	경사진 지붕에서 중도리와 중도리 사이에 지붕 경사방향으로 일정한 간격으로 걸어두는 부재
우미량	도리와 보에 걸쳐 동자기둥을 받는 곡선보

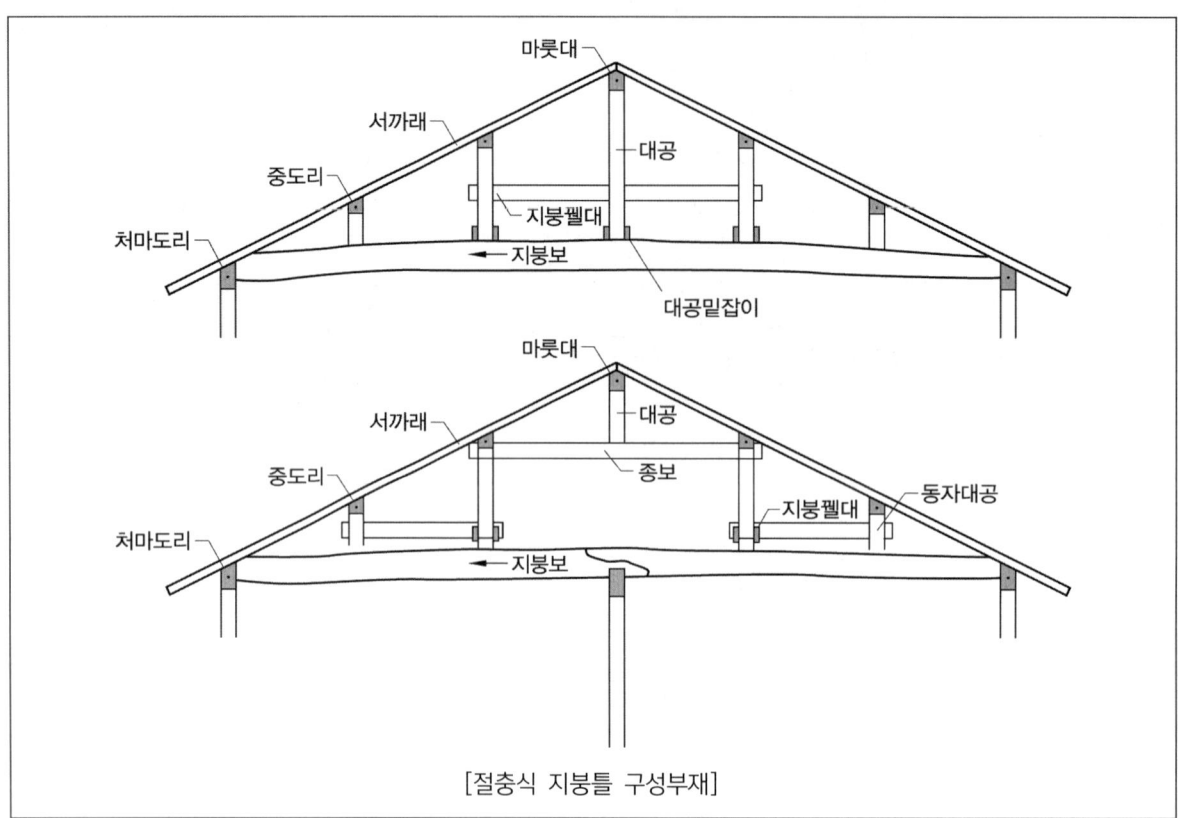

[절충식 지붕틀 구성부재]

3. 마루

(1) 일반사항
① 지면에서 45cm 이상 이격하여 설치하고, 지면에서 1m까지 내수재료의 사용 및 방부처리
② 환기구멍의 설치: 벽 길이의 5m마다 면적 300mm² 이상

(2) 마루의 종류
① 1층 마루: 동바리마루, 납작마루
② 2층 마루: 홑마루(장선 + 마루), 보마루(보 + 장선 + 마루), 짠마루(큰보 + 작은보 + 장선 + 마루)

(3) 1층 마루의 시공순서

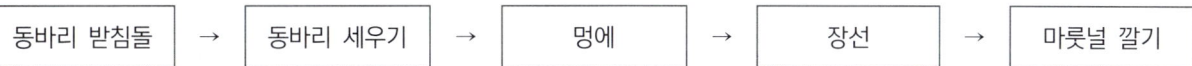

동바리 받침돌 → 동바리 세우기 → 멍에 → 장선 → 마룻널 깔기

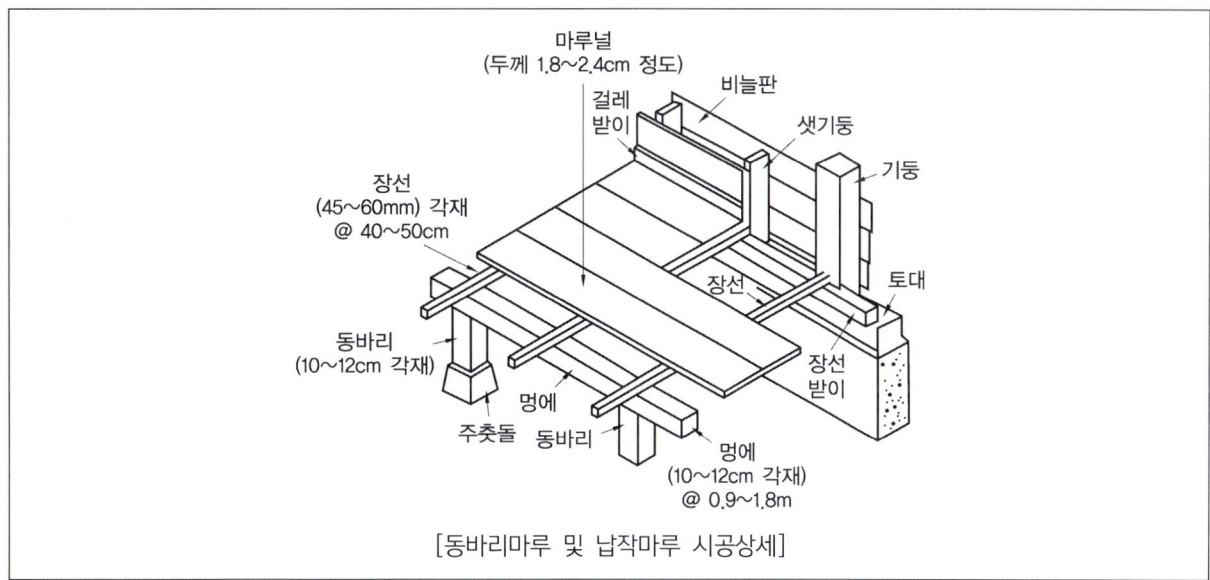

[동바리마루 및 납작마루 시공상세]

4. 횡력에 대한 보강부재

(1) 가새(Bracing)

① 정의: 수평 방향의 힘에 대한 보강재로 대각선 방향으로 빗대는 경사부재

② 종류

인장가새	압축가새
• 기둥 단면의 1/5배 이상 • 폭: 90mm 이상 • 동등 내력을 갖는 철근(9mm)으로 사용 가능	• 기둥 단면의 1/3배 이상 • 폭: 90mm 이상

③ 가새 설치 시 고려사항
　　㉠ 좌우 대칭으로 수평부재와 45°의 각이 가장 이상적임
　　㉡ 가새의 따냄은 피하고 샛기둥을 따내어 접합
　　㉢ "X"자형 가새 설치: 횡력에 대한 인장 및 압축에 유효한 배치
　　㉣ 상층보다 하층에 가새를 두어 설치하는 것이 횡력에 대한 저항성능 증대
(2) 기타 버팀대
　① 버팀대: 부재 절점의 강접화로 접합부의 강성을 증대시키는 효과
　② 귀잡이: 직교하는 지붕틀과 도리의 모서리 부분을 보강하기 위하여 **45° 대각선으로 거는 부재**(귀잡이 토대, 귀잡이 보 등)

9 목구조의 내구계획 및 공법

1. 내구계획

(1) 기본사항
　① 방우, 방수, 결로가 발생하지 않도록 건축물의 구조적인 배치 또는 구조체를 구성하여야 한다.
　② 문제가 발생하기 쉬운 부분에는 환기 또는 제습 장치를 설치하거나 내구공법을 적용하여야 한다.
　③ 내구공법에는 **썩음 방지를 위한 방부처리법**과 **충해 방지를 위한 방의처리법**이 있다.
(2) 방부처리법 및 방의처리법
　① 방부처리법: 맞춤이나 이음 등의 접합부는 방부처리법과 동일하거나 그 이상의 성능을 갖도록 처리한다.
　② 방의처리법: 구조법, 방의제처리법, 토양처리법

2. 내구공법

(1) 방의처리법

구분	설명
구조법	흰개미 방제용 트랩, 흰개미 방제용 시트, 흰개미 탐지 및 베이팅 시스템, 흰개미군체제거용 예찰제어기 시스템 등 적절한 방법으로 처리
방의제 처리법	• 방의제처리 목재는 방의효력시험(한국임업진흥원)을 통과하거나 동등 이상의 시험을 통과한 성능 확보 • 맞춤이나 이음 등의 접합부는 방의제처리법과 동일하거나 그 이상의 성능을 갖도록 처리
토양 처리법	• 토양처리용 약제의 품질 및 효력은 방의효력시험(한국임업진흥원)을 통과하거나 동등 이상의 시험을 통과한 성능 확보 • 점살포법, 줄살포법, 면살포법 등으로 실시하고, 양생, 약제의 보관 및 작업장의 안전성에 유의

(2) 내구공법 일반사항(개정 전 구조기준)
　① 설계상의 주의사항
　　㉠ 외벽에는 **포수성 재료**를 사용하지 않는다.
　　㉡ **배수나 물처리**를 한다.
　　㉢ 비처리가 불량한 설계를 피한다.
　　㉣ **지붕모양**을 복잡하게 하지 않는다.
　　㉤ 지붕처마와 채양은 **채광 및 구조상 지장이 없는** 한 길게 한다.
　② 구조법
　　㉠ 주요부의 **목재는 건조**된 것을 사용한다.
　　㉡ 썩기 쉬운 곳에는 **내후성**이 있는 목재를 사용한다.
　　㉢ 기초의 토대·바닥·외벽 등은 썩기 쉬우므로 필요한 **환기구를 설치**한다.
　　㉣ 외벽·바닥 등은 내부 결로가 발생하지 않는 구조로 한다.
　　㉤ 주방·욕실 등의 물이 접하는 부분에는 방수처리를 하고, 건조가 잘 되도록 한다.
　　㉥ 지붕 속의 환기를 위한 환기구를 설치한다.

10 목구조의 방화설계

1. 설계 고려사항

구분	설명
발화 및 화재 확대 방지	내부마감재료로 불연재료, 준불연재료, 난연재료를 사용
방화구획을 통한 화재 확대 방지	내화구조의 **방화구획** 또는 **방화벽**을 설치하여 화재발생 시 확대되지 않도록 설계
화재로 인한 건축물 붕괴 방지	수직하중 및 수평하중을 지지하는 내력부재와 구조체는 화재 시 고온 및 가열에 견디어 하중을 지지할 수 있는 **내화성능을 확보**
인접건물로의 화재확대 방지	건축물은 화재 시 발생하는 불똥, 화염 및 복사열 등에 따라 화재가 인접 건축물로 확대되지 않도록 대책을 강구
방화에 장애가 되는 용도의 제한	한 건축물 안에는 건축법에서 정하는 방화에 장애가 되는 용도를 분리함으로써 돌발적인 화재 발생을 방지

2. 내화설계

(1) 주요구조부의 내화성능기준

구분				내화시간
벽	외벽		내력벽	1시간~3시간
		비내력벽	연소 우려가 있는 부분	1시간~1.5시간
			연소 우려가 없는 부분	0.5시간
	내벽			1시간~3시간
보·기둥				1시간~3시간
바닥				1시간~2시간
지붕틀				0.5시간~1시간

(2) 목조계단의 주요목재(디딤판, 계단옆판) 기준
   ① 두께 60mm 이상인 것
   ② 두께가 38mm 이상, 60mm 미만: 계단 이면과 계단옆판 외측에 두께 12.5mm 이상의 방화석고보드를 붙인 것
   ③ 기타 동등 이상의 내화성능을 가진 것으로 인정하여 지정된 것

(3) 기타 목조건축물의 벽, 바닥, 천장 등의 구조기준
   ① 목재 피복방화재료의 접합부분, 이음 부분: 화염의 침입을 막을 수 있는 덧댐 구조로 설계
   ② 내화구조 이외의 주요구조부인 벽: 피복방화재료 내부에서의 화염전파를 방지할 수 있는 화염막이가 높이 3m 이내마다 설치된 구조
   ③ 내화구조 이외의 주요구조부인 벽과 바닥 및 지붕의 접합부와 계단과 바닥의 접합부 등: 피복방화재료 내부에서의 화염전파를 방지하는 화염막이를 설치
   ④ 피복방화재료에 조명기구, 천장 환기구, 콘센트박스, 스위치박스, 기타 이와 유사한 설비: 방화상 지장이 없도록 보강한 구조
   ⑤ 접합철물을 사용: 방화재료로 충분한 방화피복을 설치하든지 철물을 목재 내부에 삽입

(4) 외벽 개구부의 방화
   연소 우려가 있는 부분의 외벽개구부는 **방화문 설치** 등의 **방화설비**를 갖추어야 함

3. 방화구획

(1) 방화구획설치 대상
   ① 주요구조부가 내화구조 또는 불연재료로 된 **건축물은 연면적 1,000m² 이내마다 방화구획을 설치**
   ② 자동식 스프링클러소화설비 설치 시 2,000m² 이내마다 방화구획을 설치

(2) 방화구획 및 방화벽
   ① 2시간 이상의 내화구조
   ② 연면적 1,000m² 이상인 목조의 건축물: 외벽 및 처마 밑의 연소할 우려가 있는 부분을 방화구조로 하되, 그 지붕은 불연재료로 설계
   ③ 공동주택 세대 간 경계벽: 내화구조로 지붕 속 또는 천장 속까지 달하도록 설치
   ④ 교육시설, 복지 및 감호시설, 숙박시설로 사용하는 건축물
      ㉠ 방화상 중요한 칸막이벽은 내화구조로 지붕 속 또는 천장 속까지 달하도록 설계
      ㉡ 방화상 중요한 칸막이벽의 간격이 12m 이상일 경우 그 12m 이내마다 지붕 속 또는 천장 속에 내화구조 또는 양면을 방화구조로 한 격벽을 설치
   ⑤ 지하층 또는 3층에 거실이 있는 경우: 주거의 부분(세대의 층수가 2 이상인 것에 한함)과 계단실, 승강기의 승강로 부분, 덕트 부분, 기타 이와 유사한 수직샤프트는 기타 부분과 1시간 이상의 내화구조의 벽, 바닥 또는 1시간 내화성능이 있는 방화문으로 구획

⑥ 내화구조의 벽, 바닥 또는 방화문에 접하는 외벽
  ㉠ 이들 부분과 900mm 이상 부분은 내화구조
  ㉡ 다만, 외벽면으로 500mm 이상 돌출하여 내화구조의 벽체 또는 바닥이 있는 경우 제외
  ㉢ 내화구조로 해야 하는 부분에 개구부가 있을 경우 그 개구부에는 **1시간 내화성능이 있는 방화문**을 설치
⑦ 연면적이 200m² 이상인 경우 기타의 건물과 연결복도를 설치 할 경우: 연결복도의 지붕틀이 목조로 그 길이가 **4m 이상**인 경우 지붕틀에 내화구조 또는 양면을 방화구조로 한 격벽을 설치
⑧ 방화구획에 설치되는 **방화문: 항상 닫힌 상태로 유지하거나 자동으로 닫히는 구조**
⑨ 급수관, 배수관 또는 기타의 관이 방화구획으로 되어 있는 부분을 관통하는 경우
  ㉠ 관통부 및 관통부로부터 양측으로 1m 이내의 거리에 있는 배관은 불연재료로 하거나 불연재료 등으로 피복
  ㉡ 그 관과 방화구획의 틈은 시멘트모르타르 등 내화충전재료로 충전
  ㉢ 다만, 내화구조로 구획된 파이프샤프트 내의 배관은 제외
⑩ 환기, 난방 또는 냉방시설의 풍도가 방화구획을 관통하는 경우: 방화댐퍼 설치

해커스공무원 학원·인강
gosi.Hackers.com

해커스공무원 안병관 건축구조 기본서

제 3 편
구조역학

제1장 구조역학 개론
제2장 단면의 성질
제3장 정정구조물
제4장 응력과 변형률
제5장 구조물의 변형
제6장 부정정구조

제1장 구조역학 개론

1 힘과 모멘트

1. 힘(Force)
(1) 정의
① 정지하고 있는 물체를 움직이거나 운동하는 물체를 정지시키거나 또는 움직이는 물체의 방향이나 속도를 변화시키는 원인이 되는 것을 말한다.
② $F = m \cdot a$

(2) 힘의 3요소
① 크기(L): 힘의 축척에 의한 화살표의 길이로 표시
② 방향(θ): 기준선과 이루는 각도로 표시
③ 작용점(x, y): 힘이 작용하는 점(좌표)으로 작용선상에 위치

(3) 합력의 산정의 합성
① 합력: $R = \sqrt{P_1^2 + P_2^2 + 2P_1 \cdot P_2 \cdot \cos\alpha}$
  (직각 삼각형의 피타고라스 정리 적용)
② 합력의 방향: $\tan\theta = \dfrac{P_2 \sin\alpha}{P_1 + P_2 \cos\alpha}$

2. 모멘트(Moment)
(1) 정의
① 힘의 회전능력을 말하며, 임의의 점을 중심으로 회전하려는 크기
② 모멘트: 힘 × 거리($M = P \times L$), 단위: N·m

(2) 모멘트의 방향과 부호

구분	정모멘트	부모멘트
방향	시계방향(↻)	반시계방향(↺)
부호	"+"	"−"

(3) 우력모멘트
① 우력(Couple force): 크기가 같고 방향이 반대인 한 쌍의 힘
② 우력모멘트의 크기는 그 작용위치와 관계없이 항상 일정한 값을 가짐

(4) 바리뇽의 정리(Varignon's Theorem)

① 여러 나란한 힘의 한점에 대한 모멘트는 그 합력의 모멘트의 크기와 같음
② 합력에 의한 모멘트 = 분력에 의한 모멘트의 합
③ 합력이 발생하는 모멘트 = 분력이 발생하는 모멘트의 합
  ㉠ 합력: $R = P_1 + P_2 + P_3 + P_4$
  ㉡ 합력의 위치: $\Sigma M = 0$에 의해 $x = \dfrac{P_1 l_1 + P_2 l_2 + P_3 l_3}{R}$

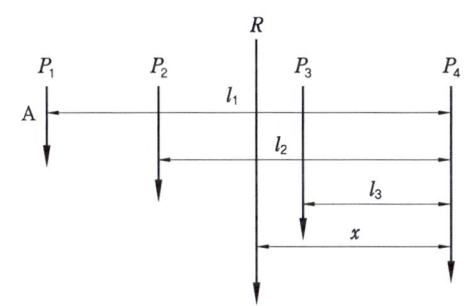

(5) 라미의 정리(Lami's therem; sin 법칙)

구분	Sin 법칙	라미의 정리
스케치	(삼각형 with 변 a, b, c 및 내각 A, B, C)	(세 힘 P_1, P_2, P_3와 각 $\theta_1, \theta_2, \theta_3$)
관계식	$\dfrac{a}{\sin A} = \dfrac{b}{\sin B} = \dfrac{c}{\sin C}$	$\dfrac{P_1}{\sin A} = \dfrac{P_2}{\sin B} = \dfrac{P_3}{\sin C}$
해석	삼각형에서 한 변의 길이와 내각의 sin 값은 동일	한 점에서 미치는 두 힘의 크기가 같고 방향이 반대이면, 세 힘은 항상 평형 상태

2 구조물 개론

1. 정역학적 힘의 평형

(1) 힘의 평형조건

① 물체가 움직이거나 회전하지 않는 경우(정지 상태)
② 힘의 평형조건식
  ㉠ 구조물의 좌우 정지 상태: 수평분력의 총합 $\Sigma H = 0$
  ㉡ 구조물의 상하 정지 상태: 수직분력의 총합 $\Sigma V = 0$
  ㉢ 구조물의 회전 정지 상태: 임의 점에 대한 모멘트의 총합 $\Sigma M = 0$

2. 지점과 절점

(1) 지점(Support)

① 정의: 구조물과 지반이 연결된 곳

② 지점의 종류

구분	기호	반력수		특성
이동지점 (가동지점, 롤러지점)		수직반력	$R = 1$	회전 및 수평이동 자유 수직 방향 이동 구속
회전지점 (활절지점, 힌지지점)		수직반력 수평반력	$R = 2$	회전 자유 수직·수평 이동 구속
고정지점		수직반력 수평반력 모멘트반력	$R = 3$	회전·수직·수평 구속

(2) 절점(Panel point)

① 구조물을 구성하고 있는 부재와 부재가 연결된 곳

② 절점의 종류

구분	기호	특성
힌지절점 (회전절점, 활절점)		부재와 부재의 절점이 핀(pin)으로 연결되어 회전이 가능한 상태
고정절점 (강절점)		각 부재의 절점이 고정되어 각도가 변하지 않는 절점

③ 절점의 수: 하나의 절점에서 계산(강절점 수 = 부재 수 – 1 – 힌지 개수)

(3) 구조물에 작용하는 하중

구분	기호	특성
고정하중 (단위: N)		임의의 위치에서 한 점에 단독으로 작용하는 하중
등분포하중 (단위: N/m)		하중의 크기가 일정하게 분포하는 하중
등변분포하중 (단위: N/m)		하중의 크기가 직선변화하는 하중
모멘트하중 (단위: N·m)		모멘트가 작용하는 하중

3. 구조물의 판별

(1) 안정과 불안정

① 안정(stable): 외력이 작용할 때 구조물이 평형을 이루는 상태($n=0$)

② 불안정(unstable): 외력이 작용할 때 구조물이 평형을 이루지 못하는 상태($n<0$)

(2) 내적 안정과 외적 안정

① 내적 안정(형상의 안정): 구조물 형태의 변형이 없음

② 외적 안정(지지의 안정): 구조물 위치의 이동이 없음

(3) 정정구조물과 부정정구조물

① 정정구조물: 힘의 평형조건식만으로 반력과 부재력을 구할 수 있는 구조물($n=0$)

② 부정정구조물: 힘의 평형조건만으로는 반력과 부재력을 구할 수 없는 구조물($n>0$)

(4) 구조물 판별식

① 모든 구조물의 전체 부정정 차수(내적·외적 차수)

구분	설명	비고
판별식	$n = m + r + s - 2k$	m: 부재 수
판별	• $n=0$: 정정구조 • $n>0$: 부정정구조 • $n<0$: 불안정구조	• r: 반력 수 • s: 강절점 수 • k: 절점 수(지점과 자유단도 포함)

② 단층 구조물의 부정정 차수: $n = (r-3) - h$ (여기서, h는 힌지절점의 수, 힌지지점은 제외)

③ 트러스의 부정정 차수

㉠ 판별식: $n = m + r - 2k$

㉡ 트러스의 모든 절점은 힌지로 가정하므로 강절점 수는 "0"

제2장 단면의 성질

1 단면1차모멘트

1. 개념

(1) 정의

① 단면의 미소면적과 구하려는 축에서 도심까지의 거리를 곱하여 전단면에 대하여 적분한 것

② 단면1차모멘트 = 도형의 면적 × 축에서 도심까지의 거리

$$G_x = A \cdot y_0, \ G_y = A \cdot x_0 \ (단위: mm^3, cm^3)$$

- A: 단면의 면적
- x_0, y_0: 단면의 도심에서 축까지 떨어진 거리

(2) 단면1차모멘트의 특성

① 단면의 도심을 통과하는 축에 대한 단면1차모멘트는 "0"[$G_x = G_y = 0, \ \because (x_0, y_0) = (0, 0)$]

② 부호: 좌표축에 따라 (+), (−) 값을 가질 수 있다.

③ 용도: 단면의 도심 위치 산정, 보의 전단응력 계산

2. 단면의 도심

(1) 도심

① 단면1차모멘트가 "0"이 되는 좌표의 원점(단면의 면적 중심)

② 도심의 산정: $x_0 = \dfrac{G_y}{A}, \ y_0 = \dfrac{G_x}{A}$

(2) 단면의 종류별 도심의 위치

사각형 단면	삼각형 단면	원형 단면
$y = \dfrac{h}{2}$	$y_1 = \dfrac{h}{3}, \ y_2 = \dfrac{2h}{3}$	$y = \dfrac{D}{2}$

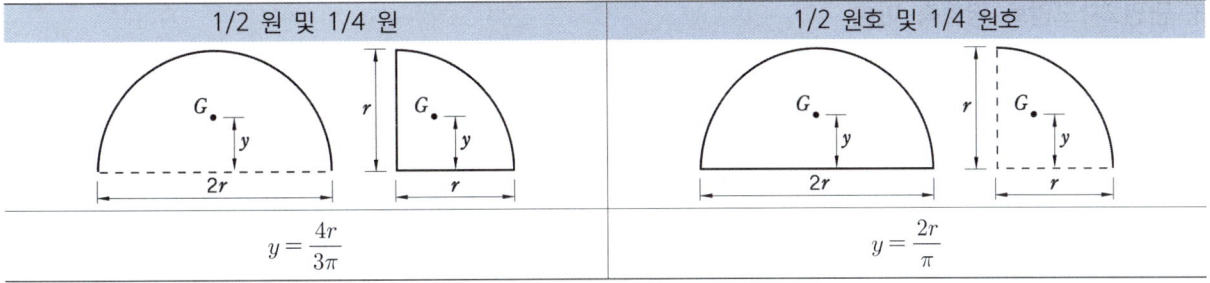

2 단면2차모멘트(관성모멘트)

1. 개념

(1) 정의
① 단면의 미소면적과 구하려는 축에서 도심까지의 거리의 제곱을 곱하여 전단면에 대하여 적분한 것
② 단면2차모멘트 = 면적 × 축에서 미소면적까지의 거리의 제곱

$$I_X = A \cdot y^2, \quad I_Y = A \cdot x^2 \quad (\text{단위: mm}^4, \text{cm}^4)$$

(2) 단면2차모멘트의 특성
① 단면의 형태를 유지하려는 성질을 나타내는 지표
② 단면2차모멘트 값이 클수록 휨강성 $\left(K = \dfrac{I}{L}\right)$이 우수한 단면
③ 도심축에서의 단면2차모멘트는 가장 최솟값을 가짐
④ 원형 및 정사각형의 도심축에 대한 단면2차모멘트는 축의 회전에 관계없이 모두 일정
⑤ 부호: 항상 (+)값
⑥ 용도
  ㉠ 단면계수(휨재 설계; 휨응력) 및 단면2차반경(압축재 설계, 좌굴) 산정의 기본지표
  ㉡ 휨응력 및 전단응력도, 탄성 처짐, 좌굴하중 계산 시 사용

2. 단면의 종류별 도심의 위치

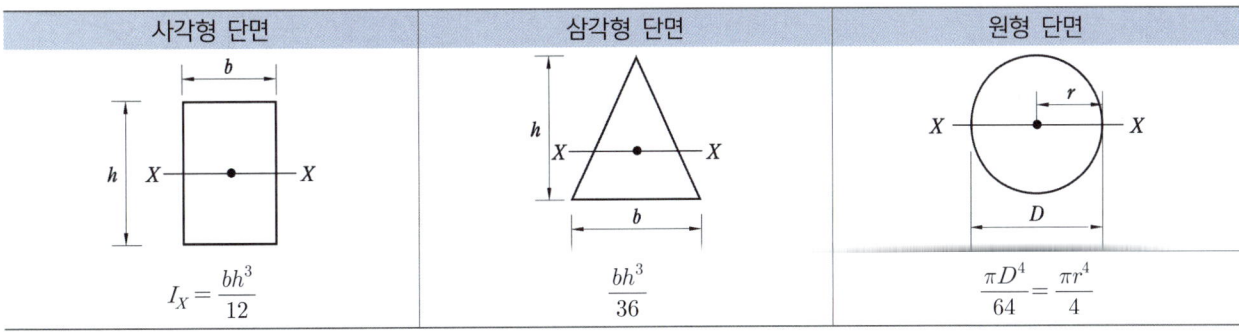

3. 단면2차모멘트 평행축 이론

(1) 정의

① 축의 평행이동에 대한 단면2차모멘트

② 평행축 정리

$$I_x = I_X + A \cdot y_0^2 \quad (y_0: \text{단면의 도심에서 축까지 떨어진 거리})$$

(2) 단면의 종류별 축이동에 대한 단면2차모멘트

사각형 단면	삼각형 단면	원형 단면
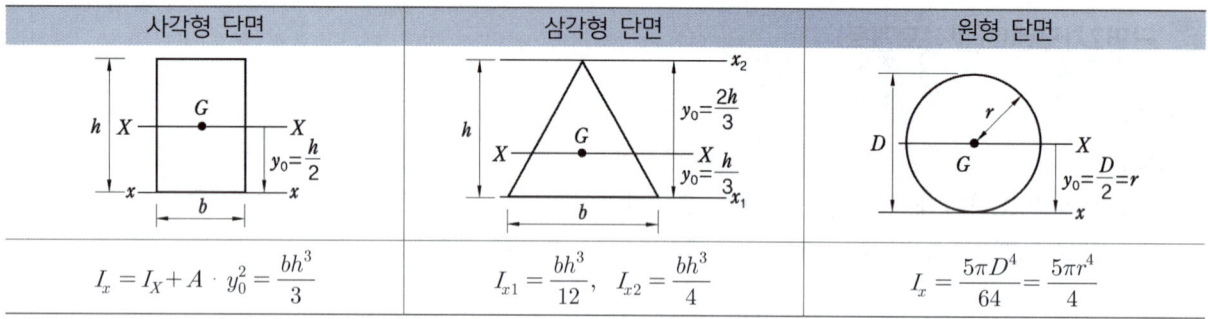		
$I_x = I_X + A \cdot y_0^2 = \dfrac{bh^3}{3}$	$I_{x1} = \dfrac{bh^3}{12}, \quad I_{x2} = \dfrac{bh^3}{4}$	$I_x = \dfrac{5\pi D^4}{64} = \dfrac{5\pi r^4}{4}$

3 단면2차극모멘트(극관성 모멘트)

1. 개념

(1) 정의

① 단면의 미소면적과 극점에서 도심까지 거리(극거리)의 제곱을 곱하여 전단면에 대하여 적분한 것

② 단면2차극모멘트 = 미소면적 × 극점에서 미소면적까지의 거리의 제곱

$$I_P = I_X + I_Y \quad (\text{단위: mm}^4, \text{cm}^4)$$

(2) 단면2차극모멘트의 특성

① 축의 회전에 관계없이 항상 일정

② 용도: 비틀림 부재 설계에 적용

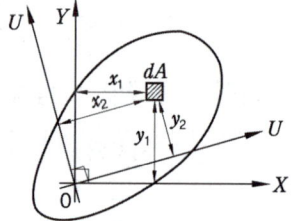

2. 단면의 종류별 단면2차극모멘트

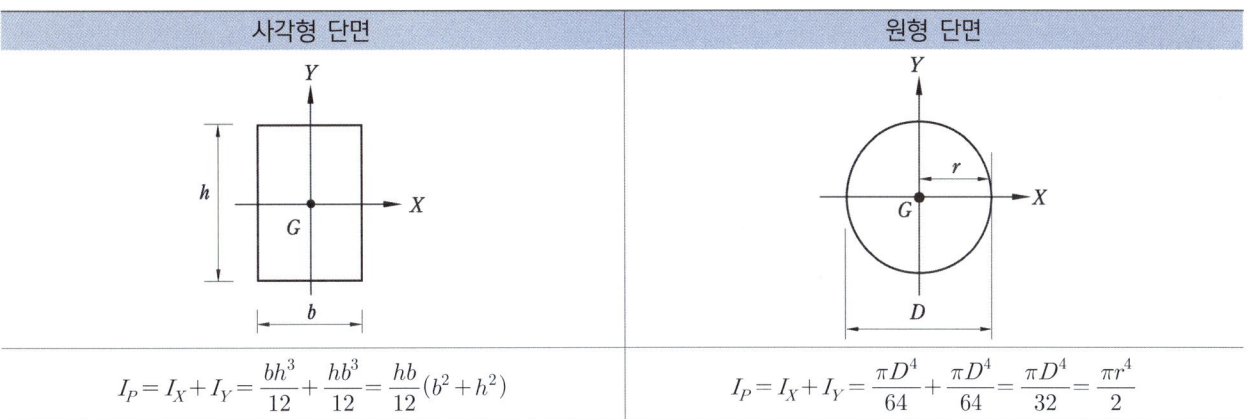

사각형 단면	원형 단면
$I_P = I_X + I_Y = \dfrac{bh^3}{12} + \dfrac{hb^3}{12} = \dfrac{hb}{12}(b^2 + h^2)$	$I_P = I_X + I_Y = \dfrac{\pi D^4}{64} + \dfrac{\pi D^4}{64} = \dfrac{\pi D^4}{32} = \dfrac{\pi r^4}{2}$

4 단면상승모멘트(관성상승모멘트)

1. 개념

(1) 정의

① 단면의 미소면적과 구하려는 x축, y축에서 도심까지 거리를 곱하여 전단면에 적분한 것

② 단면상승모멘트 = 미소면적 × 직교축까지의 거리 x_0와 y_0의 곱

$$I_{XY} = A \cdot x_0 \cdot y_0 \text{ (단위: mm}^4\text{, cm}^4\text{)}$$

(2) 단면상승모멘트의 특성

① 단면의 도심을 통과하는 축에 대한 단면상승모멘트는 "0"

② 부호: (−)의 값을 가질 수 있음

③ 대칭단면에서 도심축에 대한 단면상승모멘트는 "0"

④ 도형의 도심을 지나고 "$I_{XY} = 0$"이 되는 축을 주축이라 함

⑤ 용도: 단면의 주축 계산

2. 단면의 종류별 단면상승모멘트

사각형 단면	원형 단면
• 도심축: $I_{XY} = 0$ • x, y축: $I_{XY} = bh \times \dfrac{b}{2} \times \dfrac{h}{2} = \dfrac{(bh)^2}{4}$	• 도심축: $I_{XY} = 0$ • x, y축: $I_{XY} = \pi r^2 \times r \times r = \pi r^4$

5 (탄성)단면계수(Section modulus)

1. 개념

(1) 정의

① 도심을 지나는 축에 대한 단면2차모멘트를 도심에서 상하 최연단까지의 거리로 나눈 값

② 일반적으로 부재가 탄성영역에 있을 때의 탄성단면계수를 말함

$$\text{인장측: } Z_t = \frac{I_X}{y_1}, \text{ 압축측: } Z_c = \frac{I_X}{y_2} \quad (\text{단위: } mm^3, cm^3)$$

(2) 단면계수의 특성

① 단면계수가 클수록 재료의 강도가 커짐

② 도심을 지나는 단면계수의 값은 0

③ 단면계수가 큰 단면일수록 휨에 대하여 강함

④ 용도: 휨부재의 최대 휨응력

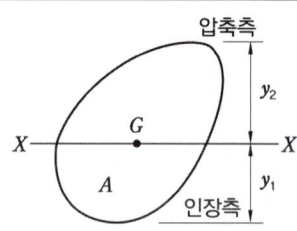

2. 소성단면계수

(1) 정의

① 부재가 소성영역에서의 단면계수를 말함

② 소성모멘트(M_P): 항복 상태일때의 모멘트로 소성설계(강도설계)에서 기준으로 함

③ 소성모멘트가 보의 한계모멘트(최대 모멘트)가 됨

(2) 소성단면계수(Z_P)

$$M_P = C \cdot y_1 + T \cdot y_2 = \sigma_y \cdot \frac{A}{2}(y_1 + y_2) \text{에서,}$$

$$M_P = \sigma_y \cdot Z_P \text{로부터}$$

$$\therefore Z_P = \frac{A}{2}(y_1 + y_2) = \frac{bh}{2}\left(\frac{h}{4} + \frac{h}{4}\right) = \frac{bh^2}{4}$$

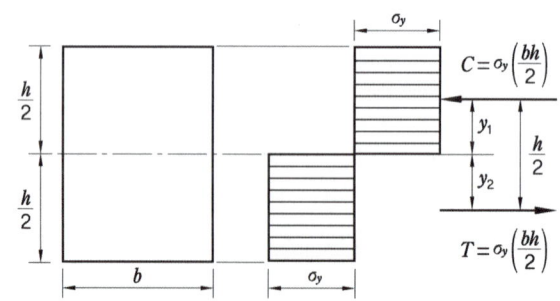

3. 단면의 종류별 단면상승모멘트

사각형 단면	삼각형 단면	원형 단면
$Z = \frac{I_X}{y} = \frac{bh^2}{6}$	$Z_c = \frac{I_X}{y} = \frac{bh^2}{24}$, $Z_t = \frac{bh^2}{12}$	$Z = \frac{\pi D^3}{32}$

6 단면2차반경(Radius Gyration)

1. 개념

(1) 정의

① 도심을 지나는 축에 대한 단면2차모멘트를 단면적으로 나눈 값의 제곱근
② 단면2차반경을 회전반경, 회전반지름이라고도 함

$$r_x = \sqrt{\frac{I_x}{A}}, \ r_y = \sqrt{\frac{I_y}{A}} \ \text{(단위: mm, cm)}$$

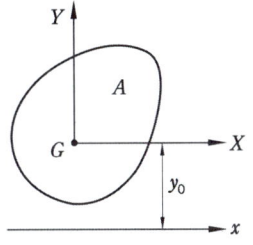

(2) 단면2차반경의 특성

① 압축부재 설계 시 이용되며, 좌굴 안전성의 확보를 위하여 최소 단면2차반경으로 설계함
② 좌굴에 대한 저항능력을 나타내는 지표로 활용됨
③ 단면2차반경이 클수록 좌굴에 대한 저항성능이 우수함
④ 부호: 항상 (+)

2. 단면의 종류별 단면2차반경

사각형 단면	삼각형 단면	원형 단면
$r_X = \sqrt{\dfrac{I_X}{A}} = \dfrac{h}{2\sqrt{3}}$	$r_X = \sqrt{\dfrac{I_X}{A}} = \dfrac{h}{3\sqrt{2}}$	$r_X = \sqrt{\dfrac{I_X}{A}} = \dfrac{D}{4}$

제3장 정정구조물

1 정정구조물 개론

1. 개념

(1) **정정보(Statically Beam)의 정의**
① 부재의 축에 대하여 직각 방향으로 작용하는 하중을 지지하며, 몇 개의 지점으로 이루어진 구조물
② 힘의 평형조건 방정식($\Sigma H = 0$, $\Sigma V = 0$, $\Sigma M = 0$)에 의해 해석이 가능한 보(Beam)

(2) **정정보의 종류**

구분	스케치	특성
단순보 (Simple beam)		• 1단: 힌지지점(회전지점) • 타단: 롤러지점(이동지점)
캔틸레버보 (Cantilever beam)		• 1단: 고정지점 • 타단: 자유단
내민보 (Overhanging beam)		• 단순보와 캔틸레버보의 조합 • 1단 내민보 및 양단 내민보로 구분
게르버보 (gerber beam)		연속보에서 지점 이외의 곳에 힌지(내부 활절)를 넣어 정정보로 변화시킨 보

2. 보의 단면력(부재력)

(1) **개념**
① 보에 외력(하중)이 작용할 때 외력에 저항하기 위하여 부재축에 직각인 단면 내부에서 발생하는 힘
② 부재력의 종류에는 축방향력, 전단력, 휨모멘트로 구분됨

(2) **축방향력(Axial force)**
① 부재의 축방향으로 작용하는 힘으로 축력 또는 수직력이라고도 함
② 단위: N, kN(힘의 단위와 동일)
③ 부호: 인장 (+), 압축 (−)

(3) **전단력(Shear force)**
① 부재를 2축의 수직 방향으로 절단하려는 힘
② 단위: N, kN(힘의 단위와 동일)
③ 부호: 시계방향의 전단력 (+), 반시계 방향의 전단력 (−)

(4) 휨모멘트(Bending moment)
① 부재를 구부리거나 휘려고 하는 힘으로 굽힘모멘트라고도 함
② 단위: N·m, kN·m(힘의 단위와 동일)
③ 부호: 아래로 볼록 (+), 위로 볼록 (-)

축방향력	전단력	휨모멘트
인장 : (+)	시계방향 : (+)	아래로 볼록 : (+)
압축 : (1)	반시계방향 : (+)	위로 볼록 : (+)

(5) 하중 및 전단력, 휨모멘트의 관계
① 전단력과 힘의 관계
  ㉠ 임의의 단면의 전단력(V)을 거리에 대하여 미분한 값 = 그 단면에서의 하중의 절댓값
  ㉡ $\dfrac{dV_x}{dx} = -w_x$

② 전단력과 휨모멘트의 관계
  ㉠ 임의 단면의 휨모멘트(M)를 거리에 대하여 미분한 값 = 그 단면에서의 전단력(V)
  ㉡ $\dfrac{dM_x}{dx} = S_x \left(\dfrac{d^2 M_x}{dx^2} = \dfrac{dV_x}{dx} = -w_x \right)$
  ㉢ 전단력이 "0"인 지점에서 최대 휨모멘트 발생 = 최대 휨모멘트가 발생되는 지점이 전단력 "0"인 지점
  ㉣ 임의 단면에서 휨모멘트 값은 전단력도(S.F.D.)의 면적과 같음

하중 —(거리로 적분)→ ←(거리로 미분)— 전단력 —(거리로 적분)→ ←(거리로 미분)— 휨모멘트

하중	전단력	휨모멘트
집중하중	계단형으로 변화	1차함수(경사진 직선형태)
등분포하중	1차함수(경사진 직선형태)	2차함수(곡선형태)
등변분포하중	2차함수(곡선형태)	3차함수(곡선형태)
모멘트 하중	부재축에 평행한 일정한 값	좌우로 경사진 직선형태

(6) 단면력도(Section force diagram)
  ① 계산된 부재의 단면력을 그림으로 나타낸 것을 단면력도라 함
  ② 축방향력도(A.F.D.): 기선 상부 (+), 기선 하부 (−)
  ③ 전단력도(S.F.D.): 기선 상부 (+), 기선 하부 (−)
  ④ 휨모멘트(B.M.D.): 기선 하부 (+), 기선 상부 (−)

3. 보의 해석 일반사항

(1) Step #1(미지의 반력 산출)
  ① 지점에 따라 반력의 형태 표시 및 반력의 방향을 가정
  ② 힘의 평형조건 방정식($\Sigma H = 0$, $\Sigma V = 0$, $\Sigma M = 0$)에 의해 지점 반력 계산

(2) Step #2(임의의 점을 수직 절단 후 전단력 및 휨모멘트 계산)
  ① 전단력의 계산
    ㉠ 절점의 좌측으로 계산 시 (+)부호를 붙이고 계산
    ㉡ 절점의 우측으로 계산 시 (−)부호를 붙이고 계산
    ㉢ 상향력(↑)은 (+)계산, 하향력(↓)은 (−)계산
  ② 휨모멘트의 계산
    ㉠ 절점의 좌측으로 계산 시 (+)부호를 붙이고 계산
    ㉡ 절점의 우측으로 계산 시 (−)부호를 붙이고 계산
    ㉢ 시계방향(↻)은 (+)계산, 반시계방향(↺)은 (−)계산

2 단순보

1. 집중하중(P)이 작용할 경우

(1) 반력 산정(힘의 평형조건 방정식 활용)
  ① 수평반력: $\Sigma H = 0 \rightarrow H_A = 0$
  ② 수직반력: $\Sigma V = 0 \rightarrow R_A + R_B = P$
  ③ 모멘트 반력: $\Sigma M_B = 0 \rightarrow R_A \cdot l - P \cdot b = 0$
  $$R_A = \frac{P \cdot b}{l}(\uparrow), \; R_B = \frac{P \cdot a}{l}(\uparrow)$$

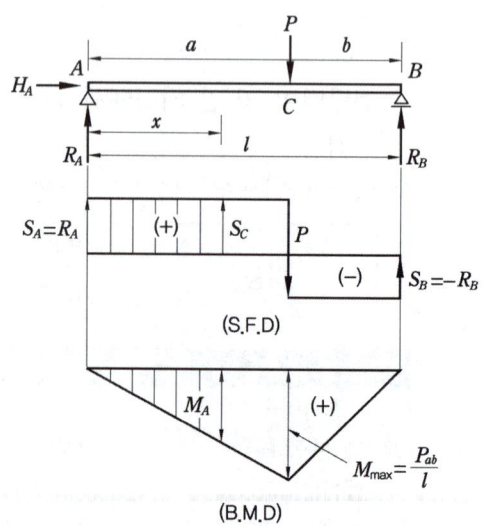

(2) 단면력 산정

① 전단력

㉠ AC구간: $V_x = R_A = \dfrac{P \cdot b}{l}$

㉡ BC구간: $V_x = R_A - P = -R_B = -\dfrac{P \cdot a}{l}$

② 휨모멘트

㉠ AC구간: $M_x = R_A \cdot x = \dfrac{P \cdot b}{l} x$

㉡ BC구간: $M_x = R_A \cdot x - P \cdot (x-a) = R_B(l-x) = \dfrac{P \cdot b}{l}(l-x)$

③ 최대 휨모멘트: 전단력이 "0"인 지점

㉠ $M_{\max} = R_A \cdot a = R_B \cdot b = \dfrac{Pab}{l}$

㉡ 부재 중앙에 집중하중 P가 작용할 경우: $a = b = \dfrac{l}{2}$ 이므로 $M_{\max} = \dfrac{P \cdot l}{4}$

2. 등분포하중(w)이 작용할 경우

(1) 반력 산정(힘의 평형조건 방정식 활용)

① 수평반력: $\Sigma H = 0 \rightarrow H_A = 0$

② 수직반력: $\Sigma V = 0 \rightarrow R_A + R_B = wl$

③ 모멘트반력: $\Sigma M_B = 0 \rightarrow R_A \cdot l - wl \cdot \dfrac{l}{2} = 0$

$\therefore R_A = R_B = \dfrac{wl}{2}(\uparrow)$

(2) 단면력 산정

① 전단력: $V_x = R_A - wx = \dfrac{wl}{2} - wx = \dfrac{w}{2}(l - 2x)$

② 휨모멘트: $M_x = R_A \cdot x - wx \cdot \dfrac{x}{2} = \dfrac{wl}{2} x - \dfrac{w}{2} x^2 = \dfrac{w}{2}(lx - x^2)$

③ 최대 휨모멘트: 전단력이 "0"인 지점$\left(x = \dfrac{l}{2}\right)$이므로 $M_{\max} = M_{중앙} = \dfrac{wl^2}{8}$

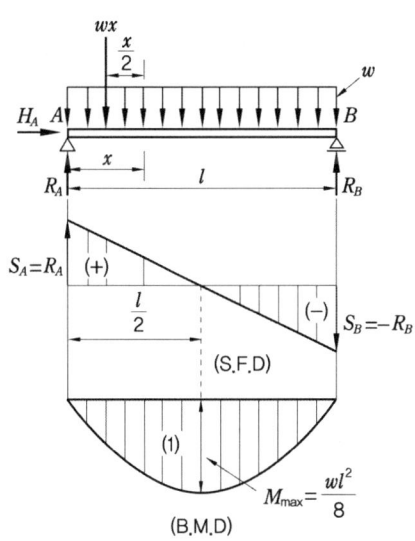

3. 등변분포하중(W)이 작용할 경우

(1) 반력 산정(힘의 평형조건 방정식 활용)

① 수평반력: $\Sigma H = 0 \rightarrow H_A = 0$

② 수직반력: $\Sigma V = 0 \rightarrow R_A + R_B = \dfrac{1}{2}wl$

③ 모멘트 반력: $\Sigma M_B = 0 \rightarrow R_A \cdot l - \dfrac{wl}{2} \cdot \dfrac{l}{3} = 0$

$\therefore R_A = \dfrac{wl}{6}(\uparrow), \; R_B = \dfrac{wl}{3}(\uparrow)$

(2) 단면력 산정

① 전단력: $V_x = R_A - \dfrac{wx}{2} = \dfrac{wl}{6} - \dfrac{wx}{2} = \dfrac{w}{2}\left(\dfrac{l}{3} - x\right)$

② 휨모멘트: $M_x = (R_A \cdot x) - \left(\dfrac{wx}{2} \cdot \dfrac{x}{3}\right) = \dfrac{wl}{6}x - \dfrac{w}{3}x^2 = \dfrac{w}{6}(lx - x^2)$

③ 최대 휨모멘트: 전단력이 "0" 인 지점$\left(x = \dfrac{l}{\sqrt{3}}\right)$이므로 $M_{\max} = \dfrac{wl^2}{9\sqrt{3}}$

4. 모멘트하중(M)이 작용할 경우

(1) 반력 산정(힘의 평형조건 방정식 활용)

① 수평반력: $\Sigma H = 0 \rightarrow H_A = 0$

② 수직반력: $\Sigma V = 0 \rightarrow R_A + R_B = 0$

③ 모멘트 반력: $\Sigma M_B = 0 \rightarrow R_A \cdot l + M = 0$

$\therefore R_A = -\dfrac{M}{l}(\downarrow), \; R_B = +\dfrac{M}{l}(\uparrow)$

(2) 단면력 산정

① 전단력: $V_x = R_A = -\dfrac{M}{l}$

② 휨모멘트

㉠ $M_{좌측} = (R_A \cdot x) = -\dfrac{M}{l}x$

㉡ $M_{우측} = (R_A \cdot x) + M = -\dfrac{M}{l}x + M$

③ 최대 휨모멘트: 전단력이 "0" 인 지점$\left(x = \dfrac{1}{2}\right)$이므로 $M_{\max} = M_{중앙} = \dfrac{M}{2}$

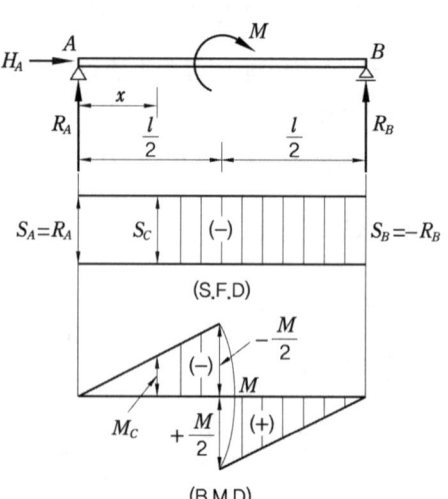

3 캔틸레버보(Cantilever beam)

1. 캔틸레버보의 특성

(1) 반력
   ① 고정단에 수직, 수평, 모멘트 반력이 생긴다.
   ② 모멘트 하중만 작용할 때는 모멘트 반력만 생긴다(전단력 = 0).
   ③ 모멘트 반력은 모멘트 대수합이다.
   ④ 지점이 하나이므로 작용하는 수직 및 수평 하중의 대수합이 곧 수직 및 수평 반력이다.

(2) 전단력
   ① 하중이 하향 또는 상향으로만 작용하는 경우 고정단에서 최대이다.
   ② 전단력의 계산: 고정단의 위치에 관계없이 좌측에서 우측으로 계산한다.
   ③ 모멘트 하중만 작용할 경우: 전단력도는 기선과 동일하다.
   ④ 전단력의 부호: 고정단이 좌측이면 (+), 고정단이 우측이면 (−)이다.

(3) 휨모멘트
   ① 휨모멘트 계산: 고정단의 위치에 관계없이 자유단에서 시작한다.
   ② 휨모멘트 부호: 하향일 경우 고정단의 위치에 관계없이 (−)이다.
   ③ 자유단에서 임의의 단면까지 전단력의 면적은 그 단면의 휨모멘트 크기와 같다.
   ④ 하중이 하향 또는 상향일 때는 고정단에서 최대이다.

2. 캔틸레버보의 해석

(1) 집중하중 및 등분포하중이 작용할 경우

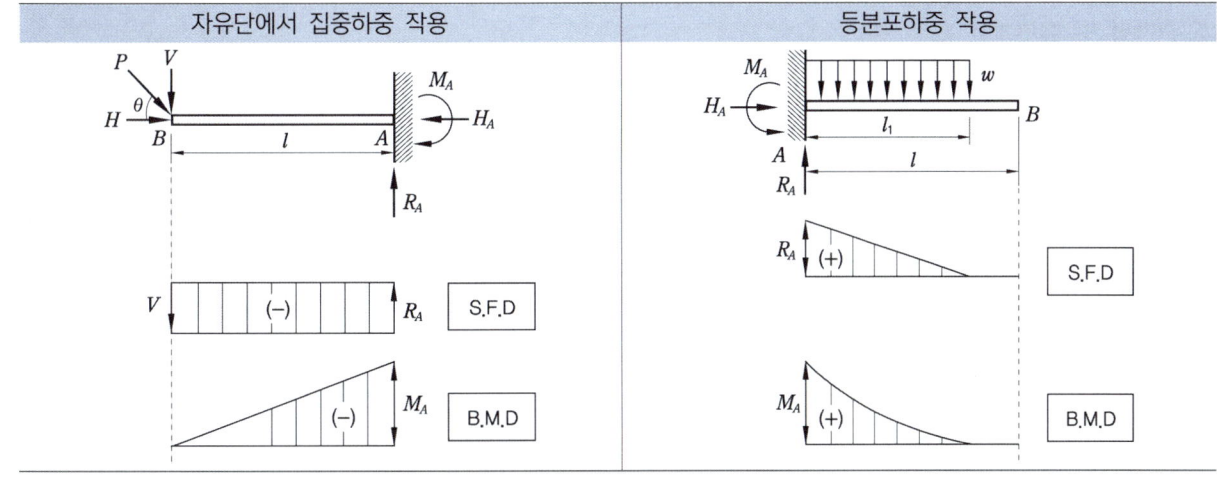

(2) 등변분포하중 및 모멘트하중이 작용할 경우

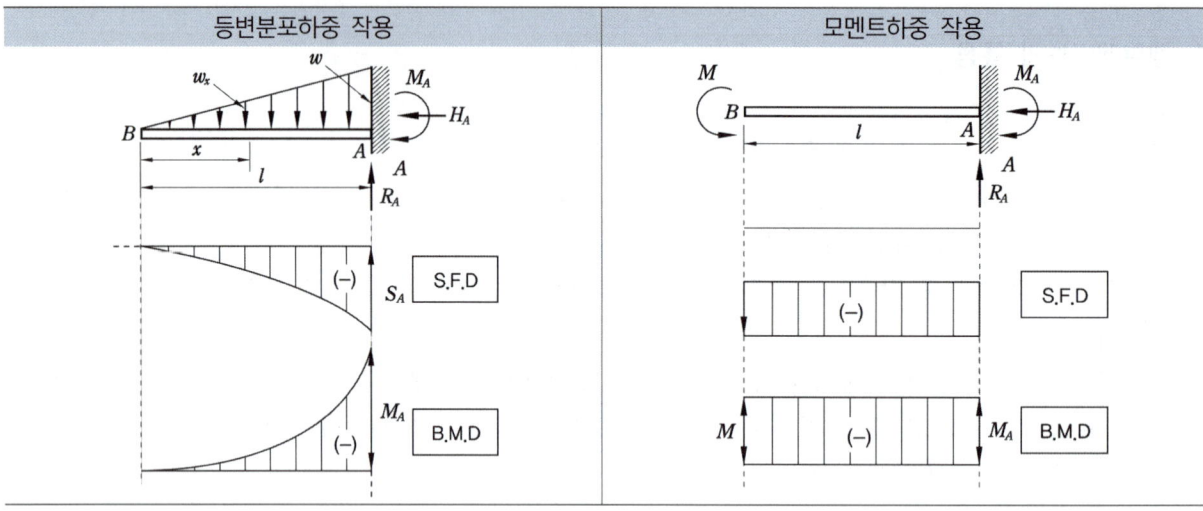

4 내민보(Overhanging beam)

1. 내민보의 특성

(1) 반력 및 단면력

① 한 지점의 내민 부분에 하중이 작용할 때는 반대 측 지점에서 (-)반력이 생긴다.

② 단면력 계산방법

㉠ 중앙부 구간: 단순보와 동일

㉡ 내민부 구간: 지점을 고정지점으로 하는 캔틸레버보와 동일

(2) 전단력 및 휨모멘트

① 내민 부분의 전단력

하중이 하향일 경우는 캔틸레버보와 같이 지점 좌측에서는 (-), 지점 우측에서는 (+)이다.

② 내민보의 중앙부에 작용하는 하중: 단순보와 같이 (+)의 휨모멘트

③ 내민 부분에 작용하는 하중: 캔틸레버보와 같이 (-)휨모멘트

④ 내민보의 양 지점 사이의 해법

㉠ 내민 부분의 휨모멘트를 먼저 산출한다.

㉡ 그 휨모멘트를 지점에 작용시켜 모멘트 하중을 받는 단순보의 해법과 동일하다.

2. 내민보의 해석
(1) 1단 내민보

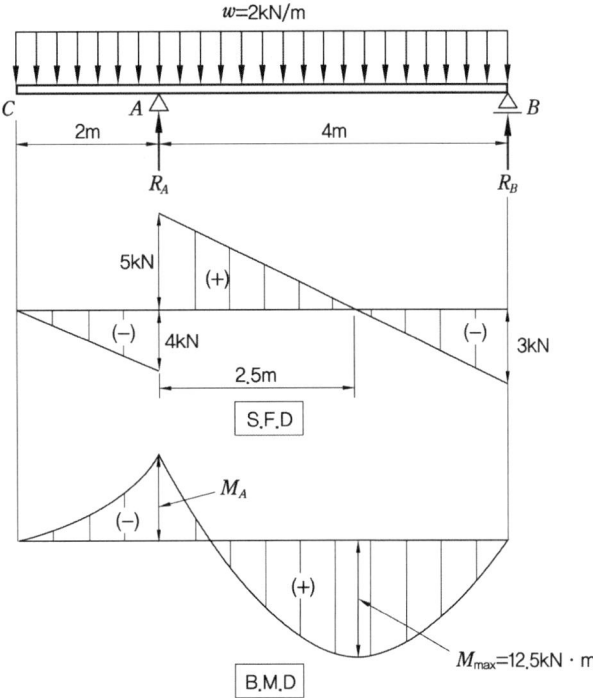

(2) 양단 내민보

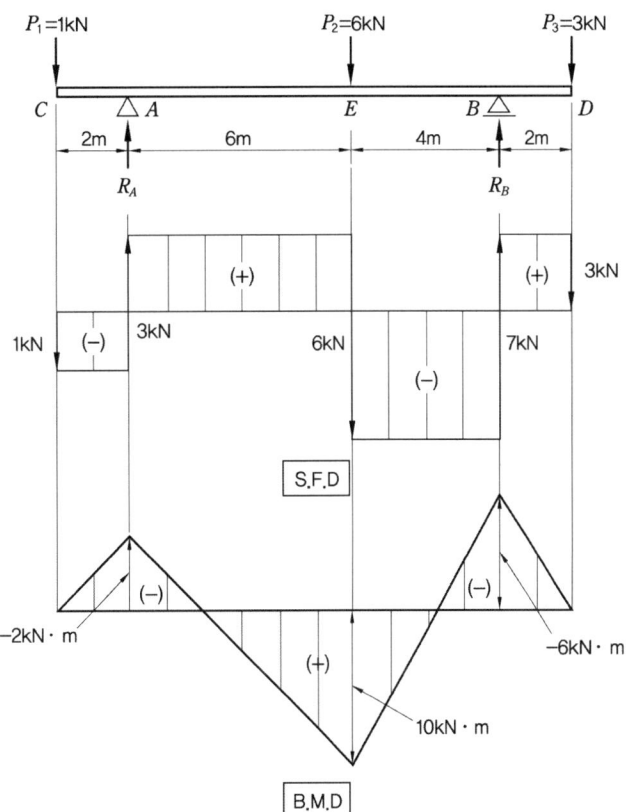

5 게르버보(Gerber beam)

1. 게르버보의 특성
(1) 부정정 연속보에 내부 활절(hinge)을 넣어 정정보로 전환된 정정보
(2) 구조상 **내민보와 단순보** 또는 **캔틸레버보와 단순보**를 조합한 보로서 조합부재
(3) 활절 지점에서 전단력은 그대로 전달되며, **휨모멘트는 반드시 "0"**이다.
(4) 전단력이 0이 되는 곳에서 정(+), 부(-)의 극대모멘트가 생기며, 그중 큰 값을 최댓값으로 취한다.

2. 게르버보의 형태
(1) 활절이 1개인 게르버보

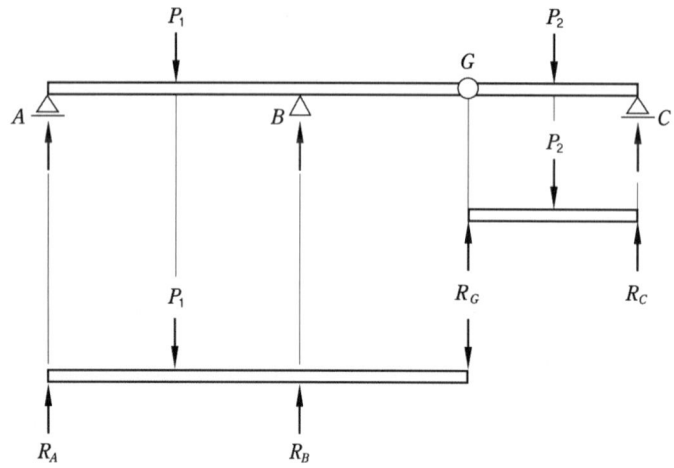

(2) 측경간 활절이 2개인 게르버보

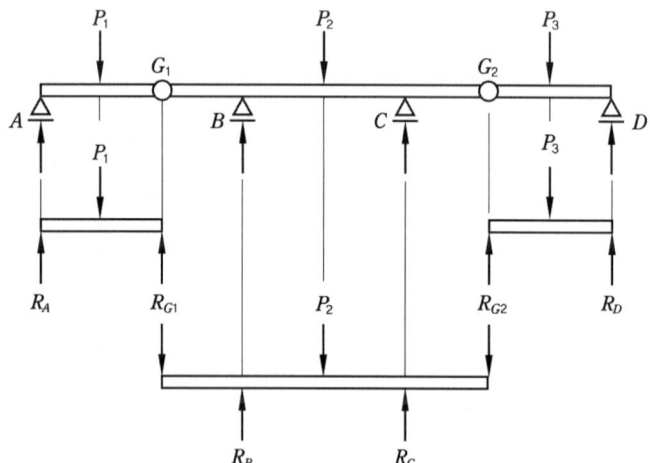

(3) 중앙경간 활절이 2개인 게르버보

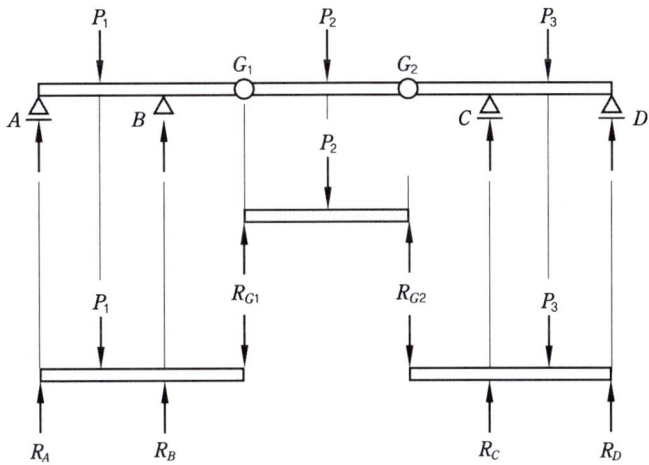

3. 게르버보의 해석

(1) 주어진 게르버보를 단순보 구간 및 내민보 구간, 캔틸레버보 구간 등으로 구분
(2) 단순보 구간을 먼저 해석(힌지를 지점으로 가정하여 반력 산정)
(3) 힌지에 산출된 반력을 힌지 절점에 하중으로 작용시켜 다른 하중과 함께 해석
(4) 가정한 하중을 캔틸레버보 및 내민보로 가정하여 부재력 계산

Check 정정보의 지점반력 및 최대 휨모멘트 산정식 요약

구분	작용하중	지점반력	최대 휨모멘트
단순보	부재 중앙에서 집중하중	$V_A = V_B = \dfrac{P}{2}$	$M_{\max} = \dfrac{P \cdot l}{4}$
	등분포하중(ω)	$V_A = V_B = \dfrac{w \cdot l}{2}$	$M_{\max} = \dfrac{w \cdot l^2}{8}$
	등변분포하중(W)	$V_A = \dfrac{W \cdot l}{6}$, $V_B = \dfrac{W \cdot l}{3}$	$M_{\max} = \dfrac{W \cdot l^2}{9\sqrt{3}}$
	모멘트하중(M)	$V_A = V_B = \dfrac{M}{l}$	$M_{\max} = \dfrac{M}{2}$
캔틸레버보	자유단에서 집중하중	$V = P$	$M_{\max} = P \cdot l$
	등분포하중	$V = P \cdot l$	$M_{\max} = \dfrac{w \cdot l^2}{2}$

6 라멘(Rahmen)과 아치(Arch), 트러스(Truss)

1. 정정 라멘(Statically rahmen)

(1) 정의

① 2개 이상의 부재가 서로 고정절점으로 되어 있는 뼈대구조

② 수평재와 수직재로 구성되어 있어 하중에 따른 지점반력의 형태와 방향을 결정

③ 수직재(기둥), 수평재(보) 순서로 해석

(2) 라멘의 종류

단순보형 라멘	캔틸레버형 라멘	3-Roller형 라멘	3-Hinge형 라멘

(3) 라멘의 해석

① 정정 라멘은 힘의 평형조건($\Sigma H = 0$, $\Sigma V = 0$, $\Sigma M = 0$)에 의해서 반력을 산정

② 단면력은 단순보의 해법과 같은 방법으로 구함(단, 내측을 기준으로 함)

③ 자유물체도(F.B.D)를 그려서 해석

④ 라멘의 부재력도의 부호

축방향력도(A.F.D)	전단력도(S.F.D)	휨모멘트도(B.M.D)

2. 정정 아치(Statically arch)

(1) 정의

① 라멘에서 직선재 대신 곡선재로 형성되어 외력에 저항하는 구조물

② 휨모멘트를 감소시켜 주로 축방향력에 저항하는 구조물

(2) 아치의 종류

단순보형 아치	캔틸레버형 아치	3-hinge형 아치	타이드 아치

(3) 아치의 해석

① 정정 아치는 힘의 평형조건($\Sigma H = 0$, $\Sigma V = 0$, $\Sigma M = 0$)에 의해서 반력을 산정

② 부재 단면에서 발생하는 단면력은 임의의 점 D에서 그은 접선축에 대하여 계산

③ 임의의 점 D의 단면력

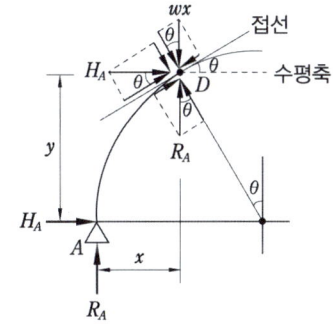

㉠ 전단력: $S_D = R_A \cdot \cos\theta - H_A \cdot \sin\theta - w \cdot x \cdot \cos\theta$

㉡ 축력: $S_D = R_A \cdot \sin\theta + H_A \cdot \cos\theta - w \cdot x \cdot \sin\theta$

㉢ 휨모멘트: $M_D = R_A \cdot x - H_A \cdot y - \dfrac{w \cdot x^2}{2}$

(4) 아치의 추력

① 정의: 아치나 돔구조가 연직하중을 받을 때 지지점의 외측으로 밀려고 하는 힘

② 특징: 아치에 발생하는 **추력은 아치 높이에 반비례**(아치 높이가 낮을 경우 추력 증가)

③ 추력보강

㉠ 버트레스 설치: 아치구조에 **부축벽을 설치**하여 추력에 저항하는 방법

㉡ **연속아치 설치**: **아치를 서로 연결**하여 추력을 상쇄하는 방법

㉢ 타이바 구속: 아치 양쪽으로 밀려 나가려는 힘을 잡아주는 **타이바 설치**

㉣ 직접지지: 수직하중을 직접 지지하여 저항할 수 있는 **하부구조 설치**

3. 트러스(Truss)

(1) 정의

① 3개 이상의 직선부재를 힌지로 접합하여 삼각형 형상으로 결합한 구조물

② 해법상 가정에 의하여 축방향력(인장, 압축)만을 부담하게 됨

③ 실제 트러스는 입체트러스이나 해석상 이것을 평면으로 분해하여 해석함

(2) 트러스 부재의 명칭

현재(Chord member)	복부재(Web member)	기타
• 트러스상의 상하 부재 • 상현재(Upper chord): U • 하현재(Lower chord): L	• 상·하현재의 연결부재 • 수직재(Vertical chord): V • 사재(Diagonal chord): D	• 단사재: 좌·우측 측단의 사재 • 격점(Panel joint): A, B, C, D • 격간장(Panel length): 격간길이(λ)

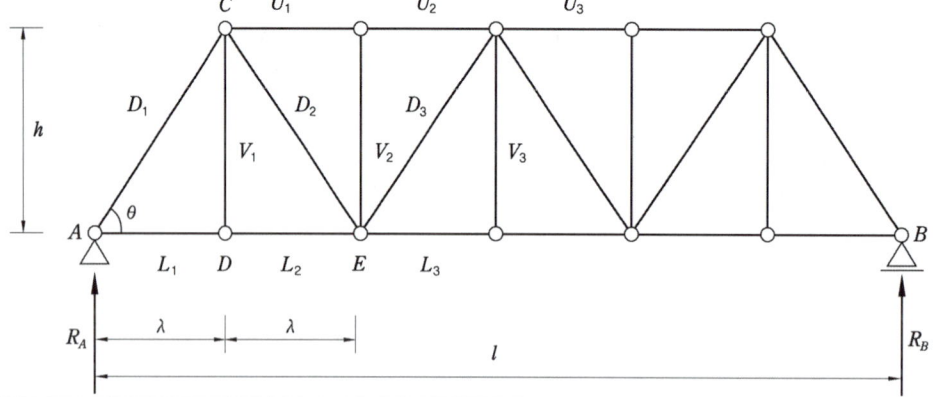

(3) 트러스의 종류

① 와렌 트러스(Warren truss): 수직재가 없는 트러스 형태로 사재를 좌우로 교대 배치한 형태
② 하우 트러스(Howe truss): 사재의 경사방향을 중앙부로 **상향** 배치하여 **사재가 인장재로 설계**한 형태
③ 프랫 트러스(Pratt truss): 사재의 경사방향을 중앙부로 **하향** 배치하여 **사재가 압축재로 설계**한 형태
④ 비렌딜 트러스(Vierendeel truss): 경사부재가 없이 **절점을 강절점화**하여 안정성을 확보한 형태

와렌 트러스	하우 트러스	프랫 트러스	비렌딜 트러스
△△△	◿⟋⟍◺	◿⟍⟋◺	□□□□

(4) 트러스의 해석 일반사항

① 트러스 해석상의 가정
  ㉠ 각 부재는 마찰 없는 힌지로 결합되어 있어 1개 축방향력만 존재하고 전단력이나 휨모멘트는 존재하지 않는다.
  ㉡ 하중과 반력은 모두 트러스의 절점(Joint; 격점)에만 작용한다.
  ㉢ 각 부재는 모두 직선부재이며, 도심축은 연결 핀의 중심을 지난다.
  ㉣ 하중으로 인한 트러스의 변형은 무시한다(하중이 작용한 후에도 격점의 위치에는 변화가 없음).

② 트러스의 해석
  ㉠ 트러스의 지점반력은 단순보 및 라멘과 같이 힘의 평형조건식으로 구한다.
  ㉡ 트러스의 부재력은 축방향력으로 인장력(+), 압축력(-)만 발생한다.
  ㉢ 설심법의 부호
    ⓐ 절점을 향하여 들어가는 부재력: 압축(-) → 절점을 압축하는 힘
    ⓑ 절점에서 밖으로 나오는 부재력: 인장(+) → 절점을 늘리려는 힘

(5) 트러스의 해석방법
　① 절점법(격점법)
　　㉠ 부재의 한 절점에 대하여, 즉 절점을 중심으로 힘의 평형조건식을 적용하여 미지의 부재력을 구하는 방법($\Sigma H = 0$, $\Sigma V = 0$)
　　㉡ 비교적 간단한 트러스에 적용
　② 절단법(단면법)
　　㉠ 절단된 단면을 중심으로 힘의 평형조건식을 적용하여 미지의 부재력을 구하는 방법
　　㉡ 모멘트법: 상현재나 하현재의 부재력을 구할 때 적용($\Sigma M = 0$)
　　㉢ 전단력법: 수직재나 사재의 부재력을 구할 때 적용($\Sigma V = 0$)

(6) 트러스의 영부재
　① 정의: 트러스 해석상의 가정에서 변형을 무시하므로 계산상 부재력이 영(0)이 되는 부재
　② 영부재의 설치 목적
　　㉠ 트러스 구조물의 변형 및 처짐을 감소
　　㉡ 트러스 구조물의 구조적 안정성 확보
　③ 트러스의 영부재 판별법
　　㉠ 트러스 응력의 특징을 고려하여, 절점을 중심으로 고립시켜 판정
　　㉡ 외력이나 반력이 작용하지 않는 절점을 기준으로 판정
　　㉢ 3개 이하의 부재가 만나는 절점을 기준으로 판정
　　㉣ 4개의 부재가 만나는 절점이라도 일직선상에 있는 한 부재가 영부재이면 나머지 한 부재도 영부재
　　　 (단, 각각 서로의 부재는 일직선상에 있어야 하고, 부재가 이루는 각은 관계없음)
　　㉤ 영부재로 판정되면 이 부재를 제거하고, 다시 위의 과정을 반복
　④ 영부재의 판별
　　㉠ 2개의 부재가 모이는 절점에 외력이 작용하지 않을 때 이 두 부재는 영부재
　　㉡ 절점에 외력이 한 부재의 방향으로 작용할 때는 그 부재의 응력은 외력과 같고, 다른 부재는 영부재
　　㉢ 한 절점에 3개의 부재가 교차하고, 외력이 작용하지 않는 경우, 그중 2개의 부재가 동일 직선상에 있을 경우 2개의 부재 응력은 같고, 다른 부재는 영부재

⑤ 트러스의 부재력

구분	외력조건	결합형태	부재력
2개 부재	외력 미작용	(N₁, N₂가 한 절점에서 만나는 형태)	$N_1 = N_2 = 0$(영부재)
2개 부재	외력 작용	(P가 N_1 방향으로 작용)	• $N_1 = P$ • $N_2 = 0$(영부재)
3개 부재	외력 미작용	(N_1, N_2 일직선, N_3 수직)	• $N_1 = N_2$ • $N_3 = 0$(영부재)
3개 부재	외력 작용	(N_3 방향으로 P 작용)	• $N_1 = N_2$ • $N_3 = P$
4개 부재	동일선상의 외력	(N_1–N_2 일직선, N_3–N_4 일직선)	• $N_1 = N_2$ • $N_3 = N_4$

제4장 응력과 변형률

1 응력(Stress)

(1) 정의
  ① 구조물에 외력이 작용하면 임의의 부재에 단면력(전단력, 휨모멘트, 축방향력, 비틀림 모멘트)이 발생하게 되고, 이 **단면력에 의하여 구조물의 내부에서는 평형을 유지하기 위하여 내력**이 발생하는데 이 내력을 응력(stress)이라고 한다.
  ② 단면 전체에 대한 응력을 전응력, **단위면적에 작용하는 응력을 단위응력**이라고 한다.
  ③ 보통 응력이라 함은 단위응력을 말한다.
  ④ 일반적으로 구조물이 하중에 저항하는 능력을 강도(strength)라고 하는데, 재료의 강도는 보통 응력으로 나타낸다.
  ⑤ 응력의 단위: $N/m^2(=Pa)$, $N/mm^2(=MPa)$

(2) 응력의 종류
  ① 수직응력(인장 및 압축응력)
    ㉠ 부재의 축방향으로 하중이 작용하는 경우에 발생하는 응력이다.
    ㉡ 인장응력(+): $\sigma_t = +\dfrac{P}{A}$, 압축응력(-): $\sigma_c = -\dfrac{P}{A}$
  ② 전단응력(Shear stress)
    ㉠ 부재 축의 직각 방향으로 하중이 작용하는 경우에 발생하는 응력이다.
    ㉡ 수직 전단응력(평균): $\tau = \dfrac{S}{A}$, 수평전단응력: $\tau = \dfrac{S \cdot G}{I \cdot b}$
  ③ 휨응력(Bending stress)
    ㉠ 휨을 받는 부재의 단면에서 발생하는 응력으로 정(+)의 휨을 받는 경우 상연이 압축, 하연이 인장을 받는다.
    ㉡ 단면에서 임의의 점의 휨응력: $\sigma_b = \pm \dfrac{M}{I}y$
    ㉢ 단면에서 연단의 최대 휨응력: $\sigma_b = \pm \dfrac{M}{Z}$
  ④ 비틀림응력(Torsional stress)
    ㉠ 비틀림모멘트를 받는 부재의 단면에서 발생하는 응력이다
    ㉡ 일반식: $\sigma_T = \dfrac{T}{J}r$ (원형 단면: $\sigma_T = \dfrac{T}{I_P}r$)
      (T: 비틀림모멘트, J: 비틀림 상수, r: 원의 중심으로부터의 거리, I_P: 단면2차극모멘트)

⑤ 온도응력(Thermal stress)
  ㉠ 온도 변화에 따른 변형에 의하여 부재의 단면에서 발생하는 응력
  ㉡ 온도응력 산정식: $\sigma = E \cdot \epsilon_t = E \cdot \alpha \cdot \Delta T$
⑥ 주응력 및 최대·최소 주전단응력
  ㉠ 최대·최소 주응력: $\sigma = \dfrac{\sigma_x + \sigma_y}{2} \pm \dfrac{1}{2}\sqrt{(\sigma_x - \sigma_y)^2 + 4\tau_{xy}^2}$ ("+": 최대, "−": 최소)
  ㉡ 최대·최소 주전단응력: $\tau = \pm \dfrac{1}{2}\sqrt{(\sigma_x - \sigma_y)^2 + 4\tau_{xy}^2}$ ("+": 최대, "−": 최소)

(3) 보의 휨응력

① 보에 하중이 작용하면 부재가 평면을 유지하기 위하여 단면력이 발생하고, 이 단면력에 의해 단면의 중립축을 경계로 하여 단면의 상측은 압축되어 압축응력, 하측은 늘어나서 인장응력이 생길 때 발생하는 응력을 보의 휨응력이라 한다.

② 중립축
  ㉠ 휨부재에서 휨변형이 발생한 후에 축방향의 길이 변화가 없는 축(축방향 변형률이 "0"인 축)
  ㉡ 중립면: 중립축이 이루는 면을 중립면(neutral surface)

③ 휨응력의 특성
  ㉠ 휨응력은 부재축의 직각단면에서 수직하게 발생하는 응력이다.
  ㉡ 중립축에서의 휨응력은 "0"이다.
  ㉢ 상연 및 하연에서 최대의 휨응력이 발생한다.
  ㉣ 휨응력은 중간에서 직선으로 변화한다(중립축으로부터의 거리에 비례).
  ㉤ 휨모멘트만 작용할 때의 중립축은 도심축과 일치한다.

  (상연 휨응력: $\sigma_x = -\dfrac{M}{I_x}y = -\dfrac{M}{Z}$, 하연 휨응력: $\sigma_x = +\dfrac{M}{I_x}y = +\dfrac{M}{Z}$)

  ㉥ 축하중이 작용하는 경우는 중립축과 도심축은 일치하지 않는다.

  (상연 휨응력: $\sigma_x = -\dfrac{M}{I_x}y \pm \dfrac{N}{A}$, 하연 휨응력: $\sigma_x = +\dfrac{M}{I_x}y \pm \dfrac{N}{A}$ → "+" 인장, "−" 압축)

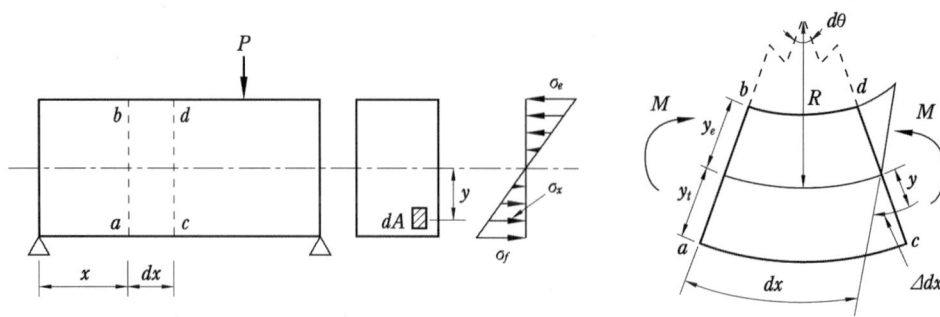

(4) 보의 전단응력
① 보의 임의의 단면에 외력이 작용하면 휨모멘트(M)와 동시에 전단력(S)이 작용한다. 이 전단력에 의하여 발생하는 응력을 전단응력(τ)이라고 한다.
② 하중에 의하여 보를 수직으로 전단하려고 하는 수직전단력이 발생하고, 힘에 의한 수평전단력이 발생한다.
③ 전단응력의 특성
   ㉠ 전단응력은 부재의 임의의 단면에 평행으로 작용한다.
   ㉡ 전단응력은 **중립축에서 최대**이다.
   ㉢ 상연 및 하연에서의 전단응력은 "0"이다.
   ㉣ 전단응력은 곡선으로 변화한다.
   ㉤ 임의의 단면에서 수평전단응력과 수직전단응력의 크기는 같다.
   ㉥ 순수 굽힘이 작용하는 단면에서의 전단응력은 "0"이다.
④ 전단응력의 산정식
   ㉠ 전단응력의 일반식: $\tau = \dfrac{S \cdot G}{I \cdot b}$
   ㉡ 평균 전단응력: $\tau = \dfrac{S}{A}$
⑤ 단면의 종류별 최대 전단응력

구분	최대 전단응력	비고
직사각형 단면	$\tau_{max} = \dfrac{3}{2} \times \dfrac{S}{A}$	$\tau_{max} = \dfrac{3}{2}\dfrac{S}{A}$
원형단면	$\tau_{max} = \dfrac{4}{3} \times \dfrac{S}{A}$	$\tau_{max} = \dfrac{4}{3}\dfrac{S}{A}$
삼각형 단면	$\tau_{max} = \dfrac{3}{2} \times \dfrac{S}{A}$ $\tau_G = \dfrac{4}{3} \times \dfrac{S}{A}$	$\tau_{max} = \dfrac{3}{2}\dfrac{S}{A}$ $\tau_G = \dfrac{4}{3}\dfrac{S}{A}$

(5) 전단중심
① 임의의 단면에 하중이 작용할 때, 비틀림이 없는 단순 굽힘상태(순수휨 상태)를 유지하기 위한 각 단면에서의 전단응력의 합력이 통과하는 위치나 점을 전단중심(shear center)이라고 한다.
② 하중이 전단중심에 작용할 경우: 순수휨만 발생한다.
③ 하중이 전단중심에 작용하지 않을 경우: 단면에서 휨과 비틀림이 동시에 발생한다.
④ 전단중심의 위치
    ㉠ 2축 대칭 단면: 전단중심과 도심과 일치(H-형강, 각형관, 강관)
    ㉡ 1축 대칭 단면: 전단중심은 대칭축상에 존재(T-형강, ㄷ-형강 등)
    ㉢ 비대칭 단면: 전단중심은 축상에 위치하지 않을 경우가 많음(ㄱ-형강, Z-형강 등)

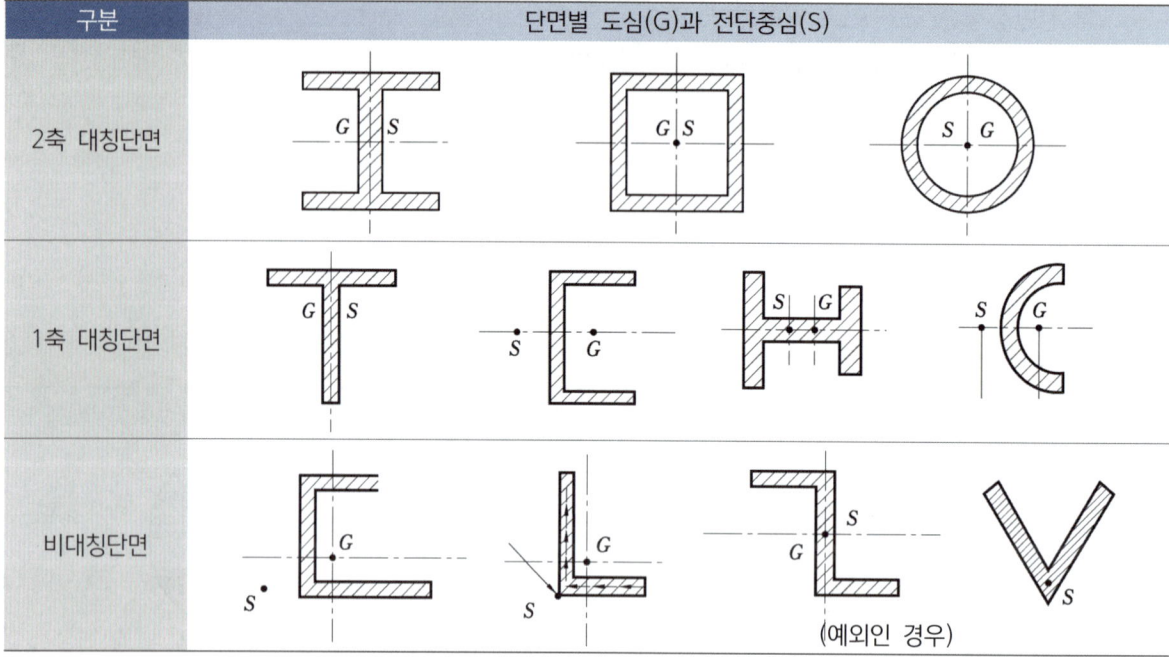

2 변형률(Strain)

(1) **정의**

① 축방향력을 받았을 때의 변형량을 본래 변형 전 길이로 나눈 값을 변형률(strain)이라고 한다.

$$\left(변형률 = \frac{변형된\ 길이(\Delta L)}{원래의\ 길이(L)}\right)$$

② 축방향 변형률(세로변형률): $\epsilon = \dfrac{\Delta l}{l}$

③ 횡방향 변형률(가로변형률): $\beta = \dfrac{\Delta d}{d}$

④ 변형률은 무차원량으로 단위가 없다.

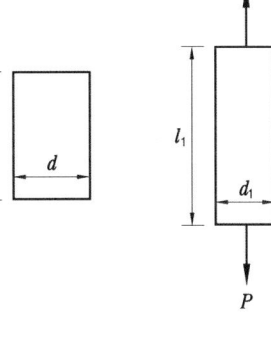
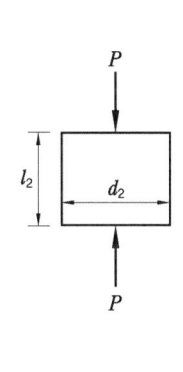

(2) **푸아송 비 및 푸아송 수**

① 푸아송 비(Poisson's ratio)는 세로 변형률에 대한 가로 변형률의 비로 나타낸다.

$$푸아송\ 비(\nu) = \frac{가로\ 변형률(횡방향\ 변형률)}{세로\ 변형률(축방향\ 변형률)} = \frac{\Delta d/d}{\Delta l/l} = \frac{\Delta d \cdot l}{\Delta l \cdot d} = -\frac{1}{m}$$

② 푸아송 수(m): 푸아송 비의 역수 $\left(m = \dfrac{\epsilon}{\beta} = \dfrac{\Delta l/l}{\Delta d/d} = \dfrac{\Delta l \cdot d}{\Delta d \cdot l}\right)$

③ 정상적인 푸아송 비: 0과 0.5 사이의 값이며, 이론적인 푸아송 비의 상한값은 0.5이다.

④ 푸아송 비가 "0"인 재료: 수축 없이 한 방향으로만 늘어나는 이상적 재료

⑤ 푸아송 비가 "0.5"인 재료: 완전 비압축성으로 체적변화율이 "0"인 이상적 재료

⑥ 건축재료별 푸아송 비

　㉠ 콘크리트: 0.17 ~ 0.2

　㉡ 강재: 0.3 정도

　㉢ 보통 재료의 평균값: 3.4

(3) **기타 변형률**

① 전단변형률: $\gamma_s = \dfrac{\lambda}{l}$

② 체적변형률: $\epsilon_v = \dfrac{\Delta V}{V} = \pm 3\dfrac{\Delta l}{l} = \pm 3 \cdot \epsilon$ (체적변형률은 선변형률의 3배)

③ 온도변형률: $\epsilon_t = \dfrac{\Delta l}{l} = \dfrac{\alpha \cdot l \cdot \Delta T}{l} = \alpha \cdot \Delta T$

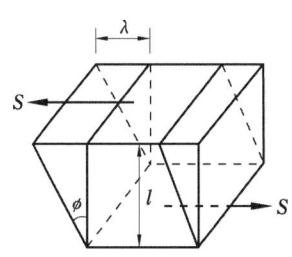

(4) 응력 – 변형률 선도
  ① 후크의 법칙(Hooke's law)
    ㉠ 재료의 탄성한도 내에서 응력은 변형률에 비례

수직응력에 대한 후크의 법칙	전단응력에 대한 후크의 법칙
$\sigma = E \cdot \epsilon \rightarrow \dfrac{P}{A} = E \cdot \dfrac{\Delta l}{l}$	$\tau = G \cdot \gamma \rightarrow \dfrac{V}{A} = G \cdot \dfrac{\lambda}{l}$

   ㉡ 탄성계수: $E = \dfrac{\sigma}{\epsilon} = \dfrac{P/A}{\Delta l/l} = \dfrac{P \cdot l}{A \cdot \Delta l}$ (변형량: $\Delta l = \dfrac{P \cdot l}{A \cdot E}$)

   ㉢ 전단탄성계수: $G = \dfrac{\tau}{\gamma} = \dfrac{V/A}{\lambda/l} = \dfrac{V \cdot l}{A \cdot \lambda}$

   ㉣ 탄성계수와 전단탄성계수, 푸아송 비와의 관계: $G = \dfrac{E}{2(1+\nu)} = E \cdot \dfrac{m}{2(m+1)}$

  ② 응력 – 변형률 선도
   ㉠ 비례한계점(ⓐ): 응력과 변형도가 비례하여 선형관계를 유지하는 한계의 응력
   ㉡ 탄성한계점(ⓑ): 비례한도보다 다소 높으며, 탄성한도까지 하중을 가했다가 제거하면 원점으로 돌아가는 지점(이 구간은 탄성이지만 비선형 = 응력과 변형률은 비례관계가 아님)
   ㉢ 상위항복점(ⓒ): 강재가 항복하기 이전의 최대강도
   ㉣ 하위항복점(ⓓ): 응력의 증가 없이 변형도가 크게 증가하기 시작하는 지점(강재의 항복강도를 의미)
   ㉤ 변형도경화점(ⓔ): 응력과 변형도가 비선형적으로 증가하는 한계
   ㉥ 극한강도점(ⓕ): 시험편이 받을 수 있는 최대응력(인장강도점)
   ㉦ 파괴점(ⓖ): 재료가 파괴되는 강도

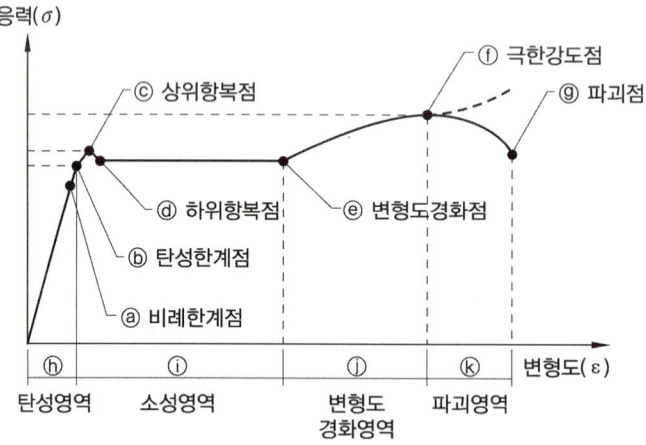

제5장 구조물의 변형

1 일반사항

1. 처짐(Deflection)

(1) 정의
① 구조물을 이루는 부재에 하중이 작용할 경우 부재축은 변형되어 곡선으로 휘어지며, 이 곡선을 탄성곡선 또는 처짐곡선이라고 한다.
② 이때 하중에 의해 처짐이 발생된 구조물의 임의의 점에서의 이동량을 변위라고 하며, 부재축상의 연직 방향의 거리(연직성분)를 처짐이라고 한다.

(2) 처짐의 부호 및 단위
① 부호: 하향(↓)의 처짐을 "+", 상향(↑)의 처짐을 "-"로 정의한다.
② 단위: mm, cm로 표시

2. 처짐각(Deflection angle)

(1) 정의
① 처짐각
  ㉠ 탄성곡선상의 임의의 점에서 그은 접선이 변형 전의 부재축과 이루는 각을 **처짐각**(θ)이라고 한다.
  ㉡ 처짐각: $\tan\theta = \dfrac{dy}{dx} \fallingdotseq \theta$

② 부재각
  ㉠ 지점침하 및 절점의 이동으로 변위가 발생하였을 때 부재가 이루는 각을 **부재각**(R)이라고 한다.
  ㉡ 부재각: $R = \dfrac{\delta}{l}$

(2) 처짐각의 부호 및 단위
① 부호: 시계방향(↻)의 처짐각을 "+", 반시계 방향(↺)의 처짐각을 "-"로 정의한다.
② 단위: radian(rad)으로 표시한다.

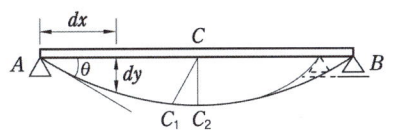

[탄성처짐 곡선]

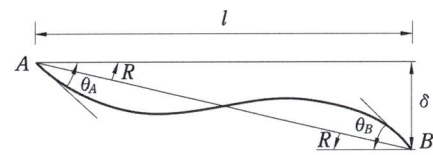

[처짐각(θ_A) 및 부재각(R)]

3. 처짐의 원인 및 처짐 해석의 목적

처짐의 원인	처짐 해석의 목적
• 구조물에 작용하는 하중 • 온도변화 및 제작오차, 지점침하 등 • 단면력(전단력, 휨모멘트 등)의 내력	• 허용처짐량을 초과할 경우 사용성의 저하 방지 • 처짐의 허용한계점을 결정 • 부정정구조물에 해석

2 처짐의 해석

1. 처짐 해석의 기본적인 방법

(1) 기하학적 방법

처짐 해석법	적용 부재
탄성곡선식법(2중 적분법, 미분방정식법)	보(Beam), 기둥(Column)
모멘트면적법 및 탄성하중법	보(Beam), 라멘(Rahmen)
공액보법	모든 보(Beam)
부재열법 및 Willot mohr도에 의한 해석	트러스(Truss)

(2) 에너지(Energy) 방법

처짐 해석법	적용 부재
가상일법(단위하중법)	모든 구조물
Castigiliano의 제2정리	모든 구조물
실제 일의 방법(탄성변형)	보(Beam), 트러스(Truss)

2. 탄성곡선식법(2중 적분법, 미분방정식법)

(1) 미분방정식

① 곡률: 보부재가 휘는 정도를 나타내는 척도

$$k = \frac{1}{R} = \frac{d\theta}{dx} = \frac{M}{EI}$$

② 미분방정식

구분	미분방정식
휨모멘트 방정식	$y'' = \dfrac{d^2y}{dx^2} = -\dfrac{M}{EI} \rightarrow -M = EI \cdot y''$
전단력 방정식	$(y'')' = -\dfrac{V}{EI} \rightarrow -V = EI \cdot (y'')'$

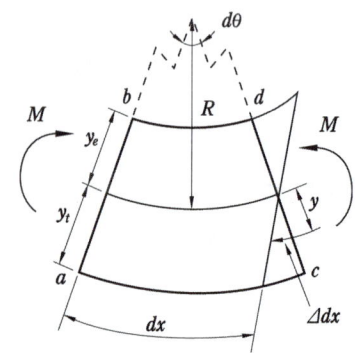

(2) 처짐 및 처짐각

① 처짐각: $\theta = \dfrac{dy}{dx} = -\int \dfrac{M_x}{EI}dx + C_1$

② 처짐: $y = -\dfrac{d^2y}{dx^2} = -\int\left(\int \dfrac{M_x}{EI}dx\right) + C_1 x + C_2$

(3) 적분상수(C_1, C_2)

경계조건, 연속조건, 대칭조건에 의해 계산할 수 있음

3. 모멘트면적법(Greene의 정리)

(1) 모멘트면적 제1정리

① 처짐곡선 상의 임의의 점 m과 n에서의 접선이 이루는 각은 두 점간의 휨모멘트도의 면적을 EI로 나눈 값과 같다.

② 처짐각: $\theta = \int \dfrac{M}{EI}dx = \dfrac{A}{EI}$

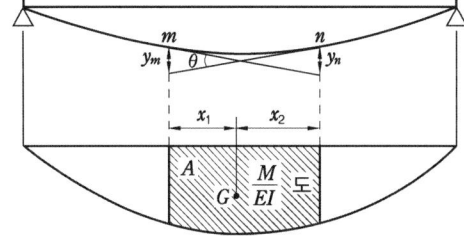

(2) 모멘트면적 제2정리

① 처짐곡선상의 임의의 점 m에서 탄성곡선에 접하는 접선으로부터 그 탄성곡선상에서 다른 점 n까지의 수직거리는 이 두 점 간의 휨모멘트도 면적의 m점을 지나는 축에 대한 단면1차모멘트를 EI로 나눈 값과 같다.

② 처짐: $y_m = \int \dfrac{M}{EI} \cdot x_1 \cdot dx = \dfrac{A}{EI} \cdot x_1$, $y_n = \int \dfrac{M}{EI} \cdot x_2 \cdot dx = \dfrac{A}{EI} \cdot x_2$

4. 탄성하중법(Mohr의 정리)

(1) 처짐각

① 단순보의 임의의 점에서의 처짐각은 휨모멘트도를 하중으로 생각할 때 그 점에서 생기는 전단력을 EI로 나눈 값이다.

② 처짐각: $\theta = \dfrac{1}{EI}(R'_A - A_{AC})$

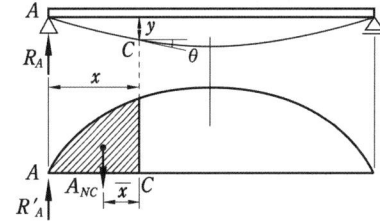

(2) 처짐

① 단순보의 임의의 점에서의 처짐은 휨모멘트도를 하중으로 생각할 때 그 점에서 생기는 **휨모멘트를** EI로 **나눈 값**이다.

② 처짐: $y_x = \dfrac{1}{EI}(R'_A \cdot x - A_{AC} \cdot \overline{x})$

5. 공액보법

(1) 공액보

휨모멘트도를 탄성하중(M/EI)으로 치환하고 단부의 지점조건을 변화시킨 보

(2) 단부 조건의 변화

구분	지점 변화 (고정단 ↔ 자유단)		절점 변화 (내측힌지절점 ↔ 내측힌지지점)	
실제보				
공액보				

(3) 공액보에 탄성하중(M/EI)을 재하시켜서 탄성하중법을 적용하여 처짐과 처짐각을 구하는 방법

3 정정구조물의 처짐각과 처짐

1. 단순보의 처짐각 및 처짐

하중재하 상태	처짐각	처짐
	$\theta_A = -\theta_B = \dfrac{Pl^2}{16EI}$	$\delta_{max} = \dfrac{Pl^3}{48EI}$
	$\theta_A = -\theta_B = \dfrac{wl^3}{24EI}$	$\delta_{max} = \dfrac{5wl^4}{384EI}$
	$\theta_A = \dfrac{M_A l}{3EI},\ \theta_B = -\dfrac{M_A l}{6EI}$	-
	$\theta_A = -\dfrac{M_A l}{3EI},\ \theta_B = \dfrac{M_A l}{6EI}$	-

2. 캔틸레버보의 처짐각 및 처짐

하중재하 상태	처짐각	처짐
집중하중 P가 자유단 B에 작용, 길이 l	$\theta_A = \dfrac{Pl^2}{2EI}$	$\delta_{\max} = \dfrac{Pl^3}{3EI}$
집중하중 P가 중앙 C($l/2$)에 작용	$\theta_C = \theta_B = \dfrac{Pl^2}{8EI}$	$\delta_C = \dfrac{Pl^3}{24EI}$, $\delta_B = \dfrac{5Pl^3}{48EI}$
집중하중 P가 C(거리 a, b)에 작용	$\theta_C = \theta_B = \dfrac{Pa^2}{2EI}$	$\delta_C = \dfrac{Pa^3}{3EI}$, $\delta_B = \dfrac{Pa^2}{6EI}(3l-a)$
등분포하중 w 작용	$\theta_C = \dfrac{wl^3}{6EI}$	$\delta_B = \dfrac{wl^4}{8EI}$
자유단 B에 모멘트 M 작용	$\theta_B = \dfrac{Ml}{EI}$	$\delta_B = \dfrac{Ml^2}{2EI}$

제6장 부정정구조

1 부정정구조 개론

1. 일반사항

(1) 정의
① 힘의 평형조건식만으로는 해석할 수 없는 구조물을 말한다.
② 경계조건이나 층방정식, 절점방정식 등을 추가로 이용함으로써 부정정여력(부정정력)을 구하고, 완전한 단면력은 다시 정정구조로 해석한다.
③ 부정정여력(부정정력): 정역학적 평형조건으로 해석하지 못하는 미지의 반력

(2) 부정정구조물의 특징

장점	단점
• 재료의 절감으로 경제성 우수	• 지점의 침하로 인한 응력이 발생
• 강성이 크므로 처짐의 감소효과(장스팬 가능)	• 정확한 설계와 해석의 곤란(예비설계의 반복)
• 변단면의 연속보, 라멘 등의 구조로 미관 우수	• 응력교체가 정정구조물보다 많이 발생하여 부가적 부재의 필요
• 응력의 재분배효과로 구조물 안정성 향상	

2. 부정정력을 구하기 위한 추가 방정식

(1) 경계조건의 원리
① 이동지점(roller) 또는 회전지점(hinge)은 수직 방향으로 움직이지 않아 처짐이 없으나 처짐각은 있을 수 있고, 고정지점(fixed)은 처짐 및 처짐각이 없다는 원리를 이용한다.
② 경계조건

구분	처짐	처짐각	단면력
단순지지	$\delta=0$	$\theta=?$	$M=0$
고정지지	$\delta=0$	$\theta=0$	$M=?$

(2) 단층 라멘의 층방정식
층에서 전단력의 합은 그 층에 작용하는 외력 횡하중과 같다는 원리를 이용한다.

(3) 절점방정식
① 한 절점에 모인 각 부재의 재단 모멘트의 합은 "0"이 되어야 한다는 원리를 이용한다.
② 절점방정식은 절점 수만큼 방정식이 생긴다.

2 부정정구조의 해석

1. 변위일치법 및 3연 모멘트법

(1) 변위일치법(변형일치법)
① 여분의 지점반력이나 응력을 부정정력(잉여력)으로 간주하여 정정구조물로 변환시킨 뒤, 처짐이나 처짐각의 값을 이용하여 구조물을 해석하는 방법이다.
② 변위의 적합조건식(경계조건의 원리)을 이용하여 해석한다.
③ 처짐을 이용하거나 처짐각을 이용하는 방법도 있다.
④ 탄성처짐에 관한 이론을 적용하여 부정정구조물을 해석하는 방법이다.

(2) 3연 모멘트법
① 부정정 연속보에서 연속된 3개의 지점에 대한 휨모멘트의 관계식으로, 연속된 3개의 지점에 대한 휨모멘트의 방정식을 만들어 해석한다.
② 연속보 해석에 유리한 해석법이다.
③ 3연 모멘트법은 부재 내에 내부 힌지와 같은 불연속점이 있는 경우에는 적용할 수 없다.
④ 고정단은 힌지지점으로 가정하고, 가상경간을 만들어 3연 모멘트법을 적용하여 해석한다.

2. 처짐각법

(1) 개요
① 직선부재에 작용하는 하중과 하중으로 인한 변형에 의해서 절점에 생기는 절점각과 부재각을 함수로 표시한 기본식을 만들고, 이 기본식을 적용한 절점방정식과 층방정식에 의해서 미지수인 절점각과 부재각을 구한다.
② 처짐각법 계산방법
  ㉠ 하중항(보의 재단모멘트)과 강비를 계산한다.
  ㉡ 처짐각 기본식(재단 모멘트)을 정한다.
  ㉢ 절점방정식이나 층방정식(라멘)을 세운다.
  ㉣ 방정식을 풀어 미지수(절점각, 부재각)를 구한다.
  ㉤ 이 미지수를 기본식에 대입하여 재단 모멘트를 구한다.
  ㉥ 재단 모멘트를 사용하여 지점반력을 구한다.

(2) 하중항

하중상태	양단고정보의 하중항(재단모멘트)	
	C_{AB}	C_{BA}
중앙 집중하중 P (경간 l)	$-\dfrac{Pl}{8}(\circlearrowleft)$	$+\dfrac{Pl}{8}(\circlearrowright)$
등분포하중 w	$-\dfrac{wl^2}{12}(\circlearrowleft)$	$+\dfrac{wl^2}{12}(\circlearrowright)$
중앙 모멘트 M	$\dfrac{M}{4}$	$\dfrac{M}{4}$

3. 모멘트 분배법

(1) 개요

① 고차의 부정정구조물을 해석하기 위한 처짐각법의 경우, 미지수의 증가로 인해 연립방정식의 계산과정을 한계가 있어 모멘트 분배법을 이용한다.

② 축차적인 반복에 의해서 근사적으로 해석하는 방법으로 그 해는 정해에 가까운 해석이 가능하다.

③ 따라서, 모멘트 분배법은 비교적 간단한 계산으로 부정정보와 라멘의 재단모멘트(Fixed End Moment; FEM)를 구할 수 있는 근사해법이다.

(2) 해석순서

① 강도(K)와 강비(k)를 계산: 강도 $K=\dfrac{I}{l}$, 강비 $k=\dfrac{강도(K)}{표준강도(K_0)}$

② 분배율(Distribution Factor; DF) 계산: $DF=\dfrac{k}{\Sigma k}$

③ 고정단 모멘트(Fixed End Moment; FEM, 하중항) 계산: 처짐각법의 하중항과 동일

④ 불균형 모멘트(Unbalanced Moment; UBM) 계산: 한점에서 모멘트의 대수합

⑤ 분배모멘트(Distribution Moment; DM) 계산: $M_{ij}=M \cdot DF$

⑥ 전달모멘트(Carry-over Moment; CM) 계산: 상대 단에 전달되는 모멘트의 절반이 전달

⑦ 재단모멘트(Final Moment; FM) 계산: 재단모멘트 = 고정단모멘트 + 분배모멘트 + 전달모멘트

(3) 분배율과 분배모멘트 및 전단모멘트

① 분배율(DF)

㉠ $DF_{OA} = \dfrac{k_1}{k_1 + k_2 + \dfrac{3}{4}k_3}$

(양단 고정일 때 k, 일단고정, 타단활절일 때 $\dfrac{3}{4}k$)

㉡ $DF_{OB} = \dfrac{k_2}{k_1 + k_2 + \dfrac{3}{4}k_3}$

㉢ $DF_{OC} = \dfrac{\dfrac{3}{4}k_3}{k_1 + k_2 + \dfrac{3}{4}k_3}$

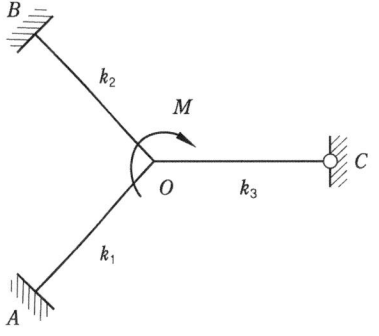

② 분배모멘트(DM)

㉠ $M_{OA} = M \cdot DF_{OA}$
㉡ $M_{OB} = M \cdot DF_{OB}$
㉢ $M_{OC} = M \cdot DF_{OC}$

③ 전달모멘트(CM)

㉠ $M_{AO} = \dfrac{1}{2} \times M_{OA}$

㉡ $M_{BO} = \dfrac{1}{2} \times M_{OB}$

㉢ $M_{CO} = 0$

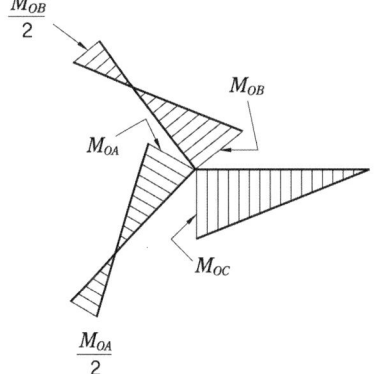

해커스공무원 학원·인강
gosi.Hackers.com

해커스공무원 안병관 건축구조 기본서

제 4 편
하중 및 내진설계

제1장 설계하중
제2장 내진설계

제1장 설계하중

1 설계하중 개론

1. 용어 설명

구분	용어	설명
일반	설계하중	건축구조기준에 따라 건축구조물이 저항해야 하는 하중
	고정하중	구조체와 이에 부착된 비내력 부분 및 각종 설비 등의 중량에 의하여 구조물의 존치기간 중 지속적으로 작용하는 연직하중
	활하중	건축물 및 공작물을 점유·사용함으로써 발생하는 하중
	활하중 저감계수	영향면적에 따른 저감효과를 고려하기 위해 활하중에 곱하는 계수
	영향면적	연직하중전달 구조부재에 미치는 하중영향을 바닥면적으로 나타낸 것 (기둥 및 기초: 부하면적의 4배, 큰보 및 작은보: 부하면적의 2배)
	부하면적	연직하중전달 구조부재가 분담하는 하중의 크기를 바닥면적으로 나타낸 것
	형상비	건축물 높이 H를 바닥면의 평균길이 $\sqrt{BD}$로 나눈 비율 ($H/\sqrt{BD}$를 말하는 것으로 B는 건물폭, D는 건물 깊이)
풍하중	기본풍속	지표면조도 구분 C인 지역의 지표면으로부터 10m 높이에서 측정한 10분간 평균풍속에 대한 재현기간 500년 기대풍속
	기준경도풍 높이	지표면의 거칠기에 의해 발생하는 마찰력의 영향을 받지 않아 풍속이 거의 일정하게 되는 지상으로부터의 높이
	대기경계층	지표면의 영향을 받아 마찰력이 작용함으로써 지상의 높이에 따라 풍속이 변하는 영역
	와류진동	건축물 배후면에서 좌우 상호 규칙적으로 발생하는 와류의 영향에 의해 발생하는 건축물의 진동
	후류버펫팅	풍상측에 놓인 물체에 의해 생성된 변동기류가 풍하측 물체에 작용하여 발생하는 불규칙한 진동
	지표면조도구분	지표면의 거칠기 상태로 일정지역의 지표면 거칠기에 해당하는 장애물이 바람에 노출된 정도의 구분
	지형계수	언덕 및 산 경사지의 정점 부근에서 풍속이 증가하므로 이에 따른 정점 부근의 풍속을 증가시키는 계수
	풍속고도분포계수	지표면의 고도에 따라 기준경도풍 높이까지의 풍속의 증가분포를 지수법칙에 의해 표현했을 때의 수직방향 분포계수
	외압계수	건축물 외피의 임의 수압면에 가해지는 평균풍압과 기준높이에서 속도압의 비
	외압가스트영향계수	외압의 변동 정도를 나타내는 척도로서 평균외압에 대한 최대외압의 비
	유효수압면적	풍하중을 산정하는 데 기본이 되는 유효면적으로 풍방향 직각에 대한 투영면적, 다만, 외장재의 경우에는 외장재 하중분담 표면적
	풍상측	바람이 불어와서 맞닿는 쪽
	풍하측	바람이 불어와 맞닿는 측의 반대쪽으로 바람이 빠져나가는 측
	층간변위	인접층 사이의 상대수평변위
	층간변위각	층간변위를 층 높이로 나눈 값

2. 설계하중의 종류 및 하중조합

(1) 설계하중의 분류

    ① 장기하중: 고정하중 및 활하중

    ② 단기하중: 설하중, 풍하중, 지진하중, 강우하중, 충격하중 등

(2) 설계하중의 종류 및 하중조합

설계하중의 종류	강도설계법 및 한계상태설계법의 하중조합
• 고정하중(D) • 활하중(L) • 지붕활하중(L_r) • 설하중(S) • 풍하중(W) • 지진하중(E) • 지하수압·토압, 분말 및 입자형 재료의 횡압력(H) • 온도하중(T) • 유체압(F) 및 용기내용물하중(F 또는 H) • 운반설비 및 부속장치 하중(M) • 강우하중(R) • 기타 하중	• $1.4(D+F)$ • $1.2(D+F+T)+1.6L+0.5(L_r$ 또는 S 또는 $R)$ • $1.2D+1.6(L_r$ 또는 S 또는 $R)+(1.0L$ 또는 $0.5W)$ • $1.2D+1.0W+1.0L+0.5(L_r$ 또는 S 또는 $R)$ • $1.2D+1.0E+1.0L+0.2S$ • $0.9D+1.0W$ • $0.9D+1.0E$

2 고정하중 및 활하중

1. 고정하중(Dead load)

(1) 건축구조물 자체의 무게와 구조물의 생애주기 중 지속적으로 작용하는 연직하중

(2) 각 부분의 중량은 사용하는 **재료의 밀도, 단위체적중량, 조합중량**을 사용하여 산정

2. 활하중(Live load)

(1) 일반사항

    ① 점유·사용에 의하여 발생할 것으로 예상되는 **최대의 하중**

    ② 구조설계: 기본등분포활하중 및 기본집중활하중의 **용도별 최솟값** 적용

    ③ 등분포활하중과 집중활하중 중에서 구조부재별로 더 큰 하중효과를 발생시키는 하중에 대하여 설계

(2) 기본등분포활하중

    ① 기본등분포활하중의 용도별 최솟값(단위: kN/m^2)

구분	용도	등분포활하중
1. 주택	주거용 건축물의 거실	2.0
	공동주택의 공용실	5.0
2. 병원	병실	2.0
	수술실, 공용실, 실험실	3.0
	1층 외의 모든 층 복도	4.0

3. 숙박시설	객실	2.0
	공용실	5.0
4. 사무실	일반 사무실	2.5
	특수용도사무실	5.0
	문서보관실	5.0
	1층 외의 모든 층 복도	4.0
5. 학교	교실	3.0
	일반 실험실	3.0
	중량물 실험실	5.0
	1층 외의 모든 층 복도	4.0
6. 판매장	상점, 백화점(1층)	5.0
	상점, 백화점(2층 이상)	4.0
	창고형 매장	6.0
7. 집회 및 유흥장	모든 층 복도	5.0
	무대	7.0
	식당	5.0
	주방	7.0
	극장 및 집회장(고정 좌석)	4.0
	집회장(이동 좌석)	5.0
	연회장, 무도장	5.0
8. 체육시설	체육관 바닥, 옥외경기장	5.0
	스탠드(고정 좌석)	4.0
	스탠드(이동 좌석)	5.0
9. 도서관	열람실	3.0
	서고	7.5
	1층 외의 모든 층 복도	4.0
10. 주차장 및 옥외차도	총중량 30kN 이하의 차량(옥내)	3.0
	총중량 30kN 이하의 차량(옥외)	5.0
	총중량 30kN 초과 90kN 이하의 차량	6.0
	총중량 90kN 초과 180kN 이하의 차량	12.0
	옥외 차도와 차도 양측의 보도	12.0
11. 창고	경량품 저장창고	6.0
	중량품 저장창고	12.0
12. 공장	경공업 공장	6.0
	중공업 공장	12.0
13. 지붕	점유·사용하지 않는 지붕(지붕활하중)	1.0
	산책로 용도	3.0
	정원 또는 집회 용도	5.0
	출입이 제한된 조경구역	1.0
	헬리콥터 이착륙장	5.0

14. 기계실	공조실, 전기실, 기계실 등	5.0
15. 광장	옥외광장	12.0
16. 발코니	출입 바닥 활하중의 1.5배(최대 5.0kN/m²)	
17. 로비 및 복도	로비, 1층 복도	5.0
	1층 외의 모든 층 복도 (병원, 사무실, 학교, 집회 및 유흥장, 도서관은 별도 규정)	출입 바닥 활하중
18. 계단	단독주택 또는 2세대 거주 주택	2.0
	기타의 계단	5.0

② 진동, 충격 등이 있어 기본등분포활하중 최솟값을 적용하기에 적합하지 않은 경우의 활하중은 **구조물의 실제상황에 따라 활하중의 크기를 증가**하여 산정한다.

③ 사무실 또는 유사한 용도의 건물에서 가동성 경량칸막이벽이 설치될 가능성이 있는 경우에는 칸막이벽 하중으로 최소한 1kN/m²를 기본등분포활하중에 추가하여야 한다(다만, 기본활하중 값이 4kN/m² 이상인 경우에는 이를 제외).

(3) 집중 활하중

구분	용도		집중하중	하중접촉면 (m × m)
1. 병원	병실, 수술실, 공용실, 실험실, 로비와 모든 복도		10.0	0.75 × 0.75
2. 사무실	일반 사무실, 특수용도사무실, 문서보관실, 로비와 모든 복도		10.0	0.75 × 0.75
3. 학교	교실, 일반 실험실, 중량물 실험실, 로비와 모든 복도		5.0	0.75 × 0.75
4. 판매장	상점, 백화점(1층), 상점, 백화점(2층 이상), 창고형 매장		5.0	0.75 × 0.75
5. 도서관	열람실, 서고, 로비와 모든 복도		5.0	0.75 × 0.75
6. 주차장 및 옥외차도	총중량 30 kN 이하의 차량		15.0	0.12 × 0.12
	총중량 30 kN 초과 90 kN 이하의 차량		36.0	0.12 × 0.12
	총중량 90 kN 초과 180 kN 이하의 차량		54.0	0.25 × 0.60
	옥외 차도와 차도 양측의 보도		54.0	0.25 × 0.60
7. 공장	경공업 공장		10.0	0.75 × 0.75
	중공업 공장		15.0	0.75 × 0.75
8. 지붕	유지·보수 작업자의 하중을 받는 모든 지붕		1.5	0.75 × 0.75
	헬리콥터 이착륙장	최대허용이륙하중 20 kN 이하	28.0	0.20 × 0.20
		최대허용이륙하중 60 kN 이하	84.0	0.30 × 0.30
	작업장 상부에 노출된 지붕의 주 구조재 및 트러스 하현재 절점	공장, 창고, 자동차 정비소 등의 용도의 상부 지붕	10.0	-
		기타 용도의 상부 지붕	1.5	-
9. 계단	계단 디딤판		1.5	0.05 × 0.05

① 작용점: 각 구조부재에 가장 큰 하중효과를 일으키는 위치에 작용하도록 한다.

② 하중접촉면: 하중접촉면에 등분포하는 것으로 가정한다.

(4) 중차량 활하중
① 총중량 180 kN을 초과하는 중량차량과 소방차량 및 응급차량, 지게차 및 이동장비 등에 적용
② 중량차량의 주차장 활하중
  ㉠ 충격 및 피로를 고려할 필요 없음
  ㉡ 차량의 실제하중 크기와 배치를 합리적으로 고려하여 활하중을 산정한다면 이를 적용할 수 있으나 그 값은 5.0kN/m² 이상이어야 하며 활하중의 저감을 적용할 수 없음
③ 지게차 및 이동장비의 활하중
  ㉠ 지게차 및 이와 유사한 이동장비를 지지하는 바닥은 차량 및 이동장비의 전체 하중과 바퀴하중에 대하여 설계
  ㉡ 충격 및 피로를 고려하여 설계
  ㉢ 설계목적상 충격하중은 차량의 전체 하중 또는 바퀴하중의 30%로 제한

(5) 활하중의 저감
① 저감계수
  ㉠ 지붕활하중을 제외한 등분포활하중은 부재의 영향면적이 36m² 이상인 경우 기본등분포활하중 저감
  ㉡ 활하중 저감계수 및 영향면적

활하중 저감계수(C)	영향면적
$C = 0.3 + \dfrac{4.2}{\sqrt{A}}$ • C: 활하중저감계수 • A: 영향면적(단, $A \geq 36m^2$)	• 기둥 및 기초: 부하면적의 4배 • 보 또는 벽체: 부하면적의 2배 • 슬래브: 부하면적 적용 • 단, 부하면적 중 캔틸레버 부분은 4배 또는 2배를 적용하지 않고 영향면적에 단순 합산함

② 활하중의 저감 제한사항
  ㉠ 1개층 지지: C = 0.5 이상
  ㉡ 2개층 지지하는 부재: C = 0.4 이상
  ㉢ 5 kN/m²를 초과하는 활하중은 저감할 수 없으나, 2개 층 이상을 지지하는 부재: 저감계수 C = 0.8까지 저감
  ㉣ 활하중 5kN/m² 이하의 공중집회 용도에 대해서는 활하중을 저감할 수 없음
  ㉤ 승용차 전용 주차장의 활하중은 저감할 수 없으나 2개 층 이상을 지지하는 부재: 저감계수 C = 0.8까지 적용
  ㉥ **1방향 슬래브의 영향면적 = 슬래브 경간 × 슬래브 폭(슬래브 경간의 1.5배 이하)**

(6) 유사 활하중

구분	설명
손스침 하중	• 지붕, 발코니, 계단 등의 난간 손스침 부분: 0.9kN/m • 2세대 이하의 주거용 구조물: 0.4kN/m • 기타의 구조물: 0.8kN/m 위의 3가지의 경우 임의의 방향으로 등분포 하중 고려
내벽 횡하중	건축물 내부에 설치되는 높이 1.8m 이상의 각종 내벽은 벽면에 직각방향으로 작용하는 0.25kN/m² 이상의 등분포하중에 대하여 안전하도록 설계(단, 이동성 경량칸막이벽 및 이와 유사한 것은 제외)

고정사다리 하중	가로대를 가진 고정사다리의 활하중은 최소한 1.5kN의 집중하중을 각 부재에 가장 큰 하중효과를 일으키는 위치에 적용하여야 하며 3m 높이마다 하나 이상이 작용하도록 설계

(7) 차량 방호하중

① 승용차 방호하중
   ㉠ 임의의 수평방향으로 30kN의 집중하중에 저항하도록 설계
   ㉡ 바닥면으로부터 0.45m와 0.7m 사이에서 가장 큰 하중효과를 일으키는 높이에 적용
   ㉢ 하중접촉면은 0.3m × 0.3m 이하

② 크레인 하중

구분	설명
수직 충격하중	• 모노레일크레인(전동식): 25% • 운전실조작 또는 원격조작 브리지크레인(전동식): 25% • 펜던트조작 브리지크레인(전동식): 10% • 수동식 브리지, 트롤리, 호이스트를 가진 브리지크레인 또는 모노레일크레인: 0%
횡방향 수평하중	전동식 트롤리를 가진 크레인의 주행보에 작용하는 횡방향수평하중 • 크레인의 정격용량과 호이스트 및 트롤리의 무게를 합한 값의 20%로 설계 • 횡방향수평하중은 주행보에 직각방향으로 주행레일 상부에 수평으로 작용하는 것으로 가정 • 주행보와 그 지지구조체의 횡방향 강성에 따라 분배
종방향 수평하중	수동식 브리지를 가진 브리지크레인을 제외한 크레인의 주행보에 작용하는 종방향수평하중 • 최대차륜하중의 10%로 설계 • 종방향수평하중은 주행보와 평행하게 주행레일 상부에 수평으로 작용하는 것으로 가정

3 설하중

1. 일반사항

(1) 설하중 적용기준

① 등분포활하중 및 유사활하중에 규정된 지붕의 최소 활하중보다 설하중이 클 때 설하중 적용
   (→ 지붕 최소 활하중 < 설하중: 설하중 적용)
② 설하중의 작용이 예상되는 **벽면이나 기타 구조물의 표면**에 대해서는 설하중의 영향을 고려

(2) 설계용 설하중

① 기본지상설하중을 기준으로 하여 기본지붕설하중계수, 노출계수, 온도계수, 중요도계수 및 지붕의 형상계수와 기타 재하분포상태 등을 고려하여 산정
② 기본지상설하중
   ㉠ **재현기간 100년에 대한 수직 최심적설깊이**를 기준
   ㉡ 단, 구조물의 용도 등에 따라 재현기간 100년을 적용하지 않을 때는 소요 재현기간에 맞추어 환산한 지상설하중 값을 사용 가능

2. 지상설하중

(1) 적용조건

　① 지붕설하중: 기본지상설하중에 따라 산정

　② 지상설하중이 $3.0kN/m^2$ 이하인 지역의 고지대나 산간지방 같은 특정한 지형조건에서는 기본지상설하중의 값을 1.5배하여 기본지상설하중으로 적용

　③ 최소 지상설하중: $0.5kN/m^2$

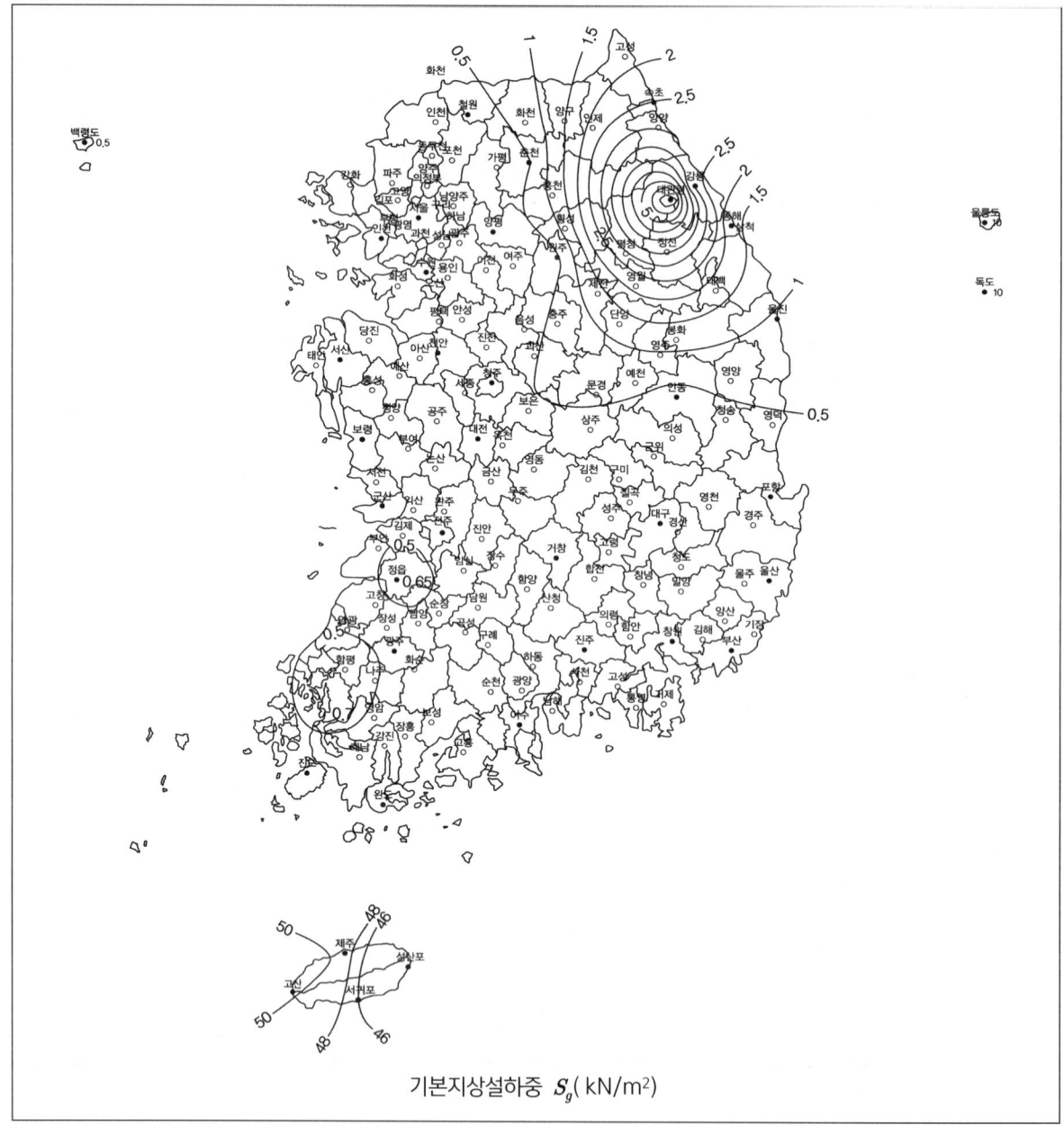

기본지상설하중 $S_g(kN/m^2)$

3. 평지붕 설하중

(1) 산정식

평지붕 설하중 산정식	비고
$S_f = C_b \cdot C_e \cdot C_t \cdot I_s \cdot S_g \, [kN/m^2]$	• C_b: 기본설하중계수 • C_e: 노출계수 • C_t: 온도계수 • I_s: 중요도계수

(2) 적용계수

① 기본지상설하중: 일반적으로 $C_b = 0.7$을 적용

② 노출계수

구분	노출계수(C_e)
A. 지형, 높은 구조물, 나무 등 주변 환경에 의해 모든 면이 바람막이가 없이 노출된 지붕이 있는 거센 바람이 부는 지역	0.8
B. 약간의 바람막이가 있는 거센 바람이 부는 지역	0.9
C. 바람에 의한 눈의 제거가 지형, 높은 구조물 또는 근처의 몇몇 나무들로 인해 지붕 하중의 감소를 기대할 수 없는 위치	1.0
D. 바람의 영향이 많지 않은 지역 및 지형과 높은 구조물 또는 몇몇 나무들에 의하여 지붕에 바람막이가 있는 지역	1.1
E. 바람의 영향이 거의 없는 조밀한 숲 지역으로서, 촘촘한 침엽수 사이에 위치한 지붕	1.2

1) 주변 환경은 구조물의 수명기간에 지속되는 환경을 말한다.
2) $10h_o$(지붕면에서 장애물까지의 높이) 거리 내에 있는 장애물들은 바람막이가 된다.
3) 겨울에 잎이 떨어지는 낙엽수에 의한 장애물인 경우 C_e는 0.1만큼 저감할 수 있다.

③ 온도계수(C_t)

난방상태	온도계수(C_t)
난방구조물(설하중 제어구조)	1.0
비난방구조물(설하중 비제어구조)	1.2

④ 중요도계수(I_s)

중요도	특	1	2	3
중요도계수(I_s)	1.2	1.1	1.0	0.8

4. 완경사지붕의 설하중(S_f)

(1) 완경사지붕의 적용범위

　　① 창고, 추녀마루, 15° 이내의 낮은 경사도를 가진 박공지붕

　　② 처마에서부터 꼭대기까지의 각 접선각도가 수평면으로부터 10°보다 낮은 곡면지붕

(2) 완경사 지붕의 설하중

　　① 평지붕설하중의 최소허용값을 적용

　　② 지상설하중이 1.0 kN/m² 이하인 곳: 평지붕설하중 = 지상설하중(S_g) × 중요도계수(I_s)

　　③ 지상설하중이 1.0 kN/m² 초과하는 곳: 평지붕설하중 = 1.0kN/m² × 중요도계수(I_s)

　　④ 설하중에 대해서는 활하중의 감소를 고려하지 않는다.

5. 경사지붕의 설하중(S_s)

(1) 경사지붕의 설하중 산정식

경사지붕 설하중 산정식	비고
$S_s = C_s \cdot S_f \, [kN/m^2]$	• C_s: 지붕의 경사도 계수 • S_f: 평지붕 설하중

(2) 지붕의 경사도계수

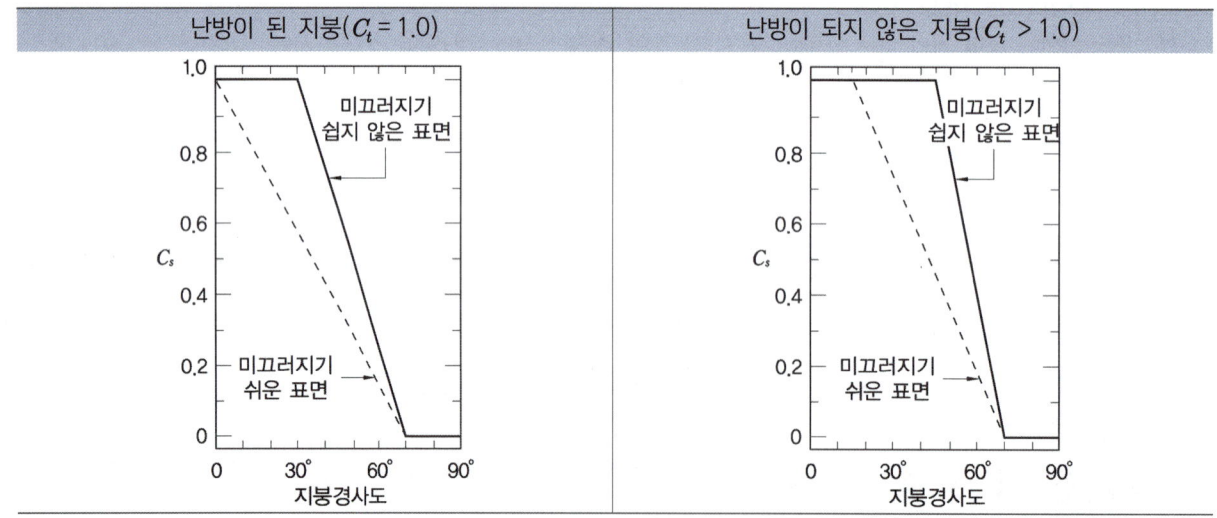

(3) 곡면지붕의 경사도계수

　　① 곡면지붕의 경사도계수: 처마에서 꼭대기까지의 각 접선경사와 수평면이 이루는 각도

　　② 곡면지붕 내의 접선경사도가 수평면과 70° 각도를 이루는 점을 처마로 한다.

　　③ 70°를 초과하는 각도를 이루는 부분에 대해서는 설하중이 작용되지 않는 것으로 한다.

(4) 연속적인 절판형, 원통형 및 톱날형 지붕의 경사도계수

경사도에 관계없이 $C_s = 1.0$으로 적용

(5) 경사지붕의 불균형 설하중을 고려하지 않는 경우

① 지붕의 경사도가 15° 이하 혹은 70°를 초과하는 경우

② 바람이 불어오는 쪽의 지붕면

6. 지붕의 국부설하중

(1) 국부설하중 적용조건

① 같은 구조물의 높은 부분 혹은 인접건물, 환경보다 낮게 위치하는 지붕에는 바람의 영향으로 인한 추가 적설 퇴적량의 하중 고려

② 퇴적량에 의한 추가하중을 고려하지 않아도 되는 경우

㉠ 지상설하중이 0.5kN/m²보다 작은 지역

㉡ $h_c / h_b < 0.2$인 경우

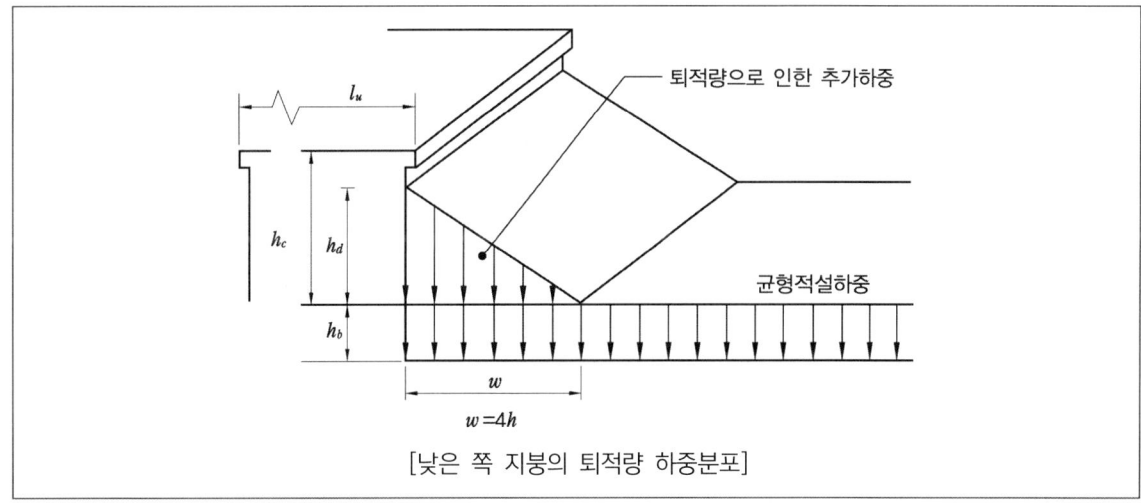

[낮은 쪽 지붕의 퇴적량 하중분포]

(2) 지붕의 돌출부

① 지붕의 돌출부 길이가 4.5m를 넘는 경우 퇴적량에 의한 추가설하중 산정: 돌출부 모든 방향으로 추가 적설퇴적량에 의한 하중 고려

② 파라펫에 의해 발생하는 지붕 주위의 퇴적량

㉠ 퇴적량 깊이의 1/2인 $0.5h_d$를 사용하여 산정

㉡ 파라펫의 길이(l_u): 돌출부로부터 지붕모서리까지의 최대 거리로 15m를 넘지 않는다.

③ 돌출부가 서로 만나는 부분의 퇴적량: 2개의 퇴적량 중에서 큰 값을 사용

(3) 눈의 미끄러짐
① 낮은 쪽 지붕으로 미끄러져 내려 추가하중으로 작용하는 설하중의 산정
  ㉠ 높은 쪽 지붕의 균형설하중이 낮은 쪽 지붕으로 모두 미끄러져 내린다는 가정하에 산정
  ㉡ 총추가하중 산출 시 높은 쪽 지붕의 표면 상태에 관계없이 지붕경사도계수는 미끄러지기 쉽지 않은 표면을 사용
② 이미 쌓인 눈으로 인하여 높은 쪽 지붕의 일부 눈이 더 이상 미끄러져 내릴 수 없는 경우나 높은 쪽 지붕의 눈이 미끄러져 내려와서 낮은 쪽 지붕에 쌓인 눈을 밀어낼 수 있다고 예상되는 경우에는 미끄러짐 설하중을 감소시킬 수 있음
③ 미끄러짐 설하중은 균형설하중과 중첩하여 작용한다고 간주되며, 낮은 쪽 지붕이 높은 쪽 지붕과 h_c 혹은 6m 이상 분리되어 있다면 미끄러짐에 의한 추가하중은 고려하지 않아도 무방함

(4) 내민처마
① 처마가 지붕구조의 지지점에서 내민 경우에는 눈이 얼거나 적체된 경우를 고려
② 최소 $2.0 S_f$의 일정한 설하중이 내민 부분에 작용한다고 간주함

7. 눈과 비의 혼합하중

(1) 비로 인한 추가하중
① 지상설하중이 1.0 kN/m² 이하인 지역에서는 지붕의 경사각이 (W/15)° 이하인 모든 지붕에 눈 위의 비로 인한 하중 0.25 kN/m²를 추가(W는 처마에서 용마루까지의 수평거리, m)
② 이 추가하중은 평지붕설하중 또는 경사지붕설하중에 적용
③ 비로 인한 추가하중은 최소설하중, 부분재하, 국부설하중에는 적용할 필요가 없음

(2) 물고임 하중
① 눈 녹은 물이나 눈 위의 비로부터 물고임 하중이 발생하는 경우
② 배수를 위한 적절한 경사가 주어져 있지 않으면 지붕에 처짐이 생기므로 이에 대한 하중을 고려

(3) 기타 설하중
① 구조물의 외벽은 직접 접하는 적설량으로 인한 측압을 고려
② 구조물이 쌓인 눈 가운데에 묻힐 가능성이 있는 경우, 적설의 침강에 따른 하중을 고려
③ 발코니 등에 눈이 불어닥치는 경우, 불어온 눈의 하중을 고려

4 풍하중

1. 일반사항

(1) 적용사항

① 강풍에 의한 건축구조물의 탄성적 거동을 전제로 한 최소풍하중을 산정하는 경우에 적용
② 주골조 설계용 풍하중: 건축물의 주골조를 설계하는 경우에 적용
③ 외장재 설계용 풍하중: 외장재와 이를 지지하는 부골조의 설계에 적용

(2) 기본방침

구분	설명
주골조 설계용 풍하중	• 수평풍하중·지붕풍하중과 외장재설계용 풍하중으로 구분 • 수평풍하중: 풍방향풍하중, 풍직각방향풍하중, 비틀림풍하중으로 구분하여 산정 • 설계속도압(q_H), 풍방향가스트영향계수(G_D), 주골조설계용 풍압계수 및 풍력계수(C_D)을 곱하여 산정 • 부분개방형 건축물 및 지붕풍하중을 산정할 때에는 내압의 영향도 고려
외장재 설계용 풍하중	설계속도압에 외장재설계용 풍압계수를 곱하여 산정
풍하중의 산정	• 설계풍압에 유효수압면적을 곱하여 산정 • 지붕의 평균높이를 기준높이로 하며, 그 기준높이에서의 속도압을 기준으로 풍하중을 산정 • 각 건물표면의 양면에 작용하는 풍압의 대수합을 고려
특별풍하중	• 풍동실험에 따라 풍하중을 산정 • 단, 평면형상이 사각형이고 높이방향으로 일정한 건축물로서 적용범위를 만족하는 경우에는 풍동실험에 따르지 않고 산정식에 따라 각각 풍직각방향풍하중과 비틀림 풍하중을 산정
기타	• 거주성을 검토하기 위하여 필요한 응답가속도는 풍방향변위 및 응답가속도의 산정에 따라 산정할 수 있음 • 이때 필요한 풍속은 재현기간 1년 풍속에 따름 • 작은 규모의 건축물인 경우에는 간편법에 따른 풍하중을 산정할 수 있음

(3) 설계하중조합 시의 풍하중계수

구분	강도설계법	허용응력설계법
풍하중 재현기간	500년	50년
하중조합시 풍하중 계수	1.0 (극한값에 해당)	0.65

(4) 특별 풍하중

① 일반사항
  ㉠ 주골조설계용 풍하중: 풍력실험 결과를 이용하여 산정
  ㉡ 외장재설계용 풍하중: 풍압실험 결과를 이용하여 산정

② 풍진동 영향을 고려해야 할 건축구조물
  ㉠ 형상비 $H/\sqrt{A_f}$ 가 크고 유연한 건축구조물일 경우에는 풍직각방향진동, 비틀림진동, 와류진동, 공기력불안정진동 등과 같은 특이한 진동이 발생하므로 다음의 각 조건을 검토해야 한다.

풍직각방향진동, 비틀림진동	와류진동, 공기력불안정진동
형상비: $\dfrac{H}{\sqrt{A_f}} \geq 3$	• 사각형평면인 건축구조물: $\dfrac{H}{\sqrt{BD}} \geq 4.0$ 또는 $\dfrac{H}{\sqrt{A_f}} \geq 4.0$ • 원형평면인 건축구조물: $\dfrac{H}{D_m} \geq 7$ 및 $\dfrac{V_H}{n_L D_m} \geq 5.0$

- H: 건축구조물의 기준높이(m)
- D: 건축물의 깊이(m)
- V_H: 건축구조물의 설계풍속(m/s)
- A_f: 건축구조물의 기준층 바닥면적(m²)
- D_m: 높이 $\dfrac{2}{3}H$에서의 건축구조물의 바깥지름(m)

  ㉡ 원형평면이 아닌 건축구조물로 풍력실험 검토 결과 공기력불안정진동이 예상되는 경우에는 **공기력 탄성모형을 이용한 공기력진동실험을 실시**하여 **부가적인 변동풍력을 고려한 풍하중을 산정**

③ **특수한 지붕골조**: 장경간의 현수, 사장, 공기막 지붕 등 경량이며 강성이 낮아 공기력불안정진동 거동을 하는 지붕골조의 경우

④ **골바람효과가 발생하는 건설지점**: 국지적인 지형 및 지물의 영향 또는 풍상측의 장애물로 인하여 골바람효과가 발생하는 곳에 건축물이 위치하는 경우

⑤ **인접효과가 우려되는 신축건축구조물**
  ㉠ 신축건축구조물은 풍동실험 중 **풍력실험을 실시**(주골조 설계용 풍하중)
    ⓐ 풍상측 장애물(대표폭과 대표높이가 신축건축구조물과 유사하거나 큰 건축구조물)에서 발생하는 규칙적, 불규칙적인 **후류버펫팅 및 와류방출로 인한 인접효과가 반영된 주골조설계용 풍하중**을 산정하여야 한다.
    ⓑ 단, 신축건축구조물의 **고유진동수가 1Hz 이상**일 때에는 **인접효과에 따른 영향을 무시**할 수 있다.
  ㉡ 신축건축구조물은 풍동실험 중 **풍압실험을 실시**(외장재설계용 풍하중): 풍상측 장애물(모든 규모의 건축구조물)의 **골바람효과, 후류버펫팅 및 와류방출로 인한 인접효과**가 반영된 외장재설계용 풍하중을 산정

구분	설명
풍력실험 (주골조 설계용 풍하중)	• 신축건축구조물들이 나란하게 또는 집단으로 배치된 경우 • 형상비가 3 이상인 경우 • 신축건축구조물이 풍상측 장애물 폭의 10배 이내의 거리에 위치한 경우
풍압실험 (외장재 설계용 풍하중)	• 신축건축구조물들이 나란하게 또는 집단으로 배치된 경우 • 형상비 $H/\sqrt{BD}$가 3 이상인 경우 • 신축건축구조물이 풍상측 장애물 폭의 10배 이내의 거리에 위치한 경우 • 신축건축구조물이 평면적으로 풍상측에 위치한 두 장애물 측면에서 박리하여 골바람효과가 발생하는 곳에 위치하는 경우 또는 입면적으로 풍상측 장애물의 후류버펫팅의 영향을 받는 곳에 위치하는 경우

⑥ 외장재 파손에 주의해야 할 건축구조물: 아래의 각 조건에 해당하는 건축구조물은 풍동실험 중 풍압실험을 실시하여 외장재설계용 풍하중을 산정하여야 한다.
  ㉠ 기본풍속이 34m/s를 초과하는 지역 또는 해안가로부터 3km 이내에 위치하는 지역에 위치한 건축구조물 가운데 중요도(특), 중요도(1)의 건축구조물로 외장재설계용 피크외압계수를 적용할 수 없는 경우
  ㉡ 형상비 $H/\sqrt{BD}$가 3 이상이고 외장재가 설치된 건축구조물로 외장재설계용 피크외압계수를 적용할 수 없는 경우
⑦ 특수한 형상의 건축구조물(구 비정형적 형상의 건축물)
  ㉠ 풍력계수를 추정하기 어려운 특수한 형상의 건축구조물
  ㉡ 국부풍압이 커질 것으로 예측되는 복잡한 형상을 가진 건축구조물
  ㉢ 특수한 외장재를 설치한 건축구조물 등
  ㉣ 이 기준을 적용할 수 없는 경우에는 풍동실험을 실시하여 주골조 설계용 풍하중 및 외장재 설계용 풍하중을 산정하여야 한다.

2. 주골조 설계용 수평풍하중

(1) 적용 조건
  ① 건축물의 형상은 정형적이어야 한다.
  ② 건축물은 와류방출, 공기력불안정진동 등을 유발하는 응답특성을 나타내지 않아야 한다.
  ③ 건축물은 풍상측의 장애물에 의해 발생하는 골바람효과나 후류버펫팅을 받는 곳에 위치하지 않아야 한다.

(2) 주골조 설계용 풍하중 산정식

구분	산정식	비고
기본식	$W_D = p_F A$ [N] $\geq 500\text{N/m}^2$	• p_F: 주골조 설계용 설계풍압(N/m²) 단, 500N/m²보다 작아서는 안 됨 • A: 지상높이 z에서 풍향에 수직한 면에 투영된 건축물의 유효수압면적(m²)
밀폐형 건축물	$p_F = G_D q_H (C_{pe1} - C_{pe2})$ [N/m²] • 단, 원형평면을 가진 건축물의 경우에는 $(C_{pe1} - C_{pe2})$ 대신에 C_D를 적용 • 내압의 영향은 고려하지 않음	• q_H: 기준높이 H에 대한 설계속도압(N/m²) • G_D: 풍방향가스트영향계수 • C_{pe1}: 풍상벽의 외압계수 • C_{pe2}: 풍하벽의 외압계수 • C_D: 풍력계수
개방형 건축물	$p_F = k_z q_H G_D C_D$ [N/m²]	• k_z: 높이방향압력분포계수 • q_H: 기준높이 H에 대한 설계속도압(N/m²) • G_D: 풍방향가스트영향계수 • C_D: 풍력계수

부분개방형 건축물	• 풍상벽의 경우 $p_F = q_H(G_D C_{pe1} - G_{pi} C_{pi})$ [N/m²] • 측벽 및 풍하벽의 경우 $p_F = q_H(G_D C_{pe} - G_{pi} C_{pi})$ [N/m²]	• q_H: 기준높이 H에 대한 설계속도압(N/m²) • G_D: 풍방향가스트영향계수 • G_{pi}: 내압가스트영향계수 • C_{pe1}: 풍상벽의 외압계수 • C_{pe}: 측벽, 풍하벽의 외압계수 • C_{pi}: 내압계수(5.7.2에 따른다)

3. 주골조 설계용 지붕풍하중

(1) 적용 조건

① 건축물의 형상은 정형적이어야 한다.

② 건축물은 와류방출, 공기력불안정진동 등을 유발하는 응답특성을 나타내지 않아야 한다.

③ 건축물은 풍상측의 장애물에 의해 발생하는 골바람효과나 후류버펫팅을 받는 곳에 위치하지 않아야 한다.

(2) 주골조 설계용 풍하중 산정식

구분	산정식	비고
기본식	$W_R = p_R A_R$ [N] ≥ 500N/m²	• p_F: 지붕의 설계풍압(N/m²) 단, 500N/m²보다 작아서는 안 됨 • A_R: 지붕보가 부담하는 부분의 유효수압면적(m²)
밀폐형 건축물	$p_R = q_H(G_{pe} C_{pe} - G_{pi} C_{pi})$ [N/m²] ※ 외압 및 내압의 영향을 동시에 고려하여야 함	• q_H: 기준높이 H에 대한 설계속도압(N/m²) • G_{pe}: 지붕의 외압 가스트영향계수 • G_{pi}: 내압가스트영향계수 • C_{pe}: 외압계수 • C_{pi}: 내압계수
독립지붕	$p_R = q_H G_{pe} C_N$ [N/m²]	• q_H: 기준높이 H에 대한 설계속도압(N/m²) • G_{pe}: 지붕의 외압 가스트영향계수 • C_N: 독립지붕의 순압력계수

4. 외장재 설계용 지붕풍하중

(1) 적용 조건

① 건축물의 형상은 정형적이어야 한다.

② 건축물은 와류방출, 공기력불안정진동 등을 유발하는 응답특성을 나타내지 않아야 한다.

③ 건축물은 풍상측의 장애물에 의해 발생하는 골바람효과나 후류버펫팅을 받는 곳에 위치하지 않아야 한다.

(2) 외장재 설계용 풍하중 산정식

구분	산정식	비고
기본식	$W_C = p_C A_C [N] \geq 500 N/m^2$	• p_C: 외장재 설계용 설계풍압(N/m²) 단, 500N/m² 보다 작아서는 안 됨 • A_C: 외장재 등의 유효수압면적(m²)
기준높이 20m 이상 건축물	• 정압인 외벽: $p_C = k_z q_H (GC_{pe} - GC_{pi})$ [N/m²] • 부압인 외벽 및 지붕면: $p_C = q_H (GC_{pe} - GC_{pi})$ [N/m²]	• k_z: 높이방향압력분포계수 • q_H: 기준높이 H에 대한 설계속도압(N/m²) • GC_{pe}: 외장재설계용 피크외압계수 • GC_{pi}: 외장재설계용 피크내압계수
기준높이 20m 미만 건축물	$p_C = q_H (GC_{pe} - GC_{pi})$ [N/m²] • 벽, 지붕을 구분하지 않고 적용 • 지표면조도구분이 A, B, C에 해당하는 경우: 지표면조도구분 C로 적용 • 지표면조도구분 D인 경우: 해당 설계속도압 적용	• q_H: 기준높이 H에 대한 설계속도압(N/m²) • GC_{pe}: 외장재설계용 피크외압계수 • GC_{pi}: 외장재설계용 피크내압계수
독립지붕	$p_C = q_H \hat{C}_N$ [N/m²]	• q_H: 기준높이 H에 대한 설계속도압(N/m²) • $\hat{C}_N$: 독립지붕의 피크순압력계수

5. 설계속도압

(1) 설계속도압 및 설계풍속

구분	산정식	비고
설계속도압	$q_H = \frac{1}{2} \rho V_H^2$ [N/m²]	• ρ: 공기밀도 1.22kg/m³ • V_H: 설계풍속(m/s)
설계풍속	$V_H = V_0 K_D K_{zr} K_{zt} I_W(T)$ (m/s)	• V_0: 기본풍속(m/s) • K_{zr}: 풍속고도분포계수로 기준높이 H에서의 값 • K_{zt}: 지형계수 • I_w: 건축물의 중요도계수 • K_D: 풍향계수

(2) 기본풍속(V_0)

① 지표면조도구분 C인 경우, 지상 10m 높이에서 10분간 평균풍속의 재현기간 500년에 대한 값
② 풍속자료는 지표면조도구분인 지상 10m에서 10분간 평균풍속으로 균질화해야 한다.
③ 바람은 항상 수평방향에서 불어오는 것으로 가정한다.

④ 지역별 기본풍속(V_0; m/s)

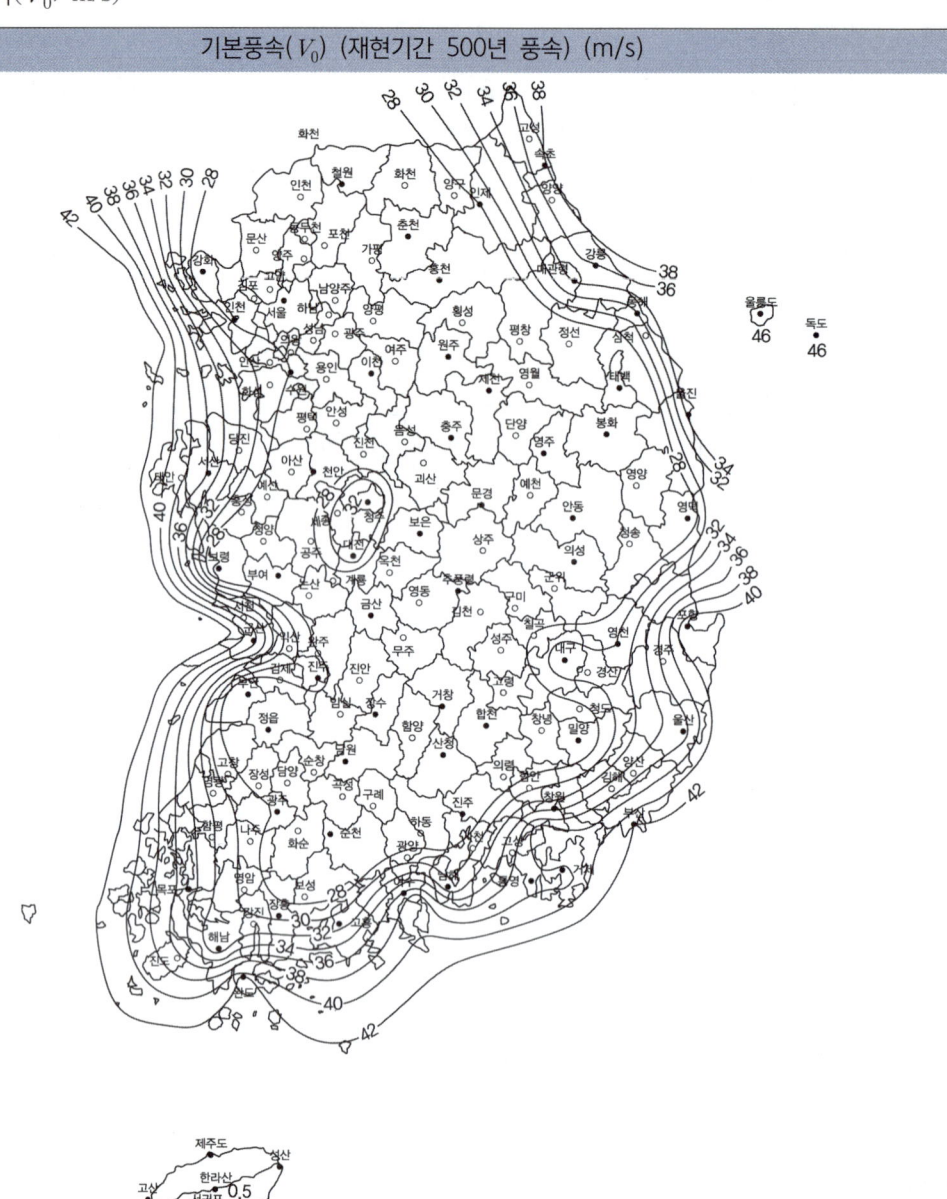

기본풍속(V_0) (재현기간 500년 풍속) (m/s)

- 지도의 지역명칭 중 ●는 기상관청이 설치된 지역으로 기상관청이 위치한 곳을 나타내고, ○는 기상관청이 없는 지역으로 시청 및 군청 소재지가 위치한 곳이다.
- 건설지점이 등풍속선 사이에 위치할 때는 인근 등풍속선 중 큰 값을 사용한다.

(3) 풍속고도분포계수(K_{zr})

① 지표면의 고도에 따라 기준경도풍 높이까지의 풍속의 증가분포를 지수법칙에 의해 표현했을 때의 수직방향 분포계수

② 풍속은 지상으로부터 높이에 따라 증가하며, 일정 높이 이상에서는 풍속은 일정함

③ 지표면 조도구분

　㉠ 지표면의 거칠기 상태로 일정지역의 지표면 거칠기에 해당하는 장애물이 바람에 노출된 정도의 구분

　㉡ 지표면 조도구분을 판단하기 위한 주변지역의 범위는 건설지점으로부터 건축구조물의 **기준높이 H의 40배와 3km 가운데 작은 값**

　㉢ 건설지점의 풍상측 45도의 범위 내에 있는 지표면 상태지표면 상태의 종류

지표면 조도구분	주변지역의 지표면 상태
평균적 상태	풍상측 지표면에 급격한 상태의 변화가 없는 경우
중간 상태	• 풍상측 지표면이 평탄한 상태에서 거친 상태로 급변하는 경우 • 풍상측 지표면이 거친 상태에서 평탄한 상태로 변하는 경우

　㉣ 지표면 조도구분

지표면 조도구분	주변지역의 지표면 상태
A	대도시 중심부에서 고층건축물(10층 이상)이 밀집해 있는 지역
B	• 수목·높이 3.5m 정도의 주택과 같은 건축물이 밀집해 있는 지역 • 중층건물(4~9층)이 산재해 있는 지역
C	• 높이 1.5~10m 정도의 장애물이 산재해 있는 지역 • 수목·저층건축물이 산재해 있는 지역
D	• 장애물이 거의 없고, 주변 장애물의 평균높이가 1.5m 이하인 지역 • 해안, 초원, 비행장

(4) 지형계수(K_{zt})

① 지표면의 고도에 따라 기준경도풍 높이까지의 풍속의 증가분포를 지수법칙에 의해 표현했을 때의 수직방향 분포계수

② 기준 경도풍의 높이: 지표면의 거칠기에 의해 발생하는 마찰력의 영향을 받지 않아 풍속이 거의 일정하게 되는 지상으로부터의 높이

③ 지형구분(언덕, 산, 경사지)에 따라 풍속의 할증이 필요한 부분에 대하여 적용

④ 산, 언덕 및 경사지의 영향을 받지 않는 평탄한 지역에 대한 지형계수: $K_{zt} = 1.0$

⑤ 지형계수의 적용범위

지형구분	풍속할증	적용범위	
		풍상측	풍하측
언덕, 산	수평거리(정점에서)	$1.5L_u$와 $1.6H$ 중 큰 값	
경사지	수평거리(정점에서)	$1.5L_u$와 $1.6H$ 중 큰 값	$3.5L_u$와 $4H$ 중 큰 값

- L_u: 언덕, 산, 경사지의 정점중앙으로부터 아래로 $H/2$인 지점에서 풍상측 경사지지점까지의 수평거리(m)
- H: 건축물의 기준높이, 언덕·산·경사지의 높이, 펜스의 정상부 높이(m)

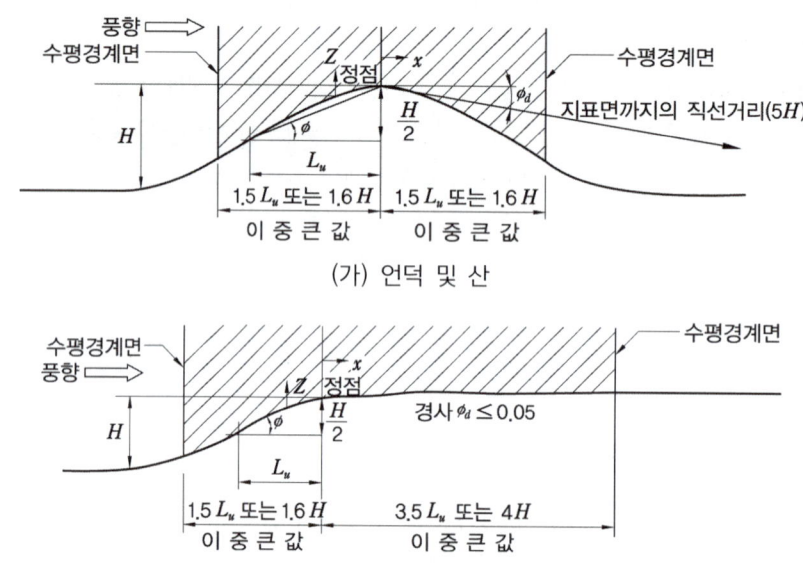

(가) 언덕 및 산

(나) 경사지

(5) 중요도계수(I_w)

① 건축물의 중요도에 따라 설계풍속을 증감하는 계수

② 건축물 중요도 분류에 따른 중요도계수

중요도 분류	초고층건축물	특	1	2	3
중요도계수(I_w)	1.05	1.0		0.95	0.90

초고층건축물: 50층 이상인 건축물 또는 200m 이상인 건축물

(6) 풍향계수(K_D)

① 일반사항

㉠ 주골조 설계용에 대해서는 건설지점 부근의 유효한 풍관측 자료가 있는 경우에는 그것에 의하여 8풍향(N, NE, E, SE, S, SW, W, NW)에 대해 평가한 K_D를 사용할 수 있다.

㉡ 이 경우의 K_D는 건축구조물의 주된 면에 직각인 4풍향을 고려하여 결정하고, K_D의 **최소값은 0.85** 로 한다

② 풍향계수 적용방법
　㉠ 건축구조물의 주된 면에 직각인 풍향을 중심으로 **22.5°의 부채꼴 범위**에 8풍향 중 하나가 속하는 경우에는 그 풍향에 해당하는 K_D를 사용한다.
　㉡ 건축구조물의 주된 면에 직각인 풍향을 중심으로 22.5°의 부채꼴 범위에 8풍향 중 하나가 속하지 않는 경우에는 **좌우 인접한 풍향의 K_D가운데 큰 값**을 그 풍향의 K_D로 사용한다.
③ 풍향계수 적용의 제한
　㉠ 기상관측소의 자료에 근거하여 산정한 풍향계수 K_D는 기상관측소로부터 건설지점 사이에 지형적인 변화가 없고 평탄하여 풍향특성이 달라질 우려가 없는 경우에 적용할 수 있다.
　㉡ 건설지점이 기상관측소로부터 멀고 주변 대규모지형의 영향 등에 의하여 풍향특성이 변화할 가능성이 있는 경우에는 풍향계수를 사용할 수 없다. 이때에는 $K_D = 1.0$으로 한다.
　㉢ 외장재설계용 풍하중을 평가하는 경우에는 $K_D = 1.0$으로 한다.

6. 간편법에 따른 풍하중

다음의 모든 조건을 만족하는 작은 규모의 건축물을 대상으로 간편한 풍하중을 산정할 때 적용
(1) $H \leq 20\,\mathrm{m}$
(2) $H/\sqrt{BD} \leq 1.0$ 또는 $H/\sqrt{A_f} \leq 1.0$
　여기서, • H: 건축물의 기준높이(m)　　• B: 건축물의 대표폭(m)
　　　　　• D: 건축물의 깊이(m)　　　• A_f: 건축물의 기준층 바닥면적(m²)
(3) $0.5H \leq B \leq 30m$
(4) $\theta < 10°$
(5) 형상이 정형적이고, 단면은 대칭에 가까워야 한다.

7. 빌딩풍에 대한 풍환경 검토

(1) 아래의 조건에 해당하는 건축구조물을 신축할 경우에는 빌딩풍에 의한 영향을 검토해야 한다.
　① 50층 이상 또는 200m 이상인 신축건축구조물
　② 16층 이상이면서 연면적 100,000m² 이상
　　(하나의 대지에 둘 이상의 건축구조물을 건축하는 경우에는 각각의 건축구조물의 연면적을 말함)
(2) 풍환경 평가는 풍동실험 중 **풍환경실험을 실시**하여 수행하고, **신축 건축구조물 장변 폭의 3배 이내에 속하는 주변의 인도 및 사람이 이용하는 외부공간**을 대상으로 한다.
(3) 풍환경 평가를 통해 주변의 인도 및 외부공간 이용자의 안전과 관련하여 설계자 및 감리자 등 건축관계자와 협력하여야 한다.

8. 풍동실험

(1) 일반사항
① 건축물 주변의 기류의 흐름을 파악하여 풍해를 예측하여 건축물 준공 후에 예상되는 문제점을 사전에 파악하여 설계에 반영할 목적으로 시행하는 실험
② **건축물 주변 600m 반경의 지형 및 건축물을 배치한 축척모형(1:400)**을 제작하여 **과거 10 ~ 50년 또는 100년간의 최대풍속**을 가하여 풍압에 대한 영향을 예측하는 시험

(2) 풍동실험의 조건
① 풍동 내의 평균풍속의 고도분포, 난류강도분포 및 변동풍속의 특성은 건축 현지의 자연대기경계층 조건에 적합하도록 재현
② 대상건축물을 포함하여 주변의 건축물 및 지형조건을 건축 현지조건에 적합하도록 재현
③ 실험풍향은 11.25도 이하의 등간격으로 최소 32개 풍향 이상이 되도록 하여야 한다.
④ 풍동 내 대상건축물 및 주변 모형에 의한 **단면 폐쇄율은 풍동의 실험단면에 대하여 8% 미만**이 되도록 설정
⑤ 풍동 내의 압력 분포는 일정하도록 설정
⑥ 레이놀즈수에 의한 영향은 최소화하여 실험(레이놀즈수: 관성에 의한 힘에 대한 점성에 대한 힘의 비, 유체역학에서 중요한 무차원의 수)
⑦ 풍동 측정기기의 응답특성은 요구하는 조건을 충족

(3) 풍동실험의 종류

구분	설명
풍력실험	주골조설계용 풍응답 및 풍하중을 평가
풍압실험	외장재설계용 풍하중 또는 주골조설계용 풍응답과 풍하중을 평가할 경우
공기력진동실험	주골조의 풍진동으로 인한 부가적인 공기력의 효과를 반영한 풍응답과 풍하중을 평가할 경우
풍환경실험	신축 건축구조물의 건설로 인하여 발생하는 빌딩풍에 의한 풍환경의 악화상태를 평가할 경우

(4) 풍동실험에 따른 풍하중의 제한
① 풍동실험결과로부터 평가한 주골조설계용 수평풍하중은 x축과 y축 방향의 전체 주하중이 주골조 설계용 수평풍하중에 따라 산정한 값의 80% 이하가 되지 않도록 한다(여기서 전체 주하중이란 유연건축물인 경우에는 전도모멘트, 기타 건축물은 밑면전단력).
② 풍동실험결과로부터 평가한 외장재설계용 풍압은 외장재 설계용 풍하중에 따라 벽의 경우에는 산정한 풍압의 80% 이하가 되지 않도록 하여야 한다.
③ 풍동실험을 위해 재현한 상세 주변 모형의 범위 안에 대상건축물에 특별한 영향을 미칠 건축물이나 장애물이 없는 경우에는 위 ①, ②에서 규정한 80%의 제한값을 적용하지 않고 풍동실험에서 얻어진 풍하중과 풍압을 사용할 수 있다.

5 지진하중

1. 용어 설명

용어	설명
지진하중	지진에 의한 지반운동으로 구조물에 작용하는 하중
지진력	지진운동에 의한 구조물의 응답에 대하여 구조물과 그 구성요소를 설계하기 위하여 결정된 힘
지진구역	유사한 지진위험도를 갖는 행정구역 구분으로서 지진구역I, 지진구역II로 구분
지반종류	지반의 지진증폭특성을 나타내기 위해 분류하는 지반의 종류
지반증폭계수	기반암의 스펙트럼 가속도에 대한 지표면의 스펙트럼 가속도의 증폭비율
중요도계수	건축물의 중요도에 따라 지진응답계수를 증감하는 계수
내진성능목표	설계지반운동에 대해 내진성능수준을 만족하도록 요구하는 내진설계의 목표
내진성능수준	설계지진에 대해 시설물에 요구되는 성능수준. 기능수행수준, 즉시복구수준, 장기복구/인명보호수준과 붕괴방지수준으로 구분
응답스펙트럼	지반운동에 대한 단자유도 시스템의 최대응답을 고유주기 또는 고유진동수의 함수로 표현한 스펙트럼
층간변위	인접층 사이의 상대수평변위
층간변위각	층간변위를 층 높이로 나눈 값
층지진하중	밑면 전단력을 건축물의 각 층별로 분포시킨 하중
지진력저항시스템	지진력에 저항하도록 구성된 구조시스템
전단벽	벽면에 평행한 횡력을 지지하도록 설계된 벽
내력벽방식	수직하중과 횡력을 전단벽이 부담하는 구조방식
모멘트골조방식	수직하중과 횡력을 보와 기둥으로 구성된 라멘골조가 저항하는 구조방식
보통모멘트골조	연성거동을 확보하기 위한 특별한 상세를 사용하지 않은 모멘트골조
중간모멘트골조	연성모멘트골조의 일종으로서 중연성도의 연성능력을 가지도록 설계된 모멘트골조
특수모멘트골조	연성모멘트골조의 일종으로서 고연성도의 연성능력을 가지도록 설계된 모멘트골조
건물골조방식	수직하중은 입체골조가 저항하고, 지진하중은 전단벽이나 가새골조가 저항하는 구조방식
가새골조	횡력에 저항하기 위하여 건물골조방식 또는 이중골조방식에서 중심형 또는 편심형의 수직트러스 또는 이와 동등한 구성체
중심가새골조	트러스메카니즘에 의하여 부재의 축력에 의하여 횡하중을 저항하는 가새골조
편심가새골조	경사가새가 설치되어 가새부재 양단부의 한쪽 이상이 보-기둥 접합부로부터 약간의 거리만큼 떨어져 보에 연결되어 있는 가새골조. 중심가새골조에 비하여 연성능력을 향상시킬 수 있음
이중골조방식	지진력의 25% 이상을 부담하는 연성모멘트골조가 전단벽이나 가새골조와 조합되어 있는 구조방식
전단벽-골조 상호작용 시스템	전단벽과 골조의 상호작용을 고려하여 강성에 비례하여 지진력을 저항하도록 설계되는 전단벽과 골조의 조합구조시스템
밑면전단력	구조물의 밑면에 작용하는 설계용 총전단력
성능기반 내진설계	엄격한 규정 및 절차에 따라 설계하는 사양기반설계에서 벗어나서 목표로 하는 내진성능수준을 달성할 수 있는 다양한 설계기법의 적용을 허용하는 설계
변위의존형 감쇠장치	하중응답이 주로 장치 양 단부 사이의 상대변위에 의해 결정되는 감쇠장치로서, 근본적으로 장치 양 단부의 상대속도와 진동수에는 독립적임
속도의존형 감쇠장치	하중응답이 주로 장치 양 단부 사이의 상대속도에 의해 결정되는 감쇠장치로서, 추가로 상대변위의 함수에 종속될 수도 있음

면진시스템	모든 개별 면진장치 사이에 힘을 전달하는 구조요소 및 모든 연결부의 집합체
면진장치	설계지진 시 큰 횡변위가 발생되도록 수평적으로 유연하고 수직적으로 강한 면진시스템의 구조요소
필로티구조	건축물 상층부는 내력벽이나 가새골조 등 강성과 강도가 매우 큰 구조로 구성되어 있으나, 하층부는 개방형 건축공간을 위하여 대부분의 수직재가 기둥으로 구성되어 내진성능이 크게 저하될 수 있는 구조

2. 지진하중조합

구분	설명
강도설계	강도설계 또는 한계상태설계를 수행하는 경우 지진하중을 포함하는 하중조합은 1.0을 적용
허용응력설계	허용응력설계를 수행하는 경우 지진하중을 포함하는 하중조합은 0.7을 적용
특별지진하중	필로티 등과 같이 전체 구조물의 불안정성으로 붕괴를 일으키거나 **지진하중의 흐름을 급격히 변화시키는 주요부재**와 이를 지지하는 **해당 위치의 수직부재** 설계에는 지진하중을 포함한 하중조합에 일반 지진하중(E) 대신 **특별지진하중**(E_m)을 사용

6 시공하중

1. 일반사항

(1) 시공하중은 구조물 시공시 구조체에 부하되는 하중이다.

(2) 종류

작업자 하중, 차량이동하중, 장비하중, 건축자재 야적하중, 임시시설하중, 수평 시공하중, 세우기 공정에 의한 추가 하중 등 시공과정에서 구조체에 영향을 끼치는 제반 하중이다.

(3) 이 조항은 별도 요구가 있는 경우 적용하며, 시공 중인 **건축구조물 또는 가설구조물의 구조안전성과 사용성** 설계에 적용하여야 하는 시공하중의 **최소값을 규정**한다.

(4) 단층 또는 다층의 연속된 건축물에서 하중의 재하패턴에 의한 효과를 고려하여야 한다.

(5) 이 조항의 규정을 적용하지 않는 경우 또는 이 조항에 규정되지 않은 용도에 대해서는 합리적인 방법으로 시공하중을 산정하여야 하며, 산정 근거를 명시하여야 한다.

2. 하중조합

(1) **강도설계법 및 한계상태설계법**

① $1.2C_D + 1.4C_M + 1.6C_P + 1.6C_H$

② $0.9C_D(+1.3W)$

(2) **허용응력설계법**

① $C_D + C_M + C_P + C_H$

② $0.6C_D(+0.85W)$

- C_D: 경화된 콘크리트 등 시공 고정하중
- C_M: 시공 자재하중
- C_P: 시공 작업원 및 장비 하중
- C_H: 시공수평하중

3. 시공하중의 종류

(1) 시공 고정하중

① 완전히 경화되지 않은 콘크리트와 같이 하중을 지지할 수 없는 건축구조물 자체 무게와 구조물의 시공 중 지속적으로 작용하는 거푸집 무게 등의 수직하중

② 철근콘크리트의 단위 중량

- 보통 콘크리트: $24kN/m^2$
- 거푸집의 무게는 최소: $0.4kN/m^2$ 이상
- 제1종 경량 콘크리트: $20kN/m^2$
- 제2종 경량 콘크리트: $17kN/m^2$

(2) 시공 작업하중

① 가설구조물의 안전성 설계에 사용되는 작업하중의 최소값

	구분		등분포 작업하중
1	작업자 하중, 경량의 장비하중, 기타 작업에 필요한 자재 및 공구, 그리고 이들의 충격하중	슬래브 두께가 0.5m 미만	2.5
		슬래브 두께가 0.5m이상 1.0m 미만	3.5
		슬래브 두께가 1.0m이상	5.0
2	전동식 카트 장비 (motorized carts)		3.75

② 시공 중인 건축구조물의 안전성 설계에 사용되는 작업하중의 최소값

	구분		활하중
1	작업자 하중	집중하중	1.11 kN
		분포하중	1.0 kN/m^2
2	적재 자재 하중	집중하중	100kN
		분포하중	0.2 kN/m^2
3	경량 장비하중	집중하중	2.22 kN
		분포하중	0.5 kN/m^2

③ 하중의 영향면적이 $36m^2$ 이상인 경우 활하중 저감에 따라 작업하중을 저감

④ 시공 고정하중과 작업하중을 합한 연직하중은 슬래브 두께에 관계없이 최소 $5.0kN/m^2$, 전동식 카트를 사용할 경우에는 최소 $6.25kN/m^2$ 이상

4. 시공하중의 수평방향력

풍하중 외에 시공 중 충격 또는 시공오차 등에 의한 최소의 수평방향력을 고려하여야 하며, 다음 중 **최대값을 불리한 조건의 방향과 그 직각 방향에 대하여 각각 적용**한다.

(1) 운송장비가 1대인 경우 운송장비 무게의 20%, 2대 이상의 운송장비가 사용되는 경우 총 운송 장비 무게의 10%

(2) 장비의 반력으로 산정되는 수평하중

(3) 작업자 1인당 0.22kN으로 고려된 총 작업자에 의한 수평방향력

(4) 총 수직하중의 2%

(5) 동바리 상단의 수평방향 단위 길이당 1.5kN

(6) 철골 세우기 작업의 경우 1.33kN

7 홍수하중

1. 일반사항

(1) 홍수지역에 위치한 구조물 설계에 대해서는 홍수재해지역의 분류에 적합한 하중조합을 설정해서 설계 또는 검토한다.

(2) 다만, 기본 하중조합과 수압·토압(H)을 고려한 하중조합에 추가한다. 환경부 홍수위험지도의 **홍수심도 2.0m 이상 지역과 해안침수예상도에서 정한 지역**에서는 다음 식을 사용한다.

구분	하중조합(철근콘크리트구조, 조적구조)
강도설계법	• 환경부 홍수위험지도의 홍수심도 2.0m 이상 지역과 해안침수예상도에서 정한 지역 　- $1.2D + 1.0W + 2.0F_a + L + 0.5(L_r$ 또는 S 또는 $R)$ 　- $0.9D + 1.0W + 2.0F_a + 1.6H$ • 홍수위험도지도의 2.0m 이하 지역 　- $1.2D + 0.5W + 1.0F_a + L + 0.5(L_r$ 또는 S 또는 $R)$ 　- $0.9D + 0.5W + 1.0F_a + 1.6H$
허용응력 설계법	• 환경부 홍수위험지도의 홍수심도 2.0m 이상 지역과 해안침수예상도에서 정한 지역 　- $D + F + 1.5F_a + 0.65W$ 　- $D + F + 1.5F_a + 0.75(L + T) + 0.75(L_r$ 또는 S 또는 $R)$ 　- $0.6D + 1.5F_a + 0.65W$ • 홍수위험도지도의 2.0m 이하 지역 　- $D + F + 1.5F_a + 0.65W$ 　- $D + F + 0.75F_a + 0.75(L + T) + 0.75(L_r$ 또는 S 또는 $R)$ 　- $0.6D + 1.5F_a + 0.65W$

2. 설계 요구조건

(1) **설계하중**

　건축물의 구조시스템 및 구조물은 설계홍수와 다른 하중들과의 하중조합에 의한 홍수하중으로 인하여, 부유, 붕괴, 또는 영구 횡변위가 발생하지 않도록 설계, 시공 및 정착되어야 한다.

(2) **침식과 세굴**

　홍수위험지역의 건축물과 구조물의 하중산정에서는 **기둥과 파일의 지름의 1.5배 깊이의 최대 침식과 세굴 효과를 고려**해야 한다.

(3) **홍수분리벽 하중**

　① 홍수 시 분리되어야 할 벽체나 칸막이의 구조물과 접합부는 벽체면에 직각방향으로 작용하는 다음 하중 중 **가장 큰 값**으로 설계한다.

• 붕하중(F_a)	• 지진하중(E)	• 0.48 kN/m

② 붕괴하도록 설계된 **홍수분리벽의 하중은** 다음 요구조건을 만족하지 않는다면 0.96 kN/m² 초과하지 않아야 한다.
㉠ 홍수분리벽 붕괴가 기본홍수보다 작은 홍수하중으로 설계된 경우
㉡ 건축물의 지지기초와 상승시킨 부분이 홍수와 다른 하중들과의 하중조합에 의한 홍수 하중으로 인하여 붕괴 또는 영구 횡변위가 발생하지 않도록 설계된 경우

3. 홍수 시 하중

(1) 기본 하중

홍수위험지역의 기본홍수위를 기본으로 설계정수위 산정식

$$d_s = 0.65(BFE - G)$$

- BFE: 기본홍수위(m)
- G: 지표면 높이(m)

(2) 정수압 하중

① 설계홍수위에 의한 정수압 하중은 지표면 위아래 모든 구조물 수압면에 적용한다.
② 다만, 자유수면에 노출되어 있는 경우는 제외한다.

(3) 동수압 하중

① 유속의 동적효과는 유체역학의 기본개념으로 산정한다.
② 유속이 3.0m/s를 초과하지 않는 경우 동수압을 다음 (가)식으로 등가 정수압 하중으로 변환한 수위 (d_h)를 산정할 수 있다.
③ 동수압의 효과는 다음 (나)식으로 설계정지수위에서 2/3위치에 작용하며 유속이 3.0m/s를 초과하는 경우 동수압이 설계정수위에서 1/2위치에 작용한다.

$$\text{(가)} \quad d_h = \frac{aV^2}{2g}$$

$$\text{(나)} \quad F_{dyn} = \gamma_w d_h w d_s$$

- d_h: 동수압의 등가정수압변환 수위
- V: 평균유속속도(m/s)
- g: 중력가속도(9.81 m/s²)
- a: 항력계수 또는 형상계수 (표 12.4-1)
- γ_w: 물의 단위 중량(담수는 9.8 kN/m³, 해수는 10.05 kN/m³)
- d_s: 설계정지수위, 식(12.4-1)
- w: 유속 직각방향 건물 또는 파일의 폭

제2장 내진설계

1 내진설계 일반사항

1. 내진설계의 절차
(1) 지진위험도, 내진등급, 성능목표의 결정
(2) 내진구조계획
(3) 지진력저항시스템 및 설계계수의 결정
(4) 지진하중의 산정
(5) 구조해석
(6) 해석결과의 분석
(7) 구조시스템과 부재에 대한 강도설계
(8) 부재 및 연결부의 구조상세에 대한 설계
(9) 필요시 비선형 해석에 대한 결과 검증
(10) 비구조요소에 대한 설계

2. 내진구조계획 및 구조해석, 내진설계 일반사항
(1) 내진구조 계획 일반사항
　① 각 방향의 지진하중에 대하여 충분한 여유도를 가질 수 있도록 횡력저항시스템을 배치
　② 지진하중에 대하여 건물의 비틀림이 최소화되도록 배치(긴 장방형의 평면인 경우, 평면의 양쪽 끝에 지진력저항시스템을 배치)
　③ 약층 또는 연층이 발생하지 않도록 수직적으로 구조재의 크기와 층고는 강성 및 강도에 급격한 변화가 없도록 계획
　④ **한 층의 유효질량이 인접층의 유효질량보다 과도하게 크지 않도록 계획**
　⑤ 수직재는 가급적 연속되어야 함
　⑥ 슬래브에 과도하게 큰 개구부는 피함
　⑦ 증축계획이 있는 경우, 내진구조계획에 **증축의 영향을 반영**

(2) 내진구조 해석
① 구조해석모델에는 구조부재뿐만 아니라 지진력과 구조물의 저항성능에 큰 영향을 줄 수 있는 비구조요소도 포함해야 한다.
② 구조물의 주기와 지진하중을 과소평가하지 않도록 구조물의 질량과 초기강성을 과소평가하지 않아야 한다.
③ 구조물의 비탄성변형을 과소평가하지 않도록 항복 후 구조물의 강성을 과대평가하지 않아야 한다.
④ 비틀림의 영향을 고려할 수 있도록 3차원 구조해석모델을 사용한다.

(3) 내진구조 설계
① 각 부재가 연성능력을 발휘할 수 있도록 **취성파괴를 억제**하도록 설계한다(즉, 휨항복을 유도하기 위하여 **전단파괴와 연결부파괴가 억제**되도록 안전하게 설계).
② 취성파괴를 피할 수 없는 부재는 초과강도계수를 고려한 **특별지진하중을 적용**하여 안전하게 설계한다. 수직재가 연속이 아닌 경우와 취약한 연결부위 등이 이에 속한다.
③ 보 - 기둥 연결부에서 가능한 한 **강기둥 - 약보가 되도록 설계**한다. 기둥이 큰 축력을 받는 경우 기둥의 휨강도가 보의 휨강도보다 크도록 설계한다.
④ 기둥과 큰 보의 단부는 성능목표에 해당하는 연성능력을 유지할 수 있도록 콘크리트기준과 강구조기준에서 요구하는 연성상세를 사용한다.
⑤ 보 - 기둥 접합부의 보강, 철근의 정착 및 이음, 강재의 접합(용접, 볼트이음) 등의 상세도서와 시방서에 설계 및 시공요구사항을 정확히 제공한다.

(4) 증축구조물의 설계

구분	설명
독립증축	기존 구조물과 구조적으로 독립된 증축구조물은 **신축구조물로 취급**하여 설계 및 시공
일체증축	• 기존 구조물과 구조적으로 독립되지 않은 증축구조물의 경우에는 **전체 구조물을 신축구조물로 취급**하여 설계 및 시공 • 단, 기존 부분에 대해서는 전체 구조물로서 증가된 하중을 포함한 소요강도가 기존 부재의 구조내력을 5% 미만까지 초과하는 것은 허용
용도변경	용도변경으로 인해 구조물이 건축물의 중요도 분류에서 더 높은 내진 중요도 그룹에 속하는 경우에 이 구조물은 변경된 그룹에 속하는 구조물에 대한 하중기준을 적용
구조변경	기존 구조물의 구조변경으로 인하여 산정한 소요강도가 기존 부재의 **구조내력을 5% 이상 초과하는 경우에는** 해당 부재에 대하여 이 장에서 정의되는 기준을 만족하도록 **구조보강 등의 조치**

3. 내진등급 및 성능목표

(1) 내진등급 및 중요도 계수(I_E)
① 건축물의 중요도 분류에서 정의된 건물의 중요도를 고려하여 내진등급 및 중요도계수를 결정
② 2개 이상의 건물에 공유된 부분 또는 하나의 구조물이 동일한 중요도에 속하지 않는 2개 이상의 용도로 사용되는 경우에는 가장 높은 중요도를 적용
③ 건축물이 구조적으로 **분리된 2개 이상의 부분**으로 구성된 경우, 각 부분을 **독립적으로 분류하여 설계**
④ 다만, 한 구조물에서 구조적으로 분리된 부분이 더 높은 중요도를 가진 다른 부분에 대해 그 중요도에 부합하는 사용을 위해서 필수 불가결한 접근로나 탈출로를 제공하거나 인명안전 또는 기능수행 관련 요소를 공유할 경우에는 양쪽 부분 모두 높은 중요도를 적용
⑤ 내진등급과 중요도계수

구분	중요도(특)	중요도(1)	중요도(2), (3)
내진등급	특	I	II
내진설계 중요도계수(I_E)	1.5	1.2	1.0

(2) 지진위험도 및 성능목표
① 지진위험도

구분	설명
최대고려지진	내진설계에서 고려하는 가장 큰 지진으로서 국가지진위험지도의 2400년 재현주기에 해당
기본설계지진	스펙트럼가속도가 최대고려지진에 의한 값의 2/3 수준에 해당하는 지진

② 성능목표
  ㉠ 건축물 성능수준: 기능수행, 즉시복구, 인명보호, 붕괴방지 수준으로 구분
  ㉡ 건축물의 성능수준(구조요소와 비구조요소의 성능수준 사이의 관계)

건축물의 성능수준	구조요소의 성능수준	비구조요소의 성능수준
기능수행	거주가능	기능수행
즉시복구	거주가능	위치유지
인명보호	인명안전	인명안전
붕괴방지	붕괴방지	-

  ㉢ 내진안전성을 위하여 고려되어야 하는 내진등급별 최소성능목표

내진등급	성능목표		설계지진
	재현주기	성능수준	
특	2400년	인명보호	기본설계지진 × 중요도계수(I_E)
	1000년	기능수행	-
I	2400년	붕괴방지	-
	1400년	인명보호	기본설계지진 × 중요도계수(I_E)
II	2400년	붕괴방지	-
	1000년	인명보호	기본설계지진 × 중요도계수(I_E)

4. 지진구역 및 지진구역계수

지진구역	행정구역	지진구역계수	지진구역계수(Z)
I	시	서울, 인천, 대전, 부산, 대구, 울산, 광주, 세종	0.11
I	도	경기, 충북, 충남, 경북, 경남, 전북, 전남, 강원 남부1	0.11
II	도	강원 북부2, 제주	0.07

1 강원 남부(군, 시): 영월, 정선, 삼척, 강릉, 동해, 원주, 태백
2 강원 북부(군, 시): 홍천, 철원, 화천, 횡성, 평창, 양구, 인제, 고성, 양양, 춘천, 속초

5. 지반조건 및 설계응답스펙트럼

(1) 지반의 분류

① 지반분류: S1 ~ S6 총 6가지로 분류(단, 내진설계 시 S1 ~ S5 5단계로 분류)

지반종류	지반종류의 호칭	분류기준	
		기반암 깊이, H[m]	토층평균전단파속도, $V_{s,soil}$[m/s]
S_1	암반 지반	1 미만	-
S_2	얕고 단단한 지반	1 ~ 20 이하	260 이상
S_3	얕고 연약한 지반	1 ~ 20 이하	260 미만
S_4	깊고 단단한 지반	20 초과	180 이상
S_5	깊고 연약한 지반	20 초과	180 미만
S_6	부지 고유의 특성평가 및 지반응답해석이 필요한 지반		

② 지반조사: 지반조사의 위치는 최소한 3곳 이상을 선정하고 지반조사를 수행
③ 지반분류의 기준면: 대상 건축물의 완공 후 지표면
④ 대상지역의 지반을 분류할 수 있는 자료가 충분하지 않고, **지반의 종류가 S_5일 가능성이 없는 경우에는 지반종류 S_4를 적용**

(2) 설계응답스펙트럼

① 단주기 및 1초 주기 설계응답스펙트럼 가속도

설계스펙트럼가속도	비고
• 단주기: $S_{DS} = S \times 2.5 \times F_a \times 2/3$ • 1초 주기: $S_{D1} = S \times F_v \times 2/3$	• S: 2400년 기준 최대고려지진의 유효지반가속도 • F_a: 단주기 지반증폭계수 • F_v: 1초 주기 지반증폭계수

② 단주기 지반증폭계수(F_a)

지반종류	지진지역		
	$S \leq 0.1$	$S = 0.2$	$S = 0.3$
S_1	1.12	1.12	1.12
S_2	1.4	1.4	1.3
S_3	1.7	1.5	1.3
S_4	1.6	1.4	1.2
S_5	1.8	1.3	1.3

③ 1초 주기 지반증폭계수(F_v)

지반종류	지진지역		
	$S \leq 0.1$	$S = 0.2$	$S = 0.3$
S_1	0.84	0.84	0.84
S_2	1.5	1.4	1.3
S_3	1.7	1.6	1.5
S_4	2.2	2.0	1.8
S_5	3.0	2.7	2.4

6. 내진설계범주

(1) 일반사항

① 내진등급과 지반상태를 고려하여 분류한 내진설계범주 A ~ D 중 하나에 속함
② 내진설계범주에 따라 구조물에 허용되는 지진력저항시스템, 높이와 비정형성에 대한 제한, 내진설계 대상 부재, 구조해석방법 등을 결정

(2) 내진설계범주의 결정

① 모든 구조물은 **내진등급**과 **설계스펙트럼가속도** S_{DS} 및 S_{D1}을 사용하여 내진설계범주를 결정
② 결정한 내진설계범주가 다를 경우에는 높은 내진설계범주로 분류
③ 설계스펙트럼가속도에 따른 내진설계범주

단주기 S_{DS}의 값	내진등급		
	특	I	II
$0.50 \leq S_{DS}$	D	D	D
$0.33 \leq S_{DS} < 0.50$	D	C	C
$0.17 \leq S_{DS} < 0.33$	C	B	B
$S_{DS} < 0.17$	A	A	A

주기 1초 S_{D1}의 값	내진등급		
	특	I	II
$0.20 \leq S_{D1}$	D	D	D
$0.14 \leq S_{D1} < 0.20$	D	C	C
$0.07 \leq S_{D1} < 0.14$	C	B	B
$S_{D1} < 0.07$	A	A	A

(3) 건물의 비정형성에 따른 내진설계범주의 결정

① 평면 비정형성의 유형 및 정의

유형번호	유형	정의	내진설계범주
H-1	비틀림 비정형	• 격막이 유연하지 않을 때 고려함 • 어떤 축에 직교하는 구조물의 한 단부에서 우발편심을 고려한 최대 층변위가 그 구조물 양단부 층변위 평균값의 **1.2배**보다 클 때 비틀림 비정형인 것으로 간주함	C, D
H-2	요철형 평면	돌출한 부분의 치수가 해당하는 방향의 평면치수의 **15%를 초과**하면 요철형 평면을 갖는 것으로 간주함	-
H-3	격막의 불연속	격막에서 잘려나간 부분이나 뚫린 부분이 **전체 격막 면적의 50%를 초과**하거나 또는 **인접한 층간 격막 강성의 변화가 50%를 초과**하는 경우, 격막의 불연속이 존재하는 것으로 간주함	-
H-4	면외 어긋남	수직 부재의 면외 어긋남 등과 같이 하중전달 경로의 불연속성이 존재하는 경우	B, C, D
H-5	비평행 시스템	횡력저항 수직 요소가 전체 횡력저항 시스템에 직교하는 주축에 **평행하지 않은 경우**	C, D

② 수직 비정형성의 유형 및 정의

유형번호	유형	정의	내진설계범주
V-1	강성비 정형 - 연층	어떤 층의 횡강성이 인접한 **상부층 횡강성의 70% 미만**이거나 **상부 3개 층 평균강성의 80% 미만**인 연층이 존재하는 경우에는 강성분포의 비정형이 있는 것으로 간주함	D
V-2	중량비 정형	어떤 층의 유효중량이 **인접층 유효중량의 150%를 초과**할 때 중량 분포의 비정형이 존재하는 것으로 간주함. 단, 지붕층이 하부층보다 가벼운 경우는 이를 적용하지 않음	D
V-3	기하학적 비정형	횡력저항 시스템의 수평치수가 **인접층 치수의 130%를 초과**할 경우에는 기하학적 비정형이 존재하는 것으로 간주함	D
V-4	횡력저항 수직저항 요소의 비정형	횡력저항요소의 **면내 어긋남**이 그 요소의 길이보다 크거나 인접한 하부층 저항요소에 **강성감소**가 일어나는 경우에는 수직저항 요소의 면내불연속에 의한 비정형이 있는 것으로 간주함	B, C, D
V-5	강도의 불연속 - 약층	임의 층의 횡강도가 **직상층 횡강도의 80% 미만**인 약층이 존재하는 경우에는 강도의 불연속에 의한 비정형이 존재하는 것으로 간주함. 각층의 횡강도는 층전단력을 부담하는 내진요소들의 저항방향 강도의 합을 말함	B, C, D

7. 지진력저항시스템

(1) 지진력저항시스템의 정의

구분	정의
내력벽시스템	수직하중과 함께 횡하중을 벽체가 지지하는 지진력저항시스템
모멘트저항골조시스템	수직하중과 횡하중을 보와 기둥으로 구성된 모멘트골조가 저항하는 지진력저항시스템
건물골조시스템	수직하중은 보, 슬래브, 기둥으로 구성된 골조가 저항하고 지진하중은 전단벽이나 가새골조 등이 저항하는 지진력저항시스템
이중골조시스템	• 모멘트골조: 적어도 **설계지진력(밑면전단력)의 25%**를 저항 • 이중골조 전체의 횡력저항능력은 모멘트골조와 전단벽 또는 모멘트골조와 가새골조 각각의 횡력저항능력의 합으로 각각의 횡력저항능력은 그들의 횡강성에 비례하여 발휘되는 시스템
역추형시스템	바닥에 고정된 캔틸레버 기둥처럼 거동하며 횡력을 지지하는 지진력저항시스템
철근콘크리트 보통 전단벽 - 골조 상호작용 시스템	보통전단벽과 보통모멘트골조가 같이 사용되는 구조시스템 • 전단벽의 전단강도: 각 층에서 최소한 설계층전단력의 **75% 이상** • 골조의 전단강도: 각 층에서 최소한 설계층전단력의 **25%를 저항**
서로 다른 축에서 시스템의 조합	구조물의 직교하는 2축을 따라 서로 다른 지진력저항시스템을 사용할 경우에는 **각 시스템에 해당하는 반응수정계수, 시스템초과강도계수, 그리고 변위증폭계수를 사용**
동일축에서 시스템의 조합	동일방향의 지진하중에 저항하지만 이중골조시스템으로 분류되지 않는 구조물의 경우, **가장 불리한 시스템 제한사항을 적용**하여 설계

(2) 설계 요구사항

① 강도조건: 지진력저항시스템을 구성하는 모든 구조부재는 재료별 설계기준을 따라 계산한 설계강도가 지진하중조합에 의한 설계 지진력보다 작지 않아야 한다.

② 연성조건: 전체 구조물과 구조부재는 지진력저항시스템에 대한 설계계수의 지진력저항시스템별 연성 능력을 확보해야 한다.

③ 변형과 횡변위 제한: 설계층간변위(Δ)는 어느 층에서도 허용층간변위(Δ_a)를 초과할 수 없다.

구분	내진등급			비고
	특	I	II	
허용층간변위(Δ_a)	$0.010h_{sx}$	$0.015h_{sx}$	$0.020h_{sx}$	h_{sx}: x층 층고
소규모창고: 건축물 중요도분류에서 중요도(3)으로 **내진등급 II 적용**				

④ 건물 간의 거리
  ㉠ 내진설계범주 'D'로 분류된 구조물은 이웃한 구조물과 일정한 거리를 유지
  ㉡ 동일한 부지에서 인접한 2개의 건축물은 최소한 다음의 δ_{MT} 이상 격리

  ($\delta_{MT} = \sqrt{(\delta_{M1})^2 + (\delta_{M2})^2}$; δ_{M1}, δ_{M2}: 각 건축물의 횡변위)

(3) 지진력저항시스템의 설계계수

밑면전단력, 부재력, 층간변위를 산정할 때에는 각 지진력저항시스템에 해당하는 적절한 반응수정계수(R), 시스템초과강도계수(Ω_0), 그리고 변위증폭계수(C_d)를 사용

기본 지진력저항시스템[1]	설계계수			시스템의 제한과 높이(m) 제한		
	반응수정계수 R	시스템초과강도계수 Ω_0	변위증폭계수 C_d	내진설계 범주 A 또는 B	내진설계 범주 C	내진설계 범주 D
1. 내력벽시스템						
1-a. 철근콘크리트 특수전단벽	5	2.5	5	–	–	–
1-b. 철근콘크리트 보통전단벽	4	2.5	4	–	–	60
1-c. 철근보강 조적 전단벽	2.5	2.5	1.5	–	60	불가
1-d. 무보강 조적 전단벽	1.5	2.5	1.5	–	불가	불가
1-e. 구조용 목재패널을 덧댄 경골목구조 전단벽	6	3	4	–	20	20
1-f. 구조용 목재패널 또는 강판시트를 덧댄 경량철골조 전단벽	6	3	4	–	20	20
2. 건물골조시스템						
2-a. 철골 편심가새골조 (링크 타단 모멘트 저항 접합)	8	2	4	–	–	–
2-b. 철골 편심가새골조 (링크 타단 비모멘트 저항접합)	7	2	4	–	–	–
2-c. 철골 특수중심가새골조	6	2	5	–	–	–
2-d. 철골 보통중심가새골조	3.25	2	3.25	–	–	–
2-e. 합성 편심가새골조	8	2	4	–	–	–
2-f. 합성 특수중심가새골조	5	2	4.5	–	–	–
2-g. 합성 보통중심가새골조	3	2	3	–	–	–
2-h. 합성 강판전단벽	6.5	2.5	5.5	–	–	–
2-i. 합성 특수전단벽	6	2.5	5	–	–	–
2-j. 합성 보통전단벽	5	2.5	4.5	–	–	60
2-k. 철골 특수강판전단벽	7	2	6	–	–	–
2-l. 철골 좌굴방지가새골조 (모멘트 저항 접합)	8	2.5	5	–	–	–
2-m. 철골 좌굴방지가새골조 (비모멘트 저항 접합)	7	2	5.5	–	–	–
2-n. 철근콘크리트 특수전단벽	6	2.5	5	–	–	–
2-o. 철근콘크리트 보통전단벽	5	2.5	4.5	–	–	60
2-p. 철근보강 조적 전단벽	3	2.5	2	–	60	불가
2-q. 무보강 조적 전단벽	1.5	2.5	1.5	–	불가	불가
2-r. 구조용 목조패널을 덧댄 경골목구조 전단벽	6.5	2.5	4.5	–	20	20
2-s. 구조용 목재패널 또는 강판시트를 덧댄 경량철골조 전단벽	6.5	2.5	4.5	–	20	20

구조 시스템						
3. 모멘트 – 저항골조 시스템						
3-a. 철골 특수모멘트골조	8	3	5.5	–	–	–
3-b. 철골 중간모멘트골조	4.5	3	4	–	–	–
3-c. 철골 보통모멘트골조	3.5	3	3	–	–	–
3-d. 합성 특수모멘트골조	8	3	5.5	–	–	–
3-e. 합성 중간모멘트골조	5	3	4.5	–	–	–
3-f. 합성 보통모멘트골조	3	3	2.5	–	–	–
3-g. 합성 반강접모멘트골조	6	3	5.5	–	–	–
3-h. 철근콘크리트 특수모멘트골조	8	3	5.5	–	–	–
3-i. 철근콘크리트 중간모멘트골조	5	3	4.5	–	–	–
3-j. 철근콘크리트 보통모멘트골조	3	3	2.5	–	–	30
4. 특수모멘트골조를 가진 이중골조시스템						
4-a. 철골 편심가새골조	8	2.5	4	–	–	–
4-b. 철골 특수중심가새골조	7	2.5	5.5	–	–	–
4-c. 합성 편심가새골조	8	2.5	4	–	–	–
4-d. 합성 특수중심가새골조	6	2.5	5	–	–	–
4-e. 합성 강판전단벽	7.5	2.5	6	–	–	–
4-f. 합성 특수전단벽	7	2.5	6	–	–	–
4-g. 합성 보통전단벽	6	2.5	5	–	–	–
4-h. 철골 좌굴방지가새골조	8	2.5	5	–	–	–
4-i. 철골 특수강판전단벽	8	2.5	6.5	–	–	–
4-j. 철근콘크리트 특수전단벽	7	2.5	5.5	–	–	–
4-k. 철근콘크리트 보통전단벽	6	2.5	5	–	–	–
5. 중간모멘트골조를 가진 이중골조시스템						
5-a. 철골 특수중심가새골조	6	2.5	5	–	–	–
5-b. 철근콘크리트 특수전단벽	6.5	2.5	5	–	–	–
5-c. 철근콘크리트 보통전단벽	5.5	2.5	4.5	–	–	60
5-d. 합성 특수중심가새골조	5.5	2.5	4.5	–	–	–
5-e. 합성 보통중심가새골조	3.5	2.5	3	–	–	–
5-f. 합성 보통전단벽	5	3	4.5	–	–	60
5-g. 철근보강 조적 전단벽	3	3	2.5	–	60	불가
6. 역추형 시스템						
6-a. 캔틸레버 기둥 시스템	2.5	2.0	2.5	–	–	10
6-b. 철골 특수모멘트골조	2.5	2.0	2.5	–	–	–
6-c. 철골 보통모멘트골조	1.25	2.0	2.5	–	–	불가
6-d. 철근콘크리트 특수모멘트골조	2.5	2.0	1.25	–	–	–
7. 철근콘크리트 보통 전단벽 – 골조 상호작용 시스템	4.5	2.5	4	–	–	60

8. 6의 역추형 시스템에 속하지 않으면서 강구조기준의 일반규정만을 만족하는 철골 구조시스템	3	3	3	–	–	60
9. 6의 역추형 시스템에 속하지 않으면서 철근콘크리트구조기준의 일반규정만을 만족하는 철근콘크리트구조 시스템	3	3	3	–	–	30
10. 지하 외벽으로 둘러싸인 지하구조시스템	3	3	2.5			

주 1) 시스템별 상세는 각 재료별 설계기준 및 신뢰성 있는 연구기관에서 실시한 실험, 해석 등의 입증자료를 따른다.

(4) **서로 다른 축에서 시스템의 조합**

구조물의 직교하는 2축을 따라 서로 다른 지진력저항시스템을 사용할 경우에는 **각 시스템에 해당하는 반응수정계수, 시스템초과강도계수, 그리고 변위증폭계수를 사용**

(5) **동일축에서 시스템의 조합**

① 동일방향의 지진하중에 저항하지만 이중골조시스템으로 분류되지 않는 구조물의 경우, **가장 불리한 시스템 제한사항을 적용**하여 설계

② 수직조합에 대한 계수

구분	설계계수 적용
하부시스템의 R < 상부시스템의 R	• 상부시스템: 상부시스템의 설계계수(R, Ω_o, C_d) 사용 • 하부시스템: 하부시스템의 설계계수(R, Ω_o, C_d) 사용
하부시스템의 R > 상부시스템의 R	상부시스템의 설계계수(R, Ω_o, C_d)를 상부 및 하부 시스템에 모두 적용

- 단, 지하구조물은 적용대상에서 제외
- 수직조합에 대한 계수 적용기준 예외사항
  - 높이가 2층 이하이고 전체 구조물 중량의 10% 이하인 옥상 구조물
  - 전체 구조물 중량의 10% 이하의 중량을 갖는 별도 지지된 구조물
  - 1가구 및 2가구 단위의 경량골조 독립주택

③ 수평조합에 대한 계수

구분	설계계수 적용
반응수정계수(R)	• 옥상층을 제외 • 상부층들의 동일방향 지진력저항시스템에 대한 값 중 **최솟값**을 사용
변위증폭계수(C_d) 및 시스템초과강도계수(Ω_0)	그 방향의 반응수정계수(R)에 **상응하는 값**을 사용

④ 조합골조의 설계: 반응수정계수가 서로 다른 시스템들에 의하여 공유되는 구조부재의 경우에는 그 중 큰 반응수정계수(R)에 상응하는 상세를 갖도록 설계

8. 지진하중의 계산 및 구조해석

(1) 내진설계범주에 대한 해석법

구분	내진설계 해석법		
내진설계범주 A, B	등가정적해석법에 의한 설계		
내진설계범주 C	등가정적해석법에 의한 설계 [예외 조항] 동적해석법 적용 • 높이 70m 이상 또는 21층 이상의 정형구조물 • 높이 20m 이상 또는 6층 이상의 비정형구조물		
내진설계범주 D	구조물 형태		내진설계 해석법
	3층 이하인 경량골조구조와 각 층에서 유연한 격막을 갖는 2층 이하인 기타 구조로서 내진등급 II의 구조물		등가정적해석법 또는 동적해석법
	상기 1항 이외의 높이 70m 미만의 정형구조물		등가정적해석법 또는 동적해석법
	수직비정형성에서 유형 1, 2, 3을 제외한 수직비정형성 또는 평면비정형성의 유형 1을 제외한 평면비정형성을 가지면서 높이가 5층 또는 20m를 초과하지 않는 구조물.		등가정적해석법 또는 동적해석법
	평면 또는 수직 비정형성을 가지는 기타 구조물 또는 높이가 70m를 초과하는 정형구조물		동적해석법

(2) 등가정적해석법

① 밑면전단력 산정식: 밑면전단력(V) = 지진응답계수(C_S) × 유효건물중량(W)

② 유효건물중량
  ㉠ 창고로 쓰이는 공간에서는 **활하중의 최소 25%**(공용차고와 개방된 주차장 건물의 경우에 활하중은 포함시킬 필요가 없음)
  ㉡ 바닥하중에 칸막이벽 하중이 포함될 경우에 **칸막이의 실제중량과 0.5kN/m² 중 큰 값**
  ㉢ 설하중이 1.5kN/m²를 넘는 평지붕의 경우에는 **평지붕 설하중의 20%**
  ㉣ 옥상정원이나 이와 유사한 곳에서 조경과 이에 관련된 재료의 무게

③ 지진응답계수

단주기	1초주기		비고
	$T \le T_L$	$T > T_L$	
$C_s = \dfrac{S_{DS}}{\left[\dfrac{R}{I_E}\right]}$	$C_s = \dfrac{S_{D1}}{\left[\dfrac{R}{I_E}\right]T}$	$C_s = \dfrac{S_{D1} \cdot T_L}{\left[\dfrac{R}{I_E}\right]T^2}$	• S_{DS}: 단주기 설계스펙트럼가속도 • S_{D1}: 1초주기 설계스펙트럼가속도 • T: 건축물 고유주기(초) • T_L: 5초

1) 지진응답계수: $C_s = 0.044 S_{DS} I_E \ge 0.01$
2) 고유주기: $T = 2\pi \sqrt{\dfrac{m}{k}}$ (m: 구조물의 중량, k: 구조물 강성)

④ 고유주기

구분	설명
고유주기 약산법	$T_a = C_t h_n^x$ (단위: 초) • C_t = 0.0466, x = 0.9: 철근콘크리트모멘트골조 • C_t = 0.0724, x = 0.8: 철골모멘트골조 • C_t = 0.0731, x = 0.75: 철골 편심가새골조 및 철골 좌굴방지가새골조 • C_t = 0.0488, x = 0.75: 철근콘크리트전단벽구조, 기타골조 • h_n : 건축물의 밑면으로부터 최상층까지의 전체 높이(m)
근사고유주기	철근콘크리트와 철골 모멘트저항골조에서 12층을 넘지 않고 층의 최소높이가 3m 이상일 때 $T_a = 0.1N$ (N: 층수)

⑤ 수평전단력 분포

구분	설명
강한 격막	설계층전단력은 그 층의 지진력저항 시스템을 구성하는 수직부재들의 횡강성비에 따라 분배
유연한 격막	설계층전단력은 격막의 설계면내강성을 고려하여 분배하거나 또는 각 저항선상에 위치한 격막의 작용면적을 기초로 각 수직부재에 분배
수평비틀림 모멘트	격막이 유연하지 않을 경우에는 설계 시 수평비틀림모멘트를 고려 • 수평비틀림모멘트: 구조물의 질량 중심과 강성 중심 간의 편심에 의한 비틀림모멘트와 우발비틀림모멘트의 합 • 비틀림모멘트: 편심거리에 층전단력을 곱하여 산정 • 우발비틀림모멘트: 지진력 작용방향에 직각인 평면치수의 5%에 해당하는 우발편심과 층전단력을 곱하여 산정 • 우발편심: 질량 중심에 대하여 양방향 모두 고려
전도모멘트	지진하중으로 인한 전도모멘트에 대하여 저항할 수 있도록 설계
층간변위	• 층간변위: 주어진 층의 상·하단 질량 중심의 횡변위 차이로서 산정 • 허용응력설계: 지진하중에 하중계수 0.7을 곱하지 않고 산정 • 평면비정형성의 유형 H-1과 내진설계범주 C, D: 주어진 층의 상·하단 모서리 변위 간 차이 중 최대값
지반	기초 하부는 고정단으로 가정하거나 또는 기초 하부지반의 강성을 고려하여 구조해석을 수행

(3) 동적해석법

① 해석방법(다음 중 1가지 방법 선택)

㉠ 응답스펙트럼해석법

㉡ 선형시간이력해석법

㉢ 비선형시간이력해석법

② 모델링

㉠ 서로 독립적이고 직각으로 배치된 횡력저항시스템을 갖는 **정형구조물에 있어서는 독립적인 2차원 모델**을 사용

㉡ 서로 독립적이 아닌 저항시스템을 갖는 **비정형 구조물의 경우**에는 각 층별로 평면상의 두 직각방향에 대한 변위와 수직축에 대한 회전을 포함하는 **최소한 3개의 자유도를 갖는 3차원 모델**을 사용

ⓒ 격막이 횡력저항시스템의 수직부재에 비하여 유연한 경우에는, 해석모델은 격막의 유연성과 그것이 동적응답에 미치는 영향을 고려할 수 있는 추가적인 자유도를 포함시켜야 함
ⓓ 철근콘크리트조와 조적조의 경우 **균열단면의 영향**을 고려하여야 하고, 철골모멘트골조의 경우 변위 산정 시 **패널존의 영향**을 고려
ⓔ 지하층구조의 바닥면적이 지상구조의 바닥면적에 비하여 매우 큰 경우에는 **지상구조를 분리하여 해석할 수 있음.** 그렇지 않은 경우에는 지하구조를 지상구조와 함께 모델링하여야 함

③ 응답스펙트럼해석법
ⓐ 지반운동에 대한 단자유도 시스템의 최대응답(변위, 속도, 가속도)을 고유주기 또는 고유진동수의 함수(그래프)로 표현한 스펙트럼
ⓑ 고유주기, 모드형상벡터, 질량참여계수, 모드질량 등과 같은 건축물의 진동모드특성은 횡력저항시스템의 질량 및 탄성강성에 의하여 밑면이 고정된 것으로 가정
ⓒ 해석에 포함되는 모드개수는 직교하는 각 방향에 대하여 **질량참여율이 90% 이상**이 되도록 결정

④ 시간이력해석법(응답이력해석)
ⓐ 설계지진파의 결정
  ⓐ 지진의 지속시간 동안 각 시간단계에서의 구조물의 동적응답을 구하는 방법
  ⓑ 지반조건에 상응하는 지반운동기록을 **최소한 3개 이상 이용**하여 수행
  ⓒ **3개의 지반운동을 이용**하여 해석할 경우에는 **최대응답**을 사용하여 설계
  ⓓ **7개 이상의 지반운동을 이용**하여 해석할 경우에는 **평균응답**을 사용하여 설계
  ⓔ 3차원해석을 수행하는 경우 각 지반운동은 평면상에서 **서로 직교하는 2방향의 쌍**으로 구성되며, **2방향의 성분이 대상 구조물의 평면상에 교대로 2회 해석**
  ⓕ 지반운동의 크기를 조정하는 경우에는 **직교하는 2성분에 대해서 동일한 배율을 적용**
ⓑ 시간이력해석법 종류

구분	설명
선형시간이력해석	층전단력, 층전도모멘트, 부재력 등 설계값은 시간이력해석에 의한 결과에 중요도계수를 곱하고 반응수정계수로 나누어 구함
비선형시간이력해석	• 부재의 비탄성 능력 및 특성은 중요도계수를 고려하여 실험이나 충분한 해석결과에 부합하도록 모델링 • 응답은 R/I_E에 의하여 감소시키지 않음 • 개별 부재의 강도 및 변형 능력 만족 여부도 함께 검토

ⓒ 지반효과의 고려
  ⓐ 지반운동의 영향을 직접적으로 고려하기 위하여 구조물 인접지반을 포함하여 해석을 수행
  ⓑ **기반암 상부에 위치한 지반을 모델링**
  ⓒ 되도록 넓은 면적의 지반을 모델링하여 구조물로부터 멀리 떨어진 지반의 운동이 구조물과 인접지반의 상호작용에 의하여 영향을 받지 않도록 고려
  ⓓ 기반암의 특성을 가진 지진파를 이용하여 기반암의 지진입력에 대하여 해석을 수행

9. 성능기반설계

(1) 적용범위
① 비선형해석법을 사용하여 구조물의 초과강도와 비탄성변형능력을 보다 정밀하게 구조모델링에 고려하여 구조물이 주어진 목표성능수준을 정확하게 달성하도록 설계하는 기법
② 규정된 시스템 계수를 적용하기 어려운 구조물과, 다양한 성능수준을 만족하고자 하는 구조물의 내진설계에 적용

(2) 성능목표 및 설계지진력의 정의
① 성능목표

건축물의 중요도	내진등급	내진설계 중요도계수	성능목표		설계지진
			재현주기	성능수준	
중요도(특)	특	$I_E = 1.5$	2,400년	인명보호	최대 고려지진
			1,000년	기능수행	기본 설계지진
중요도(1)	I	$I_E = 1.2$	2,400년	붕괴방지	최대 고려지진
			1,400년	**인명보호**	**기본설계지진 × 1.2**
			100년	기능수행	기본설계지진 × 0.43
중요도(2), (3)	II	$I_E = 1.0$	2,400년	붕괴방지	최대 고려지진
			1,000년	인명보호	기본설계지진
			50년	기능수행	기본설계지진 × 0.30

② 재현 주기별 설계지진의 정의
  ㉠ 2,400년 재현주기 지진: 최대고려지진
  ㉡ 1,000년 재현주기 지진: 기본설계지진
  ㉢ 1,400년 재현주기 지진: 기본설계지진의 1.2배에 해당하는 지진
  ㉣ 50년과 100년 재현주기 지진: 기본설계지진에 각각 0.3과 0.43을 곱하여 산정

(3) 구조물 부재의 허용변위
① 구조시스템의 변형특성과 연성상세를 고려하여 구조물의 층간변위와 각 부재의 변형은 허용값 이내로 제어
② 내진 특등급의 기능수행 검토 시 구조물의 허용층간변위는 1.0%
③ 내진 1등급과 내진 2등급의 기능수행 검토 시 허용층간변위는 0.5%
④ 최대고려지진에서의 붕괴방지를 위한 층간변위는 내진 2등급을 기준으로 3%를 초과할 수 없음
⑤ 다른 내진등급에 대해서는 중요도계수로 나눈 값을 적용

(4) 해석 및 설계요구사항
   ① 정형인 저층 건물: 비선형 정적해석 사용
   ② 비정형 건물 및 고층건물: 비선형 동적해석 사용
   ③ 내진 1등급과 내진 2등급의 기능수행 검토 시 허용층간변위는 0.5%
   ④ 최대고려지진에서의 붕괴방지를 위한 층간변위는 내진 2등급을 기준으로 3%를 초과할 수 없음
   ⑤ **최소 강도규정**: 구조체의 설계에 사용되는 밑면전단력의 크기는 등가정적해석법에 의한 **밑면전단력의 75% 이상**
   ⑥ 성능기반설계 결과의 검증
      ㉠ 성능기반설계법을 사용하여 설계할 때는 그 절차와 근거를 명확히 제시
      ㉡ 전반적인 설계과정 및 결과는 **설계자를 제외**한 성능기반 내진설계를 검증할 수 있는 **2인 이상의 제3자 검토자**에게서 타당성을 검증받아야 함
      ㉢ 제3자 검토자
         ⓐ 해당분야 실무실적을 보유한 국가기술자격법에 의한 건축구조기술사
         ⓑ 관련분야의 연구 실적이 있는 박사학위 취득자

2 내진구조계획

1. 내진구조의 종류

(1) 내진·제진·면진구조의 개념

내진구조	제진구조	면진구조
구조물의 강성과 연성을 증진하여 지진력에 저항	구조물에 별도의 장치(damper)를 설치하여 지진력에 저항	기초부에 전단변형장치를 설치하여 지진력에 저항

(2) 면진구조

구분	내용
정의	• 기초부에 전단변형장치를 설치하여 지진력을 차단하는 구조 • 지반과 구조물의 분리로 건물에 전달되는 지진하중 소산
면진장치	• 적층고무계 면진장치: 고감쇠 적층고무, 납봉적층고무 등 • 비적층고무계 면진장치: Ball / Roller / Linear Bearing
특성	• 상부구조물의 변위를 큰 폭으로 감소 • 지진력 제어에 효과적이나, 시공비가 가장 고가임

① 면진구조물의 중요도 계수: $I_E = 1.0$ 적용
② 면진요소: 기초분리장치(Base isolator) 및 감쇠장치(Damper)로 분류
③ 지반과 구조물 사이뿐만 아니라 구조물 중간층에도 절연층 설치: 구조물의 고유주기 증가

(3) 제진구조

구분	내용
정의	구조물에 Damper를 설치해 진동을 흡수, 상쇄시키는 구조
Damper 종류	• 에너지 소산형: 강재댐퍼, 마찰댐퍼, 점성댐퍼 • 질량 동조형 감쇠기: T.M.D, T.L.D.
특성	• 하중부담: 구조물 하중 – 구조부재, 지진하중 – 제진장치가 부담 • 지진 후에도 제진장치의 교체로 유지관리비 저렴

(4) 내진구조

구분	내용
정의	• 구조물의 강도나 연성을 증가시켜 지진에 대항하는 구조 • 부재 단면의 크기를 증설, 전단벽 설치 등의 강성향상
내진보강공법	• 강재 보강: 강재 Brace, 강판 및 강관 보강 등 • 가구 증설: 코어 및 전단벽의 증설 • 섬유복합체 보강(섬유시트 보강)

2. 감쇠시스템을 적용한 구조물

(1) 일반사항

① 감쇠시스템: 개별 감쇠장치 및 그로부터 구조물의 기초와 지진력저항시스템에 하중을 전달하는 구조요소 또는 가새 등을 모두 포함하는 구조체

② 감쇠장치: 감쇠시스템의 일부로서 장치 양 단부의 상대적 움직임에 따라 에너지를 소산시키는 유연한 구조요소

(2) 설계 요구사항

① 내진설계범주 "A"에 속하는 구조물: 내진설계 "B"에 해당되는 해석방법과 설계요구사항 반영하여 설계

② 에너지소산을 발생시키지 않는 부분 및 감쇠장치를 다른 구조요소에 연결하기 위해 사용되는 요소들은 접합부를 포함하여 성능목표를 규정하는 지진에 대하여 탄성상태를 유지하도록 설계

③ 그 밖의 구조요소들은 감쇠시스템의 기능에 부정적인 영향을 미치지 않음을 구조해석 또는 실험을 통해 입증한다면 비탄성 변형을 허용

④ 감쇠장치에 유발되는 힘은 강도저감계수를 곱하거나 반응수정계수로 나누지 않아야 함

⑤ 감쇠시스템 구성요소의 힘지배작용은 성능목표를 규정하는 지진에 대하여 평균응답의 1.2배를 적용하여 설계

(3) 감쇠시스템 요구사항
　① 장치설계: 감쇠장치는 최대고려지진에 대한 응답과 다음의 조건들을 고려하여 설계, 시공, 설치
　　㉠ 지진하중에 의한 저진동·대변위 거동 시의 성능저하
　　㉡ 풍하중·온도하중에 의한 고진동·소변위 거동 시의 성능저하
　　㉢ 중력하중에 의한 하중 또는 변위
　　㉣ 부식, 마모, 생물분해, 화학물 등에 의한 장치 일부분의 고착
　　㉤ 온·습도, 수분, 자외선 등과 그 밖의 환경조건에의 노출
　② 감쇠장치의 접합부는 감쇠시스템에 동시에 발생하는 종방향, 횡방향, 수직방향 변위를 흡수할 수 있는 충분한 마디구조를 갖추어야 함
　③ 검사와 주기적 시험
　　㉠ 모든 감쇠장치는 검사와 교체를 위한 접근방법을 확보
　　㉡ 설계수명 동안 감쇠장치의 신뢰성을 보증하기 위하여 내진설계책임구조기술자는 모든 유형의 감쇠장치에 대한 적절한 검사와 시험계획을 수립
　　㉢ 검사와 시험방법의 수준은 감쇠장치의 사용기간과 설계수명 동안의 특성변화 가능성을 반영
　④ 설계특성치의 적용
　　㉠ 상한계 설계특성치와 하한계 설계 특성치를 적용하여 해석
　　㉡ 상한계 해석: 속도계수, 강성, 강도, 에너지소산 등의 최대치가 함께 고려된 해석
　　㉢ 하한계 해석: 속도계수, 강성, 강도, 에너지소산 등의 최소치가 함께 고려된 해석

(4) 해석절차

구분	내용
지반운동	• 시간이력해석: 지반조건에 상응하는 지반운동기록을 7쌍 이상 이용하여 수행 • 주기 범위의 하한치를 결정: 감쇠장치의 강성은 초기강성을 적용 • 주기 범위의 상한치를 결정: 감쇠장치의 강성은 최대고려지진에 대한 최대변위에서 결정되는 유효강성을 적용
설계값의 산정	• 최대층간변위, 감쇠시스템 구조요소의 최대하중, 개별 감쇠장치의 최대하중, 최대변위와 최대속도(속도의존형 감쇠장치의 경우)를 결정 • 7개 이상의 지반운동에 대한 평균응답을 사용하여 설계

3 비구조요소의 내진설계

1. 일반사항

(1) 일반사항
　① 건축구조물에 영구히 설치되는 건축, 기계 및 전기설비 등의 비구조요소와 그 지지부 및 연결부
　② 구조물 유효중량의 25%를 초과하는 비구조요소는 건물외구조로 분류하여 설계

(2) 적용범위
　① 내진설계 수행 대상
　　㉠ 중요도계수 I_p가 1.5인 비구조요소(I_p: 비구조요소의 중요도계수)
　　㉡ 파라펫, 건물외부의 치장 벽돌 및 외부치장마감석재

② 내진설계 제외 대상
  ㉠ 중요도계수 I_p가 1.0이면서 바닥으로부터 설치높이 1.2m 이하, 중량 1,800N 이하이고 덕트나 파이프와의 연결부가 유연한 재료로 구성되어 있는 경우
  ㉡ 중량 100N 이하, 단위길이 당 중량이 70N/m 이하인 경우

(3) 중요도 계수(I_p)
  ① 비구조요소의 중요도 계수: I_p = 1.0
  ② 단, 다음에 해당할 경우: I_p = 1.5로 적용
    ㉠ 소화배관과 스프링클러 시스템 등 인명안전을 위해 지진 후에도 반드시 기능하여야 하는 비구조요소
    ㉡ 피난경로상의 계단, 캐노피, 비상유도등, 중량칸막이벽 등 손상 시 피난경로확보에 지장을 주는 비구조요소
    ㉢ 대형 창고형 매장 등에 설치되어 일반대중에게 개방된 적재장치
    ㉣ 규정된 저장용량 이상의 독성, 맹독성, 폭발위험 물질을 저장하거나 지지하는 비구조요소
    ㉤ 내진특등급에 해당하는 구조물에서 시설물의 지속적인 기능수행을 위해 필요하거나 손상 시 시설물의 지속적인 가동에 지장을 줄 수 있는 비구조요소

(4) 비구조요소의 내진설계
  ① 개별 비구조요소의 공인된 설계기준에 따라 내진설계를 수행하고 내진설계책임구조기술자가 이를 승인하는 경우 **비구조요소의 내진설계는 구조체의 내진설계와 분리하여 수행될 수 있음**
  ② 캔틸레버 형식의 구조요소에서 발생하는 지점회전에 의한 수직방향 변위를 고려하여 설계
  ③ 설계하중에 의한 비구조요소의 횡방향 혹은 면외방향의 휨이나 변형이 비구조요소의 변형한계를 초과하지 않아야 함
  ④ 칸막이벽
    ㉠ 높이가 1.8m 이상인 칸막이벽 또는 천장재와 연결된 칸막이벽은 건물 구조체에 횡지지
    ㉡ 칸막이벽의 횡지지 부재는 천장재의 횡지지 부재와 별도로 설치
    ㉢ 단, 칸막이벽 높이가 2.7m 이하, 칸막이벽의 단위길이당 무게가 0.15kN/m 이하, 칸막이벽의 수평지진 하중이 0.25kN/m² 미만인 조건 모두를 충족할 경우 이 규정은 적용하지 않음
  ⑤ 매달린 천장
    ㉠ 천장의 무게(W_p): 천장 격자, 천장 타일 또는 패널, 천장격자에 부착되거나 횡지지되는 모든 비구조요소(조명기구 포함)의 무게를 포함
    ㉡ 지진하중 산정을 위한 무게: 최소한 200N/m² 이상을 적용
    ㉢ 발생되는 지진력(F_p): 슬래브와의 연결부 혹은 구조체와의 접촉을 통해 구조부재로 전달되어야 함
    ㉣ 적용 예외
      ⓐ 면적이 13m² 이하이고 벽이나 처마 등으로 횡지지된 매달린 천장
      ⓑ 석고보드 재질의 마감재가 나사나 못으로 부착된 매달린 천장으로, 전체 천장이 동일한 높이에 설치되며 벽이나 처마 등으로 횡지지된 경우

⑥ 치장벽돌벽체의 사양설계

구분	내용
앵커지지 치장벽돌	• 조적개체의 기준치수: 두께는 67mm 이상 ~ 100mm 이하 • 앵커의 종류: 주름이 잡힌 철판형 앵커, 주름이 없는 철판형 앵커, 철선 앵커, 줄눈 보강근과 일체화된 앵커, 조정식 앵커 • 치장벽돌벽체 내부면에서 지지구조체면까지의 거리: 120mm 이하 • 앵커의 지지구조체 정착부: 실험에 의해 검증된 뽑힘강도 1kN 이상의 정착상세를 적용 • 앵커 설치 - 치장벽돌벽체 0.25m^2당 1개 이상 - 주름이 없는 철판형 앵커, 직경 4.8mm 이상의 철선을 사용한 철선 앵커, 직경 4.8mm 이상의 보강근을 사용한 줄눈보강근과 일체화된 앵커된 경우: 치장벽돌벽체 0.34m^2당 1개 이상 - 내진설계범주 D에 해당하는 경우 이 면적제한은 0.75배를 적용 - 앵커 설치간격: 수평 간격 800mm 이하, 수직 간격 600mm 이하 - 400mm를 초과하는 크기를 가진 개구부가 있는 경우: 개구부로부터 300mm 이내의 구간에 900mm 이내의 간격으로 추가 앵커를 설치 • 가로줄눈의 두께: 가로줄눈에 설치되는 앵커 또는 줄눈 보강근 두께의 두 배 이상
접착식 치장벽돌	• 지진에 의해 치장벽돌벽체로부터 지지구조체로 전달되는 하중을 지지할 수 있는 강도를 가져야 함 • 접착제의 소요강도: 단위면적당 작용하는 치장벽돌벽체의 지진하중을 통해 산정 • 조적개체의 기준치수: 두께 67mm 이하, 중량 0.73kN/m^2 이하 • 지지구조체: 치장벽돌벽체 두께 이상의 철근콘크리트벽체 또는 보강조적벽체 • 접착제: 지지구조체에 전단강도 345kPa 이상 확보 • 모르타르: 압축강도 12.5MPa 이상, 두께 9.5mm 이상 ~ 32mm 이하

4 철근콘크리트구조의 내진설계

1. 지진력 저항 시스템의 분류

구분	내용
모멘트골조	• 저연성도: 보통모멘트 골조 • 중연성도: 중간모멘트 골조 • 고연성도: 특수모멘트 골조
내력벽구조	• 저연성도: 보통전단벽 구조 • 고연성도: 특수전단벽 구조
무량판 슬래브구조	• 기둥과 무량판슬래브로 구성되는 모멘트골조: 모멘트 골조시스템 적용 • 기둥을 연결하는 보가 없고 횡보강철근상세를 사용하지 않는 플랫플레이트 구조와 플랫슬래브 구조는 고연성도 구조로 사용할 수 없음
모멘트골조와 전단벽 또는 가새골조의 혼합구조	• 모멘트골조의 기여도와 부재의 연성상세에 따라서 분류 • 분류: 건물골조방식, 이중골조방식, 전단벽 - 골조 상호작용방식

2. 재료 요구사항

(1) 철근
  ① 중연성도와 고연성도가 요구되는 구조물에 적용
  ② 철근: 내진용 철근 사용(SD-400S, SD-500S, SD-600S)

(2) 철근의 이음과 정착
  ① 보와 기둥의 소성힌지구간: 겹침이음과 용접이음이 허용되지 않음
  ② 기계적 이음의 강도: 철근의 강도보다 커야 하며, 이음에서 취성파괴가 발생하지 않아야 함
  ③ 철근의 이음과 정착: 콘크리트의 손상이 적을 것으로 예상되고 해당 철근의 인장력이 작은 구간에 설치함

3. 부재 요구사항

구분	내용
보와 기둥	• 보와 기둥 단부의 소성힌지에서 충분한 비탄성변형이 발생할 수 있어야 함 • 단부에서 휨모멘트강도와 비탄성변형이 발휘될 때까지 전단파괴가 발생하지 않도록 충분한 전단강도 확보 • 고연성도 구조에서는 비탄성변형의 증가에 따른 콘크리트의 전단강도저하를 고려
단부 횡보강	• 콘크리트의 취성파괴와 철근의 국부좌굴을 방지하도록 단부는 충분히 횡보강되어야 함 • 소성힌지구간에서 보와 기둥의 **횡보강근의 간격은 부재 춤의 1/2**을 초과하지 않아야 함
보와 기둥의 접합부	• 모멘트골조의 모든 접합부에서 상하 기둥의 휨강도의 합은 해당방향 좌우 보의 휨강도의 합보다 커야 함 • 위의 규정을 만족하지 못하는 기둥에서는 전길이에 걸쳐서 횡보강근의 간격이 부재 춤의 1/2 이하이고 기둥 단면 각 방향으로 1개 이상의 크로스타이를 설치 • 접합부 횡보강: 외부 접합부와 모서리 접합부는 횡구속철근을 사용하여 적절히 횡구속 함
보철근 정착	• 외부 접합부와 코너 접합부: 보의 상하 휨철근은 90° 표준갈고리를 사용하여 정착 • 접합부 내에서 철근의 직선길이: 압축정착길이를 만족
전단벽	• 고연성도가 요구되는 독립된 전단벽과 연결보로 연결된 병렬전단벽은 아래규정을 만족 • 단부 횡보강: 전단벽이 충분한 연성능력을 나타낼 수 있도록, 단부 압축대를 적절히 횡보강 • 전단강도: 벽체가 휨강도를 발휘할 수 있도록, 휨강도를 발휘하는 데 필요한 전단력에 대하여 설계 (이때 벽체의 고차모드의 영향에 의한 전단력 증폭현상 고려)
연결보	• 길이 대 춤의 비가 2 이하인 연결보: 조기압괴가 발생하지 않도록 대각콘크리트를 횡보강 • 연결보의 강도요구사항을 만족해야 하는 경우: 전단강도를 만족하기 위한 대각철근을 배치

4. 필로티 기둥에 대한 고려사항

(1) **적용 대상**

상부의 콘크리트 내력벽구조와 하부 필로티 기둥으로 구성된 3층 이상의 수직비정형 골조

(2) **코어벽 구조**

① 건물평면에서 **1개소 이상** 설치하여야 하며 전이층에서 기초까지 연속되도록 설계

② 코어벽 구조의 위치는 가급적 **평면의 중앙에 또는 대칭으로** 배치되도록 계획

③ 코어벽이 없는 경우에는 평면상 두 직각방향의 각 방향에 **두 개소 이상의 내력벽을 설치**하여야 하며, 전이층에서 기초까지 연속되도록 설계

④ 내력벽은 평면상 각 방향으로 대칭으로 배치

⑤ 필로티 층에서 코어벽은 박스형태의 콘크리트 일체형으로 구성하며 개구부는 최소화

⑥ 콘크리트벽체에는 충분한 수직철근과 수평철근을 배치하며, 창문 등의 개구부 주위에는 추가로 보강철근을 배치

(3) **필로티 기둥**

① 전 길이에 걸쳐서 후프와 크로스타이로 구성되는 횡보강근의 수직 간격: **단면최소폭의 1/4 이하**(단, 150mm보다 작을 필요는 없음)

② 횡보강근에는 **135° 갈고리정착을** 사용하는 내진상세를 사용

③ 횡보강근으로 외부후프철근과 더불어 각 방향 **최소 1개 이상의 단면 내부 크로스타이를 설치**

④ 크로스타이의 정착: 한쪽은 135° 갈고리정착을, 그리고 다른 쪽은 90° 갈고리 정착을 사용(이때 각 정착을 수직적으로 교차로 배치)

⑤ 설계전단력: 특별지진하중에 대한 구조해석을 사용하여 계산($2M_n/L_n$이상)

여기서, M_n: 기둥의 해당 방향 휨모멘트 강도(압축력의 영향을 고려한 값)

L_n: 기둥의 순길이

(4) **전이보 및 전이슬래브와 필로티 기둥의 접합부**

① 횡보강근 간격: 필로티 기둥에 사용되는 횡보강근의 간격과 동일

② 접합부에는 90° 갈고리를 가진 후프의 사용이 허용

③ 단, 외부 접합부와 모서리 접합부에서는 90° 갈고리 정착이 건물 외면에 위치하지 않아야 함

④ 보가 접합되는 접합부면에서 기둥 주철근의 위치가 보의 폭 내에 위치하여 보에 의하여 횡구속되는 수직철근에는 크로스타이를 설치하지 않아도 됨

(5) **기타**

① 지진하중 계산 시 내진설계 계수: **내력벽 구조에 해당하는 값을 사용**

② 필로티 기둥, 전이구조 및 그 연결부: 특별지진하중을 적용하여 증폭된 지진하중에 대하여 설계 (상부내력벽과 직접 연결되지 않는 독립된 필로티층의 전단벽의 설계에도 특별지진하중을 적용)

③ 기둥, 코어벽, 전단벽 등의 주요 구조부재 내부에는 우수관 등 **비구조재를 삽입할 수 없음**

해커스공무원 학원·인강
gosi.Hackers.com

해커스공무원 안병관 건축구조 기본서

제 5 편
철근콘크리트구조

제1장   철근콘크리트 개론
제2장   철근콘크리트구조 해석 및 설계원칙
제3장   휨재 및 압축재의 설계
제4장   슬래브, 기초판, 벽체 설계
제5장   전단설계
제6장   사용성 및 내구성 설계
제7장   철근상세 설계기준
제8장   프리스트레스트 콘크리트구조 설계기준
제9장   콘크리트 내진설계
제10장 기타 콘크리트구조 설계기준

제1장 철근콘크리트 개론

1 철근콘크리트구조 용어

구분	용어	설명
계수	강도감소계수	재료의 설계기준강도와 실제강도의 차이, 부재를 제작 또는 시공할 때 설계도와 완성된 부재의 차이, 부재 강도의 추정 및 해석에 관련된 불확실성 등을 고려하기 위한 안전계수
	탄성계수	하중의 공칭값과 실제 하중 간의 불가피한 차이, 하중을 작용외력으로 변환시키는 해석상의 불확실성, 예기치 않은 초과하중, 환경작용 등의 변동을 고려하기 위하여 사용하중에 곱해주는 안전계수
	하중계수	하중조합에 따른 계수하중을 저항하는 데 필요한 부재나 단면의 강도
하중	사용하중	하중계수를 적용하지 않은 하중
	계수하중	사용하중에 설계법에서 요구하는 하중계수를 곱한 하중
강도	공칭강도	하중에 대한 구조체나 구조부재 또는 단면의 저항능력을 말하며 강도감소계수 또는 저항계수를 적용하지 않은 강도
	설계강도	단면 또는 부재의 공칭강도에 강도감소계수 또는 저항계수를 곱한 강도
	소요강도	하중조합에 따른 계수하중을 저항하는 데 필요한 부재나 단면의 강도
성능	사용성능	고려하는 하중에 대하여, 사용상의 적절한 편의 및 기능을 제공하는 구조물의 성능
	내구성능	구조물의 성능을 사용기간 내에 요구수준 이상으로 유지하는 성능
	요구성능	콘크리트 구조물의 안전성능, 사용성능, 내구성능, 환경성능에 대한 발주자 또는 국가기준의 요구 조건
	환경성능	콘크리트 재료를 제조할 때부터 구조물을 폐기할 때까지 수반되는 활동으로 인해 발생하는 유해물질이 환경에 미치는 정량적 또는 정성적 영향
구조 해석	한계상태	사용성능, 안전성능, 내구성능 또는 환경성능의 검증기준이 되며, 구조물이 관련 성능기준을 더 이상 만족시킬 수 없는 상태
	사용한계상태	구조물(또는 구조 부재)이 균열, 처짐, 진동 등에 대한 사용성능 요구 조건을 더 이상 만족시킬 수 없는 상태
	극한한계상태	구조물(또는 구조 부재)이 붕괴 또는 이와 유사한 파괴 등의 안전성능 요구 조건을 더 이상 만족시킬 수 없는 상태
	탄성해석	재료의 비례한도 이하의 변형률에 대응하는 인장 또는 압축응력의 비
	소성해석	극한하중을 구하는 방법의 하나로서 부재 또는 구조체의 소성거동을 고려하여 해석을 수행하는 방법
	비선형해석	비선형 응력-변형률 관계, 균열, 크리프와 수축 등의 콘크리트와 철근의 비선형거동을 고려하는 해석법

	강도설계법	구조부재를 구성하는 재료의 비탄성거동을 고려하여 산정한 부재단면의 공칭강도에 강도감소계수를 곱한 설계용 강도의 값(설계강도)과 계수하중에 의한 부재력(소요강도) 이상이 되도록 구조부재를 설계하는 방법
	성능기반 구조설계	콘크리트 구조물의 다단계 요구성능에 기반한 구조설계
	경계부재	축방향 철근과 횡방향 철근으로 보강된 벽이나 격막의 가장자리 부분
	D영역 (D-region)	집중하중에 의한 하중 불연속부, 단면이 급변하는 기하학적 불연속부 그리고 보 이론의 평면유지원리가 적용되지 않는 영역
휨재	압축지배단면	공칭강도에서 최외단 인장철근의 순인장변형률이 압축지배변형률 한계 이하인 단면
	인장지배단면	공칭강도에서 최외단 인장철근의 순인장변형률이 인장지배변형률 한계 이상인 단면
	유효깊이	콘크리트 압축연단부터 모든 인장철근군의 도심까지 거리
	균형철근비	인장철근이 설계기준항복강도에 도달함과 동시에 압축연단 콘크리트의 변형률이 극한 변형률에 도달하는 단면의 인장철근비
	압축철근비	콘크리트의 유효단면적에 대한 압축철근 단면적의 비
	인장철근비	콘크리트의 유효단면적에 대한 인장철근 단면적의 비
압축재	장주효과	기둥의 횡방향 변위와 축력으로 인한 2차 휨모멘트가 무시할 수 없는 크기로 발생하여, 선형탄성 구조해석에 의한 휨모멘트보다 더 큰 휨모멘트가 기둥에 작용하는 효과
	좌굴	임계압축하중을 받는 구조물이나 구조요소가 기하학적으로 안정성을 잃는 상태
	면외좌굴	트러스나 비교적 높이가 큰 보 등의 구조물이 구조물을 포함하는 평면 내의 하중을 받는 경우에 그 변위가 구조물을 포함하는 평면 밖으로(트러스의 복부부재나 보의 복부판을 포함하는 면에 수직한 방향) 생기는 좌굴
철근	이형철근	콘크리트와의 부착을 위하여 표면에 리브와 마디 등의 돌기가 있는 봉강
	원형철근	표면에 리브 또는 마디 등의 돌기가 없는 원형단면의 봉강
	주철근	주된 단면력이 작용하는 방향으로 휨모멘트와 축력에 저항하기 위하여 배치하는 철근
	휨철근	휨모멘트에 저항하도록 배치하는 부재축 방향의 철근
	띠철근	기둥에서 종방향 철근의 위치를 확보하고 전단력에 저항하도록 정해진 간격으로 배치된 횡방향의 보강철근 또는 철선
	스터럽	보의 주철근을 둘러싸고 이에 직각되게 또는 경사지게 배치한 복부보강근으로서 전단력 및 비틀림모멘트에 저항하도록 배치한 보강철근
	수축온도철근	수축 또는 온도 변화에 의하여 콘크리트에 발생하는 균열을 방지하기 위한 목적으로 배치되는 철근
	배력철근	하중을 분산시키거나 균열을 제어할 목적으로 주철근과 직각 또는 직각과 가까운 방향으로 배치한 보조철근
	표피철근	주철근이 단면의 일부에 집중 배치된 경우일 때 부재의 측면에 발생 가능한 균열을 제어하기 위한 목적으로 주철근 위치에서부터 중립축까지의 표면 근처에 배치하는 철근
	피복두께	철근 콘크리트 또는 철골철근 콘크리트 단면에서 최외측의 철근, 긴장재, 강재 표면과 콘크리트부재 표면까지의 최단거리

슬래브	1방향 슬래브	한 방향으로만 주철근이 배치된 슬래브
	2방향 슬래브	직교하는 두 방향 휨모멘트를 전달하기 위하여 주철근이 배치된 슬래브
	주열대	2방향 슬래브에서 기둥과 기둥을 잇는 슬래브의 중심선에서 양측으로 각각 $0.25l_1$과 $0.25l_2$ 중에서 작은 값과 같은 폭을 갖는 설계대: 보가 있는 경우 주열대는 그 보를 포함함
	중간대	2방향 슬래브에서 2개의 주열대 사이에 구획된 설계대
	플랫슬래브	보 없이 지판에 의해 하중이 기둥으로 전달되며, 2방향으로 철근이 배치된 콘크리트 슬래브
	플랫 플레이트 슬래브	보나 지판이 없이 기둥으로 하중을 전달하는 2방향으로 철근이 배치된 콘크리트 슬래브
	기둥머리	2방향 슬래브인 플랫 슬래브나 플랫 플레이트를 지지하는 기둥의 상단에서 단면적이 증가된 부분
	장선구조	슬래브를 지지하는 작은 보 구조 시스템으로서, 장선의 폭은 100mm 이상, 깊이는 장선 최소 폭의 3.5배 이하, 장선 사이의 순간격은 750mm 이하
	와플구조	2방향으로 장선으로 배치된 경우를 2방향 장선구조
벽	내력벽	공간을 구획하기 위하여 쓰이는 수직방향의 부재로서 기둥 대신에 중력방향의 힘에 견디거나 힘을 전달하기 위한 벽체
	비내력벽	자중 이외의 다른 하중을 받지 않는 벽체
스트럿 - 타이	스트럿 - 타이 모델	콘크리트 구조 부재 또는 응력교란영역의 설계를 위하여 스트럿, 타이, 절점으로 구성한 트러스 모델
	스트럿	스트럿 - 타이 모델의 압축요소로서, 프리즘 모양 또는 부채꼴 모양의 압축응력장을 이상화한 요소
	절점	스트럿 - 타이 모델의 3개 이상 스트럿과 타이의 연결점 또는 스트럿과 타이 그리고 집중하중의 중심선이 교차하는 점
	타이	스트럿 - 타이 모델의 인장력 전달요소
PSC	프리스트레스트 콘크리트	외력에 의해 콘크리트에 발생하는 인장응력을 소정의 한도까지 상쇄할 수 있도록 미리 계획적으로 그 응력의 분포와 크기를 정하여 내력을 준 콘크리트
	긴장재	단독 또는 몇 개의 다발로 사용되는 프리스트레싱 강선, 강봉, 강연선
	긴장재의 릴랙세이션	긴장재에 인장력을 주어 변형률을 일정하게 하였을 때 시간의 경과와 함께 일어나는 응력의 감소
내구성	크리프	응력을 작용시킨 상태에서 탄성변형 및 수축변형을 제외시킨 변형으로 시간이 경과함에 따라 변형이 증가되는 현상
	탄산화	이산화탄소에 의하여 시멘트 경화체 내의 수산화칼슘이 탄산칼슘으로 변화되어 콘크리트의 알칼리성이 저하되는 현상
	동결융해	외부 기온의 변화에 의해 수분이 얼었다가 녹는 과정
	건조수축	콘크리트는 수분을 흡수하면 팽창하고 건조하면 수축하게 되는데, 이와 같이 콘크리트 공극내 수분이 건조되어 콘크리트가 수축하는 현상
	자기수축	응결 이후 수분이동이 없는 상태에서 시멘트 수화반응에 의해 공극내 자기건조가 진행되어 시멘트계 재료의 체적이 감소하여 수축하는 현상으로 재료의 손실, 온도변화, 외부 하중 및 구속 등의 영향은 제외함

2 철근콘크리트구조 일반사항

1. 역학적 특성

(1) 재료
　① 철근: 연성재질로 인장측에 배치하여 부재에 작용하는 인장력에 저항하는 재료
　② 콘크리트: 취성적 재질로 압축측에 배치하여 부재에 작용하는 압축력에 저항하는 재료

(2) 역학적 성질
　① 철근과 콘크리트의 부착성능이 우수하여 일체로 거동하여 외력에 저항하는 구조
　② 콘크리트는 인장력에 약하므로 균열이 발생하기 용이함
　③ 인장력을 부담하는 철근과 압축력을 부담하는 콘크리트는 역학적 성질은 서로 다름

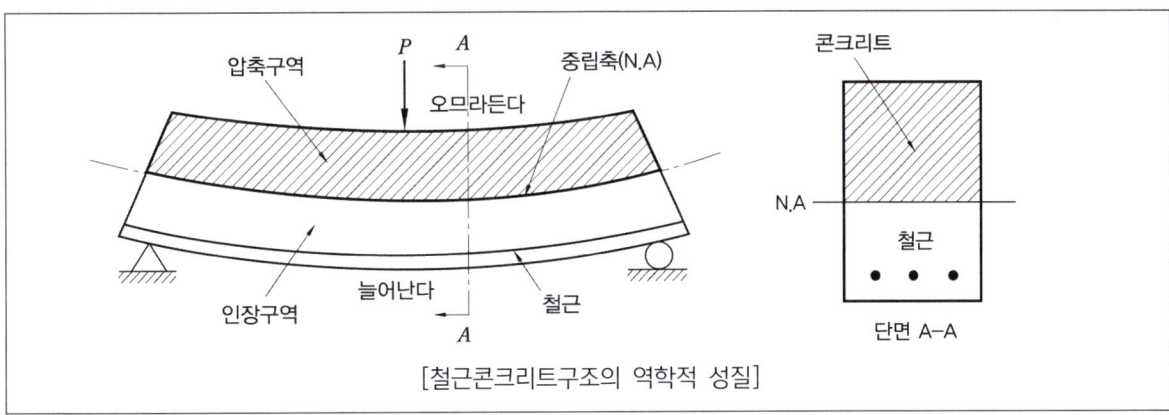

[철근콘크리트구조의 역학적 성질]

2. 철근콘크리트구조 성립조건

구분	설명
열팽창계수가 동일	• 콘크리트 열팽창계수: $\epsilon_c = (1.0 \sim 1.3) \times 10^{-5}/℃$ • 철근 열팽창계수: $\epsilon_c = 1.2 \times 10^{-5}/℃$
일체식 구조	• 인장력: 철근 부담, 압축력: 콘크리트 부담 • 철근과 콘크리트 간 부착강도 우수
철근부식 방지	• 철근: 산성(pH 4~6), 콘크리트: 알칼리성(pH 12~13) • 철근의 부동태 피막을 형성 및 콘크리트의 불투수성 효과
내화성 확보	콘크리트의 피복두께에 의한 열전달 저항성능 향상

3. 철근콘크리트구조 특성

장점	단점
• 내구성, 내화성, 내진성 우수	• 콘크리트의 균열이 발생
• 임의 형태, 모양, 크기, 치수의 시공이 용이	• 재료의 중량이 커서 구조설계가 곤란
• 강구조에 비해 경제적인 구조	• 국부적 파손이 일어나기 쉬운 구조
• 구조물의 유지 및 관리 용이	• 시공완료 후 검사, 보강, 해체가 불리
• 일체식 구조와 강성이 우수	• 인장강도가 낮은 구조
• 재료의 공급이 용이	• 크리프, 건조수축, 자기수측 등의 소성변형 과다

3 철근콘크리트구조 구성 재료

1. 강재

(1) 강재의 종류

① 이형철근(SD; Deformed reinforcing Bar, Steel Deformed bar)
  ㉠ 정의: 콘크리트와의 부착력 향상 목적으로 표면에 리브와 마디 등의 돌기가 있는 봉강
  ㉡ 이형철근 스케치

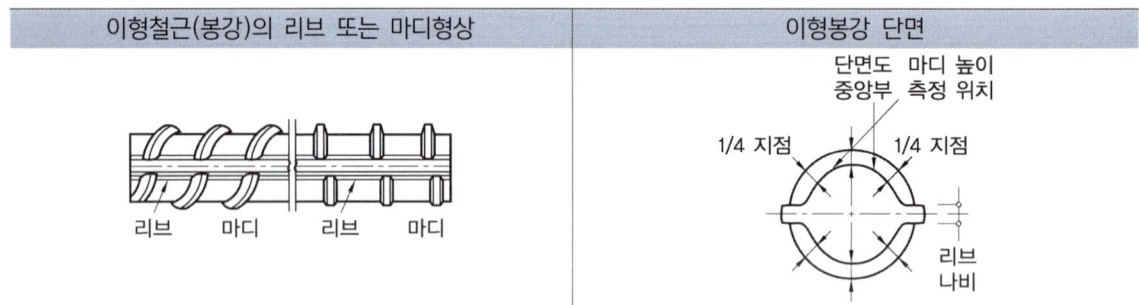

  ㉢ 고장력 이형철근
    ⓐ 철근의 설계기준항복강도(f_y)가 400MPa 이상인 철근
    ⓑ 표기: HD(High-tension Deformed reinforcing bar)
② 원형철근(Plain reinforcement bar)
  ㉠ 표면에 리브 또는 마디 등의 돌기가 없는 원형단면의 봉강
  ㉡ 표기: SR(Steel Round bar)
③ 용접철망(Welded wire mesh)
  ㉠ 직경 약 6mm 이하의 강선을 전기 용접하여 정방형 또는 장방형의 메쉬로 한 철망
  ㉡ 냉간신선 공정을 통하여 가공되므로 연신율이 저하되므로 사용 시 주의가 필요함

> **Check 냉간신선 공정**
> ① 열간압연에 의해 제작된 연강선을 상온에서 직경이 작은 다이스를 통과시켜 길이를 늘이는 작업
> ② 가공경화(변형도 연화)에 의해 항복강도 증가
> ③ 가공경화에 의해 연신율이 저하되므로 취성파괴의 우려가 있다.

(2) 이형철근의 종류 및 기호

구분	기호	도색방법	용도
이형철근 (이형봉강)	SD 300	녹색	일반용
	SD 400	황색	
	SD 500	흑색	
	SD 600	회색	
	SD 700	하늘색	
	SD 400W	백색	용접용 (W: Welding)
	SD 500W	분홍색	
	SD 400S	보라색	특수 내진용 (S: Seismic)
	SD 500S	적색	
	SD 600S	청색	

(3) 강재의 설계 일반사항

① 보강용 철근: 이형철근을 사용(다만, 나선철근이나 강선으로 원형철근을 사용할 수 있음)
② 철근을 용접하는 경우 그 위치와 용접 방법을 명기
③ 항복강도의 결정
  ㉠ 철근, 철선 및 용접철망의 응력-변형률 곡선에서 항복점이 뚜렷하게 나타나는 경우에는 항복점에서의 응력을 항복강도 f_y로 결정
  ㉡ 항복점이 뚜렷하게 나타나지 않는 경우에는 0.2% 오프셋법을 적용하여, 0.002의 변형률에서 강재의 탄성계수와 같은 기울기로 직선을 그은 후 응력-변형률 곡선과 만나는 점의 응력을 항복강도 f_y로 결정
④ 철근은 아연도금 또는 에폭시수지 도막이 가능
⑤ 확대머리 전단스터드: 확대머리의 지름은 전단스터드 지름의 $\sqrt{10}$ 배 이상
⑥ 확대머리철근: 철근 마디와 리브의 손상은 확대머리의 지압면부터 $2d_b$를 초과할 수 없음

2. 거푸집

(1) 거푸집 설계 일반사항

① 거푸집은 그 형상 및 위치가 정확히 유지되도록 설계
② 콘크리트 표면 및 인접한 재료에 손상을 주지 않고 조립 및 해체가 용이
③ 콘크리트의 모서리는 모따기가 될 수 있는 구조
④ 콘크리트 시공시의 하중, 콘크리트의 측압, 부어넣을 때의 진동 및 충격 등에 견디도록 설계
⑤ 시공성, 경제성, 안전성을 고려하여 재료와 공법의 선정, 공정관리 체계를 수립

(2) 거푸집 구조계산

① 구조물의 종류, 규모, 중요도, 시공 조건 및 환경조건 등을 고려하여 연직하중, 수평하중 및 콘크리트의 측압 등에 대해 설계해야 하며, 동바리의 설계는 강도뿐만이 아니라 변형 등 안전성을 고려

② 연직하중은 고정하중 및 공사 중 발생하는 활하중으로 다음의 값을 적용

  ㉠ 고정하중 = 철근콘크리트 중량 + 거푸집의 중량

구분	설명
콘크리트 단위중량	• **보통 콘크리트 24kN/m³**(철근의 중량을 포함, 무근콘크리트: 23kN/m³) • 제1종 경량골재 콘크리트 20kN/m³ • 2종 경량골재 콘크리트 17kN/m³
거푸집 하중	• 최소 0.4kN/m² 이상 • 특수 거푸집의 경우에는 그 실제의 중량을 적용

  ㉡ 활하중

    ⓐ 수평투영면적(연직방향으로 투영시킨 수평면적)당 최소 2.5kN/m² 이상

    ⓑ 전동식 카트 장비를 이용하여 콘크리트를 타설할 경우에는 3.75kN/m²의 활하중을 고려

  ㉢ 연직하중: 슬래브두께에 관계없이 최소 5.0kN/m² 이상(전동식 카트를 사용할 경우에는 최소 6.25 kN/m² 이상을 고려)

③ 수평하중: 고정하중 및 공사 중 발생하는 활하중으로 다음의 값을 적용

  → 벽체 거푸집: 거푸집 측면에 대하여 0.5kN/m² 이상

④ 거푸집 설계에서는 **굳지 않은 콘크리트의 측압을 고려**

(3) 거푸집에 작용하는 측압

① 정의: 굳지 않은 콘크리트를 타설 시 수직거푸집 널에 작용하는 유동성을 가진 콘크리트의 수평방향의 압력(단위: kN/m²)

② 거푸집의 측압: $p = WH$

  [p: 콘크리트의 측압, W: 굳지 않은 콘크리트의 단위중량(kN/m³), H: 콘크리트의 타설 높이(m)]

③ 콘크리트 측압의 영향요소

영향요소		설명
재료	콘크리트	• 슬럼프(Slump)값이 클수록 측압 증가 • 단위시멘트량이 많을수록(부배합)
	거푸집	• 거푸집 표면이 매끄러울수록 • 거푸집의 강성이 클수록
타설방법		• 콘크리트의 타설속도가 빠를수록 • 콘크리트 낙하높이가 높을수록 • 다짐이 충분할수록
실계		• 타설되는 단면치수가 클수록 • 철골 및 철근량이 적을수록
기상영향		• 외기 온도가 낮을수록 • 습도가 높을수록

(4) 거푸집의 해체
① 콘크리트가 자중 및 시공 중에 가해지는 하중을 지지할 수 있는 강도를 가질 때까지 해체할 수 없음
② 거푸집 및 동바리의 해체 시기 및 순서는 시멘트의 성질, 콘크리트의 배합, 구조물의 종류와 중요도, 부재의 종류 및 크기, 부재가 받는 하중, 콘크리트 내부의 온도와 표면 온도의 차이 등을 고려하여 결정
③ 거푸집의 해체 시기
  ㉠ 기초, 보의 측면, 기둥, 벽의 거푸집널 해체(콘크리트의 압축강도를 시험할 경우 거푸집널의 해체 시기)

부재		콘크리트 압축강도(f_{cu})
기초, 보, 기둥, 벽 등의 측면		5MPa 이상
슬래브 및 보의 밑면 아치 내면	단층구조	설계기준압축강도의 2/3배 이상 또한 14MPa 이상
	다층구조	설계기준압축강도 이상

내구성이 중요한 구조물에서는 콘크리트의 압축강도가 10MPa 이상일 때 거푸집널을 해체할 수 있음

  ㉡ 평균기온이 10℃ 이상인 경우는 콘크리트 재령에 따른 해체[(콘크리트의 압축강도를 시험하지 않을 경우 거푸집널의 해체 시기(기초, 보, 기둥 및 벽의 측면)]

시멘트 종류 평균기온	조강포틀랜드 시멘트	보통포틀랜드시멘트 고로슬래그시멘트(1종) 포틀랜드포졸란시멘트(A종) 플라이애시시멘트(1종)	고로슬래그시멘트(2종) 포틀랜드포졸란시멘트(B종) 플라이애시시멘트(2종)
20℃ 이상	2일	4일	5일
20℃ 미만 10℃ 이상	3일	6일	8일

④ 보, 슬래브 및 아치 하부의 거푸집널은 원칙적으로 동바리를 해체한 후에 해체할 수 있음. 그러나 구조계산으로 안전성이 확보된 양의 동바리를 현 상태대로 유지하도록 설계, 시공된 경우 콘크리트를 10℃ 이상 온도에서 4일 이상 양생한 후 사전에 책임기술자의 승인을 받아 해체할 수 있음
⑤ 거푸집 및 동바리를 해체한 직후의 재하
  ㉠ 거푸집 및 동바리를 해체한 직후 구조물에 재하하는 하중: 콘크리트의 강도, 구조물의 종류, 작용하중의 종류와 크기 등을 고려하여 유해한 균열이나 기타 손상이 발생하지 않는 범위 이내
  ㉡ 동바리를 해체한 후에도 유해한 하중이 재하 될 경우
    ⓐ 동바리를 적절하게 재설치
    ⓑ 시공 중의 고층건물의 경우 최소 3개 층에 걸쳐 동바리를 설치

3. 콘크리트의 구성재료

(1) 골재

① 골재의 종류

구분	특성
입경	• 잔골재(모래; sand): 5mm체(No.4)에 85% 이상 통과 • 굵은골재(자갈; gravel): 5mm체(No.4)에 85%이상 잔류
산지	• 천연골재: 천연환경하에서 생성된 골재 • 인공골재: 암석을 분쇄하여 인공적으로 생산한 골재(부순골재) • 순환골재: 폐콘크리트로부터 생산된 재활용 골재
비중	• 비중 2.0 이하: 경량골재(경량골재콘크리트에 사용) • 비중 2.5 정도: 보통골재(일반 콘크리트에 사용) • 비중 3.0 이상: 중량골재(차폐콘크리트 및 중량콘크리트에 사용)

② 골재의 품질 요구조건

㉠ 물리적·화학적으로 안정할 것

㉡ 유해물질을 함유하지 않을 것

㉢ 입형이 둥글고 입도가 적절할 것

㉣ 시멘트페이스트와 부착력이 우수할 것

㉤ 소정의 중량(밀도)를 갖고 내화적일 것

③ 골재의 함수량 및 흡수량

구분	설명
함수량	습윤상태의 골재의 내부와 표면에 함유된 전수량
함수율	절건상태의 골재중량에 대한 함수량의 백분율
흡수량	표면건조 내부포화상태의 골재 중에 포함된 물의 양
흡수율	절건상태 골재중량에 대한 흡수량의 백분율
유효흡수량	표면건조 내부포화상태의 골재중량과 기건상태의 골재중량의 차
유효흡수율	기건상태 골재중량에 대한 유효흡수량의 백분율
표면수량	함수량과 흡수량과의 차
표면흡수율	표면건조 내부포화상태 골재중량에 대한 표면수량의 백분율

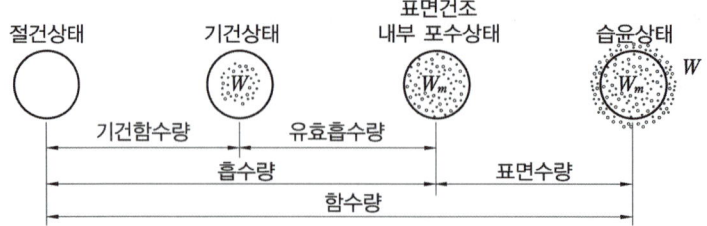

④ 조립률(FM; Fineness modulus)

구분	설명
정의	• 10개의 표준체로 체가름 시험하여 각 체에 남는 골재의 누적 잔류중량 백분율의 합을 100으로 나눈 값 • 10개의 표준체(단위: mm): 80, 40, 20, 10, 5, 2.5, 1.2, 0.6, 0.3, 0.15
조립률 산정식	$FM = \dfrac{0.15 \sim 80mm \text{ 체의 가적잔류율의 누계}}{100}$
골재의 조립률	• 굵은골재: 6 ~ 8 정도 • 잔골재: 2.3 ~ 3.1 정도
콘크리트에 미치는 영향	입도가 양호한 골재일수록(조립률이 좋을수록) • 실적률이 큼(= 공극률이 작음) • 콘크리트 시공연도 개선 • 동일 슬럼프에서 단위수량의 감소 가능 • 콘크리트의 압송성, 성형성, 충전성 등이 양호

⑤ 실적률과 공극률

구분	실적률	공극률
정의	골재의 단위 용적 중의 실적의 비율을 백분율로 나타낸 값	골재의 단위 용적 중의 공극 비율을 백분율로 나타낸 값
산정식	$d = \dfrac{W}{\rho} \times 100(\%)$	$v = \left(1 - \dfrac{W}{\rho}\right) \times 100(\%)$

⑥ 굵은 골재의 최대 공칭치수

  ㉠ 거푸집 양 측면 사이의 최소 거리의 1/5 이하

  ㉡ 슬래브 두께의 1/3 이하

  ㉢ 개별 철근, 다발철근, 긴장재 또는 덕트 사이 최소 순간격의 3/4 이하

  ㉣ 굵은 골재 최대치수의 표준값

구조물의 종류	굵은골재의 최대치수(mm)
일반적인 경우	20 또는 25
단면이 큰 경우	40
무근콘크리트	40, 부재 최소 치수의 1/4 이하

(2) 시멘트

① 시멘트의 분류

포틀랜드시멘트	혼합시멘트	특수시멘트
• 1종 보통 포틀랜드시멘트 • 2종 중용열 포틀랜드시멘트 • 3종 조강 포틀랜드시멘트 • 4종 저열 포틀랜드시멘트 • 5종 내황산염 포틀랜드시멘트	• 포졸란시멘트 • 고로슬래그시멘트 • 플라이애시시멘트	• 알루미나시멘트 • 초속경시멘트 • 팽창시멘트 • 백색시멘트

② 포틀랜드시멘트의 특성

구분	시멘트 종류	적용	특징
1종	보통 포틀랜드시멘트	보통 콘크리트	일반적 90% 이상 사용
2종	**중용열 포틀랜드시멘트**	서중콘크리트	• 수화열 저감(건조수축 감소) • **장기강도에 유리**
3종	**조강 포틀랜드시멘트**	한중콘크리트	**초기강도 발현 유리**
4종	저열 포틀랜드시멘트	• 매스콘크리트 • 수밀콘크리트	• 수화열 저감(2종보다 우수) • 장기강도에 유리
5종	내황산염 포틀랜드시멘트	해양콘크리트	• 화학침식에 대한 저항성 우수 • 장기강도 발현에 효과적

③ 혼합시멘트의 특성

구분		설명
포졸란 시멘트 (pozzolan cement)	정의	포틀랜드시멘트 + 실리카질의 혼화재, 석고
	특징	• 워커빌리티 향상 및 수밀성 증진 • 콘크리트 내 공극 충전효과 우수 • 블리딩 및 재료분리, 백화현상 감소 • 수화발열량 감소 및 건조수축 감소 • **장기강도 증진(초기강도 발현 지연)** • 단위수량 증가, 동결융해에 취약
고로슬래그 시멘트 (고로slag cement)	정의	포틀랜드 시멘트 + 고로 슬래그 및 석고
	특징	• **구조체의 장기강도 우수** • 해수·하수·지하수 등의 내침투성 우수 • 분말도가 낮아 수화열 저감 • 초기 경화지연 및 조기건조에 민감
플라이애시 시멘트 (flyash cement)	정의	포틀랜드시멘트 + 인공포졸란(플라이애쉬)
	특징	• 단위수량 감소 • 시공연도 향상 • **장기강도 유리(초기강도 발현 지연)** • 수화열 감소 및 건조수축 감소 • **해수에 대한 저항성 우수** • 수밀성 향상

④ 특수시멘트의 특성

구분		설명
알루미나시멘트	정의	알루민산 석회를 주광물로 한 시멘트
	특징	• 초기강도 우수(f28 → f1; 장기강도 감소) • 응결 및 경화시 수화발열량 증대 • 해수 및 화학약품에 대한 저항성 및 내화성 우수
초속경 (초조강)시멘트	정의	보통 포틀랜드시멘트에 보크사이트, 무수석고 등을 혼합한 시멘트
	특징	• 초기강도 우수(재령 2~3시간: 20~30MPa 강도 발현) • 저온에서 강도 발현 우수
팽창시멘트	정의	수화반응을 통해 경화하는 과정에서 팽창하는 성질을 갖는 시멘트
	특징	• 콘크리트의 수축성 개선 • 수축률: 일반콘크리트의 20~30% 감소 가능 • 수축보상콘크리트에 적용
백색시멘트	정의	산화철 성분을 작게 하고 석회석 및 점토의 착색 성분이 없는 것을 사용한 시멘트
	특징	• 내구성보다 장식용, 미장용, 인조대리석 제작에 사용 • 보통포틀랜드시멘트보다 강도 향상 • 내구성, 내마모성 우수

⑤ 시멘트의 주요 화합물

약호	명칭	분자식	강도	수화반응	수화열	건조수축
C3S	규산 3석회	$3CaO \cdot SiO_2$	f_{28}	보통	대	중
C2S	규산2석회	$2CaO \cdot SiO_2$	장기	느림	소	소
C3A	알루민산3석회	$3CaO \cdot Al_2O_3$	초기($f_{3\sim7}$)	매우 빠름	극대	대
C4AF	알루민산4석회 (테트라칼슘)	$4CaO \cdot Al_2O_3 \cdot Fe_4O_3$	f_{28}	비교적 빠름	중	소

수화작용이 빠른 순서(수화발열량 큰 순서): C3A > C3S > C4AF > C2S

⑥ 시멘트의 비중 및 분말도

구분	설명
시멘트 비중	• 비중: 3.15 이상 • 시멘트 풍화 시 비중 감소
시멘트 분말도 (단위: cm^2/g)	• 시멘트 입자의 굵고 가는 정도를 나타낸 것 • **분말도가 클수록 수화작용이 빠르다(조기강도 우수).** • 풍화된 시멘트는 소립자가 되고 분말도가 거칠다.

(3) 혼화재료

① 혼화재료의 분류

구분	혼화재(admixture)	혼화제(agent)
사용 목적	콘크리트의 품질 개선 (시멘트의 성질 개선)	콘크리트의 특정 성질 부여 (시멘트의 약품적 성질)
상태	미분말, 무기계(광물질)	액체 및 분말, 유기계(화학물질)
반응성	시멘트처럼 수화반응	시멘트 수화생성물과 반응
사용량	5% 이상(중량계산)	5% 미만(첨가제 역할)
배합설계	중량계산에 산정	중량계산에 제외
대표 재료	포졸란, 플라이 애쉬, 고로슬래그	AE제, 유동화제, 방청제

② 혼화재료의 종류

혼화제(agent)	혼화재(admixture)
• 표면활성제: AE제, 감수제 • 응결경화 조절제: 촉진제, 지연제 • 방청제: 강재의 부식 방지 • 방수제: 콘크리트 방수성능 확보 • 방동제: 초기동해 방지 • 유동화제: 유동성 개선 • 발포제: 경량화, 단열성 향상 • 수중 불분리성 혼화제	• 플라이애시: 시공연도 개선 • 포졸란: 천연/인공포졸란 • 고로슬래그: 장기강도, 내해수성 • 실리카퓸: 고강도 콘크리트 제조 • 석회석미분말: 수밀성 향상 • 착색제: 콘크리트 착색 효과

③ 공기연행제(AE제)
  ㉠ 정의: 콘크리트 속에 독립된 미세 공기기포를 균일하게 분포시켜 콘크리트의 시공연도를 향상시키고, 동결융해저항성을 증대시키는 혼화제
  ㉡ 사용목적

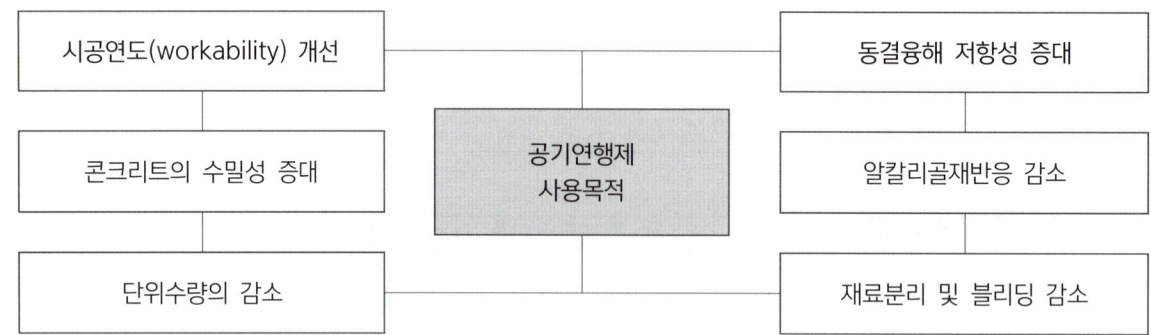

  ㉢ 공기연행제의 종류

구분	설명
갇힌 공기 (entrapped air)	콘크리트 배합과정에서 자연적으로 1~2% 정도 형성되는 큰 입경의 불규칙적으로 갇힌 부정형의 공기
연행공기 (entrained air)	AE제에 생성된 0.025~0.25mm 정도의 지름을 가진 기포

④ 고성능감수제
  ㉠ 일반적인 감수제의 기능을 향상시켜 단위수량을 대폭 감소시킬 수 있는 혼화제
  ㉡ 감수효과: 20~30%
  ㉢ 용도: 고강도 콘크리트 제조시 사용(고강도 콘크리트: 콘크리트 압축강도 40MPa 이상)

⑤ 혼화재

구분	설명
플라이애시 (Fly ash)	• 화력발전소 연소과정에서 생성하는 미분입자의 잔사 • 비중: 1.9~2.4 • 시멘트보다 가볍고 높은 분말도
포졸란 (Pozzolan)	• 화산회·화산암의 풍화물로 자체 수경성은 아니나, 석회와 반응하여 경화하는 성질 • 천연 포졸란: 규조토, 응회암, 화산재 등 • 인공 포졸란: 플라이애시, 소점토, 고로슬래그 등
고로슬래그	• 용광로 방식의 제철작업에서 발생하는 부산물 • 실리카, 알루미나, 석회를 주성분으로 하고 있음 • 장기강도 및 해수·지하수 등 내침투성 우수
실리카퓸	• 규소합금 제조 시 발생하는 폐가스에서 발생하는 부산물 • 입경 1μm 이하, 90% 이상이 구형의 형상을 하고 있음 • 고강도 콘크리트 제조 시 사용

(4) 굳지 않은 콘크리트의 성질

구분	설명
반죽질기 (Consistency)	굳지 않은 콘크리트에서 주로 단위수량의 다소에 따라 **유동성의 정도**를 나타내는 것으로서, 작업성을 판단할 수 있는 요소
시공연도 (Work-ability)	반죽 질기에 의한 **작업의 난이한 정도**와 균일한 질의 콘크리트를 만들기 위하여 필요한 **재료의 분리에 저항하는 정도**
성형성 (Plasticity)	거푸집에 쉽게 다져 넣을 수 있고, 거푸집을 제거하면 천천히 형상이 변하기는 하지만 **허물어지거나 재료가 분리되지 않는 굳지 않은 콘크리트의 성질**
마감성 (Finish-ability)	잔골재, 굵은 골재, 반죽질기와 성형성에 따른 **표면의 마감처리 성능**
운반성 (Pump-ability)	콘크리트 펌프에 의해 굳지 않은 콘크리트 또는 모르타르를 압송할 때의 운반성능
유동성(Mobility)	중력이나 외력에 의해 유동하기 쉬운 정도를 나타내는 굳지 않은 콘크리트의 성질

4 콘크리트의 압축강도

1. 콘크리트 공시체의 제작 및 양생방법

(1) 공시체의 크기
  ① 표준형: $D \times H = \phi 150 \times 300$
  ② 소형: $D \times H = \phi 100 \times 200$ → 강도보정계수 0.97 사용

(2) 콘크리트 시료채취 기준
  ① 1일 1회 이상, 120m³당 1회 이상
  ② 슬래브 및 벽체의 표면적 500m²마다 1회 이상
  ③ 배합이 변경될 때마다 1회 이상
  ④ 사용 콘크리트의 전체량이 40m³보다 적을 경우 책임구조기술자의 판단으로 만족할 만한 강도라고 인정될 때는 **강도시험을 생략할 수 있음**

2. 콘크리트 압축강도

(1) 일반사항
  ① 규정한 배합강도가 확보되도록 배합하고 f_{ck} 미만의 강도가 나오는 빈도를 최소화함
  ② 공시체 제작 및 시험 규정에 의해 시행한 **원주공시체**의 시험에 근거함
  ③ 특별히 다른 규정이 없을 경우 f_{ck}는 재령 **28일 강도**를 기준으로 함
  ④ **쪼갬인장강도 시험 결과를 현장 콘크리트의 적합성 판단 기준으로 사용할 수 없음**
  ⑤ 강도시험은 1축 압축강도를 기준이며, 똑같은 콘크리트 시료로 제작한 **3개의 공시체 강도의 평균**으로 함
  ⑥ 재령 28일에 평가한 표준원주공시체 압축강도 분포의 하위 5%로 나타내는 것을 원칙으로 함
  ⑦ 28일 습윤양생하는 것이 원칙이며, 습윤양생 시 온도는 21~25℃ 정도 유지(심고. KS 기준에 따르면 공시체 습윤양생 시 온도는 20±2℃)

(2) 배합강도의 선정

구분	설명		
정의	• 콘크리트 배합을 정하는 경우에 목표로 하는 강도 • 현장 콘크리트의 품질변동을 고려하여 설계기준강도에 할증을 한 강도		
기준	$f_{ck} \leq 35MPa$	• $f_{cr} \geq f_{ck}+1.34 \cdot S(MPa)$ • $f_{cr} \geq (f_{ck}-3.5)+2.33 \cdot S(MPa)$	• 각 두식에 의한 값 중 큰 값 적용 • S: 압축강도의 표준편차(MPa) (30회 이상 압축강도 시험실적으로 결정)
	$f_{ck} > 35MPa$	• $f_{cr} \geq f_{ck}+1.34 \cdot S(MPa)$ • $f_{cr} \geq 0.9 \cdot f_{ck}+2.33 \cdot S(MPa)$	

(3) 콘크리트 강도 산정

구분	압축강도	비고
압축강도	$f_{28} = f_{ck} = \dfrac{P}{A} = \dfrac{P}{\pi(d^2/4)}\,(MPa)$	• f_{28}: 재령 28일 압축강도(MPa) • P: 파괴 시 압축하중(N) • A: 원주형 공시체의 단면적(mm^2) • d: 원주형 공시체의 지름(mm)
쪼갬인장강도	$f_{sp} = \dfrac{2P}{\pi dl} = 0.56\lambda\sqrt{f_{ck}}\,(MPa)$	• f_{sp}: 쪼갬 인장강도(MPa) • P: 파괴 시 압축하중(N) • d: 원주형 공시체의 지름(mm) • l: 원주형 공시체의 길이(mm)

휨인장강도
(콘크리트 파괴계수)
	$f_r = 0.63\lambda\sqrt{f_{ck}}\,(MPa)$	• λ: 경량콘크리트 계수
		  - $\lambda = 1.0$: 보통 중량 콘크리트
		  - $\lambda = 0.85$: 모래 경량 콘크리트
		  - $\lambda = 0.75$: 전 경량 콘크리트

(4) 콘크리트 압축강도 평가

① 시험실에서 양생된 공시체 개개의 압축 시험 결과 평가

$f_{ck} \leq 35MPa$	$f_{ck} > 35MPa$
• 연속 3회 평균값 $\geq f_{ck}$ • 1회 시험값 $\geq f_{ck} - 3.5MPa$	• 연속 3회 평균값 $\geq$ 설계기준강도 • 1회 시험값 $\geq f_{ck} \times 90\%$
1회의 시험값: 공시체 3개의 압축강도 시험값의 평균값으로 적용	

② 콘크리트 강도 부족 및 계산에 의한 하중저항 능력이 크게 감소되었다고 판단될 경우

㉠ 3개의 코어(Core) 채취 시험 수행

㉡ 코어 공시체 3개의 평균값이 f_{ck}의 85%에 달하고 각각의 코어강도가 75% 초과 시 구조적으로 적합하다고 판정

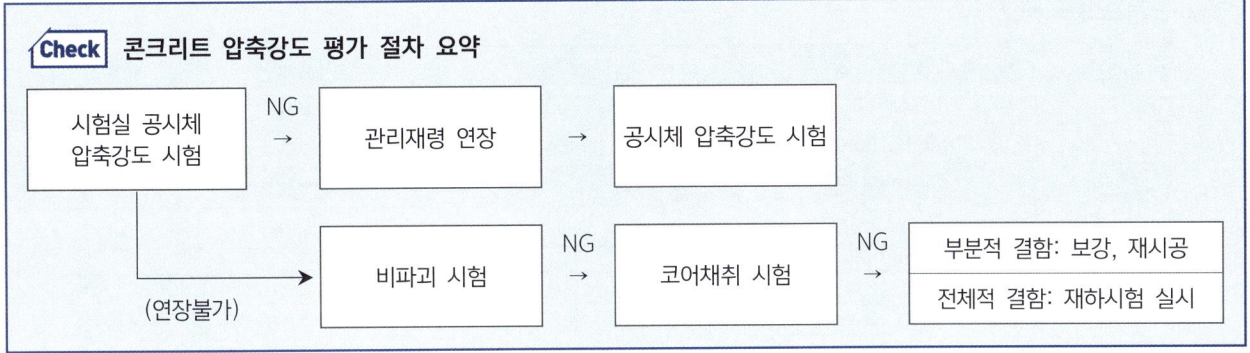

5 콘크리트의 품질시험

1. 콘크리트 유동성 시험의 종류

보통콘크리트	된비빔 콘크리트	유동화 콘크리트
• 슬럼프 시험(slump test) • 플로어 시험(flow test)	• 구관입시험 • 리몰드 시험 • 비비 시험	• 슬럼프 플로어 시험 • L형 플로어 시험

2. 슬럼프 시험

(1) 일반사항

① 슬럼프(Slump): 아직 굳지 않는 **콘크리트의 반죽질기**를 나타내는 지표

② 시험기구: 슬럼프 콘(Cone), 평판(슬럼프판), 다짐봉, 측정용 자

③ 시험방법

　㉠ 슬럼프 콘을 평판의 중앙에 배치한다.

　㉡ 시료를 같은 양을 기준으로 3층으로 나누어 채운다.

　㉢ 각 층은 다짐봉으로 25회씩 다진다(이때 다짐 깊이는 아래층에 거의 도달할 정도로 함).

　㉣ 슬럼프 콘 상단을 고르게 한 후 슬럼프 콘을 연직방향으로 들어 올리고 콘크리트의 중앙부에서 공시체 높이와의 차를 측정한다.

(2) 슬럼프의 표준값 및 허용오차

① 슬럼프 표준값

구분	일반적인 경우	단면이 큰 경우
철근콘크리트	80~150mm	60~120mm
무근콘크리트	50~150mm	50~100mm

② 슬럼프의 허용오차

슬럼프 값	허용오차
25mm	±10
50 및 65mm	±15
80mm 이상	**±25(일반적)**
210mm 이상	±30

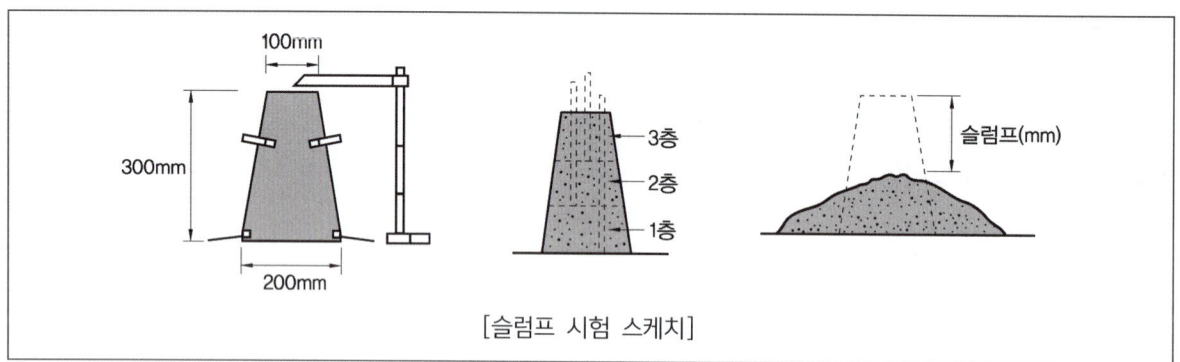

[슬럼프 시험 스케치]

6 콘크리트의 내구성

1. 콘크리트 내구성능 저하인자

(1) 염해

① 정의: 콘크리트 속 염분이나 대기 중 염화물이온(염소이온)의 침입으로 철근이 부식되어 콘크리트 구조체에 손상을 주는 현상

② 염해가 콘크리트에 미치는 영향
  ㉠ 철근의 부식으로 콘크리트의 균열 발생
  ㉡ 콘크리트 건조수축의 증가
  ㉢ 콘크리트 장기강도의 감소 및 내구성능 저하

③ 염해 방지 대책
  ㉠ 콘크리트 배합설계 시 방청제의 혼입
  ㉡ 잔골재율을 작게 배합(해사의 사용이 작아지므로 콘크리트 염분농도의 감소)
  ㉢ 충분한 습윤양생기간의 확보
  ㉣ 철근의 피복두께 증가 및 에폭시 도막철근의 사용
  ㉤ 콘크리트 표면의 방수층 형성

(2) 탄산화

① 정의: 콘크리트 표면에서 대기 중의 CO_2, SO_2 등의 영향으로 알칼리성을 상실해 가는 현상

② 탄산화 반응

탄산화 반응의 화학식	탄산화 깊이
• 수화반응: $CaO + H_2O \rightarrow Ca(OH)_2$ (pH 12~13; 강알칼리) • 탄산화반응: $Ca(OH)_2 + CO_2 \rightarrow CaCO_3 + H_2O$ (pH 8.5~10; 중성)	$y_p = \gamma_{cb} \, \alpha_d \sqrt{t}$ • γ_{cb}: 탄산화 깊이 안전계수 • α_d: 탄산화 속도계수(mm/$\sqrt{y}$) • y: 재령(년) • t: 재령(년)

③ 탄산화가 콘크리트에 미치는 영향
  ㉠ pH 11 이상(강알칼리): 부동테피막 형성 → 이산화탄소, 산소침투 차단 → 철근 부식방지
  ㉡ pH 11 미만(중성화): 부동테피막 파괴 → 철근부식 및 체적팽창(2.5배) → 콘크리트 균열 발생

(3) 동결융해

① 정의: 콘크리트 속 수분에 의해 동결에 의한 팽창(약 9%)과 융해로 인해 동결부분이 수축이 반복되는 현상

② 동결융해가 콘크리트에 미치는 영향
  ㉠ 철근의 부식으로 콘크리트의 균열 발생
  ㉡ 콘크리트 건조수축의 증가
  ㉢ 콘크리트 장기강도의 감소 및 내구성능 저하

③ 동결융해 방지 대책
  ㉠ 콘크리트 중의 연행공기의 부여(AE제 사용)
  ㉡ 물-결합재비의 감소(단위수량의 감소)
  ㉢ 흡수율이 낮은 골재의 사용

(4) 알칼리 - 골재 반응

① 정의: 시멘트 중의 수산화알칼리와 골재중의 반응성물질(Silica, 황산염 등)과 일어나는 화학반응으로 실리카 겔이 형성되어 골재가 팽창하여 콘크리트가 파괴되는 현상

② 알칼리 골재반응 메카니즘

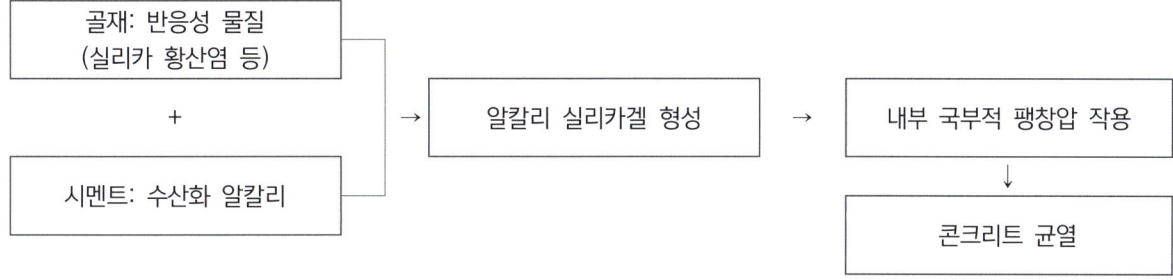

③ 알칼리 골재반응 방지대책

원인		대책
골재의 알칼리 반응성 물질 과다	→	청정골재 사용
단위시멘트량 과다	→	단위 시멘트량 감소, 혼합(Pozzolan)시멘트 사용
시멘트 중 알칼리농도 과다	→	콘크리트 알칼리량 0.3kg/m³ 이하 관리

(5) 황산염 침식
① 산에 의한 침식
② 황산염에 의한 침식
③ 염류에 의한 침식
④ 강알칼리에 의한 침식
⑤ 동·식물성 기름에 의한 침식
⑥ 당류에 의한 침식
⑦ 부식성 가스에 의한 침식

(6) 콘크리트의 크리프(Creep)

구분	설명
정의	콘크리트에 지속적인 하중이 발생할 때 하중 변화가 없이 시간경과에 따라 변형이 점차로 증가하는 현상
특성	• 재하기간 3개월: 전 creep의 약 50% 발생 • 재하기간 1년: 전 creep의 약 80% 완료 • creep 한도: creep 변형이 일어날 때 파괴되지 않을 때의 지속 응력 또는 지속응력의 정적강도에 대한 비율(응력비)
증가 요인	• 재하 응력이 클수록 • 콘크리트 재령기간이 짧을수록 • 부재의 치수가 작을수록 • 부재의 경간길이에 비해 높이가 낮을수록 • 대기 온도가 높을수록 • 단위시멘트량 및 물-결합재비가 클수록 • 다짐작업이 나쁠수록 • 양생조건이 나쁠수록

(7) 콘크리트의 수축
① 건조수축(drying shrinkage)
㉠ 정의: 콘크리트 공극 내 수분이 건조되어서 콘크리트가 수축하는 현상
㉡ 건조수축의 영향: 건조수축 균열의 발생
㉢ 저감대책
ⓐ 분말도 낮은 시멘트의 사용: 중용열 시멘트 포틀랜드시멘트
ⓑ 단위 시멘트량의 감소: 혼합시멘트의 사용
ⓒ 굵은 골재의 사용량 증가
ⓓ 단위수량의 감소: AE제 및 감수제 계열의 감수효과 도입
ⓔ 신축줄눈: 온습도에 의한 구조물의 변형거동 흡수
ⓕ 철근배근공사의 합리화: 수축온도철근 및 배력근, 배근간격 준수
ⓖ 습윤양생기간의 확보

② 자기수축(autogenous shrinkage)
　㉠ 정의
　　ⓐ 응결 이후 수분이동이 없는 상태에서 **시멘트 수화반응**에 의해 공극내 **자기건조가 진행**되어 시멘트계 재료의 **체적이 감소**하여 수축하는 현상
　　ⓑ 재료의 손실, 온도변화, 외부 하중 및 구속 등의 영향은 제외함
　㉡ 자기수축의 영향: 자기수축 균열의 발생
　㉢ 저감대책
　　ⓐ 단위 시멘트량의 감소: 혼합시멘트의 사용(플라이애쉬시멘트)
　　ⓑ 분말도 낮은 시멘트의 사용: 중용열 포틀랜드시멘트
　　ⓒ 혼화재료의 사용: 팽창제 및 수축저감제
　　ⓓ 단위수량의 감소: AE제 및 감수제 계열의 감수효과 도입

(8) 콘크리트의 블리딩 현상
　① 정의: 콘크리트 타설 후 물과 함께 미세한 물질은 상승하고, 무거운 골재나 시멘트는 침하하는 재료분리 현상
　② 콘크리트에 미치는 영향
　　㉠ 침하균열 발생(철근하부의 공극 형성)
　　㉡ 물-결합재비의 변화로 콘크리트 물성 변화
　　㉢ 레이턴스에 의한 신구 콘크리트 부착력 저하
　　㉣ 블리딩에 의한 channel 현상으로 구조적 결함 및 내구성 저하
　　㉤ 콘크리트 표면의 내마모성 감소
　③ Water gain 현상: 블리딩 현상으로 물이 상승하여 콘크리트 표면에 물이 고이는 현상
　④ 레이턴스(Laitance)
　　㉠ 블리딩에 의해 상승된 물과 미세물질 중 물은 증발하고, 미세한 물질이 콘크리트 표면에 침적된 물질
　　㉡ 콘크리트 이어붓기 시 **부착강도 감소의 원인이** 된다.

제2장 철근콘크리트구조 해석 및 설계원칙

1 설계 일반사항

1. 설계원칙

(1) 일반사항
  ① 콘크리트 구조물의 설계: 의도하는 용도에 적합한 **하중조합**에 근거
  ② 적절한 정도의 신뢰성과 경제성을 확보, 구조적 안전성능, 사용성능, 내구성능과 환경성능을 갖도록 설계
  ③ 예측 가능한 폭발 또는 충격 등에 의해 손상되지 않도록 설계
  ④ 구조물의 성능검증에 필요한 신뢰도는 발주자가 정할 수 있으며, 적절한 안전계수와 시공 및 품질 관리를 통해 확보

(2) 한계상태
  ① 발주자는 **안전성능, 사용성능, 내구성능, 환경성능**에 관한 요구 조건을 제시
  ② 안전성능의 한계상태: **하중, 응력 또는 변형** 등과 관련되는 항목으로 표시
  ③ 사용성능의 한계상태: **응력, 균열, 변형 또는 진동** 등의 항목으로 표시
  ④ 내구성능의 한계상태: 환경조건에 따른 성능저하인자가 최외측 철근까지 도달하는 시간 또는 콘크리트의 특성이 일정 수준 이하로 저하될 때까지 소요되는 시간으로 정의되는 **내구수명**으로 표시
  ⑤ 환경성능의 한계상태: 구조물을 구성하는 재료의 제조, 시공, 유지관리와 폐기 및 재활용 등의 모든 활동으로 인해 발생하는 **환경저해요소** 등의 항목으로 표시

2 철근콘크리트 구조 해석

1. 허용응력설계법(WSD; Working Stress Design Method)

(1) 설계원리
  ① **탄성이론**에 의한 구조해석으로 산정한 부재단면의 응력이 허용응력(안전율을 감안한 한계응력)을 과하지 않도록 구조부재를 설계하는 방법
  ② **사용하중** 작용 시 부재에 발생하는 응력 계산
  ③ 허용응력과 비교하여 구조물의 안정 여부를 판별
  ④ 소요강도 ≤ 설계강도(공칭강도 × 안전율)

(2) 설계가정
  ① 휨을 받기 전에 평면인 단면은 변형된 후에도 평면이 유지 → 베르누이의 가정(평면보존의 법칙)
  ② 콘크리트의 **압축응력**은 **변형률에 비례** → 훅의 법칙($\sigma = E \cdot \epsilon$)
  ③ 콘크리트 단면 내 임의의 점의 **응력**은 중립축으로부터 거리에 비례
  ④ 콘크리트의 **인장응력은 무시함**(인장변형은 고려함)

(3) 특성

장점	단점
• 구조설계 간단 • 사용성 검토 가능(균열, 처짐 등)	• 부재강도의 파악이 불리함 • 여러 하중 동시 작용 시 설계반영에 미흡 • 파괴에 대한 구조물의 안전성을 확보하기 어려움 • 재료의 낭비가 발생

2. 강도설계법(SDM; Strength Design Method)

(1) 설계원리

① 구조부재를 구성하는 재료의 비탄성거동을 고려하여 산정한 부재 단면의 공칭강도에 강도감소(저감)계수를 곱한 설계용 강도의 값(설계강도)과 계수하중에 의한 부재력(소요강도) 이상이 되도록 구조부재를 설계하는 방법

② 재료의 **비탄성 거동**을 고려한 설계방법

③ **계수하중 = 하중계수 × 사용하중**

④ **소요강도(하중계수 × 사용하중) ≤ 설계강도(강도감소계수 × 공칭강도)**

(2) 강도감소계수와 하중계수 적용 목적

강도감소계수	하중계수
• 재료의 공칭강도와 실제 강도와의 차이 • 부재를 제작 또는 시공할 때 설계도와의 차이 • 부재 강도의 추정과 해석에 관련된 불확실성 • 구조물에서 차지하는 부재의 중요도 차이 등	• 예상되는 초과 하중에 대비 • 구조물 설계 시에 사용하는 가정과 실제와의 차이에 대비 • 주요 하중의 변화에 대비

(3) 특성

장점	단점
• 파괴에 대한 구조물의 안전성 우수 • 하중계수 사용으로 하중의 특성 고려 • 재료의 소성상태까지 고려	• 사용성의 검토가 별도로 필요 • 재료의 불균등성에 대한 재료적 특성에 대한 반영이 어려움

> **Check** 허용응력설계법과 강도설계법의 비교
>
> | 구분 | 허용응력설계법 | 강도설계법 |
> |---|---|---|
> | 개념 | 허용응력에 대한 구조물의 안정성 | 재료의 비탄성거동(소성)을 고려 |
> | 해석방법 | 선형적해석(탄성해석) | 비선형적해석(소성해석) |
> | 하중작용 | 사용하중 | 계수하중(하중계수 × 사용하중) |
> | 안전성 | 공칭강도 × 안전율 | 강도감소계수 × 공칭강도 |
> | 적용 목적 | 사용성 확보 | 안전성 확보 |

3 철근콘크리트구조의 소요강도 및 설계강도

1. 소요강도

(1) 소요강도 일반사항

① 구조물의 모든 부재: 소요강도 이상의 설계강도를 갖도록 설계

소요강도		설계강도
하중계수 × 사용하중	≤	강도감소계수 × 공칭강도

② 최대 소요강도: 하중계수와 하중조합을 고려

(2) 최대 소요강도

① 하중계수와 하중조합

구분	최대 소요강도(U) - 하중계수 및 하중조합
기본하중	$U = 1.4(D+F)$ $U = 1.2D + 1.6(L_r \text{ 또는 } S \text{ 또는 } R) + (1.0L \text{ 또는 } 0.65W)$
기본하중 + 풍하중	$U = 1.2D + 1.3W + 1.0L + 0.5(L_r \text{ 또는 } S \text{ 또는 } R)$
풍하중 + 토압, 수압	$U = 0.9(D+H_v) + 1.3W + (1.6H_h \text{ 또는 } 0.8H_h)$
지진하중 + 토압, 수압	$U = 0.9(D+H_v) + 1.0E + (1.0H_h \text{ 또는 } 0.5H_h)$
지진하중 + 설하중 등	$U = 1.2(D+H_v) + 1.0E + 1.0L + 0.2S + (1.0H_h \text{ 또는 } 0.5H_h)$
기본하중 + 온도하중 등	$U = 1.2(D+F+T) + 1.6(L + \alpha_H H_v + H_h) + 0.5(L_r \text{ 또는 } S \text{ 또는 } R)$ $U = 1.2(D+F+T) + 1.6(L + \alpha_H H_v) + 0.8H_h + 0.5(L_r \text{ 또는 } S \text{ 또는 } R)$

㉠ U: 계수하중 또는 이에 의해서 생기는 단면에서 저항하여야 할 소요강도
㉡ D: 고정하중 또는 이에 의해서 생기는 단면력
㉢ L: 활하중 또는 이에 의해서 생기는 단면력
㉣ L_r: 지붕활하중 또는 이에 의해서 생기는 단면력
㉤ R: 강우하중 또는 이에 의해서 생기는 단면력
㉥ S: 설하중 또는 이에 의해서 생기는 단면력
㉦ T: 온도, 크리프, 건조수축 및 부등침하의 영향 등에 의해서 생기는 단면력
㉧ W: 풍하중 또는 이에 의해서 생기는 단면력
㉨ H_h: 흙, 지하수 또는 기타 재료의 횡압력에 의한 **수평방향** 하중 또는 이에 의해서 생기는 단면력
㉩ H_v: 흙, 지하수 또는 기타 재료의 자중에 의한 **연직방향** 하중 또는 이에 의해서 생기는 단면력
㉪ α_H: 토피 두께의 연직방향 하중 H_v에 대한 보정계수

② 차고, 공공집회 장소 및 L이 5.0 kN/m² 이상인 모든 장소 이외에는 에서 L에 대한 하중계수를 0.5로 감소시킬 수 있다.

2. 설계강도

(1) 설계강도 일반사항
① 설계강도 = 공칭강도 × 강도감소계수(ϕ)

② 공칭강도
   ㉠ 적합한 구조역학원리나 현장실험 또는 축소모형의 실험결과(실험과 실제여건간의 차이 및 모형화에 따른 영향을 감안)로부터 **유도된 공식과 규정된 재료강도 및 부재치수를 사용하여 계산된 값**
   ㉡ 하중에 대한 구조체나 구조부재 또는 단면의 저항능력을 말하며 **강도감소계수 또는 저항계수를 적용하지 않은 강도**

(2) 강도감소계수
① 강도감소계수(ϕ)의 규정
   ㉠ 강도감소계수 적용 목적
      ⓐ 재료의 공칭강도와 실제 강도와의 차이
      ⓑ 부재를 제작 또는 시공할 때 설계도와의 차이
      ⓒ 부재 강도의 추정과 해석에 관련된 불확실성
      ⓓ 구조물에서 차지하는 부재의 중요도 차이 등
   ㉡ 강도감소계수

구분		ϕ
인장지배단면, 포스트텐션 정착구역		0.85
압축지배단면	나선철근	0.70
	그 외(띠철근)	0.65
전단 및 비틀림		0.75

구분		ϕ
콘크리트 지압력		0.65
스트럿타이	스트럿, 절점부, 지압부	0.75
	타이	0.85
프리텐션 휨부재		0.75
무근콘크리트의 휨모멘트, 압축력, 전단력, 지압력		0.55

(3) 철근의 설계강도
① 철근의 설계기준항복강도: $f_y = 600\,MPa$를 초과하지 않아야 한다(긴장재 제외).

② 전단철근의 설계기준항복강도
   ㉠ 전단철근의 설계기준항복강도는 500MPa을 초과할 수 없다.
   ㉡ 다만, 벽체의 전단철근 또는 용접 이형철망을 사용할 경우 전단철근의 설계기준항복강도는 600MPa을 초과할 수 없다.

4 철근콘크리트 재료의 탄성계수

1. 콘크리트의 탄성계수

(1) 일반사항

① 탄성계수의 정의

㉠ 재료의 비례한도 이하의 변형률에 대응하는 인장 또는 압축응력의 비

㉡ 응력 - 변형률 선도의 기울기

② 탄성계수의 구분

구분	설명	비고
초기접선탄성계수(E_{ci})	곡선 처음 부분의 기울기	$E_{ci} = 1.18 E_c$
접선탄성계수(E_c)	임의의 점에서의 기울기	-
할선탄성계수(E_c)	절반 정도의 응력($0.5 f_y$)에서의 기울기	-

③ 크리프 계산에 사용되는 콘크리트의 초기접선탄성계수와 할선탄성계수와의 관계: $E_{ci} = 1.18 E_c$

(2) 콘크리트의 할선탄성계수

구분	내용
콘크리트의 단위질량(m_c)이 1,450 ~ 2,500kg/m³인 경우	$E_c = 0.077 m_c^{1.5} \sqrt[3]{f_{cm}}$ [MPa]
보통중량골재를 사용한 경우(m_c = 2,300kg/m³)인 경우	$E_c = 8,500 \sqrt[3]{f_{cm}}$ [MPa]

$f_{cm} = f_{ck} + \Delta f$ 에서

㉠ $f_{ck} \leq 40$MPa: $\Delta f = 4$MPa

㉡ $f_{ck} \geq 60$MPa: $\Delta f = 6$MPa

㉢ 그 사이 값은 직선보간

2. 철근 및 긴장재, 형강의 탄성계수

구분	탄성계수	비고
철근	2.0×10^5 MPa	(콘크리트 탄성계수 × 7 ~ 12배)
긴장재	2.0×10^5 MPa	-
형강	2.05×10^5 MPa	-

제3장 휨재 및 압축재의 설계

1 설계 일반사항

1. 설계가정

(1) 일반사항

① 철근과 콘크리트의 변형률: 중립축부터 거리에 비례하는 것으로 가정

② 깊은 보: 비선형 변형률 분포를 고려 또는 스트럿 – 타이 모델을 적용

③ 휨모멘트 또는 휨모멘트와 축력을 동시에 받는 부재의 콘크리트의 극한변형률

구분	극한변형률
$f_{ck} \leq 40\text{MPa}$	$\epsilon_c = 0.0033$
$f_{ck} > 40\text{MPa}$	매 10MPa의 강도 증가에 대하여 0.0001씩 감소
$f_{ck} > 90\text{MPa}$	성능실험을 통한 조사연구에 의하여 콘크리트 압축연단의 극한변형률을 선정하고 근거를 명시

④ 철근의 응력
  ㉠ 철근의 응력이 f_y 이하일 경우: 철근의 응력은 그 변형률에 E_s를 곱한 값 ($\epsilon_s \leq \epsilon_y \rightarrow f_s = E_s \cdot \epsilon_s$)
  ㉡ 철근의 변형률이 f_y에 대응하는 변형률보다 큰 경우: 변형률에 관계없이 f_y ($\epsilon_s > \epsilon_y \rightarrow f_s = f_y = E_s \cdot \epsilon_y$)

⑤ 콘크리트의 인장강도: 프리스트레스콘크리트를 제외하고 철근콘크리트 부재 단면의 **축강도와 휨강도** 계산에서 무시

⑥ 콘크리트 압축응력의 분포와 콘크리트변형률 사이의 관계
  ㉠ 직사각형, 사다리꼴, 포물선형 또는 강도의 예측에서 광범위한 실험의 결과와 실질적으로 일치하는 어떤 형상으로도 가정
  ㉡ 포물선 – 직선 형상의 응력변형률 곡선 또는 등가직사각형 압축응력블록으로 나타낼 수 있음

(2) 등가직사각형 압축응력블록

① 등가직사각형 압축응력블록 깊이(a): $a = \beta_1 c$

② 콘크리트의 응력: $\eta(0.85 f_{ck})$이 등분포하는 것으로 가정

③ 최대 변형률이 발생하는 압축연단에서 중립축까지 거리(c): 중립축에 대해 직각방향으로 측정

④ 등가직사각형 응력블록계수

f_{ck}	≤ 40	50	60	70	80	90
β_1	0.80	0.80	0.76	0.74	0.72	0.70

2. 설계 일반원칙

(1) 지배단면의 구분

구분	설명
균형변형률 상태	인장철근이 설계기준항복강도 f_y에 대응하는 변형률에 도달하고, 동시에 압축 콘크리트가 가정된 극한변형률에 도달
압축지배단면	압축 콘크리트가 극한변형률 상태에 도달할 때, 최외단 인장철근의 순인장변형률(ε_t)이 **압축 지배변형률 한계 이하인 단면**
인장지배단면	압축 콘크리트가 극한변형률 상태에 도달할 때, 최외단 인장철근의 순인장변형률(ε_t)이 **인장 지배변형률 0.005 이상인 단면**
변화구간단면	순인장변형률(ε_t)가 압축지배변형률 한계와 인장지배변형률 한계 사이인 단면

(2) 지배단면별 변형률

① 지배단면의 변형률 한계

구분		압축지배단면	인장지배단면	휨부재의 최소허용변형률
철근	$f_y \le 400\text{MPa}$	ε_y	0.005	0.004
	$f_y > 400\text{MPa}$	ε_y	$2.5\varepsilon_y$	$2.0\varepsilon_y$

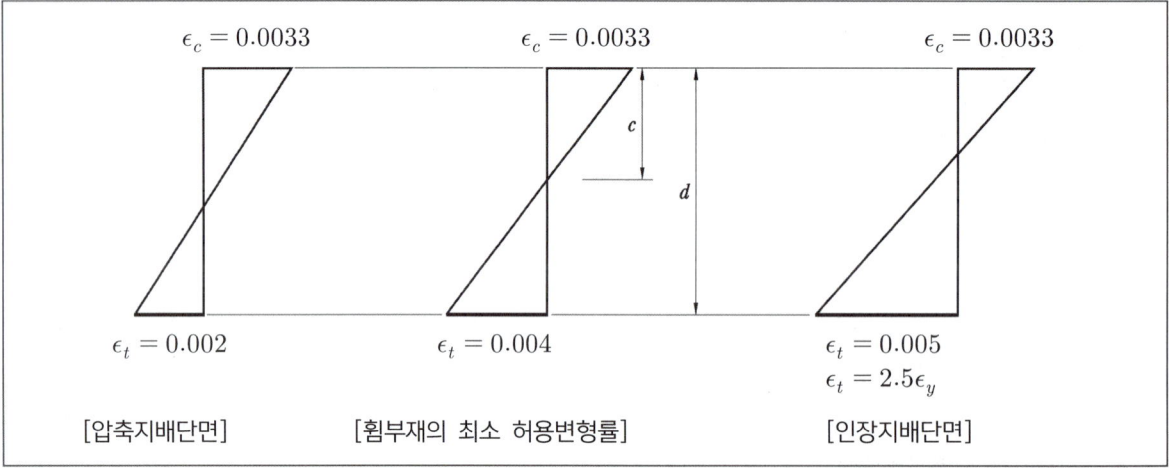

② 프리스트레스를 가하지 않은 휨부재는 공칭강도 상태에서 순인장변형률(ε_t)가 휨부재의 최소 허용변형률 이상

③ 지배단면에 따른 강도감소계수의 적용

구분	순인장변형률(ε_t) 조건	강도감소계수(ϕ)
압축지배단면	$\varepsilon_t \le \varepsilon_y$	0.65
변화구간단면	$f_y \le 400\text{MPa} : \varepsilon_y < \varepsilon_t < 0.005$	0.65 ~ 0.85 (직선보간법 이용)
	$f_y > 400\text{MPa} : \varepsilon_y < \varepsilon_t < 2.5\varepsilon_y$	
인장지배단면	$f_y \le 400\text{MPa} : 0.005 \le \varepsilon_t$	0.85
	$f_y > 400\text{MPa} : 2.5\varepsilon_y \le \varepsilon_t$	

④ 변화구간단면에서의 강도감소계수($f_y \leq 400\text{MPa}$인 경우)

구분	강도감소계수 산정식	비고
나선철근	$\phi = 0.70 + 0.15 \times \left(\dfrac{\epsilon_t - \epsilon_y}{0.005 - \epsilon_y} \right) \Leftrightarrow \phi = 0.70 + 50 \times (\epsilon_t - 0.002)$	$\epsilon_y = \dfrac{f_y}{E_s} = \dfrac{400}{2.0 \times 10^5} = 0.002$
띠철근	$\phi = 0.65 + 0.2 \times \left(\dfrac{\epsilon_t - \epsilon_y}{0.005 - \epsilon_y} \right) \Leftrightarrow \phi = 0.65 + \dfrac{200}{3} \times (\epsilon_t - 0.002)$	

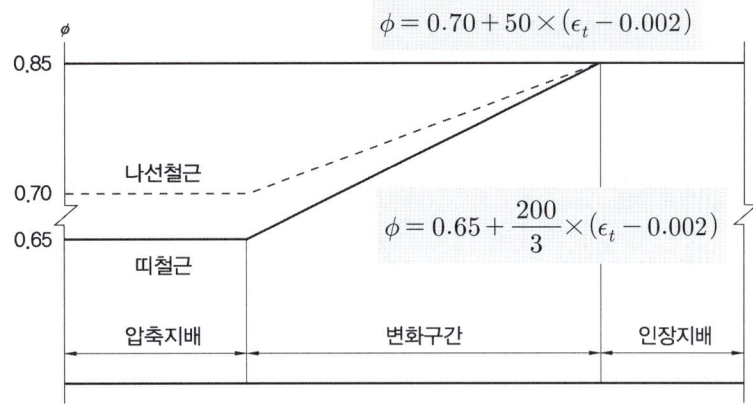

Check 최외단 인장철근의 순인장변형률(ϵ_t)

① 정의: 최외단 인장철근 또는 긴장재의 인장변형률에서 프리스트레스, 크리프, 건조수축, 온도 변화에 의한 변형률을 제외한 인장변형률

② 순인장변형률 산정식
- 변형률 분포에서 비례식 이용
- $c : \epsilon_c = (d_t - c) : \epsilon_t$에서, $\epsilon_t = \epsilon_c \dfrac{(d_t - c)}{c}$

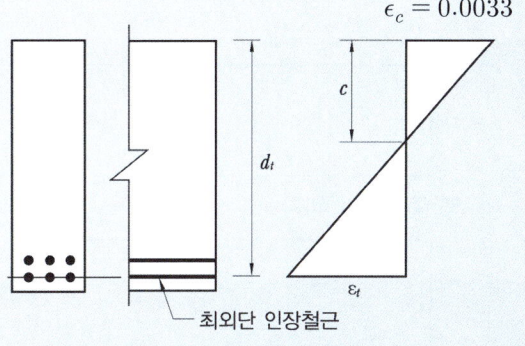

2 휨부재 설계의 제한사항

1. 단철근 직사각형 보의 설계

(1) 휨해석

① 정의: 직사각형 단면에서 인장응력을 받고 있는 곳에만 철근을 배치하여 보강한 보

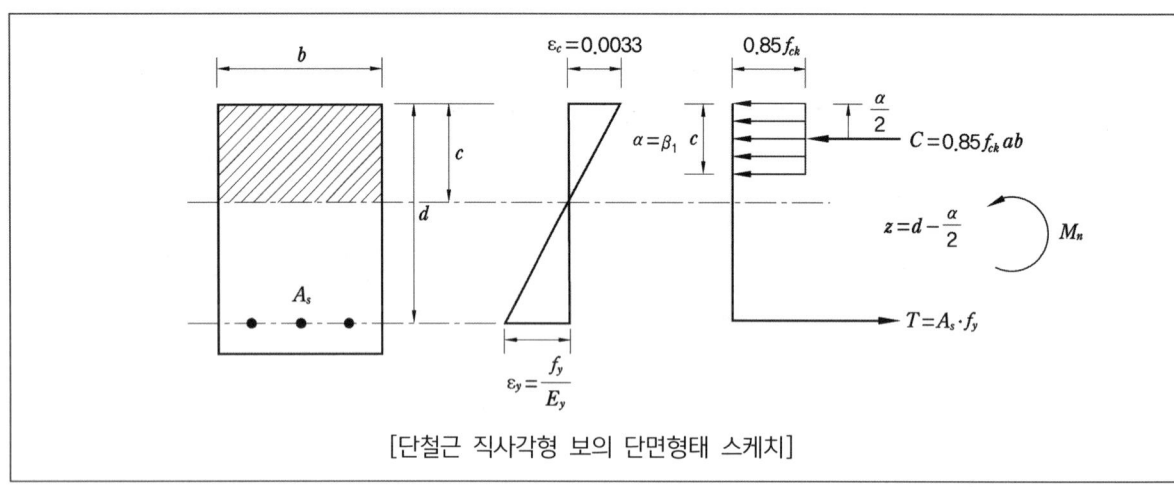

[단철근 직사각형 보의 단면형태 스케치]

② 등가직사각형 압축응력블록

  ㉠ 등가직사각형 압축응력블록 깊이(a): 콘크리트와 철근이 저항할 수 있는 모멘트가 같은 균형상태로 인 $C = T$에서,

$$0.85 f_{ck} ab = A_s f_y \rightarrow \therefore a = \frac{A_s f_y}{0.85 f_{ck} b} = \frac{\rho d f_y}{0.85 f_{ck}} \left(\rho = \frac{A_s}{bd} \right)$$

  ㉡ 중립축의 위치

$$a = \beta_1 c \text{에서}, \quad \therefore c = \frac{a}{\beta_1} = \frac{A_s f_y}{0.85 f_{ck} b \beta_1}$$

③ 공칭휨강도: 콘크리트와 철근이 저항할 수 있는 모멘트를 같게 설계하는 균형상태로부터 식을 정리하면,

$$M_n = C \cdot z = T \cdot z \rightarrow \therefore M_n = 0.85 f_{ck} ab \left(d - \frac{a}{2} \right) = A_s f_y \left(d - \frac{a}{2} \right)$$

④ 설계휨강도

$$[\text{설계휨강도} = \text{강도감소계수} \times \text{공칭휨강도}] \rightarrow M_d = \phi M_n$$

(2) 철근콘크리트보의 파괴형태

① 연성파괴 거동
   ㉠ 압축측 콘크리트가 파괴되기 전에 인장철근이 먼저 항복하여 균열과 처짐이 발생하여 파괴되는 형태
   ㉡ 철근이 항복하여 상당한 연성이 나타나기 때문에 서서히 파괴되는 형태
   ㉢ 연성파괴 조건: $\rho_{min} < \rho < \rho_{max}$ $\left(\rho = \dfrac{A_s}{bd}\right)$

② 취성파괴 거동
   ㉠ 철근콘크리트 부재의 파괴 시 큰 변형을 일으키지 않고 예고 없이 갑자기 파괴되는 파괴형태
   ㉡ 취성파괴 조건: $\rho_{min} > \rho > \rho_{max}$ $\left(\rho = \dfrac{A_s}{bd}\right)$

③ 연성파괴 및 취성파괴 비교

최소 철근비($\rho_{min} < \rho_b$)	균형 철근비(ρ_b)	최대 철근비($\rho_b < \rho_{max}$)
• 철근이 먼저 항복 • 연성파괴 유도(과소 철근보) • 인장지배단면	콘크리트가 극한변형률에 도달과 동시에 인장철근도 항복하는 상태	• 콘크리트가 먼저 파괴 • 취성파괴 발생(과대 철근보) • 압축지배단면

(3) 철근비의 제한

① 균형 철근비
   ㉠ 정의: 인장철근이 설계기준항복강도[변형률이 항복변형률(ϵ_y)에 도달]에 도달함과 동시에 압축연단 콘크리트의 변형률이 극한변형률($\epsilon_c = 0.0033$)에 도달하는 경우의 인장철근비
   ㉡ 단면 힘의 평형조건(C = T)으로부터
      ⓐ 콘크리트의 압축력: $C = 0.85 \cdot f_{ck} \cdot a \cdot b = 0.85 \cdot f_{ck} \cdot (\beta_1 \cdot c) \cdot b$
      ⓑ 인장철근의 인장응력: $T = A_s \cdot f_y = (\rho_b \cdot bd) \cdot f_y$ $\left(\leftarrow \rho = \dfrac{A_s}{bd}\right)$

$$c = \dfrac{\epsilon_c}{\epsilon_c + \epsilon_s} \cdot d = \dfrac{660}{660 + f_y} \cdot d \text{이므로, } \therefore \rho_b = 0.85 \cdot \beta_1 \cdot \dfrac{f_{ck}}{f_y} \cdot \dfrac{660}{660 + f_y}$$

② 최대 철근비(과다 철근보)
   ㉠ 균형 철근비보다 철근을 많이 배근하여 취성파괴가 되도록 한 보
   ㉡ 최대 철근비 제한 목적: 압축연단의 콘크리트의 취성파괴를 방지

$$\rho_{max} = 0.85 \cdot \beta_1 \cdot \dfrac{f_{ck}}{f_y} \cdot \dfrac{\epsilon_c}{\epsilon_c + \epsilon_t}$$

③ 최소 철근비(과소 철근보): $\phi M_n \geq 1.2 M_{cr}$ $\left(M_{cr} = f_r \cdot \dfrac{I_g}{y_t} = f_r \cdot Z = 0.63 \lambda \sqrt{f_{ck}} \cdot \dfrac{bh^2}{6} \right)$

　㉠ 균형 철근비보다 철근을 적게 배근하여 연성파괴를 유도하는 보
　㉡ 최소 철근비 제한 목적: 인장측의 콘크리트의 취성파괴를 방지

$$f_{ck} \leq 31 MPa : \rho_{min} \geq \dfrac{1.4}{f_y},\ f_{ck} > 31 MPa : \rho_{min} \geq \dfrac{0.25\sqrt{F_{ck}}}{f_y}$$

④ 철근비에 따른 중립축의 위치변화

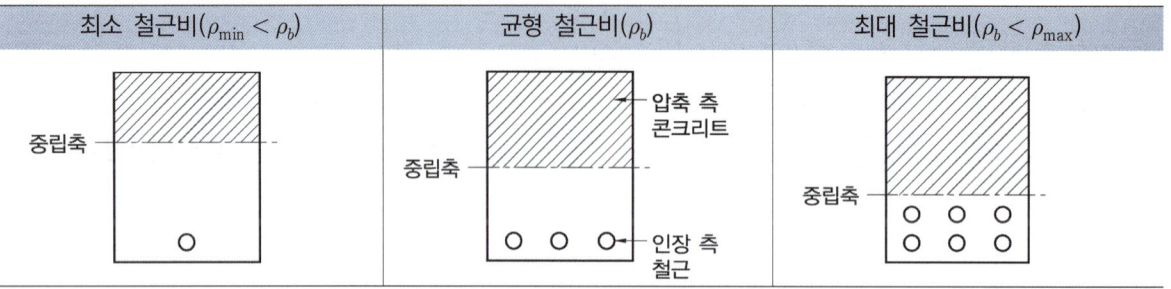

2. 복철근 보의 설계

(1) 복철근 보의 개념

① 인장철근비(ρ)가 균형 철근비(ρ_b)보다 크면 복철근 해석이 필요
② 보의 인장측뿐만 아니라 압축측에도 철근을 배치하여 철근과 콘크리트가 압축응력을 받도록 만든 보

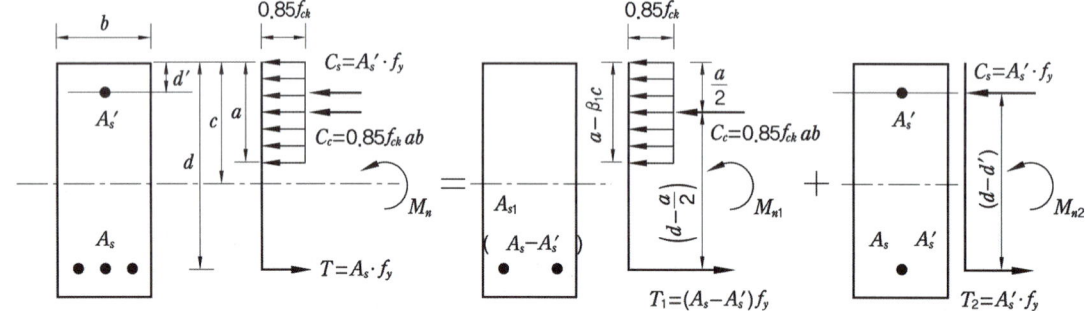

(2) 복철근 보를 사용하는 목적

① 보의 높이가 제한되어 **설계강도($M_d = \phi M_n$) ≤ 소요강도(M_u)** 인 경우
② 크리프, 건조수축으로 인한 **장기처짐을 최소화**하기 위한 경우
③ **연성을 극대화**하기 위한 경우
④ **교대하중이 작용**하는 경우[정휨모멘트(+), 부모멘트(-)가 반복하는 경우]

(3) 복철근 보의 철근비 검토

① $\rho \leq \rho_{max}$: 단철근 보로 해석
② $\rho > \rho_{max}$: 복철근 보로 해석
③ $\rho_{min} \leq (\rho - \rho') \leq \rho_{max}$의 조건을 만족해야 한다.

(4) 복철근 보의 항복 여부 검토

① 압축철근의 항복 여부를 검토하여, 압축철근이 항복한 경우와 항복하지 않은 경우를 달리 해석해야 한다.

㉠ 압축철근의 항복 여부 판별

조건	항복 여부	철근의 사용응력
$\epsilon_s' \geq \epsilon_y$	압축철근의 항복한 경우	$f_y = f_y'$
$\epsilon_s' < \epsilon_y$	압축철근이 항복하기 전의 경우	$f_s = f_s'$

㉡ 압축철근이 먼저 항복하는 경우: 취성파괴의 발생(압축철근이 먼저 항복하는 경우는 발생하지 않아야 함)

② 인장철근의 항복여부 검토: 단철근 보와 동일($\epsilon_s \geq \epsilon_y$이면, 인장철근이 항복한 경우이므로 $f_s = f_y$)

3. T형보의 설계

(1) T형보의 일반사항

① 정의: 철근콘크리트구조에서 보와 슬래브가 일체화 되어 거동하는 보

② 종류: 대칭 T형보, 비대칭 T형보

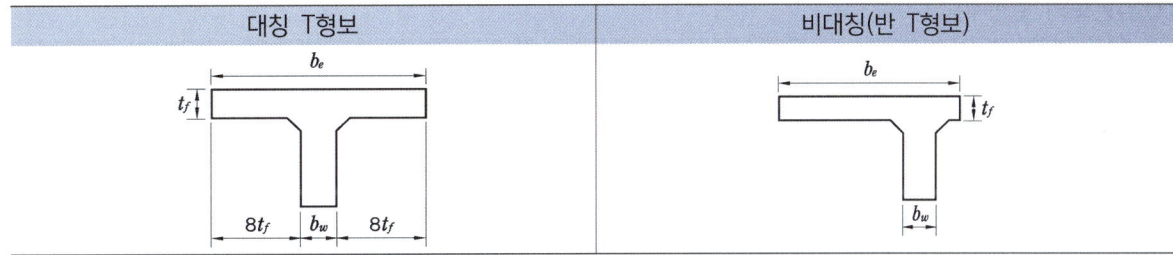

(2) T형보의 판별

① 정(+) 휨모멘트를 받는 T형보

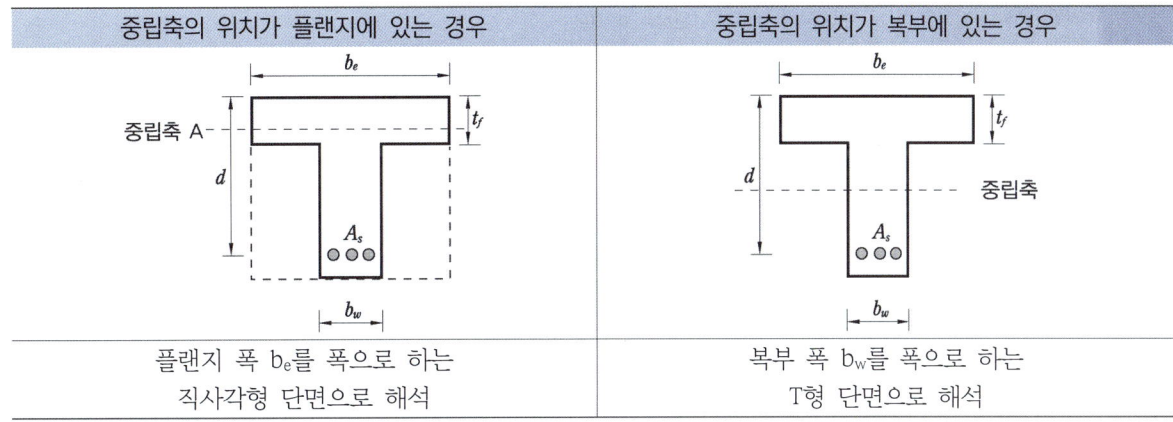

② 부(-) 휨모멘트를 받는 T형보: 복부 폭 b_w를 폭으로 하는 직사각형 단면으로 해석

(3) 플랜지의 유효폭(다음 중 가장 작은 값 결정)

T형보	반 T형보
• (양쪽으로 각각 내민 플랜지 두께의 8배씩)+b_w • 양쪽의 슬래브의 중심 간 거리 • 보의 경간의 1/4	• (한쪽으로 내민 플랜지 두께의 6배)+b_w • (보의 경간의 1/12)+b_w • (인접 보와의 내측 거리의 1/2)+b_w

(4) T형보의 구조제한 사항

① 독립 T형보의 추가 압축면적을 제공하는 플랜지의 두께는 복부폭의 1/2 이상이어야 하며, 플랜지의 유효폭은 복부폭의 4배 이하
② 장선구조를 제외한 T형보의 플랜지로 취급되는 슬래브에서 주철근이 보의 방향과 같을 때는 다음 요구조건에 따라 보의 직각방향으로 슬래브 상부에 철근을 배치
  ㉠ 횡방향 철근: T형보의 내민 플랜지를 캔틸레버로 보고 그 플랜지에 작용하는 계수하중에 대하여 설계
  ㉡ 횡방향 철근의 간격: 슬래브 두께의 5배 이하, 또한 450mm 이하

4. 깊은보의 설계

(1) 깊은보의 일반사항

① 한쪽 면이 하중을 받고 반대쪽 면이 지지되어 하중과 받침부 사이에 압축대가 형성되는 구조요소
② 설계방법: **비선형 변형률 분포**를 고려하여 설계하거나 **스트럿 - 타이모델** 기준에 따라 설계
③ 횡좌굴을 고려하여야 한다.

(2) 깊은보의 구조기준

① 깊은보의 적용 조건
  ㉠ 순경간(l_n)이 부재 깊이의 **4배 이하**인 부재
  ㉡ 하중이 받침부부터 부재 깊이의 2배 이하인 위치에 **집중하중이 작용**하는 경우는 집중하중과 받침부 사이의 구간에 압축대가 형성되는 부재
② 깊은보의 전단강도: $V_n = \left(\dfrac{5}{6}\lambda\sqrt{f_{ck}}\right)b_w d$ 이하

(3) 최소 철근량의 산정 및 배치

수직전단철근	수평전단철근
• 철근량: $A_v \geq 0.0025 b_w S$ • 간격(s): d/5이하, 또한 300mm 이하	• 철근량: $A_{vh} \geq 0.0015 b_w s_h$ • 간격(s): d/5이하, 또한 300mm 이하

3 압축부재 설계의 제한사항

1. 압축부재의 일반사항

(1) 기둥의 정의 및 특징

① 정의: 지붕, 바닥 등의 상부 하중을 받아서 토대 및 기초에 전달하고 벽체의 골격을 이루는 수직 구조체
② 기둥의 경우 순수한 축방향의 압축력만을 받는 경우는 거의 없고 압축과 휨을 동시에 받는다.
③ 압축부재의 강도는 기둥의 길이와 양단의 지지조건에 따라 영향을 받는다.
④ 기둥의 세장비에 따라 단주(Short column)와 장주(Slender column)으로 구분된다.

(2) 기둥의 종류

구분	설명
띠철근 기둥	• 축방향 철근(주철근)을 일정한 간격의 띠철근(Tie bar)으로 보강한 기둥 • 주로 정사각형 및 직사각형 단면에 적용
나선철근 기둥	• 축방향 철근(주철근)을 나선형 철근(Spiral bar)으로 둘러싼 철근 • 주로 원형단면에 적용
합성기둥	• 구조용 강재 및 강관을 축방향으로 보강한 기둥 • 매입형 합성기둥: 구조용 강재를 심부에 매입 • 충전형 합성기둥: 각관 또는 강관 내부에 콘크리트를 충전한 기둥

2. 압축부재 설계의 제한사항

(1) 압축부재의 설계단면치수

① 둘 이상의 맞물린 나선철근을 가진 독립 압축부재의 유효단면의 한계: 나선철근의 최외측에서 **콘크리트 최소 피복두께에 해당하는 거리**를 취하여야 한다.
② 콘크리트 벽체나 교각구조와 일체로 시공되는 나선철근 또는 띠철근 압축부재 유효단면 한계: 나선철근이나 띠철근 외측에서 40mm보다 크지 않게 취하여야 한다.
③ 정사각형, 8각형 또는 다른 형상의 단면을 가진 압축부재 설계에서 전체 단면적을 사용하는 대신에 **실제 형상의 최소 치수에 해당하는 지름을 가진 원형 단면을 사용할 수 있다.** 이 경우 고려되는 부재의 **전체 단면적, 요구되는 철근비 및 설계강도는** 위의 원형 단면을 기준으로 하여야 한다.
④ 하중에 의해 요구되는 **단면보다 큰 단면으로 설계된 압축부재의 경우 감소된 유효단면적을 사용**하여 최소 철근량과 설계강도를 결정할 수 있다. 이때 감소된 유효단면적은 **전체 단면적의 1/2 이상**이어야 한다.

(2) 압축부재의 철근량 제한

① 비합성 압축부재의 축방향 주철근 단면적: 전체 단면적(A_s)의 0.01배 이상, 0.08배 이하
② 축방향 주철근이 겹침이음되는 경우: 철근비는 0.04를 초과하지 않도록 하여야 한다.

③ 축방향 주철근의 최소 개수
  ㉠ 사각형이나 원형 띠철근 기둥: 4개
  ㉡ 삼각형 띠철근 기둥: 3개
  ㉢ 나선철근 기둥: 6개[나선철근 설계기준항복강도(f_{yt}): 700MPa 이하]

나선철근의 철근상세 기준	
지름	10mm 이상
순간격	25mm 이상, 75mm 이하
정착	나선철근의 끝에서 추가로 1.5 회전만큼 더 확보
이음길이	최소 300mm 이상

3. 단주(Short column)의 설계

(1) 단주 일반사항
  ① 부재 단면의 압축응력이 재료의 압축강도에 도달하여 **압축에 의한 파괴(압축파괴)**가 나타나는 기둥
  ② 기둥의 길이에 비하여 단면이 크고 비교적 길이가 짧은 압축재의 기둥

(2) 단주의 해석
  ① 중심축 하중이 작용하는 단주설계
    ㉠ 압축응력이 극한강도에 도달하여 압축에 의한 파괴(압축파괴)가 나타나는 기둥
    ㉡ 전단면에 걸쳐 균일한 압축응력만 발생[압축(+), 인장(-)]
  ② 1축 편심하중이 작용하는 단주설계
    ㉠ 하중이 중심축에 작용하지 않고 어느 한쪽에 편심되어 작용하면 축방향 응력을 받는 동시에 편심모멘트에 의한 휨응력도 작용하는 기둥
    ㉡ 응력 = 축응력 ± 휨응력
  ③ 2축 편심하중이 작용하는 단주설계
    ㉠ 하중이 두 방향으로 편심되어 작용할 경우는 압축에 의한 응력, x축 및 y축의 편심에 의한 휨응력이 작용하는 기둥
    ㉡ 응력 = 축응력 ± x축 방향 휨응력 ± y축 방향의 휨응력
  ④ 하중작용에 의한 기둥의 응력 산정식

구분	기둥의 응력	비고
중심축하중	$\sigma = \dfrac{P}{A}$	• σ: 축응력 • P: 중심축 하중 • A: 단면적 • e_x: x축방향의 편심거리 • e_y: y축방향의 편심거리
1축 편심하중	• x축 편심: $\sigma = \dfrac{P}{A} \pm \dfrac{P \cdot e_x}{I_y} \cdot x$ • y축 편심: $\sigma = \dfrac{P}{A} \pm \dfrac{P \cdot e_y}{I_x} \cdot y$	
2축 편심하중	$\sigma = \dfrac{P}{A} \pm \left(\dfrac{P \cdot e_x}{I_y} \cdot x\right) \pm \left(\dfrac{P \cdot e_y}{I_x} \cdot y\right)$	

(3) 단주의 축하중 산정절차

① 최대 축하중(P_0)

$$P_0 = 0.85 \cdot f_{ck} \cdot (A_g - A_{st}) + f_y \cdot A_{st}$$

② 공칭 축강도(P_n): 시공오차 및 편심하중에 대한 강도감소 반영(α)

- 띠철근 기둥: $P_n = \alpha \cdot P_0 = 0.80[0.85 \cdot f_{ck} \cdot (A_g - A_{st}) + f_y \cdot A_{st}]$; ($\alpha = 0.80$)
- 나선철근 기둥: $P_n = \alpha \cdot P_0 = 0.85[0.85 \cdot f_{ck} \cdot (A_g - A_{st}) + f_y \cdot A_{st}]$; ($\alpha = 0.85$)

③ 설계 축강도(P_d): $P_d = \phi$(강도감소계수) $\times P_n$(공칭축강도)

- 띠철근 기둥: $P_d = \phi \cdot P_n = 0.65 \cdot 0.80[0.85 \cdot f_{ck} \cdot (A_g - A_{st}) + f_y \cdot A_{st}]$; ($\phi = 0.65$)
- 나선철근 기둥: $P_d = \phi \cdot P_n = 0.70 \cdot 0.85[0.85 \cdot f_{ck} \cdot (A_g - A_{st}) + f_y \cdot A_{st}]$; ($\phi = 0.70$)

(4) 하중과 모멘트의 상관관계(P-M 상관곡선)

① 기둥에 작용하는 압축력(P)와 휨모멘트의 관계를 나타낸 그래프

② P-M 상관곡선의 개념
  ㉠ 중심축 압축강도(P_0) 일 경우 휨모멘트(M)는 "0"이며, 휨강도(M_0)일 경우 압축강도(P)는 "0"이다.
  ㉡ 압축파괴 영역에서 모멘트가 증가하면 축방향 압축력이 감소한다.
  ㉢ P와 M이 곡선 내부에 있을 경우 기둥은 안전하며, 곡선 외부에 있을 경우 기둥은 파괴된다.

③ P-M 상관곡선의 해석

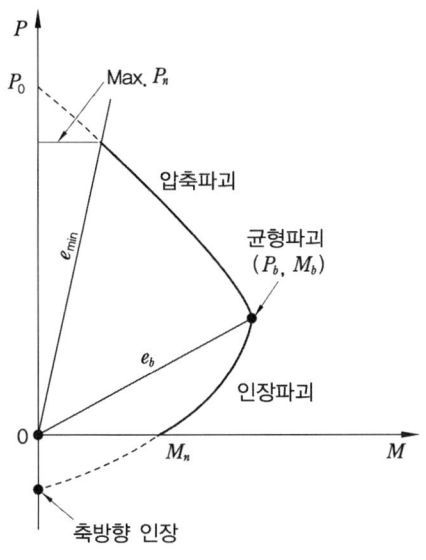
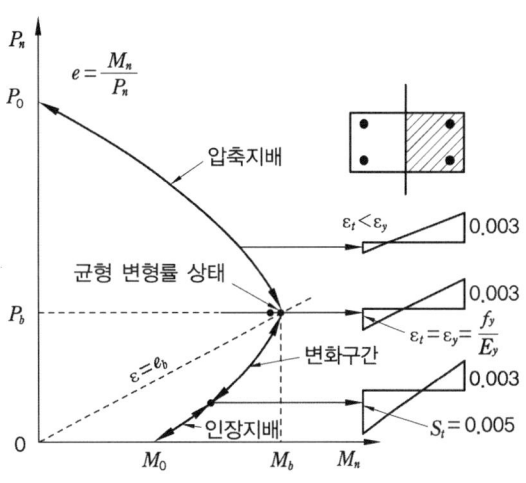

㉠ P_0: 중심축 압축강도(이때 M = 0), M_0: 휨강도(이때 P = 0)
㉡ P-M 곡선 안에 들면 기둥이 안전하지만, 곡선 밖으로 나가면 기둥은 파괴
㉢ 압축파괴 영역에서 모멘트가 증가하면 축방향 압축력이 감소
㉣ 균형변형률 상태: 콘크리트의 변형률이 0.0033이 됨과 동시에 철근의 변형률이 항복변형률에 도달
㉤ 균형편심 거리(e_b): 균형변형률 상태일 때의 편심거리
㉥ 균형변형률 상태의 점을 기준으로 위쪽은 압축지배구간, 아래쪽은 변화구간과 인장지배구간으로 구분

4. 장주(Slender column)의 설계

(1) 장주 일반사항

① 장주란 기둥의 단면에 비해 길이가 긴 세장한 압축부재로서, 압축응력이 한계에 도달하기 전에 부재가 휘어서 파괴되는 기둥이며 세장비(λ)에 따라 장주와 단주를 구분함

② 장주효과(slenderness effect)
  ㉠ 기둥의 횡방향 변위와 축력으로 인한 2차 휨모멘트가 무시할 수 없는 크기로 발생하여, 선형탄성 구조해석에 의한 휨모멘트보다 더 큰 휨모멘트가 기둥에 작용하는 효과
  ㉡ **장주효과가 과도한 경우 좌굴이 발생**
  ㉢ 장주효과의 해석을 수행할 때에는 재료 비선형성, 균열, 부재곡률, 횡이동, 재하기간, 수축과 크리프, 지지부재와의 상호작용을 고려하여야 함

③ 장주와 단주의 구분(다음 조건을 만족하는 경우는 장주효과를 무시함)

구분	세장비 한계	비고
비횡구속 골조의 압축부재	$\dfrac{kl_u}{r} \leq 22$	• k: 압축부재의 유효좌굴길이 계수 • l_u: 압축부재 비지지길이
횡구속 골조의 압축부재	$\dfrac{kl_u}{r} \leq 34 - 12(M_1/M_2) \leq 40$	• M_1: 압축부재의 단부 계수휨모멘트 중 작은 값 • M_2: 압축부재의 단부 계수휨모멘트 중 큰 값

여기서, M_1/M_2의 값은 기둥이 단일 곡률일 때 양(+), 이중 곡률일 때 음(-)으로 취하며, $[34 - 12(M_1/M_2)]$는 40을 초과할 수 없음

(2) 장주의 좌굴하중

① 좌굴하중 및 좌굴응력(오일러의 장주공식)

구분	산정식	비고
좌굴하중(P_{cr})	$P_{cr} = \dfrac{\pi^2 \cdot E \cdot I}{(k \cdot l)^2}$	• E: 부재의 탄성계수 • I: 단면2차모멘트 • l: 기둥의 비지지 길이 • A: 기둥의 단면적 • λ: 기둥의 세장비
좌굴응력(σ_b)	$\sigma_b = \dfrac{P_{cr}}{A} = \dfrac{\pi^2 \cdot E}{\lambda^2}$	

② 단부조건에 따른 계수

단부조건	1단고정, 타단자유	양단힌지	1단고정, 타단힌지	양단고정
부재 스케치	$kl=2l$	$kl=l$	$kl=0.7l$	$kl=0.5l$
유효좌굴길이(l_k)	2L	L	0.7L	0.5L
좌굴강도계수(n)	1/4	1	2	4

③ 장주의 좌굴방향

  ㉠ 단면2차모멘트가 최대인 축의 방향

  ㉡ 단면2차모멘트가 최소인 축의 직각방향

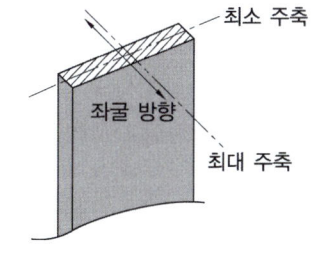

제4장 슬래브, 기초판, 벽체 설계

1 슬래브 설계

1. 설계원칙

(1) 일반사항

① 슬래브의 정의: 모든 변에서 기둥, 보 또는 벽체 중심선에 의해 구획되는 판으로서 설계할 때 축력의 영향을 무시할 수 있는 부재

② 슬래브 종류

구분	설명
1방향 슬래브 (1-way slab)	• 마주보는 두 변에만 지지되는 1방향 슬래브(변장비: $L/S > 2$) • 주철근 방향: 단변방향으로 설치(단변방향의 하중분담률이 90% 이상) • 부철근: 수축온도철근(수축 또는 온도변화에 의하여 콘크리트 균열을 방지)
2방향 슬래브 (2-way slab)	• 직교하는 두 방향 휨모멘트를 전달하기 위하여 주철근이 배치된 슬래브 (변장비: $L/S \leq 2$) • 주철근 방향: 단변방향으로 설치 • 부철근: 배력철근(하중분담, 균열제어, 주철근과 직각방향으로 배치)
다방향 슬래브	주철근의 3방향 이상으로 배치한 슬래브
플랫 슬래브 (Flat slab)	보 없이 지판(Drop panel)에 의해 하중이 기둥으로 전달되며, 2방향으로 철근이 배치된 콘크리트 슬래브
평판 슬래브 (Flat plate slab)	보나 지판이 없이 기둥으로 하중을 전달하는 2방향으로 철근이 배치된 콘크리트 슬래브
워플 슬래브 (Waffle slab)	2방향으로 장선으로 배치된 경우를 2방향 장선구조
장선 슬래브 (Joist slab)	• 슬래브를 지지하는 작은 보 구조 시스템 • 장선의 폭은 100mm 이상, 깊이는 장선 최소 폭의 3.5배 이하, 장선 사이의 순간격은 750mm 이하

(2) 슬래브의 설계 기본사항

① 설계대

　㉠ 주열대: 2방향 슬래브에서 기둥과 기둥을 잇는 슬래브의 중심선에서 양측으로 각각 $0.25l_1$과 $0.25l_2$ 중에서 작은 값과 같은 폭을 갖는 설계대(보가 있는 경우 주열대는 그 보를 포함)

　㉡ 중간대: 2방향 슬래브에서 2개의 주열대 사이에 구획된 설계대

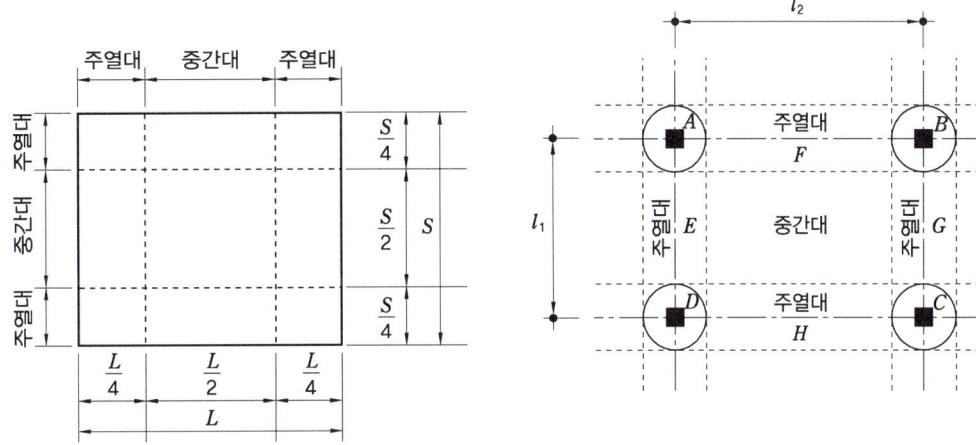

② 슬래브의 변장비

1방향 슬래브	2방향 슬래브
변장비$(\lambda) = \dfrac{장변경간(L)}{단변경간(S)} > 2$	변장비$(\lambda) = \dfrac{장변경간(L)}{단변경간(S)} \leq 2$

2. 1방향 슬래브의 설계

(1) 설계원칙

① 마주보는 두 변에만 지지되는 1방향 슬래브

② 4변에 의해 지지되는 2방향 슬래브 중에서 단변에 대한 장변의 비가 **2배**를 넘으면 1방향 슬래브로 해석

③ 슬래브의 경간

　㉠ 받침부와 일체로 되어 있지 않은 부재는 순경간에 보나 슬래브의 두께를 더한 값으로 하며, 그 값이 받침부의 중심간 거리를 초과할 필요는 없다.

　㉡ 골조 또는 연속구조물의 해석에서 휨모멘트를 구할 때 사용하는 경간은 받침부의 중심간 거리

　㉢ 받침부와 일체로 된 3m 이하의 순경간을 갖는 슬래브는 그 지지보의 폭을 무시하고 순경간을 경간으로 하는 연속보로 해석

(2) 철근콘크리트 보와 일체로 된 연속 슬래브
　① 휨모멘트 및 전단력: 단순받침부 위에 놓인 연속보로 가정하여 탄성해석 또는 근사해법 적용 가능
　② 산정된 휨모멘트의 수정
　　㉠ 활하중에 의한 경간 중앙의 부모멘트는 산정된 값의 1/2만 취할 수 있다.
　　㉡ 경간 중앙의 정모멘트는 양단 고정으로 보고 계산한 값 이상이어야 한다.
　　㉢ 순경간이 3.0m를 초과할 때 순경간 내면의 휨모멘트를 사용할 수 있다. 그러나 이 값들이 순경간을 경간으로 하여 계산한 고정단 휨모멘트 이상으로 하여야 한다.

(3) 1방향 슬래브 구조상세
　① 슬래브 두께: 처짐을 계산하지 않는 경우의 보 또는 1방향 슬래브의 최소두께 이상, **100mm 이상**
　② 슬래브의 처짐 계산(6장. 사용성 및 내구성 설계 참조)
　　㉠ 순간처짐: 부재강성에 대한 균열과 철근의 영향을 고려하여 **탄성처짐공식을 사용**
　　㉡ 장기처짐: 휨부재의 크리프와 건조수축에 의한 처짐
　③ 정모멘트 철근 및 부모멘트 철근의 중심 간격
　　㉠ 위험단면: 슬래브 두께의 2배 이하이어야 하고, 또한 300mm 이하
　　㉡ 기타의 단면: 슬래브 두께의 3배 이하이어야 하고, 또한 450mm 이하
　④ 정모멘트 철근 및 부모멘트 철근에 직각방향으로 수축·온도철근의 배근
　　㉠ 수축온도철근비

$f_y \leq 400$ MPa	$f_y > 400$ MPa	비고
0.0020	$0.0020 \times \dfrac{400}{f_y}$	• 어떠한 경우에도 **0.0014 이상** • 수축온도철근비 = $\dfrac{수축온도철근단면적}{전체단면적}$

　　㉡ 수축온도철근 간격: 슬래브 두께의 5배 이하, 또한 450mm 이하
　　㉢ 수축온도철근 정착: 설계기준항복강도(f_y)를 발휘할 수 있도록 정착
　⑤ 내민 슬래브(캔틸레버 슬래브): 부모멘트에 상응하는 철근 배치
　⑥ 단변방향 보의 상부에 부모멘트로 인해 발생하는 균열을 방지하기 위해 슬래브 장변방향으로 슬래브 상부에 철근 배치

(4) 1방향 슬래브의 근사해법 적용기준
　① **2경간 이상**인 경우
　② 인접 2경간의 차이가 짧은 경간의 **20% 이하**인 경우
　③ **등분포하중**이 작용하는 경우
　④ 활하중이 고정하중의 **3배**를 초과하지 않는 경우
　⑤ 부재의 **단면 크기가 일정**한 경우

(5) 연속 휨부재의 모멘트 재분배
① 근사해법에 의해 휨모멘트를 계산한 경우를 제외하고, 어떠한 가정의 하중을 적용하여 탄성이론에 의하여 산정한 연속 휨부재 받침부의 부모멘트는 20% 이내에서 $1,000\epsilon_t\%$만큼 증가 또는 감소시킬 수 있다.
② 경간 내의 단면에 대한 휨모멘트의 계산은 **수정된 부모멘트를 사용**하여야 하며, 휨모멘트 재분배 이후에도 **정적 평형은 유지**되어야 한다.
③ 휨모멘트의 재분배는 휨모멘트를 감소시킬 단면에서 최외단 인장철근의 **순인장변형률**(ϵ_t)은 0.0075 이상인 경우에만 **가능**하다.

3. 2방향 슬래브의 설계

(1) 설계방법
① 슬래브 시스템은 **평형조건과 기하학적 적합조건을 만족**한다면 어떠한 방법으로도 설계할 수 있다.
② 모든 단면의 설계강도가 소요강도 이상이어야 하고 처짐의 제한 등 사용성을 만족
③ 기둥 또는 벽체를 포함하는 슬래브 시스템: **직접설계법(근사설계법) 및 등가골조법으로 설계**
④ 골조의 횡력해석을 위한 부재의 강성은 철근과 균열의 영향을 고려
⑤ 횡하중을 받는 경우 **횡력해석과 연직하중의 해석 결과는 조합**하여야 한다.
⑥ 슬래브와 보가 있을 경우 받침부 사이의 보는 모든 단면에서 발생하는 **계수휨모멘트에 저항**할 수 있도록 설계하여야 한다.

(2) **직접설계법**
① 직접설계법 적용조건(아래의 조건을 만족하지 못할 경우 등가골조법 적용)
  ㉠ 각 방향으로 **3경간 이상 연속**
  ㉡ 슬래브 판들은 단변 경간에 대한 장변 **경간의 비가 2 이하인 직사각형**
  ㉢ 각 방향으로 **연속한 받침부 중심간 경간 차이는 긴 경간의 1/3 이하**
  ㉣ 연속한 기둥 중심선을 기준으로 **기둥의 어긋남은 그 방향 경간의 10% 이하**
  ㉤ 모든 하중은 슬래브 판 전체에 걸쳐 **등분포된 연직하중**이어야 하며, **활하중은 고정하중의 2배 이하**
  ㉥ 모든 변에서 보가 슬래브를 지지할 경우 직교하는 두 방향에서 보의 **상대강성은 0.2 이상, 5.0 이하**를 만족하여야 한다.
  ㉦ 직접설계법으로 설계한 슬래브 시스템은 휨모멘트 재분배를 적용할 수 없다.
② 전체 정적 계수휨모멘트
  ㉠ 받침부 중심선 양측의 슬래브 판 중심선을 경계로 하는 설계대 내에서 산정
  ㉡ 정계수휨모멘트와 평균 부계수휨모멘트의 절댓값의 합: $M_0 = \dfrac{w_u l_2 l_n^2}{8}$ 이상
  ㉢ 받침부 중심선 양측 슬래브 판의 직각방향 경간이 다른 경우 l_2는 이들 횡방향 두 경간의 평균값으로 하여야 한다.
  ㉣ 가장자리에 인접하고 그에 평행한 경간(l_2)은 가장자리부터 슬래브 판 중심선까지 거리로 하여야 한다.
  ㉤ 순경간(l_n)은 기둥, 기둥머리, 브래킷 또는 벽체의 내면 사이의 거리이다.

③ 정 및 부계수휨모멘트의 분배
　㉠ 부계수휨모멘트는 직사각형 받침부 면에 위치하는 것으로 한다.
　　(원형이나 정다각형 받침부는 같은 단면적의 정사각형 받침부로 취급할 수 있음)
　㉡ 내부 경간에서는 전체 정적 계수휨모멘트(M_0)의 분배율
　　ⓐ 부계수 휨모멘트: $0.65M_0$(65% 분배)
　　ⓑ 정계수 휨모멘트: $0.35M_0$(35% 분배)
　㉢ 단부 경간에서는 전체 정적 계수휨모멘트(M_0)의 분배율

구분	(1) 구속되지 않은 외부 받침부	(2) 모든 받침부 사이에 보가 있는 슬래브	(3) 내부 받침부 사이에 보가 없는 슬래브 테두리보가 없는 경우	(4) 내부 받침부 사이에 보가 없는 슬래브 테두리보가 있는 경우	(5) 완전 구속된 외부 받침부
내부 받침부의 부계수휨모멘트	0.75	0.70	0.70	0.70	0.65
정계수휨모멘트	0.63	0.57	0.52	0.50	0.35
외부 받침부의 부계수휨모멘트	0	0.16	0.26	0.30	0.65

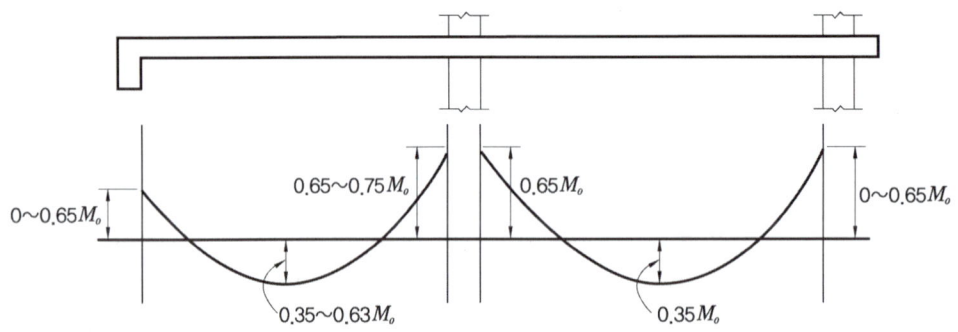

4. 플랫슬래브(Flat slab) 및 평판 슬래브(Flat plate slab) 설계

(1) 플랫슬래브의 지판
　① 보 없이 지판(Drop panel)에 의해 하중이 기둥으로 전달되며, 2방향으로 철근이 배치된 콘크리트 슬래브
　② 지판의 설치 기준
　　㉠ 지판 연장길이: 받침부 중심선에서 각 방향 받침부 중심 간 경간의 1/6 이상
　　㉡ 지판의 두께: 돌출부를 제외한 슬래브 두께의 1/4 이상
　③ 플랫슬래브의 특징

장점	단점
• 거푸집 제작 및 설치 용이 → 공기단축 • 무량판 구조 → 층고 절감 • 설비 배관 설치 용이 • 실내 공간이용률 우수	• 바닥판 두께 증가 → 슬래브 자중 증대 • 골조의 강성 저하 → 고층건축물에 불리 • 큰 집중하중에 대한 저항성 저하 • 슬래브의 진동이 우려

(2) 평판 슬래브의 지판
① 보나 지판이 없이 기둥으로 하중을 전달하는 2방향으로 철근이 배치된 콘크리트 슬래브
② 경간이 짧거나 연직하중이 크지 않을 경우에 적용

5. 장선 슬래브

(1) 장선 슬래브 구조기준

구분	장선의 구조기준	비고
장선의 구조	1방향 및 2방향으로 구성	-
폭(b)	b = 100mm 이상	$b \geq 100\,mm$
높이(h)	장선의 폭(b)의 3.5배 이상	$h \geq 3.5 \cdot b$
순간격	750mm를 초과하지 않아야 함.	$l_n \leq 750\,mm$
슬래브 두께	장선 순간격의 1/12 이상	$t_f \geq l_n/12$

2 기초판 설계

1. 설계 일반사항

(1) 기초판은 계수하중과 그에 의해 발생되는 반력에 견디도록 설계하여야 한다.
(2) 기초판의 밑면적, 말뚝의 개수와 배열
① 기초판에 의해 지반 또는 말뚝에 전달되는 힘과 휨모멘트, 그리고 토질역학의 원리에 의하여 계산된 **지반 또는 말뚝의 허용지지력을 사용하여 산정**하여야 한다.
② 이때 힘과 휨모멘트는 하중계수를 곱하지 않은 **사용하중을 적용**하여야 한다.
(3) 말뚝기초의 기초판 설계에서 **말뚝의 반력은 각 말뚝의 중심에 집중**된다고 가정하여 휨모멘트와 전단력을 계산할 수 있다.
(4) 기초판에서 휨모멘트, 전단력 그리고 철근정착에 대한 **위험단면의 위치**를 정할 경우, 원형 또는 정다각형인 콘크리트 기둥이나 주각은 **같은 면적의 정사각형 부재로 취급**할 수 있다.
(5) 기초판 윗면부터 하부철근까지 깊이
① 직접기초: 150mm 이상
② 말뚝기초의 경우는 300mm 이상

2. 휨모멘트에 대한 설계

(1) 위험단면의 결정

① 콘크리트 기둥, 주각 또는 벽체를 지지하는 기초판: **기둥, 주각 또는 벽체의 외면**

② 조적조 벽체를 지지하는 기초판: **벽체 중심과 단부의 중간**

③ 강재 밑판을 갖는 기둥을 지지하는 기초판: **기둥 외측 면과 강재 밑판 단부의 중간**

콘크리트 각형 기둥	콘크리트 원형 기둥	조적조 기둥	강재 기둥

(2) 철근의 배치

① 1방향 기초판 또는 2방향 정사각형 기초판에서 철근은 기초판 전체 폭에 걸쳐 균등하게 배치

② 2방향 직사각형 기초판의 철근 배치

㉠ 장변방향의 철근은 폭 전체에 균등히 배치

㉡ 단변방향의 철근은 전체 철근량에서 다음 식에서 산출한 비율만큼 유효폭 내에 균등하게 배치

ⓐ 단변방향에 전체 철근량에 대한 유효폭 내의 철근량: $\gamma_s = \dfrac{\text{유효폭 내에 배치되는 철근량}}{\text{단변방향의 전체 철근량}} = \dfrac{2}{\beta+1}$

ⓑ β: 기초판의 짧은 변에 대한 긴 변의 비

ⓒ 유효폭: 기둥이나 주각의 중심선이 유효폭의 중심이 되도록 하며 **기초판의 단변길이로 취한다.**

㉢ 나머지 철근량을 이 유효폭 이외의 부분에 균등히 배치시킨다.

3. 전단력에 대한 설계

(1) 위험단면의 결정

① 콘크리트 기둥, 주각 또는 벽체를 지지하는 기초판: **기둥, 주각 또는 벽체의 외면**

② 강재 밑판을 갖는 기둥을 지지하는 기초판: **기둥 외측 면과 강재 밑판 단부의 중간**

③ 위험단면의 산정식

㉠ 1방향 독립기초: 기둥이나 벽의 전면에서 유효높이 "d"만큼 떨어져 있는 단면

㉡ 2방향 독립기초: 기둥이나 벽의 전면에서 유효높이 "0.5d"만큼 떨어져 있는 단면

- 1방향 독립기초: $A = 2 \times [(c_1 + 2 \times d) + (c_2 + 2 \times d)] \times d$
- 2방향 독립기초: $A = 2 \times [(c_1 + d) + (c_2 + d)] \times d$

(2) 말뚝에 지지되는 기초판의 전단력 설계
① 말뚝의 중심이 그 단면에서 $d_{pile}/2$ 이상 **외측**에 있는 말뚝에 의한 반력 전체는 그 단면에 **전단력으로 작용**하는 것으로 하여야 한다.
② 말뚝의 중심이 그 단면에서 $d_{pile}/2$ 이상 **내측**에 있는 말뚝에 의한 반력 전체는 그 단면에 **전단력으로 작용하지 않는** 것으로 보아야 한다.
③ 말뚝의 중심이 위 ①과 ②에서 규정한 중간에 위치하는 경우
　㉠ 단면의 외측 $d_{pile}/2$의 위치에서 말뚝 반력 전체를
　㉡ 단면의 내측 $d_{pile}/2$의 위치에서 반력을 "0"으로 하여
　㉢ 직선보간으로 말뚝중심에서 산정한 반력이 기초판 단면에 전단력으로 작용하는 것으로 보아야 한다.

3 벽체 설계

1. 설계 일반사항

(1) 일반사항
① 벽체: 계수연직축력이 $0.4A_g f_{ck}$ 이하이고 총 수직철근량이 단면적의 0.01배 이하인 부재
② 벽체는 이에 작용하는 편심축하중, 수평하중 및 기타 하중에 대하여 안전하게 저항할 수 있도록 설계
③ 정밀한 구조해석에 의하지 않는 한, 각 집중하중에 대한 벽체의 **유효수평길이는 하중 사이의 중심거리, 그리고 하중 지지폭에 벽체 두께의 4배를 더한 길이 중 작은 값**을 초과하지 않도록 하여야 한다.
④ 벽체의 철근: 교차하는 구조 부재인 바닥, 지붕, 기둥, 벽기둥, 부벽, 교차벽체 및 기초 등에 정착

(2) 벽체의 최소두께 제한
① 수직 또는 수평 받침점 간 거리 중에서 작은 값의 **1/25 이상**이어야 하고, 또한 **100mm 이상**
② **지하실 외벽 및 기초 벽체의 두께는 200mm 이상**
③ **비내력벽**: 100mm 이상이어야 하고, 이를 횡방향으로 지지하고 있는 부재 사이 최소 거리의 1/30 이상

(3) 벽체의 최소 철근비

구분	최소 수직철근비	최소 수평철근비
설계기준항복강도 400 MPa 이상으로서 D16 이하의 이형철근	0.0012	$0.0020 \times 400/f_y$
기타 이형철근	0.0015	0.0025
지름 16mm 이하의 용접철망	0.0012	0.0020

(4) 벽체의 철근배근 기준
　① 수직 및 수평철근의 간격: **벽두께의 3배 이하 또한 450 mm 이하**
　② 수직철근이 집중배치된 벽체 부분의 수직철근비가 0.01배 이상: 횡방향 띠철근을 설치
　③ 철근배치 기준

구분	철근배근 기준
벽체 외측면	• 전체 소요철근량의 1/2 이상, 2/3 이하 • 외측 면부터 50 mm 이상, 벽 두께의 1/3 이내에 배치
벽체 내측면	• 각 방향에 대한 소요철근량의 잔여분 • 내측면부터 20 mm 이상, 벽 두께의 1/3 이내에 배치

　④ 개구부 주위 보강배근
　　㉠ 수직·수평방향의 이열배근 벽체: **두 개의 D16 이상 철근**
　　㉡ 수직·수평방향의 일렬배근 벽체: **한 개의 D16 이상의 철근**

2. 실용설계법에 의한 벽체의 설계

(1) 적용조건
　① **직사각형 단면**의 벽체로서, 설계 일반사항 및 최소철근비 규정을 만족하는 경우
　② 계수하중의 합력이 **벽두께의 중앙 1/3 이내**에 작용하는 경우
　③ 실용설계법의 요구조건을 만족하지 못하는 경우에는 압축부재로서 벽체를 설계한다.

(2) 설계축강도(ϕP_{nw})

　① 산정식: $\phi P_{nw} = 0.55 \phi f_{ck} A_g \left[1 - \left(\dfrac{kl_c}{32h} \right)^2 \right]$

　② 강도감소계수: $\phi = 0.65$

　③ 유효길이계수(k)

상하단의 횡구속 벽체의 유효길이 계수(k)	k
상·하 양단 중의 한쪽 또는 양쪽의 회전이 구속된 경우	0.8
상·하 양단 모두 회전이 구속되지 않은 경우	1.0
비횡구속 벽체	2.0

　④ 벽체의 최소 두께
　　㉠ 수직 또는 수평 받침점 간 거리 중에서 작은 값의 **1/25 이상**이어야 하고, 또한 **100mm 이상**
　　㉡ 지하실 외벽 및 기초 벽체의 두께는 **200mm 이상**

제5장 전단설계

1 전단설계

1. 일반사항

(1) 설계전단강도

① 설계전단강도: 계수전단력 ≤ 강도감소계수 × 공칭전단강도($V_u \leq \phi V_n$)

② 공칭전단강도: 콘크리트에 의한 공칭전단강도 + 전단철근에 의한 공칭전단강도($V_n = V_c + V_s$)

(2) 전단강도 산정 시 고려사항

① 공칭전단강도를 결정할 때 부재에 **개구부**가 있는 경우에는 그 영향을 고려한다.

② 콘크리트에 의한 전단강도(V_c) 결정 시 고려사항

  ㉠ 구속된 부재에서 **크리프와 건조수축**으로 인한 축방향 인장력의 영향을 고려한다.
  ㉡ 깊이가 일정하지 않은 부재의 경사진 **휨압축력**의 영향도 고려한다.
  ㉢ $\sqrt{f_{ck}}$의 값은 8.4 MPa을 초과하지 않도록 하여야 한다.

2 전단강도

1. 콘크리트에 의한 전단강도

(1) 콘크리트에 의한 전단강도(실용식)

① 전단력과 휨모멘트만을 받는 부재: $V_c = \dfrac{1}{6}\lambda\sqrt{f_{ck}}\,b_w d$

② 축방향 압축력을 받는 부재: $V_c = \dfrac{1}{6}\left(1 + \dfrac{N_u}{14A_g}\right)\lambda\sqrt{f_{ck}}\,b_w d$

(2) 원형단면 부재

① V_c를 계산하기 위한 단면적: 콘크리트 단면의 유효깊이 × 지름

② 이때 단면의 유효깊이: 부재 단면 지름의 0.8배

2. 전단철근에 의한 전단강도

(1) 전단철근의 형태

전단철근	사용가능한 전단철근의 형태
• 부재축에 직각인 스터럽 • 부재축에 직각으로 배치한 용접철망 • 나선철근, 원형 띠철근 또는 후프철근	• 주인장 철근에 45° 이상의 각도로 설치되는 스터럽 • 주인장 철근에 30° 이상의 각도로 구부린 굽힘철근 • 스터럽과 굽힘철근의 조합

① 전단철근의 설계기준항복강도는 500MPa을 초과할 수 없다(다만, **벽체의 전단철근 또는 용접 이형철망**을 사용할 경우 전단철근의 설계기준항복강도는 600MPa을 초과할 수 없음).

② 프리스트레스트콘크리트 부재의 경우 유효깊이는 압축콘크리트 연단부터 긴장재와 철근의 도심까지 거리로 하며, 이 값은 $0.8h$ 이상이어야 한다.

③ 전단철근으로 사용하는 스터럽과 기타 철근 또는 철선은 콘크리트 압축연단부터 거리 d만큼 연장하여야 하며, 정착 및 이음 설계기준(복부철근의 정착)의 규정에 따라 정착하여야 한다.

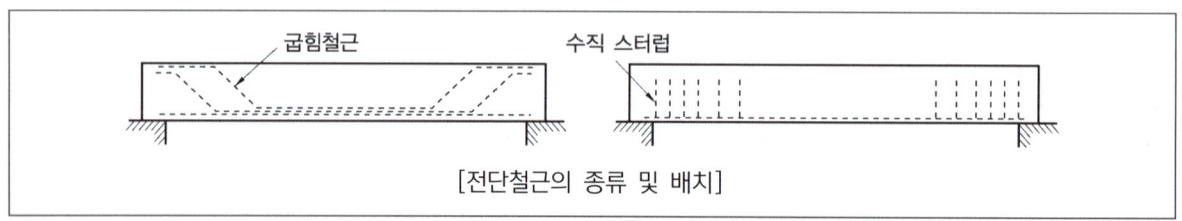

[전단철근의 종류 및 배치]

(2) 전단철근의 간격제한

① 부재축에 직각으로 배치된 전단철근
  ㉠ 철근콘크리트 부재: $d/2$ 이하
  ㉡ 프리스트레스트콘크리트 $0.75h$ 이하
  ㉢ 또 어느 경우이든 600 mm 이하

② 경사스터럽과 굽힘철근은 부재의 중간 높이인 $0.5d$에서 반력점 방향으로 주인장철근까지 연장된 45°선과 한 번 이상 교차되도록 배치

③ V_s가 $\lambda(\sqrt{f_{ck}}/3)b_w d$를 초과하는 경우에 ①과 ②에서 규정된 **최대 간격을 절반으로 감소**시켜야 한다.

④ 내진설계에서의 전단철근 간격제한(중간모멘트골조)
  ㉠ 보부재의 양단에서 지지부재의 내측 면부터 경간 중앙으로 향하여 보 깊이의 2배 길이 구간에는 후프철근을 배치
  ㉡ 첫 번째 후프철근은 지지 부재 면부터 50mm 이내의 구간에 배치
  ㉢ 후프철근의 최대 간격은 $d/4$, 감싸고 있는 종방향 철근의 최소 지름의 8배, 후프철근 지름의 24배, 300mm 중 가장 작은 값 이하
  ㉣ 스터럽의 간격은 부재 전 길이에 걸쳐서 $d/2$ 이하

(3) 최소 전단철근
① 계수전단력(V_u)가 콘크리트에 의한 설계전단강도(ϕV_c)의 1/2을 초과하는 모든 철근콘크리트 및 프리스트레스트콘크리트 휨부재에는 다음의 경우를 제외하고 **최소 전단철근을 배치**하여야 한다.

② 최소 전단철근 배치 예외조항
  ㉠ 슬래브와 기초판
  ㉡ 콘크리트 장선구조
  ㉢ 전체 깊이가 250mm 이하이거나 I형보, T형보에서 그 깊이가 플랜지 두께의 2.5배 또는 복부폭의 1/2 중 큰 값 이하인 보
  ㉣ 교대 벽체 및 날개벽, 옹벽의 벽체, 암거 등과 같이 휨이 주거동인 판부재
  ㉤ 순 단면의 깊이가 315mm를 초과하지 않는 속빈 부재에 작용하는 계수전단력이 $0.5\phi V_{cw}$를 초과하지 않는 경우(V_{cw}: 사인장균열이 복부의 과도한 주인장응력에 기인할 때 콘크리트에 의한 단면의 공칭전단강도)
  ㉥ 보의 깊이가 600mm를 초과하지 않고 설계기준압축강도가 40MPa을 초과하지 않는 강섬유 콘크리트 보에 작용하는 계수전단력이 $\phi(1/6)\lambda\sqrt{f_{ck}}\,b_w d$를 초과하지 않는 경우

(4) 전단철근의 설계
① 계수전단력(V_u)가 콘크리트에 의한 설계전단강도(ϕV_c)를 초과하는 곳에 전단철근 배치
② 전단철근의 전단강도
  ㉠ 부재축에 직각인 전단철근을 사용하는 경우: $V_s = \dfrac{A_v f_{yt} d}{s}$
  ㉡ 경사스터럽을 전단철근으로 사용하는 경우: $V_s = \dfrac{A_v f_{yt}(\sin\alpha + \cos\alpha)d}{s}$
  (α: 경사스터럽과 부재축 사이각, s: 종방향 철근과 평행한 방향의 철근간격)
③ 종방향 철근을 구부려 전단철근으로 사용할 때는 그 **경사길이의 중앙 3/4만이 전단철근으로서 유효**하다고 보아야 한다.
④ 여러 종류의 전단철근이 부재의 같은 부분을 보강하기 위해 사용되는 경우의 전단강도 V_s는 각 종류별로 구한 V_s를 합한 값으로 하여야 한다.
⑤ 전단강도 V_s는 $0.2(1-f_{ck}/250)f_{ck}\,b_w\,d$ 이하로 하여야 한다.

3 보의 전단설계

1. 보의 전단응력

(1) 균질보의 휨응력 및 전단응력 분포

① 휨응력
  ㉠ 보의 지점부에서 "0"이고, 중앙부로 갈수록 증가
  ㉡ 보의 중립축에서 "0"이고, 상연 및 하연으로 갈수록 증가

② 전단응력
  ㉠ 보의 지점부에서 최대이고, 중앙부로 갈수록 감소
  ㉡ 보의 중립축에서 최대이고, 상연 및 하연으로 갈수록 감소

구분	휨응력	전단응력	전단응력 분포도
균질보	$\sigma = \dfrac{M}{I}y = \dfrac{M}{Z}$	$\tau = \dfrac{S}{A} = \dfrac{S \cdot G}{I \cdot b}$	
철근콘크리트보	$\sigma = \dfrac{M}{I}y = \dfrac{M}{Z}$	$v = \dfrac{V}{A} = \dfrac{V}{b_w \cdot d}$	

(2) 보의 균열형태

① 휨균열: 보의 하단 중앙부에서 발생하는 균열

② 전단균열: 보의 중립축 근처 및 지점부에서 발생하는 균열

③ 복부전단균열
  ㉠ 휨응력은 작고 전단응력이 큰 지점부 가까이의 중립축 근처에서 발생하는 경사 균열
  ㉡ I형 단면과 같이 얇은 복부에서 발생

④ 휨전단균열
  ㉠ 휨모멘트에 의해 부재에 수직균열이 먼저 발생
  ㉡ 전단에 유효한 비균열 단면 감소 및 전단응력의 증가
  ㉢ 수직균열 끝에 발생하는 경사 균열(사인장균열)로 발전
  ㉣ 휨모멘트가 크고 전단력도 큰 단면에서 발생
  ㉤ 휨전단균열을 일으키는 전단력은 복부전단균열을 일으키는 전단력의 1/2 정도이다.

⑤ 보의 위치별 균열양상: 전단균열(단부) → 복부 전단균열(사인장균열) → 복부 휨·전단균열 → 휨균열(중앙부)

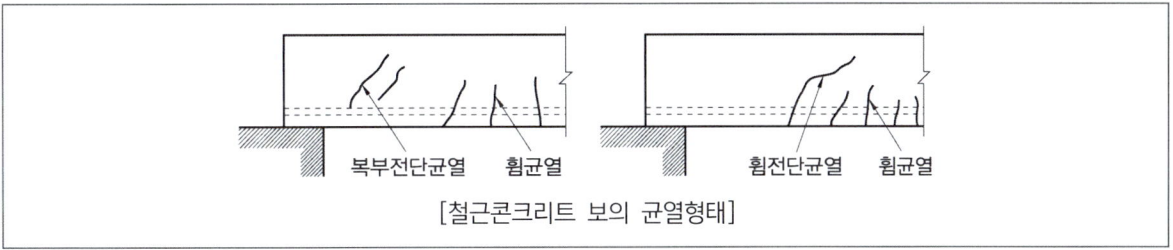

[철근콘크리트 보의 균열형태]

2. 보의 전단경간비

(1) 정의

① 전단경간(a): 집중하중과 받침부 내면사이의 거리[a = 최대휨모멘트(M) ÷ 최대전단력(V)]

② 전단경간비(a/d): 전단력에 의한 부재의 파괴형태를 평가하는 척도

(2) 전단경간비(a/d)의 특성: 전단경간비에 따라 휨파괴와 전단파괴로 구분

구분	파괴형태	특성
a/d ≤ 1	전단파괴(쪼갬파괴, 압축파괴)	깊은보의 형태(아치작용 발생)
1 < a/d ≤ 2.5	전단파괴(전단인장, 전단압축파괴)	전단강도 > 사인장균열 강도
2.5 < a/d ≤ 6.0	사인장파괴	전단강도 = 사인장 균열강도
6.0 < a/d	휨파괴	경간이 큰 보(휨강도에 의해 지배)

3. 전단에 의한 위험단면

(1) 철근콘크리트 부재

① 위험단면: 받침부 내면으로부터 경간 중앙 쪽으로 유효깊이 "d"만큼 떨어진 단면

② 위험단면에서 구한 계수전단력(V_u)를 사용한다.

(2) 보 및 슬래브, 기초판

① 보 및 1방향 슬래브, 1방향 확대기초: 지점에서 "d"만큼 떨어진 단면

② 2방향 슬래브, 2방향 기초판: 지점에서 "d/2(0.5d)"만큼 떨어진 단면

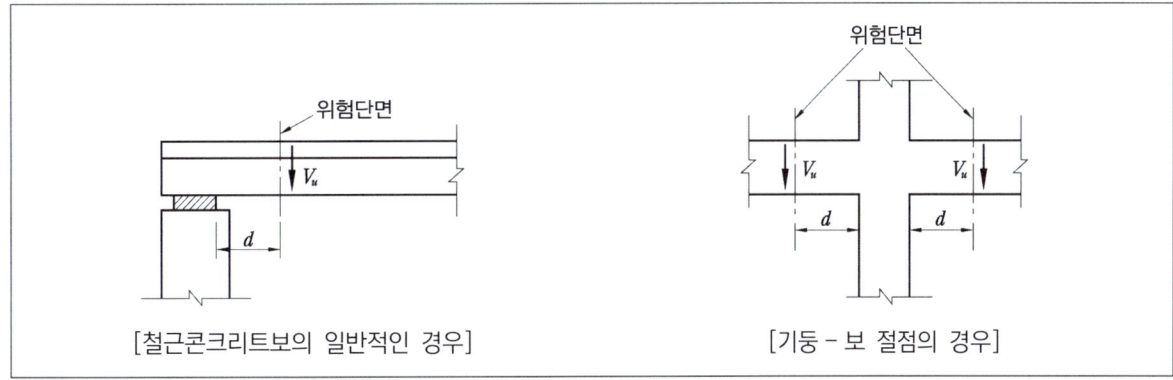

[철근콘크리트보의 일반적인 경우]   [기둥 - 보 절점의 경우]

4. 전단철근의 배치기준

설계전단강도	전단철근 배치여부
$V_u \leq \dfrac{1}{2}\phi V_c$	전단철근 배치가 불필요한 경우
$\dfrac{1}{2}\phi V_c \leq V_u \leq \phi V_c$	최소 전단철근의 배치가 필요한 경우
$\phi V_c \leq V_u$	전단철근 배치가 필요한 경우

4 깊은보의 전단설계

1. 일반사항

(1) 깊은보의 적용조건

① 순경간(l_n)이 부재 깊이의 4배 이하인 부재($l_n/d \leq 4$)

② 하중이 받침부부터 부재 깊이의 2배 이하인 위치에 집중하중이 작용하는 경우는 집중하중과 받침부 사이의 구간에 압축대가 형성되는 부재

(2) 깊은보의 설계

① 비선형 변형률 분포를 고려하여 설계

② 스트럿 – 타이모델 기준에 따라 설계

③ 깊은보의 전단강도: $V_n = \left(\dfrac{5}{6}\lambda\sqrt{f_{ck}}\right)b_w d$ 이하

④ 횡좌굴 고려

(3) 깊은보의 최소 철근량 산정 및 배치

① 수직 및 수평 최소 전단철근량 및 간격

수직전단철근	수평전단철근
• 철근량: $A_v \geq 0.0025 b_w S$ • 간격(s): d/5 이하, 또한 300mm 이하	• 철근량: $A_{vh} \geq 0.0015 b_w s_h$ • 간격(s): d/5 이하, 또한 300mm 이하

② 수직 및 수평 최소 전단철근량 및 간격

③ 위의 최소 전단철근 대신 스트럿 – 타이 모델을 만족하는 철근을 배치할 수 있다.

④ 실험에 의하면 수직전단철근이 수평전단철근보다 전단저항에 효과적이다.

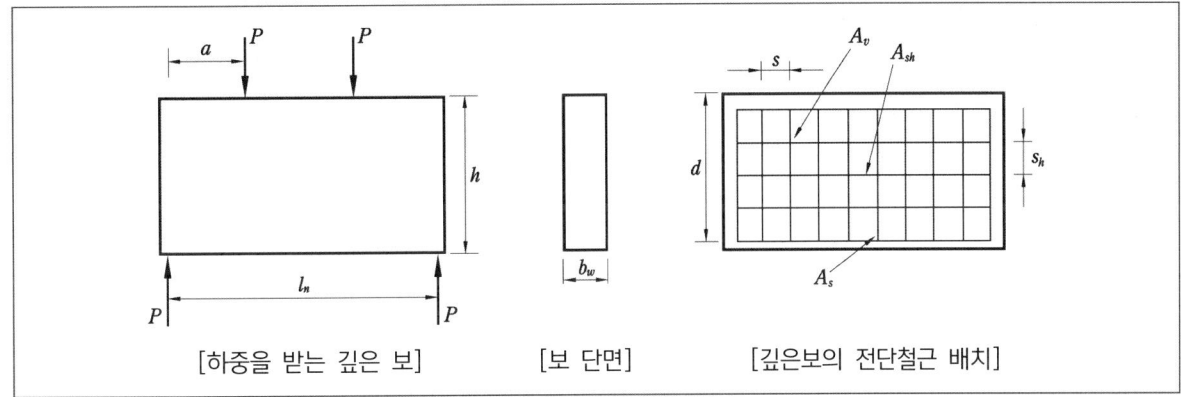

| [하중을 받는 깊은 보] | [보 단면] | [깊은보의 전단철근 배치] |

2. 스트럿 – 타이 모델 설계

(1) 개념

① 정의

콘크리트 구조 부재 또는 응력교란영역의 설계를 위하여 **스트럿, 타이, 절점**으로 구성한 트러스 모델

② 스트럿 – 타이 모델 해석

㉠ 콘크리트 부재 및 구조물에서 응력 및 변형률의 흐름을 고려하여 압축스트럿 및 인장타이로 스트럿 – 타이 모델을 구성하고,

㉡ 압축스트럿 및 인장타이에 실제 재료의 탄성 및 비탄성 특성을 반영하여 수행하는 구조해석

(2) **스트럿 – 타이 모델 구성요소**

① 스트럿(Strut): 스트럿 – 타이 모델의 압축요소로서, 프리즘 모양 또는 부채꼴 모양의 압축응력장을 이상화한 요소

② 타이(Tie): 스트럿 – 타이 모델의 인장력 전달요소

③ 절점(node): 스트럿 – 타이 모델의 3개 이상 스트럿과 타이의 연결점 또는 스트럿과 타이 그리고 집중하중의 중심선이 교차하는 점

④ 절점영역(nodal zone): 스트럿과 타이의 힘이 절점을 통해서 전달될 수 있도록 하는 절점의 유한 영역으로 2차원의 삼각형 또는 다각형 형태이거나 3차원에서는 입체의 유한 영역

5 브래킷과 내민받침에 대한 전단설계

1. 설계 일반사항

(1) 브래킷(bracket) 또는 내민받침(corbel)이란 기둥, 벽체 등으로 부터 돌출되어 보 등 다른 구조물을 받치는 구조물을 말한다.

(2) 전단경간에 대한 깊이의 비가 $a_v/d \leq 1$이고, V_u보다 크지 않은 계수수평인장력 N_{uc}를 받는 브래킷과 내민받침의 설계에 적용하여야 한다.

(3) 전단경간에 대한 깊이의 비 $a_v/d \leq 2$ 이하인 경우에는 스트럿 – 타이 모델을 이용하여 설계한다.

(4) d는 기둥면에서 측정된 값이고, 지압면의 외단에서 브래킷의 깊이는 **$0.5d$** 이상이라야 한다.

2. 브래킷 및 내민받침의 파괴형태

(1) 인장철근의 항복에 의한 파괴
(2) 인장철근의 단부 정착파괴
(3) 콘크리트 압축대의 전단파괴 및 압축파괴
(4) 지압판 바깥부분의 경사균열 파괴

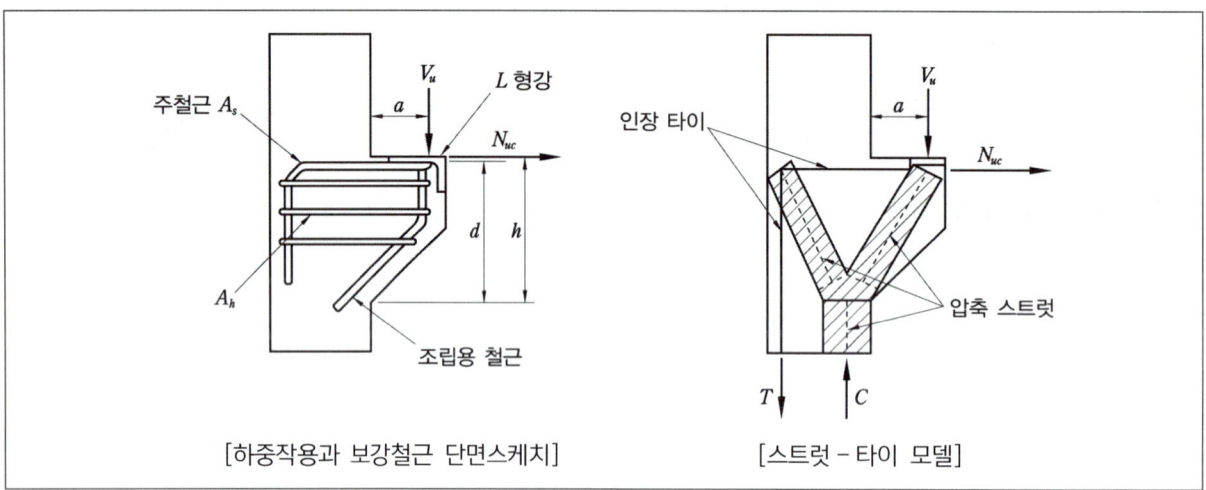

[하중작용과 보강철근 단면스케치]   [스트럿 - 타이 모델]

6 전단마찰 설계

1. 설계방법

(1) 공칭전단강도

① 전단마찰철근이 전단력 전달면에 수직한 경우 공칭전단강도

$$V_n = A_{vf} f_y \mu$$

- A_{vf}: 전단마찰철근의 단면적, mm²
- f_y: 철근의 설계기준항복강도, MPa
- μ: 전단마찰계수

② 전단마찰철근이 전단력 전달면과 경사를 이루어 작용 전단력에 의해 전단마찰철근에 인장력이 일어날 때에 전단강도

$$V_n = A_{vf} f_y (\mu \sin\alpha_f + \cos\alpha_f)$$

- A_{vf}: 전단마찰철근의 단면적, mm²
- f_y: 철근이 설계기준항복강도, MPa
- μ: 전단마찰계수
- α_f: 전단마찰철근과 전단면 사이의 각도

(2) 마찰계수(μ)

구분	마찰계수(μ)
일체로 친 콘크리트	1.4 λ
표면을 거칠게 만든 굳은 콘크리트에 새로 친 콘크리트	1.0 λ
일부러 거칠게 하지 않은 굳은 콘크리트에 새로 친 콘크리트	0.6 λ
전단연결재에 의하거나 철근에 의해 구조용 강재에 정착된 콘크리트	0.7 λ

2. 설계 일반사항

(1) 전단마찰철근

① 전단마찰철근의 설계기준항복강도는 500MPa 이하로 하여야 한다.

② 전단면에 순인장력이 작용할 때는 이에 저항하기 위해서 철근을 추가로 두어야 한다.

③ 전단마찰철근을 전단면에 걸쳐 적절하게 배치하여야 하며, 철근 양쪽에 정착길이를 확보하거나 갈고리 또는 특수한 장치에 용접하여 철근이 설계기준항복강도를 발휘할 수 있도록 양측에 정착시켜야 한다.

(2) 접촉면 처리

① 이미 굳은 콘크리트에 새로운 콘크리트를 칠 때는 전단전달을 위한 접촉면은 깨끗하고 레이턴스가 없도록 하여야 한다.

② μ가 1.0λ와 같다고 가정하는 경우의 접촉면은 그 요철의 크기가 대략 6mm 정도 되도록 거칠게 만들어야 한다.

③ 스터드를 사용하거나 철근을 용접하여 구조용 강재와 콘크리트 사이에서 전단력이 전달되는 경우에 강재는 깨끗하고 페인트가 묻어 있지 않아야 한다.

제6장 사용성 및 내구성 설계

1 사용성 설계기준

1. 균열

(1) 일반사항
① 특별히 **수밀성이 요구되는 구조**는 적절한 방법으로 균열에 대한 검토를 하여야 한다. 이 경우 소요 수밀성을 갖도록 하기 위한 **허용균열폭을 설정**하여 검토할 수 있다.
② **미관이 중요한 구조**는 미관상의 허용균열폭을 설정하여 균열을 검토할 수 있다.
③ 부재는 하중에 의한 균열을 제어하기 위해 필요한 철근 외에도 필요에 따라 **온도변화, 건조수축** 등에 의한 균열을 제어하기 위한 추가 보강철근을 배치하여야 한다.
④ 균열제어를 위한 철근은 필요로 하는 부재 단면의 주변에 분산시켜 배치하여야 하고, 이 경우 철근의 **지름은 가능한 한 작게**, 철근의 간격은 **가능한 한 좁게** 하여야 한다.

(2) 균열의 조사
① 구성에 관한 균열폭을 검토할 경우 구조물이 놓이는 환경조건을 고려하여야 한다.
② 강재의 부식에 대한 환경조건으로서 **건조 환경, 습윤 환경, 부식성 환경, 고부식성 환경** 등 4종류로 구분한다.
③ 강재의 부식에 대한 환경조건의 구분

환경조건	설명
건조 환경	일반 옥내 부재, 부식의 우려가 없을 정도로 보호한 경우의 보통 주거 및 사무실 건물 내부
습윤 환경	일반 옥외의 경우, 흙 속의 경우, 옥내의 경우에 있어서 습기가 찬 곳
부식성 환경	• 습윤환경과 비교하여 건습의 반복작용이 많은 경우, 특히 유해한 물질을 함유한 지하수위 이하의 흙 속에 있어서 강재의 부식에 해로운 영향을 주는 경우, 동결작용이 있는 경우, 동상방지제를 사용하는 경우 • 해양콘크리트 구조물 중 해수 중에 있거나 극심하지 않은 해양환경에 있는 경우(가스, 액체, 고체)
고부식성 환경	• 강재의 부식에 현저하게 해로운 영향을 주는 경우 • 해양콘크리트 구조물 중 간만조위의 영향을 받거나 비말대에 있는 경우, 극심한 해풍의 영향을 받는 경우

(3) 허용균열폭

구분	건조 환경	습윤 환경	부식성 환경	고부식성 환경
철근	0.4mm와 $0.006c_c$ 중 큰 값	0.3mm와 $0.005c_c$ 중 큰 값	0.3mm와 $0.004c_c$ 중 큰 값	0.3mm와 $0.0035c_c$ 중 큰 값
긴장재	0.2mm와 $0.005c_c$ 중 큰 값	0.2mm와 $0.004c_c$ 중 큰 값	-	-

여기서, c_c는 최외단 주철근의 표면과 콘크리트 표면 사이의 콘크리트 최소 피복 두께(mm)

2. 처짐

(1) 일반사항
① 큰 처짐에 의하여 손상되기 쉬운 칸막이벽이나 기타 구조물을 지지하지 않는 1방향 구조물의 경우 최소 두께를 적용를 적용하여야 한다.
② 다만, 처짐계산에 의하여 최대허용처짐을 만족하는 경우 처짐을 계산하지 않는 경우의 보 또는 1방향 슬래브의 최소 두께를 적용할 필요가 없다.

(2) 처짐을 계산하지 않는 경우의 보 또는 1방향 슬래브의 최소두께

부재	최소 두께, h			
	단순 지지	1단 연속	양단 연속	캔틸레버
	큰 처짐에 의해 손상되기 쉬운 칸막이벽이나 기타 구조물을지지 또는 부착하지 않은 부재			
• 1방향 슬래브	$l/20$	$l/24$	$l/28$	$l/10$
• 보 • 리브가 있는 1방향 슬래브	$l/16$	$l/18.5$	$l/21$	$l/8$

이 표의 값은 보통중량콘크리트(= 2,300kg/m³)와 설계기준항복강도 400MPa 철근을 사용한 부재에 대한 값이며, 다른 조건에 대해서는 이 값을 다음과 같이 보정하여야 한다.
1) 1,500 ~ 2,000kg/m³ 범위의 단위질량을 갖는 구조용 경량콘크리트에 대해서는 계산된 값에 (1.65 - 0.00031)를 곱하여야 하나, 1.09 이상이어야 한다.
2) f_y가 400MPa 이외인 경우는 계산된 값에 $(0.43 + f_y/700)$를 곱하여야 한다.

(3) 처짐의 계산
① 하중의 작용에 의한 순간처짐은 부재강성에 대한 균열과 철근의 영향을 고려하여 **탄성처짐공식을 사용**하여 계산하여야 한다.
② 부재의 강성도를 엄밀한 해석 방법으로 구하지 않는 한, **부재의 순간처짐은 콘크리트 탄성계수 E_c(보통중량콘크리트 및 경량콘크리트)와 유효단면2차모멘트(I_e)를 이용**하여 구하여야 하며, 어느 경우라도 I_e는 I_g 이하이어야 한다.

③ 유효단면2차모멘트(I_e)

$$I_e = \left(\frac{M_{cr}}{M_a}\right)^3 I_g + \left[1 - \left(\frac{M_{cr}}{M_a}\right)^3\right] I_{cr}$$

(이때, 어느 경우라도 $I_e \leq I_g$)

여기서, $M_{cr} = \dfrac{f_r I_g}{y_t}$, $f_r = 0.63 \lambda \sqrt{f_{ck}}$

- M_{cr}: 외력에 의해 단면에서 휨균열을 일으키는 휨모멘트
- M_a: 처짐을 계산할 때 부재의 최대 휨모멘트
- I_g: 철근을 무시한 콘크리트 전체 단면의 중심축에 대한 단면2차모멘트
- I_{cr}: 균열 단면의 단면2차모멘트

④ 연속부재인 경우에 정 및 부모멘트에 대한 위험단면의 유효단면2차모멘트를 구하고 그 평균값을 사용할 수 있다.

(4) 장기처짐

① 일반 또는 경량콘크리트 휨부재의 크리프와 건조수축에 의한 추가 장기처짐은 해당 지속하중에 의해 생긴 순간처짐에 다음 계수를 곱하여 구할 수 있다.

② 장기처짐 산정식(λ_Δ)

$$\lambda_\Delta = \frac{\xi}{1 + 50\rho'}$$

- λ_Δ: 장기 추가처짐에 대한 계수
- ξ: 지속하중에 대한 시간경과계수
- ρ': 압축철근비

③ 지속하중에 대한 시간경과계수

구분	3개월	6개월	12개월	5년 이상
ξ	1.0	1.2	1.4	2.0

④ 총처짐(δ): 순간처짐(δ_i) + 장기처짐(δ_l) [$\delta_i + \delta_l = \delta_i + \delta_i \cdot \lambda_\Delta = \delta_i(1 + \lambda_\Delta)$]

(5) 최대 허용처짐

① 유효단면2차모멘트(I_e) 값과 장기처짐 효과를 고려하여 계산한 처짐량이 최대 허용처짐값 이하이어야 한다.

② 보행자 및 차량하중 등 동하중을 주로 받는 구조물의 최대 허용처짐
  ㉠ 단순 또는 연속경간의 부재는 활하중과 충격으로 인한 처짐이 경간의 1/800을 초과하지 않아야 한다. 다만, 부분적으로 보행자에 의해 사용되는 도시 지역의 교량의 경우 처짐은 경간의 1/1,000 이하이어야 한다.
  ㉡ 활하중과 충격으로 인한 캔틸레버의 처짐은 캔틸레버 길이의 1/300 이하이어야 한다. 다만, 보행자의 이용이 고려된 경우 처짐은 캔틸레버 길이의 1/375까지 허용된다.

③ 최대 허용처짐

부재형태	고려하여야 할 처짐	처짐한계
과도한 처짐에 의해 손상되기 쉬운 비구조 요소를 지지 또는 부착하지 않은 평지붕구조	활하중 L에 의한 순간처짐	$\dfrac{l}{180}$
과도한 처짐에 의해 손상되기 쉬운 비구조 요소를 지지 또는 부착하지 않은 바닥구조	활하중 L에 의한 순간처짐	$\dfrac{l}{360}$
과도한 처짐에 의해 손상되기 쉬운 비구조 요소를 지지 또는 부착한 지붕 또는 바닥구조	전체 처짐 중에서 비구조 요소가 부착된 후에 발생하는 처짐부분(모든 지속하중에 의한 장기처짐과 추가적인 활하중에 의한 순간처짐의 합)	$\dfrac{l}{480}$
과도한 처짐에 의해 손상될 염려가 없는 비구조 요소를 지지 또는 부착한 지붕 또는 바닥구조		$\dfrac{l}{240}$

(6) 2방향 구조

① 테두리보를 제외하고 슬래브 주변에 보가 없거나 보의 강성비가 0.2 이하일 경우, 슬래브의 최소 두께

설계기준 항복강도 (f_y)	지판이 없는 경우			지판이 있는경우		
	외부 슬래브		내부 슬래브	외부 슬래브		내부 슬래브
	테두리보가 없는 경우	테두리보가 있는 경우		테두리보가 없는 경우	테두리보가 있는 경우	
300	$l_n/32$	$l_n/35$	$l_n/35$	$l_n/35$	$l_n/39$	$l_n/39$
350	$l_n/31$	$l_n/34$	$l_n/34$	$l_n/34$	$l_n/37.5$	$l_n/37.5$
400	$l_n/30$	$l_n/33$	$l_n/33$	$l_n/33$	$l_n/36$	$l_n/36$
500	$l_n/28$	$l_n/31$	$l_n/31$	$l_n/31$	$l_n/33$	$l_n/33$
600	$l_n/26$	$l_n/29$	$l_n/29$	$l_n/29$	$l_n/31$	$l_n/31$

② 2방향 슬래브 최소두께
  ㉠ 지판이 없는 슬래브의 경우: 120mm
  ㉡ 지판을 가진 슬래브의 경우: 100mm

2 내구성 설계기준

1. 내구성 설계

(1) 설계 일반사항
  ① 콘크리트 구조는 주어진 주변 환경조건에서 설계 공용기간 동안에 안전성, 사용성, 내구성, 미관을 갖도록 설계, 시공, 유지관리하여야 한다.
  ② 설계 착수 전에 구조물 발주자와 설계자는 구조물의 중요도, 환경조건, 구조거동, 유지관리방법 등을 고려하여 공학적으로 검증된 방법을 통해 구조물의 내구성능을 확보할 수 있는 방안을 강구하여야 한다.

(2) 내구성 설계기준
  ① **해풍, 해수, 제빙화학제, 황산염 및 기타 유해물질에 노출된 콘크리트**는 노출등급에 따라 내구성 확보를 위한 요구조건을 만족하는 콘크리트를 사용하여야 한다.
  ② 설계자는 구조물의 내구성을 확보할 수 있는 적절한 설계기법을 결정하여야 한다.

③ 설계 초기단계에서 구조적으로 환경에 민감한 구조 배치를 피하고, **유지관리 및 점검을 위하여 접근이 용이한 구조 형상을 선정**하여야 한다.
④ 구조물이나 부재의 외측 표면에 있는 콘크리트의 품질이 보장될 수 있도록 하여야 한다. 다지기와 양생이 적절하여 밀도가 크고, 강도가 높고, **투수성이 낮은 콘크리트를 시공**하고 **피복 두께를 확보**하여야 한다.
⑤ 구조물의 모서리나 부재 연결부 등의 건전성 확보를 위한 철근콘크리트 및 프리스트레스트콘크리트 구조요소의 구조 상세가 적절하여야 한다.
⑥ 고부식성 환경조건에 있는 구조는 표면을 보호하여 내구성을 증진시켜야 한다.
⑦ 설계자는 내구성에 관련된 콘크리트 재료, 피복 두께, 철근과 긴장재, 처짐, 균열, 피로 및 기타 사항에 대한 제반 규정을 모두 검토하여야 한다.

(3) 노출범주 및 등급, 노출등급에 따른 최소 설계기준압축강도

구분	등급	조건	설계기준강도
일반	E0	콘크리트 손상, 철근 부식이 없는 경우	21
EC (탄산화)	EC1	건조, 수분으로부터 보호, 영구적으로 습윤한 콘크리트	21
	EC2	습윤하고 드물게 건조되는 콘크리트	24
	EC3	보통 정도의 습도에 노출되는 콘크리트	27
	EC4	건습이 반복되는 콘크리트	30
ES (해양환경, 제빙화확제 등 염화물)	ES1	보통 정도의 습도에서 대기 중의 염화물에 노출	30
	ES2	습윤하고 드물게 건조되며 염화물에 노출되는 콘크리트	30
	ES3	항상 해수에 침지되는 콘크리트	35
	ES4	건습이 반복되면서 해수 또는 염화물에 노출되는 콘크리트	35
EF (동결융해)	EF1	간혹 수분과 접촉, 동결융해의 반복작용	24
	EF2	간혹 수분과 접촉, 염화물에 노출, 동결융해의 반복작용	27
	EF3	지속적으로 수분과 접촉, 동결융해의 반복작용	30
	EF4	지속적으로 수분과 접촉, 염화물에 노출, 동결융해의 반복작용	30
EA (황산염)	EA1	보통 수준의 황산염이온에 노출되는 콘크리트	27
	EA2	유해한 수준의 황산염이온에 노출되는 콘크리트	30
	EA3	매우 유해한 수준의 황산염이온에 노출되는 콘크리트	30

2. 보수 · 보강 및 유지관리

(1) 설계 일반사항
① 콘크리트 구조물은 주어진 주변 환경조건에서 목표 수명기간 동안에 안전성, 사용성, 내구성, 미관을 갖도록 유지관리하여야 한다.
② 완공된 콘크리트 구조물은 정기적인 점검과 필요할 때 보수 · 보강을 통하여 본래의 기능을 유지하고 사용자의 편익과 안전을 도모할 수 있도록 관리하여야 한다.
③ 균열이 발생한 구조물에 대하여 균열 발생의 원인 및 그 유해성에 관한 검토가 필요할 때에는 사용성설계기준(부록)에서 제시하고 있는 방법에 따라 검토하여 제반 조치를 강구하여야 한다.
④ 기존 구조물의 안전성 평가는 안전성 평가기준(KDS 14 20 90)에 따라 수행하여야 한다.
⑤ 구조물의 안전을 점검하기 위한 안전진단과 보수 · 보강 설계는 책임구조기술자에 의해 수행되어야 한다.

(2) 보수 · 보강 설계
　① 손상된 콘크리트 구조물에서 안전성, 사용성, 내구성, 미관 등의 **기능을 회복시키기 위한 보수**는 타당한 보수설계에 근거하여야 한다.
　② 기존 구조물에서 **내하력을 회복 또는 증가시키기 위한 보강**은 타당한 보강설계에 근거하여야 한다.
　③ 보수 · 보강 설계를 할 때는 구조체를 조사하여 손상 원인, 손상 정도, 저항내력 정도를 파악하고 구조물이 처한 환경조건, 하중조건, 필요한 내력, 보수 · 보강의 범위와 규모를 정하며, 보수 · 보강재료를 선정하여 단면 및 부재를 설계하고, 적절한 보수 · 보강시공법을 검토하여야 한다.
　④ 보강설계를 할 때에는 보강 후의 **구조 내하력 증가** 외에 사용성과 내구성 등의 성능 향상을 고려하여야 한다.
　⑤ 책임구조기술자는 보수 · 보강 공사에서 품질을 확보하기 위하여 공정별로 품질관리검사를 시행하여야 한다.

3 기존 콘크리트구조물의 안정성 평가기준

1. 설계 일반사항

(1) 안정성 조사
　① 구조 부재의 치수는 **위험단면에서 확인**하여야 한다.
　② 철근, 용접철망 또는 긴장재의 위치 및 크기는 **계측에 의해 위험단면에서 결정**하여야 한다.
　③ 도면의 내용이 표본조사에 의해 확인된 경우에는 도면에 근거하여 철근의 위치를 결정할 수 있다.

(2) 강도의 평가
　① 콘크리트 강도의 검토: 코어시험편 또는 공시체에 대한 **압축강도시험 결과**를 이용하여 적절한 평가입력값을 구하여야 한다.
　② 철근 및 긴장재 강도의 검토: 대상 구조물에서 채취한 시료를 사용하여 **인장시험**으로 결정

2. 평가 입력값

(1) 평가 입력값
　① 구조치수, 재료, 하중: 조사 및 시험에 의해 측정한 값을 근거로 결정
　② 구조제원 및 치수: 구조물의 제원, 부재치수 등 치수의 평가입력값은 가능한 측정한 값을 사용
　③ 재료의 평가 입력값
　　㉠ 조사 및 시험을 거쳐 얻어진 재료강도의 측정값을 이용
　　㉡ 콘크리트의 평가입력값 산정시 고려사항
　　　ⓐ 배합강도와 실제 강도의 차이
　　　ⓑ 표준공시체 강도와 현장콘크리트 강도의 차이
　　　ⓒ 재령에 따른 강도변화
　　　ⓓ 콘크리트의 열화에 의한 강도변화
　　　ⓔ 시험 방법에 따른 불확실성 등을 고려
　④ 철근 및 긴장재의 평가입력값: 현장조사 결과에 의한 측정값을 이용하여 결정하는 것을 원칙으로 한다.

(2) 평가를 위한 강도감소계수
　① 단면 크기나 재료 특성은 규정한 강도감소계수를 증가시킬 수 있다(다만, 강도감소계수는 다음 값을 초과할 수 없음).
　② 평가를 위한 강도감소계수
　　㉠ 인장지배단면 및 압축지배단면: 1.0
　　㉡ 나선철근으로 보강된 부재: 0.85
　　㉢ 기타부재, 전단력 및 비틀림모멘트, 콘크리트에 작용한 지압력: 0.80

(3) 평가를 위한 하중 및 하중계수
　① 구조물에 작용하는 실제의 하중을 별도로 조사할 필요는 없으나, 보다 정밀한 평가를 위하여 하중조사를 수행한 경우에는 평가에서 이를 반영할 수 있다.
　② 구조물의 평가를 위한 하중의 크기를 정밀 현장 조사에 의하여 확인하는 경우에는, 구조물의 소요강도를 구하기 위한 하중조합에서 **고정하중과 활하중의 하중계수는 5%만큼 감소**시킬 수 있다.

3. 구조물의 안전성 평가방법

(1) 해석에 의한 평가
　① 구조물의 부재치수와 상세, 재료특성, 부재의 손상 및 열화에 의한 단면의 손실과 재료강도의 저하 및 기타 주요 구조조건을 실제 상태 파악을 위한 **현장조사를 수행**하여야 한다.
　② 기존 구조물의 안전성 조사는 그 **구조물의 노후, 손상 정도를 고려**하여 시행하여야 하며, 구조기준에 합당한 설계 및 안전에 관한 제반 요구사항을 만족시켜야 한다.

(2) 재하시험에 의한 평가
　① 재하시험의 목적은 구조물 또는 부재의 **실제 내하력을 정량화하여 안전성을 평가**하기 위함이며, 재하시험의 결과는 안전성 판단에 직접 적용하거나 해석적인 방법으로 평가된 구조물의 내하력을 보완하는데 적용하여야 한다.
　② 책임구조기술자는 재하시험 전에 재하하중, 계측, 시험조건, 수치해석 등을 포함한 재하시험 계획을 수립하여 구조물의 소유주 또는 관리 주체의 승인을 받아야 한다.
　③ 재하시험을 수행하기 전에 **해석적인 평가를 수행**하여야 한다.
　④ 재하시험 대상 구조물 또는 부재의 재료가 충분히 설계강도에 도달할 수 있는 재령일이 확보된 이후에 수행하여야 한다.
　⑤ 건물에서 부재의 안전성을 재하시험 결과에 근거하여 직접 평가할 경우에는 **보, 슬래브 등과 같은 휨부재의 안전성 검토에만 적용**할 수 있다.
　⑥ 구조물의 일부분만을 재하할 경우, 내하력이 의심스러운 부분의 예상 취약 원인을 충분히 확인할 수 있는 적절한 방법으로 실시하여야 한다.

제7장 철근상세 설계기준

1 철근의 가공

1. 표준갈고리

(1) 주철근

① 180° 표준갈고리: 구부린 반원 끝에서 $4d_b$ 이상, 또한 60mm 이상 연장

② 90° 표준갈고리: 구부린 끝에서 $12d_b$ 이상 연장

(2) 스터럽과 띠철근

① 90° 표준갈고리

㉠ D16 이하의 철근은 구부린 끝에서 $6d_b$ 이상 연장

㉡ D19, D22 및 D25 철근은 구부린 끝에서 $12d_b$ 이상 연장

② 135° 표준갈고리: D25 이하의 철근은 구부린 끝에서 $6d_b$ 이상 연장

2. 구부림의 최소 내면반지름

(1) 주철근

90° 표준갈고리, 180° 표준갈고리에 적용

철근 크기	최소내면반지름
D10 ~ D25	$3d_b$
D29 ~ D35	$4d_b$
D38 이상	$5d_b$

(2) 스터럽과 띠철근

철근 크기	최소내면반지름
D16 이하의 철근	$2d_b$ 이상
D19 이상의 철근	주철근 표준갈고리 내면반지름 기준 적용

(3) 용접철망
① 지름이 7mm 이상인 이형철선은 $2d_b$
② 그 밖의 철선은 d_b 이상
③ $4d_b$보다 작은 내면 반지름으로 구부리는 경우에는 가장 가까이 위치한 용접 교차점부터 $4d_b$ 이상 떨어져서 철망을 구부려야 한다.

(4) 철근 구부리기 일반사항
① 책임구조기술자가 승인한 경우를 제외하고 모든 철근은 상온에서 구부려야 한다.
② 콘크리트 속에 일부가 묻혀 있는 철근은 현장에서 구부리지 않도록 하여야 한다.

2 철근의 배치

1. 철근의 배치

(1) 원칙
① 철근, 긴장재 및 덕트는 콘크리트를 치기 전에 정확하게 배치되고 움직이지 않도록 적절하게 지지되어야 하며, 시공이 편리하도록 배치되어야 한다.
② 철근, 긴장재 및 덕트는 허용오차 이내에서 규정된 위치에 배치하여야 한다.
③ 철근조립을 위해 교차되는 철근은 용접할 수 없다(다만, 책임구조기술자가 승인한 경우에는 용접할 수 있음).

(2) 허용오차
① 휨부재, 벽체, 압축부재에서의 유효깊이 d에 대한 허용오차 및 콘크리트 최소피복두께

유효깊이(d)	허용범위	콘크리트 최소 피복두께
$d \leq 200mm$	± 10mm	10mm
$d > 200mm$	± 13mm	13mm

② 종방향으로 철근을 구부리거나 철근이 끝나는 단부의 허용오차는 ±50 mm이다.
③ 다만, 브래킷과 내민받침의 불연속단에서 허용오차는 ±13 mm이며 그 밖의 부재의 불연속단에서 허용오차는 ±25 mm이다.

2. 간격제한

(1) 간격제한 일반사항
① 동일 평면에서 평행한 철근 사이의 수평 순간격은 **25mm 이상, 철근의 공칭지름 이상**으로 하여야 한다.
② 또한 **굵은 골재 공칭최대치수**의 규정도 만족하여야 한다.
③ **상단과 하단에 2단 이상으로 배치**된 경우 상하 철근은 동일 **연직면 내에 배치**되어야 하고, 이때 상하 철근의 순간격은 **25mm 이상**으로 하여야 한다.
④ 철근의 순간격에 대한 규정은 서로 접촉된 겹침이음 철근과 인접된 이음철근 또는 연속철근 사이의 순간격에도 적용하여야 한다.

> **참고**
>
> **굵은 골재 공칭최대치수**
> ① 거푸집 양 측면 사이의 최소 거리의 1/5
> ② 슬래브 두께의 1/3
> ③ 개별 철근, 다발철근, 긴장재 또는 덕트 사이 최소 순간격의 3/4 → 굵은 골재 최대치수의 4/3 이상

(2) 압축부재의 간격제한
  ① 축방향 철근의 순간격은 40mm 이상
  ② 철근 공칭 지름의 1.5배 이상

(3) 벽체 및 슬래브의 간격제한
  ① 벽체나 슬래브 두께의 3배 이하
  ② 450mm 이하
  ③ 다만, 콘크리트 장선구조의 경우 이 규정이 적용되지 않는다.

3. 다발철근 및 긴장재·덕트의 기타사항

(1) 다발철근의 간격제한
  ① 2개 이상의 다발철근은 이형철근으로, 그 개수는 **4개 이하**이어야 하며, 이들은 스터럽이나 띠철근으로 둘러싸여져야 한다.
  ② 휨부재의 경간 내에서 끝나는 한 다발철근 내의 개개 철근은 $40d_b$ 이상 서로 엇갈리게 끝나야 한다.
  ③ 다발철근의 간격과 최소 피복 두께를 철근지름으로 나타낼 경우, 다발철근의 지름은 **등가단면적으로 환산된 한 개의 철근지름**으로 보아야 한다.
  ④ 보에서 **D35를 초과**하는 철근은 다발로 사용할 수 없다.

(2) 긴장재와 덕트의 간격제한
  ① 프리텐셔닝 긴장재의 중심 간격
    ㉠ 강선의 경우: $5d_b$ 이상
    ㉡ 강연선의 경우: $4d_b$ 이상
    ㉢ 다만, 프리스트레스를 도입할 때 콘크리트의 설계기준압축강도가 27MPa보다 크면 공칭지름이 13mm 이하인 강연선에 대하여 최소 중심 간격 45mm를, 공칭지름이 15mm 이상인 강연선에 대하여 최소 중심 간격 50mm를 확보하여야 하고, 또한 굵은 골재 최대치수의 규정도 만족하여야 한다.
  ② 포스트텐셔닝 부재의 경우 콘크리트를 치는 데 지장이 없고 긴장할 때 긴장재가 덕트를 파손하지 않도록 조치한 경우, 덕트를 다발로 사용할 수 있다.

3 최소 피복두께

1. 최소 피복두께의 정의 및 확보 목적

(1) 피복두께(cover thickness)의 정의
 철근 콘크리트 또는 철골철근 콘크리트 단면에서 최외측의 철근, 긴장재, 강재표면과 콘크리트부재 표면까지의 최단거리

(2) 피복두께의 확보 목적
 ① 철근콘크리트 구조물의 내구성 확보
 ② 철근의 내화성 확보
 ③ 철근과 콘크리트와의 부착강도 향상
 ④ 콘크리트의 유동성 확보

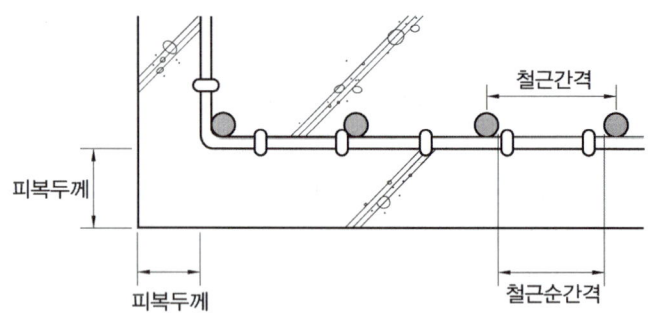

2. 프리스트레스하지 않는 부재의 현장치기콘크리트

구분			피복두께
수중에서 치는 콘크리트			100 mm
흙에 접하여 콘크리트를 친 후 영구히 흙에 묻혀 있는 콘크리트			75 mm
흙에 접하거나 옥외의 공기에 직접 노출되는 콘크리트	D19 이상의 철근		50 mm
	D16 이하의 철근, 지름 16mm 이하의 철선		40 mm
옥외의 공기나 흙에 직접 접하지 않는 콘크리트	슬래브, 벽체, 장선	D35 초과하는 철근	40 mm
		D35 이하인 철근	20 mm
	보, 기둥 (콘크리트의 설계기준압축강도 f_{ck}가 40MPa 이상인 경우 규정된 값에서 10mm 저감시킬 수 있음)		40 mm
	쉘, 절판부재		20 mm

3. 프리스트레스하는 부재의 현장치기콘크리트

구분			피복두께
흙에 접하여 콘크리트를 친 후 영구히 흙에 묻혀 있는 콘크리트			75 mm
흙에 접하거나 옥외의 공기에 직접 노출되는 콘크리트	벽체, 슬래브, 장선구조		30 mm
	기타부재		40 mm
옥외의 공기나 흙에 직접 접하지 않는 콘크리트	슬래브, 벽체, 장선		20 mm
	보, 기둥	주철근	40 mm
		띠철근, 스터럽, 나선철근	30 mm
	쉘, 절판부재	D19 이상의 철근	d_b
		D16 이하의 철근, 지름 16mm 이하의 철선	10 mm

4. 프리캐스트 콘크리트

구분		피복두께
흙에 접하거나 옥외의 공기에 직접 노출되는 콘크리트		
벽체	D35를 초과하는 철근 및 지름 40 mm를 초과하는 긴장재	40 mm
	D35 이하의 철근, 지름 40 mm 이하인 긴장재 및 지름 16 mm 이하의 철선	20 mm
기타 부재	D35를 초과하는 철근 및 지름 40 mm를 초과하는 긴장재	50 mm
	D19 이상, D35 이하의 철근 및 지름 16 mm를 초과하고 지름 40 mm 이하인 긴장재	40 mm
	D16 이하의 철근, 지름 16 mm 이하의 철선 및 지름 16 mm 이하인 긴장재	30 mm
옥외의 공기나 흙에 직접 접하지 않는 콘크리트		
슬래브, 벽체, 장선구조	D35를 초과하는 철근 및 지름 40 mm를 초과하는 긴장재	30 mm
	D35 이하의 철근 및 지름 40 mm 이하인 긴장재	20 mm
	지름 16 mm 이하의 철선	15 mm
보, 기둥	주철근(다만, 15mm 이상이어야 하고, 40mm 이상일 필요는 없음)	d_b
	띠철근, 스터럽, 나선철근	10 mm
셸, 절판부재	긴장재	20 mm
	D19 이상의 철근	15 mm 또는 $0.5d_b$ 중 큰 값
	D16 이하의 철근, 지름 16 mm 이하의 철선	10 mm

5. 다발철근 및 특수환경에 노출되는 콘크리트

(1) 다발철근의 최소 피복두께

① 다발철근의 피복두께는 **50mm**와 다발철근의 등가지름 중 작은 값 이상이라야 한다.

② 다만, 흙에 접하여 콘크리트를 친 후 영구히 흙에 묻혀 있는 경우는 피복두께를 **75mm 이상**, 수중에서 콘크리트를 친 경우는 **100mm 이상**으로 하여야 한다.

(2) 특수 환경에 노출되는 콘크리트

① 해수 또는 해수 물보라, 제빙화학제 등 염화물에 노출되어 철근 또는 긴장재의 부식이 우려되는 환경

구분			피복두께
현장치기 콘크리트	㉠ 벽체, 슬래브		50 mm
	㉡ ㉠ 외의 모든 부재	노출등급 EC1, EC2	60 mm
		노출등급 EC3	70 mm
		노출등급 EC4	80 mm
프리캐스트콘크리트	㉠ 벽체, 슬래브		40 mm
	㉡ ㉠ 외의 모든 부재		50 mm

② **부분균열등급** 또는 **완전균열등급**의 프리스트레스트콘크리트 부재는 최소 피복 두께를 규정된 최소 피복 두께의 **50% 이상** 증가시켜야 한다. 다만, 프리스트레스된 인장영역이 지속하중을 받을 때 압축응력을 유지하고 있는 경우에는 최소 피복 두께를 증가시키지 않아도 된다.

③ 내화를 필요로 하는 구조물의 피복 두께는 화열의 온도, 지속시간, 사용골재의 성질 등을 고려하여 정하여야 하며, 규정된 최소 피복 두께보다 더 큰 값이 요구될 때에는 동등한 내화성능의 재료나 피복 재료를 사용하거나 피복 두께의 값을 증가시켜야 한다.

4 부재의 횡철근

1. 휨부재의 횡철근

(1) 보의 압축철근
  ① 띠철근이나 스터럽 또는 등가의 단면적을 갖는 용접철망으로 둘러싸여져야 한다.
  ② 띠철근이나 스터럽은 압축철근이 배치되는 전 구간에 배치되어야 한다.

(2) 받침부에서 응력의 반전 또는 비틀림을 받는 휨 골조부재의 횡철근
  휨보강철근 주위까지 연장시킨 **폐쇄띠철근, 폐쇄스터럽 또는 나선철근**으로 하여야 한다.

(3) 폐쇄띠철근 또는 폐쇄스터럽
  ① 종방향 철근 주위를 한 가닥의 스터럽 또는 띠철근으로 한 바퀴 돌려서 종방향 철근 위치에서 교차시키면서 표준갈고리로 중첩시켜 만들거나,
  ② 한 가닥 또는 두 가닥의 철근을 B급 이음($1.3l_d$ 이음)으로 **겹침이음한 형태**로 만들거나 또는 정착 및 이음 설계기준에 따라 정착시켜 만들어야 한다.

2. 압축부재의 횡철근

(1) **압축부재에 사용되는 나선철근**
  ① 나선철근의 설계기준항복강도(f_{yt})는 **700MPa 이하**로 하여야 하며, 400MPa을 초과하는 경우에는 겹침이음을 할 수 없다.
  ② 현장치기콘크리트 공사에서 **나선철근 지름은 10mm 이상**으로 하여야 한다.
  ③ 나선철근의 순간격은 **25mm 이상, 75mm 이하**이어야 한다.
  ④ 나선철근의 정착은 나선철근의 끝에서 추가로 **1.5 회전만큼 더 확보**하여야 한다.
  ⑤ 확대기초판 또는 기초 슬래브의 윗면에서 그 위에 지지된 부재의 최하단 수평철근까지 연장되어야 한다.
  ⑥ 보 또는 브래킷이 기둥의 모든 면에 연결되어 있지 않을 때에는 나선철근이 끝나는 점부터 슬래브 또는 지판, 기둥전단머리 밑면까지 추가 띠철근을 배치하여야 한다.
  ⑦ 기둥머리가 있는 기둥의 나선철근은 기둥머리의 지름이나 폭이 기둥의 지름이나 폭의 2배가 되는 곳까지 연장되어야 한다.
  ⑧ 나선철근은 수직간격재에 의해 제 위치에 단단하고 곧게 조립되어야 한다.

(2) 압축부재에 사용되는 띠철근
   ① D32 이하의 축방향 철근은 D10 이상의 띠철근으로, D35 이상의 축방향 철근과 다발철근은 D13 이상의 띠철근으로 둘러싸야 하며, 띠철근 대신 등가단면적의 이형철선 또는 용접철망을 사용할 수 있다.
   ② 띠철근의 수직간격은 축방향 철근지름의 16배 이하, 띠철근이나 철선지름의 48배 이하, 또한 기둥단면의 최소 치수의 1/2 이하로 하여야 한다. 단, 200mm보다 좁을 필요는 없다.
   ③ 모든 모서리 축방향 철근과 하나 건너 위치하고 있는 축방향 철근들은 135° 이하로 구부린 띠철근의 모서리에 의해 횡지지되어야 한다.
   ④ 띠철근을 따라 횡지지된 인접한 축방향 철근의 순간격이 150mm 이상 떨어진 경우에는 추가 띠철근을 배치하여 축방향 철근을 횡지지하여야 한다. 또한 축방향 철근이 원형으로 배치된 경우에는 원형 띠철근을 사용할 수 있다. 이때 원형 띠철근을 150mm 이상 겹쳐서 표준갈고리로 기둥주근을 감싸야 한다.
   ⑤ 기초판 또는 슬래브의 윗면에 연결되는 압축부재의 **첫 번째 띠철근 간격**은 다른 띠철근 간격의 1/2 이하로 하여야 하고, 슬래브나 지판, 기둥전단머리에 배치된 **최하단 수평철근 아래에 배치되는 첫 번째 띠철근**도 다른 띠철근 간격의 1/2 이하로 하여야 한다.
   ⑥ 보 또는 브래킷이 기둥의 4면에 연결되어 있는 경우에 가장 낮은 보 또는 브래킷의 최하단 수평철근 아래에서 75mm 이내에서 띠철근 배치를 끝낼 수 있다. 단, 이때 보의 폭은 해당 기둥면 폭의 1/2 이상이어야 한다.
   ⑦ 앵커볼트가 기둥 상단이나 주각 상단에 위치한 경우에 앵커볼트는 기둥이나 주각의 적어도 4개 이상의 수직철근을 감싸고 있는 횡방향 철근에 의해 둘러싸여져야 한다. 횡방향 철근은 기둥 상단이나 주각 상단에서 125mm 이내에 배치하고 적어도 2개 이상의 D13 철근이나 3개 이상의 D10 철근으로 구성되어야 한다.

(3) **압축부재에 횡철근의 역할**
   ① 콘크리트 타설작업 중의 **종방향 철근의 위치 확보**
   ② 장주의 좌굴현상을 저감시키고 피복두께의 탈락을 방지
   ③ 전단에 대한 저항성을 개선

5 철근의 정착

1. 철근의 부착과 정착

(1) 철근의 부착과 정착
① 부착: 철근과 콘크리트 경계면에서 활동에 저항하는 성질
② 정착: 철근이 콘크리트로부터 빠져나오는 것에 저항하는 성질

(2) 철근의 부착에 영향을 미치는 요인
① 철근의 표면상태: 원형철근보다 **이형철근이 부착강도에 유리**하며, 약간 녹이 슬어 **거친 표면의 철근이** 부착에 유리
② 철근의 직경: 동일한 철근비를 사용할 경우 굵은 철근보다 **가는 철근을 여러 개 사용**하는 것이 부착에 유리
③ 콘크리트의 강도
  ㉠ 콘크리트의 강도가 높을수록 부착에 유리
  ㉡ 부착은 콘크리트 인장강도와 밀접한 관계가 있다.
④ 철근의 묻힌 위치 및 방향
  ㉠ 블리딩(bleeding) 현상 때문에 수평철근보다는 **연직철근이 부착에 유리**
  ㉡ 수평철근이라도 상부철근보다 **하부철근이 부착에 유리**
⑤ 철근의 피복두께
  ㉠ 부착강도를 확보하기 위해 충분한 피복두께 확보가 필요
  ㉡ 피복두께가 부족할 경우 할렬로 인한 부착파괴를 유발한다.
⑥ 콘크리트의 다짐정도가 충분할수록 부착강도에 유리

2. 철근의 정착

(1) 정착 일반사항
① 철근콘크리트 부재 각 단면의 철근에 작용하는 인장력 또는 압축력이 단면의 양 측에서 발휘될 수 있도록 묻힘길이, 갈고리, 기계적 정착 또는 이들의 조합에 의하여 철근을 정착하여야 한다.
② 갈고리는 압축철근의 정착에 유효하지 않은 것으로 본다.
③ $\sqrt{f_{ck}}$ 값은 8.4MPa를 초과하지 않아야 한다.

(2) 인장 이형철근 및 이형철선의 정착
① 인장 이형철근 및 이형철선의 정착길이
  ㉠ 정착길이(l_d) = 기본정착길이(l_{db}) × 보정계수
  ㉡ 정착길이는 **항상 300mm 이상**이어야 한다.

② 기본정착길이 및 정착길이 산정식

㉠ 정착길이 = 기본정착길이 × 보정계수 → $l_d = l_{db} = \dfrac{0.6 d_b f_y}{\lambda \sqrt{f_{ck}}} \times \alpha\beta$

㉡ 정착길이: $l_d = \dfrac{0.90 d_b f_y}{\lambda \sqrt{f_{ck}}} \dfrac{\alpha\beta\gamma}{\left(\dfrac{c + K_{tr}}{d_b}\right)}$

㉢ $\sqrt{f_{ck}} \leq 8.4 \text{MPa}$

- d_b: 철근, 철선의 공칭지름, mm
- f_y: 철근의 설계기준항복강도, MPa
- f_{ck}: 콘크리트의 설계기준압축강도, MPa
- λ: 경량콘크리트계수
- α: 철근배치 위치계수
- β: 도막계수
- γ: 철근 또는 철근의 크기계수
- c: 철근간격 또는 피복두께에 관련된 치수
- K_{tr}: 횡방향 철근지수 = $\left(K_{tr} = \dfrac{40 \cdot A_{tr}}{s \cdot n}\right)$

③ 보정계수

구분	D19 이하의 철근과 이형철선	D22 이상의 철근
정착되거나 이어지는 철근의 순간격이 d_b 이상이고, 피복 두께도 d_b 이상이면서 l_d 전 구간에 이 기준에서 규정된 최소 철근량 이상의 스터럽 또는 띠철근을 배치한 경우 또는 정착되거나 이어지는 철근의 순간격이 $2d_b$ 이상이고 피복 두께가 d_b 이상인 경우	$0.8\alpha\beta$	$\alpha\beta$
기타	$1.2\alpha\beta$	$1.5\alpha\beta$

㉠ 철근배치 위치계수(α)

구분	보정계수
상부 철근(정착길이 또는 겹침이음부 아래 300mm를 초과되게 굳지 않은 콘크리트를 친 수평철근)	1.3
기타 철근	1.0

㉡ 도막계수(β)

구분	보정계수
피복 두께가 $3d_b$ 미만 또는 순간격이 $6d_b$ 미만인 에폭시 도막 혹은 아연 - 에폭시 이중 도막 철근 또는 철선	1.5
기타 에폭시 도막 혹은 아연 - 에폭시 이중 도막 철근 또는 철선	1.2
아연도금 혹은 도막되지 않은 철근 또는 철선	1.0

ⓒ 철근 또는 철선의 크기계수(γ)

구분	보정계수
D19 이하의 철근과 이형철선	0.8
D22 이상의 철근	1.0

ⓓ 철근 간격 또는 피복 두께에 관련된 치수(c): 철근 또는 철선의 중심부터 콘크리트 표면까지 최단거리 또는 정착되는 철근 또는 철선의 중심간 거리의 1/2 중 작은 값을 사용하여 mm 단위로 나타낸다.

ⓔ 횡방향 철근지수(K_{tr}): 횡방향 철근이 배치되어 있더라도 설계를 간편하게 하기 위해 $K_{tr} = 0$으로 사용할 수 있다.

(3) 압축 이형철근의 정착

① 정착길이(l_d) = 기본정착길이(l_{db}) × 보정계수

② 정착길이(l_d)는 **항상 200mm 이상**이어야 한다.

③ 기본정착길이 산정식

$$l_{db} = \frac{0.25 d_b f_y}{\lambda \sqrt{f_{ck}}} \geq 0.043\, d_b f_y$$

$$(\sqrt{f_{ck}} \leq 8.4\text{MPa})$$

- d_b: 철근, 철선의 공칭지름, mm
- f_y: 철근의 설계기준항복강도, MPa
- f_{ck}: 콘크리트의 설계기준압축강도, MPa
- β: 도막계수
- λ: 경량콘크리트계수

④ 기본정착길이 보정계수

ⓐ 해석 결과 요구되는 철근량을 초과하여 배치한 경우: $\left(\dfrac{\text{소요} A_s}{\text{배근} A_s} \right)$

ⓑ 지름이 6mm 이상이고 나선 간격이 100mm 이하인 나선철근 또는 중심 간격 100mm 이하로 배치된 D13 띠철근으로 둘러싸인 압축 이형철근: 0.75

(4) 표준갈고리를 갖는 인장 이형철근의 정착
  ① 정착길이(l_d) = 기본정착길이(l_{db}) × 보정계수
  ② 정착길이(l_{dh})는 항상 $8d_b$ 이상, 또한 150mm 이상이어야 한다.
  ③ 기본정착길이 산정식

$$l_{db} = \frac{0.24\beta d_b f_y}{\lambda \sqrt{f_{ck}}} \geq 8d_b \text{ 또는 } 150mm$$

$$(\sqrt{f_{ck}} \leq 8.4\text{MPa})$$

- d_b: 철근, 철선의 공칭지름, mm
- f_y: 철근의 설계기준항복강도, MPa
- f_{ck}: 콘크리트의 설계기준압축강도, MPa
- β: 도막계수
- λ: 경량콘크리트계수

④ 보정계수

구분	보정계수
D35 이하 철근에서 갈고리 평면에 수직방향인 측면 피복 두께가 70mm 이상이며, 90°갈고리에 대해서는 갈고리를 넘어선 부분의 철근 피복 두께가 50mm 이상인 경우	0.7
D35 이하 90°갈고리 철근에서 정착길이 l_{dh} 구간을 $3d_b$ 이하 간격으로 띠철근 또는 스터럽이 정착되는 철근을 수직으로 둘러싼 경우 또는 갈고리 끝 연장부와 구부림부의 전 구간을 $3d_b$ 이하 간격으로 띠철근 또는 스터럽이 정착되는 철근을 평행하게 둘러싼 경우	0.8
D35 이하 180°갈고리 철근에서 정착길이 l_{dh} 구간을 $3d_b$ 이하 간격으로 띠철근 또는 스터럽이 정착되는 철근을 수직으로 둘러싼 경우	0.8
전체 f_y를 발휘하도록 정착을 특별히 요구하지 않는 단면에서 휨철근이 소요철근량 이상 배치된 경우	$\left(\dfrac{\text{소요}A_s}{\text{배근}A_s}\right)$

다만, 상기 나와 다에서 첫 번째 띠철근 또는 스터럽은 갈고리의 구부러진 부분 바깥면부터 $2d_b$ 이내에서 갈고리의 구부러진 부분을 둘러싸야 한다.

⑤ 갈고리는 압축을 받는 경우 철근정착에 유효하지 않은 것으로 보아야 한다.
⑥ 부재의 불연속단에서 갈고리 철근의 양 측면과 상부 또는 하부의 피복 두께가 70mm 미만으로 표준갈고리에 의해 정착되는 경우에 전 정착길이(l_{dh}) 구간에 $3d_b$ 이하 간격으로 띠철근이나 스터럽으로 갈고리 철근을 둘러싸야 한다. 이때 첫 번째 띠철근 또는 스터럽은 갈고리의 구부러진 부분 바깥 면부터 $2d_b$ 이내에서 갈고리의 구부러진 부분을 둘러싸야 한다. 이때 상기 ③의 나와 다의 보정계수 0.8을 적용할 수 없다.
⑦ 설계기준항복강도가 550 MPa을 초과하는 철근을 사용하는 경우에는 상기 ③의 나와 다의 보정계수 0.8을 적용할 수 없다.

(5) 확대머리 이형철근 및 기계적 인장 정착
① 정착길이(l_d) = 기본정착길이(l_{db}) × 보정계수
② 정착길이(l_{dh})는 **항상 $8d_b$ 이상, 또한 150mm 이상**이어야 한다.
③ 확대머리의 순지압면적(A_{brg})은 $4A_b$ 이상이어야 한다.
④ 확대머리 이형철근은 경량콘크리트에 적용할 수 없으며, **보통중량콘크리트에만 사용**한다.
⑤ 기본정착길이 산정식
　　㉠ 최상층을 제외한 부재 접합부에 정착된 경우

$$l_{dt} = \frac{0.22\beta d_b f_y}{\psi \sqrt{f_{ck}}}$$

$$\psi = 0.6 + 0.3\frac{c_{so}}{d_b} + 0.38\frac{K_{tr}}{d_b} \leq 1.375$$

$$(\sqrt{f_{ck}} \leq 8.4\text{MPa})$$

- d_b: 철근, 철선의 공칭지름, mm
- f_y: 철근의 설계기준항복강도, MPa
- f_{ck}: 콘크리트의 설계기준압축강도, MPa
- β: 도막계수
- ψ: 측면피복과 횡보강철근에 의한 영향계수
- c_{so}: 철근표면에서의 측면피복두께
- λ: 경량콘크리트계수

위 식을 적용하기 위해서는 다음의 ⓐ부터 ⓔ까지 조건을 만족하여야 한다.
ⓐ **철근 순피복두께는 $1.35d_b$ 이상**이어야 한다.
ⓑ **철근 순간격은 $2d_b$ 이상**이어야 한다.
ⓒ 확대머리의 뒷면이 횡보강철근 바깥 면부터 50mm 이내에 위치해야 한다.
ⓓ 확대머리 이형철근이 정착된 접합부는 지진력저항시스템별로 요구되는 전단강도를 가져야 한다.
ⓔ $d/l_{dt} > 1.5$인 경우는 콘크리트용 앵커 설계기준에 따라 설계한다.
　(여기서, d는 확대머리 이형철근이 주철근으로 사용된 부재의 유효높이이다)

ⓒ ⓐ 이외의 부위에 정착된 경우

$$l_{dt} = \frac{0.24\beta d_b f_y}{\sqrt{f_{ck}}}$$

($\sqrt{f_{ck}} \leq 8.4\text{MPa}$)

- d_b: 철근, 철선의 공칭지름, mm
- f_y: 철근의 설계기준항복강도, MPa
- f_{ck}: 콘크리트의 설계기준압축강도, MPa
- β: 도막계수
- λ: 경량콘크리트계수

위 식을 적용하기 위해서는 다음의 ⓐ와 ⓑ의 조건을 만족하여야 한다.

ⓐ **순피복두께는 $2d_b$ 이상**이어야 한다.

ⓑ **철근 순간격은 $4d_b$ 이상**이어야 한다.

⑥ 압축력을 받는 경우에 확대머리의 영향을 고려할 수 없다.

⑦ 철근의 설계기준항복강도가 발휘될 수 있는 어떠한 확대머리 이형철근도 정착방법으로 사용할 수 있다. 이 경우 확대머리 이형철근의 적합성을 보증하는 실험과 해석결과를 책임구조기술자에 제시하여 승인을 받아야 한다. 정착내력은 확대머리 정착판의 지압력과 최대 응력점부터 확대머리 정착판까지 부착력의 합으로 이루어질 수 있다.

(6) 다발철근의 정착

① 인장 또는 압축을 받는 하나의 다발철근 내에 있는 개개 철근의 정착길이 l_d는 다발철근이 아닌 경우의 각 철근의 정착길이보다 3개의 철근으로 구성된 다발철근에 대해서는 20%, 4개의 철근으로 구성된 다발철근에 대해서는 33%를 증가시켜야 한다.

② 다발철근의 정착길이 l_d를 계산할 때 **다발철근 전체와 동등한 단면적과 도심을 가지는 하나의 철근으로 취급**하여야 한다.

3. 용접철근의 정착

(1) 인장 용접이형철망의 정착

① 위험단면에서 철선 단부까지 거리로 나타내는 용접이형철망의 정착길이(l_d)는 인장이형철근 및 이형철선에서 구한 정착길이에 다음 ⑤와 ⑥에 기술된 철망계수를 곱하여 구하여야 한다.

② 휨부재에 배치된 철근량이 해석에 의해 요구되는 소요철근량을 초과하는 경우는 ①에서 구한 정착길이에 $\left(\dfrac{\text{소요}A_s}{\text{배근}A_s}\right)$를 곱하여 정착길이($l_d$)를 감소시킬 수 있다.

(다만, 겹침이음길이를 계산하는 경우를 제외하고 감소시킨 정착길이(l_d)는 200mm 이상이어야 함)

③ ⑤와 ⑥의 철망계수를 사용하여 에폭시 도막된 용접이형철망의 정착길이(l_d)를 구할 때, 에폭시 도막에 따른 계수 β는 1.0을 사용할 수 있다.

④ 원형철선이 정착길이 방향으로 용접이형철망 내에 배치된 경우 철망은 인장 용접원형철망의 정착에 따라 정착되어야 한다.

⑤ 정착길이 내에 1개 이상의 교차철선이 있고 이 교차철선이 위험단면에서 50mm 이상 떨어져 있는 용접이형철망의 철망계수는 다음 중 큰 값을 택하여야 한다.

㉠ 철망계수: $\left(\dfrac{f_y - 245}{f_y}\right)$ 또는 $\left(\dfrac{5d_b}{s_w}\right)$

㉡ 이 계수는 1.0 이하이어야 한다.

⑥ 정착길이 내에 교차철선이 없거나 위험단면에서 50mm 이내에 1개의 교차철선이 있는 용접이형철망의 철망계수는 1.0으로 하고, 정착길이(l_d)는 이형철선의 정착길이 산정 방법에 따라 구하여야 한다.

(2) 인장 용접원형철망의 정착

① 위험단면에서 50mm 이상 떨어진 곳에 2개 이상의 교차철선이 정착길이 내에 묻혀 있을 때, 용접원형철망의 설계기준항복강도가 발휘되는 것으로 볼 수 있다. 그러나 위험단면부터 가장 바깥에 위치한 교차철선까지의 거리로 나타내는 정착길이(l_d)는 ③ 식의 값 이상이어야 한다.

② 인장 용접원형철망의 겹침이음길이를 계산하는 경우를 제외하고, **정착길이 l_d는 150 mm 이상**이어야 한다.

③ 인장 용접원형철망의 정착길이(l_d)

$$l_d = 3.23 \dfrac{A_w}{s_w} \left(\dfrac{f_y}{\lambda \sqrt{f_{ck}}}\right) \times \left(\dfrac{\text{소요} A_s}{\text{배근} A_s}\right) \geq 150\text{mm}$$

$$(\sqrt{f_{ck}} \leq 8.4\text{MPa})$$

- A_w: 정착되거나 이어지는 철선 1개의 단면적, mm²
- s_w: 정착되거나 이어지는 철선의 간격, mm
- f_y: 철근의 설계기준항복강도, MPa
- f_{ck}: 콘크리트의 설계기준압축강도, MPa
- λ: 경량콘크리트계수

4. 정착철근의 상세

(1) 휨철근의 정착 일반사항

① 휨부재에서 최대 응력점과 경간 내에서 인장철근이 끝나거나 굽혀진 위험단면에서 철근의 정착에 대한 안전을 검토하여야 한다.

② 휨철근은 **휨모멘트를 저항하는 데 더 이상 철근을 요구하지 않는 점에서 부재의 유효깊이(d) 또는 $12d_b$ 중 큰 값 이상으로 더 연장**하여야 한다(다만, 단순경간의 받침부와 캔틸레버의 자유단에서 이 규정은 적용되지 않음).

③ 연속철근은 구부러지거나 절단된 인장철근이 휨을 지탱하는 데 더 이상 필요하지 않은 점에서 정착길이 l_d 이상의 묻힘길이를 확보하여야 한다.

④ 인장철근은 구부려서 복부를 지나 정착하거나 부재의 반대 측에 있는 철근 쪽으로 연속하여 정착시켜야 한다.

⑤ 철근응력이 직접적으로 휨모멘트에 비례하지 않는 휨부재의 인장철근은 적절한 정착을 마련하여야 한다. 이와 같은 부재는 경사형, 계단형 또는 변단면 기초판, 브래킷, 깊은보 또는 인장철근이 압축면에 평행하지 않는 부재들이다.

⑥ 휨철근은 다음 조건 중 하나를 만족하지 않는 한 인장구역에서 절단할 수 없으며, 원칙적으로 전체 철근량의 50%를 초과하여 한 단면에서 절단할 수 없다.

㉠ 절단점에서 V_u가 $(2/3)\phi V_n$을 초과하지 않는 경우

㉡ 절단점에서 $(3/4)d$ 이상의 구간까지 절단된 철근 또는 철선을 따라 전단과 비틀림에 대해 필요한 양을 초과하는 스터럽이 배치되어 있는 경우. 이때 초과되는 스터럽의 단면적 A_v는 $0.42 b_w s/f_y$ 이상이어야 하고 간격 s는 $d/(8\beta_b)$ 이내이어야 한다.

㉢ D35 이하의 철근이며, 연속철근이 절단점에서 휨모멘트에 필요한 철근량의 2배 이상 배치되어 있고, V_u가 $(3/4)\phi V_n$을 초과하지 않는 경우

(2) 정모멘트 철근의 정착

① 단순부재에서 **정모멘트 철근의 1/3 이상**, 연속부재에서 **정모멘트 철근의 1/4 이상**을 부재의 같은 면을 따라 **받침부까지 연장**하여야 한다. 보의 경우는 이러한 철근을 받침부 내로 150mm 이상 연장하여야 한다.

② 휨부재가 횡하중을 지지하는 주 구조물의 일부일 때, ①에 따라 받침부 내로 연장되어야 할 정모멘트 철근은 받침부의 안쪽 면에서 설계기준항복강도 f_y를 발휘할 수 있도록 정착하여야 한다.

③ 단순받침부와 변곡점의 정모멘트 철근은 인장이형철근 및 이형철선의 정착에 따라 f_y에 대하여 계산된 정착길이(l_d)가 $l_d \leq \dfrac{M_n}{V_u}$을 만족하도록 철근지름을 제한하여야 한다.

(여기서, M_n/V_u의 값은 철근의 끝부분이 압축 반력으로 눌려서 구속을 받는 경우 30% 증가시킬 수 있음)

④ 단순받침부의 중심선을 지나 절단되는 철근에서 표준갈고리 또는 적어도 표준갈고리와 동등한 성능을 갖는 기계적 정착에 의해 정착되는 경우 $l_d \leq \dfrac{M_n}{V_u}$을 만족하지 않아도 되며, 직선철근으로 정착하는 경우 $\dfrac{V_u - 0.5\phi V_s}{M_n} \leq \dfrac{l_a}{l_d j d}$을 만족하여야 한다.

⑤ 깊은보의 단순 받침부에서 정모멘트 철근은 받침부 전면에서 f_y를 발휘할 수 있도록 정착하여야 한다.

(3) 부모멘트 철근의 정착

① 연속되거나 구속된 부재, 캔틸레버 부재 또는 강결된 골조의 어느 부재에서나 부모멘트 철근은 묻힘길이, 갈고리 또는 기계적 정착에 의하여 받침부 내에 정착되거나 받침부를 지나서 정착하여야 한다.

② 부모멘트 철근은 소요묻힘길이를 경간 내에 확보하여야 한다.

③ 받침부에서 부모멘트에 대해 배치된 **전체 인장철근량의 1/3 이상은 변곡점을 지나 부재의 유효깊이 d, $12d_b$ 또는 순경간의 1/16 중 제일 큰 값 이상의 묻힘길이를 확보**하여야 한다.

④ 깊은보의 내부 받침부에서 부모멘트 철근은 인접경간의 부모멘트 철근과 연속되도록 설계하여야 한다.

(4) 복부철근의 정착

① 복부철근은 피복 두께 요구 조건과 다른 철근과 간격이 허용하는 한 부재의 압축면과 인장면 가까이까지 연장하여야 한다.

② 단일 U형 또는 다중 U형 스터럽의 단부는 다음 중 한 가지 방법으로 정착시켜야 한다.

㉠ D16 이하 철근 또는 지름 16 mm 이하 철선으로 종방향 철근을 둘러싸는 표준갈고리로 정착

㉡ f_{yt}가 300 MPa 이상인 D19, D22 및 D25 스터럽은 종방향 철근을 둘러싸는 표준갈고리 외에 추가로 부재의 중간 깊이에서 갈고리 단부의 바깥까지 $0.17d_b f_{yt}/\sqrt{f_{ck}}$ 이상의 묻힘길이를 확보하여 정착

㉢ U형 스터럽을 구성하는 용접원형철망의 각 가닥은 다음 ⓐ 또는 ⓑ의 방법으로 정착

ⓐ U형 스터럽의 가닥 상부에 50mm 간격으로 2개의 종방향 철선을 배치하여야 한다.

ⓑ **종방향 철선 하나는 압축면에서 $d/4$ 이하에 배치하고 두 번째 종방향 철선은 첫 번째 철선부터 50mm 이상의 간격으로 압축면에 가까이 배치**하여야 한다. 이때 두 번째 종방향 철선은 굴곡부 밖에 두거나 또는 굴곡부 내면지름이 $8d_b$ 이상일 경우는 굴곡부에 둘 수 있다.

㉣ 용접원형 또는 이형철망 한 가닥 스터럽에서 각 단부의 정착은 2개의 종방향 철선을 50mm 이상 떨어지도록 배치하되, 안쪽의 철선은 부재의 중간 깊이 $d/2$에서 $d/4$ 또는 50mm 중 큰 값 이상 떨어지도록 배치하여야 한다. 이때 인장면에 가장 가까이 배치된 종방향 철선은 인장면에 가장 가까이 배치된 휨 주철근보다 인장면에서 더 멀리 배치하지 않아야 한다.

㉤ 장선구조에서 D13 이하 철근 또는 지름 13mm 이하의 철선 스터럽의 경우 표준갈고리를 두어야 한다.

③ 단일 U형 또는 다중 U형 스터럽의 양 정착단 사이의 연속구간 내의 굽혀진 부분은 종방향 철근을 둘러싸야 한다.

④ 전단철근으로 사용하기 위해 굽혀진 종방향 주철근이 인장 구역으로 연장되는 경우에 종방향 주철근과 연속되어야 하고, 압축 구역으로 연장되는 경우는 $V_s = A_v f_{yt} \sin\alpha$를 만족시키는 응력 f_{yt}를 사용하여 부재의 중간 깊이 $d/2$를 지나서 계산된 정착길이 만큼을 확보하여야 한다.

⑤ 폐쇄형으로 배치된 한 쌍의 U형 스터럽 또는 띠철근은 겹침이음길이가 $1.3l_d$ 이상일 때 적절하게 이어진 것으로 볼 수 있다. 깊이가 450mm 이상인 부재에서 스터럽의 가닥들이 부재의 전 깊이까지 연장된다면 폐쇄스터럽의 이음이 적절한 것으로 볼 수 있다. 이때 한 가닥의 이음부에서 발휘할 수 있는 인장력, $A_b f_{yt}$는 40 kN 이하이어야 한다.

6 철근의 이음

1. 철근의 이음 일반사항

(1) 설계 일반사항

① 철근은 설계도 또는 시방서에서 요구하거나 허용한 경우 또는 책임구조기술자가 승인하는 경우에만 이음을 할 수 있으며, **이음은 가능한 한 최대 인장응력점부터 떨어진 곳에 두어야 한다.**

② 겹침이음의 규정

  ㉠ **D35를 초과하는 철근은 겹침이음을 할 수 없다.**

  ㉡ 다발철근의 겹침이음은 다발 내의 개개 철근에 대한 겹침이음길이를 기본으로 하여 결정하여야 하며, 각 철근은 다발철근의 정착(3개 다발철근 20%, 4개 다발철근 33% 증가)에 따라 겹침이음길이를 증가시켜야 한다. 그러나 한 다발 내에서 각 철근의 이음은 한 군데에서 중복하지 않아야 한다. 또한 두 다발철근을 개개 철근처럼 겹침이음을 할 수 없다.

  ㉢ 휨부재에서 서로 직접 접촉되지 않게 겹침이음된 철근은 **횡방향으로 소요 겹침이음길이의 1/5 또는 150mm 중 작은 값** 이상 떨어지지 않아야 한다.

(2) 용접이음과 기계적이음

① 용접이음과 기계적이음의 강도규정

  ㉠ **용접이음**은 용접용 철근을 사용해야 하며, **철근의 설계기준항복강도 f_y의 125 % 이상**을 발휘할 수 있는 용접이어야 한다.

  ㉡ **기계적이음은 철근의 설계기준항복강도 f_y의 125 % 이상**을 발휘할 수 있는 기계적이음이어야 한다.

  ㉢ 상기 ㉠ 또는 ㉡의 요구 조건을 만족하지 않는 용접이음이나 기계적이음은 인장 이형철근 및 이형철선의 이음를 만족하여야 하며, D16 이하의 철근에만 허용된다.

② 철근이 굽혀진 부위에서는 용접이음할 수 없으며, 굽힘이 시작되는 부위에서 철근지름의 2배 이상 떨어진 곳에서부터 용접이음을 시작할 수 있다.

③ 겹침 용접이음은 한 면에만 철근 바깥까지 용접되어야 하고, 이 경우 설계 용접목두께는 $0.3d_b$로 한다.

④ 지름이 22mm 이상인 철근을 겹침 용접이음할 때는 사용하중 상태에서 철근 이음부 주변 콘크리트에 유해한 균열이 발생되지 않도록 횡보강철근을 배치하여야 하며, 횡보강철근의 적절성이 입증되는 경우에만 책임구조기술자의 승인을 얻은 후에 사용할 수 있다.

2. 인장 이형철근 및 이형철선의 이음

(1) 겹침이음

① 인장력을 받는 이형철근 및 이형철선의 겹침이음길이는 **A급과 B급으로 분류**하며 다음 값 이상 또한 **300mm 이상**이어야 한다.

  ㉠ A급 이음: $1.0\,l_d$, 300mm 이상

  ㉡ B급 이음: $1.3\,l_d$, 300mm 이상

② A급 이음과 B급 이음의 분류
　㉠ A급 이음: 배치된 철근량이 이음부 전체 구간에서 해석 결과 요구되는 소요철근량의 2배 이상이고 소요겹침이음길이 내 겹침이음된 철근량이 전체 철근량의 1/2 이하인 경우
　㉡ B급 이음: ㉠에 해당되지 않는 경우

(2) 용접이음 및 기계적이음
① 기계적 이음은 가능한 경우 이음 위치를 축방향으로 서로 어긋나게 하여 동일 단면에 집중되지 않도록 하여야 하며, 공사감독자 또는 책임기술자는 시공성을 고려하여 엇갈림 길이를 정할 수 있다.
② 이음부에 배치된 철근량이 해석결과 요구되는 소요철근량의 2배 이상이고, 다음의 ㉠과 ㉡의 요구조건을 따르는 경우 D16 이하의 철근에 대해서 용접이음 또는 기계적이음을 할 수 있다.
　㉠ 각 철근의 이음부는 서로 600mm 이상 엇갈려야 하고, 이음부에서 계산된 인장응력의 2배 이상을 발휘할 수 있도록 이어야 한다. 또한 배치된 전체 철근이 140MPa 이상의 응력을 발휘할 수 있어야 한다.
　㉡ 각 단면에서 발휘하는 인장력을 계산할 때 이어진 철근은 규정된 이음강도를 발휘하는 것으로 보아야 하나 f_y보다 크지 않아야 한다. 이어지지 않은 연속철근의 인장응력은 설계기준항복강도 f_y를 발휘할 수 있도록 계산된 정착길이 l_d에 대한 짧게 배치된 정착길이의 비에 f_y를 곱하여 사용하여야 하나 f_y보다 크지 않아야 한다.
③ 인장연결재의 철근이음은 완전용접이나 기계적이음으로 이루어져야 한다. 이때 인접철근의 이음은 750mm 이상 떨어져서 서로 엇갈리게 하여야 한다.

3. 압축 이형철근의 이음

(1) 압축철근의 겹침이음길이

$$l_s = \left(\frac{1.4 f_y}{\lambda \sqrt{f_{ck}}} - 52\right) d_b$$
($\sqrt{f_{ck}} \leq 8.4\text{MPa}$)

- f_y: 철근의 설계기준항복강도, MPa
- f_{ck}: 콘크리트의 설계기준압축강도, MPa
- d_b: 철근, 철선의 공칭지름, mm
- λ: 경량콘크리트계수

① 산정된 이음길이가 위 식보다 긴 경우의 압축철근 겹침이음길이
　㉠ $f_y \leq 400\,\text{MPa}$: $l_s = 0.072 f_y d_b$
　㉡ $f_y > 400\,\text{MPa}$: $l_s = (0.13 f_y - 24) d_b$
② 겹침이음길이는 300mm 이상이어야 하며, 콘크리트의 설계기준압축강도가 21MPa 미만인 경우는 겹침이음길이를 1/3 증가시켜야 한다.
③ 압축철근의 겹침이음길이는 ①에서 구한 인장철근의 겹침이음길이보다 길 필요는 없다.

(2) 기타 일반사항

① 서로 다른 크기의 철근을 압축부에서 겹침이음하는 경우 이음길이는 **크기가 큰 철근의 정착길이와 크기가 작은 철근의 겹침이음길이 중 큰 값 이상**이어야 한다. 이때 D41과 D51 철근은 D35 이하 철근과의 겹침이음을 할 수 있다.

② 압축부에서 사용하는 용접이음 또는 기계적이음은 용접이음과 기계적이음은 강도 규정의 요구조건을 만족하여야 한다.

③ 철근이 압축력만을 받을 경우는 철근과 직각으로 절단된 철근의 양끝을 적절한 장치에 의해 중심이 잘 맞도록 접촉시킴으로써 압축응력을 직접 지압에 의해 전달할 수 있다. 이때 철근의 양 단부는 철근 축의 직각면에 1.5° 내의 오차를 갖는 평탄한 면이 되어야 하고, 조립 후 지압면의 오차는 3° 이내이어야 한다.

④ 단부 지압이음은 폐쇄띠철근, 폐쇄스터럽 또는 나선철근을 배치한 압축부재에서만 사용하여야 한다.

4. 용접철망의 이음

(1) 인장 용접이형철망의 이음

① 용접이형철망을 겹침이음하는 최소 길이는 두 장의 철망이 겹쳐진 길이가 $1.3l_d$ **이상 또한 200 mm 이상**이어야 한다

② 이때 겹침이음길이 내에서 각 철망의 가장 바깥에 있는 교차철선 사이의 간격은 50mm 이상이어야 한다. 여기서, l_d는 「인장 용접이형철망의 정착」의 규정에 따라 f_y에 대하여 계산된 정착길이이다.

③ 겹침이음길이 사이에 교차철선이 없는 용접이형철망의 겹침이음은 이형철선의 겹침이음 규정에 따라야 한다.

④ 원형철선이 겹침이음 방향으로 이형철망 내에 있는 경우 또는 이형철망이 원형철망과 겹침이음되는 경우 철망은 「인장 용접원형철망의 이음」에 따라 겹침이음하여야 한다.

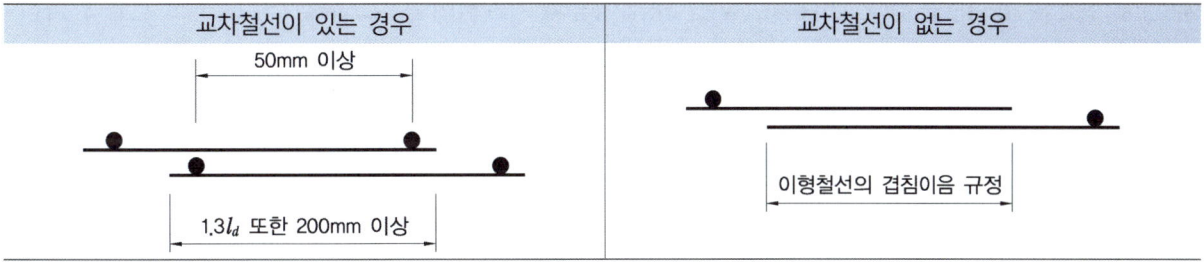

(2) 인장 용접원형철망의 이음

① 이음 위치에서 배치된 철근량이 해석 결과 요구되는 소요철근량의 2배 미만인 경우 각 철망의 가장 바깥 교차철선 사이를 잰 겹침길이는 **교차철선 한 마디 간격에 50mm를 더한 길이, $1.5\,l_d$ 또는 150 mm 중 가장 큰 값 이상**이어야 한다.

② 이음 위치에서 배치된 철근량이 해석 결과 요구되는 **소요철근량의 2배 이상인 경우** 각 철망의 가장 **바깥 교차철선 사이를 잰 겹침길이는 1.5 l_d 또는 50 mm 중 큰 값** 이상이어야 한다.

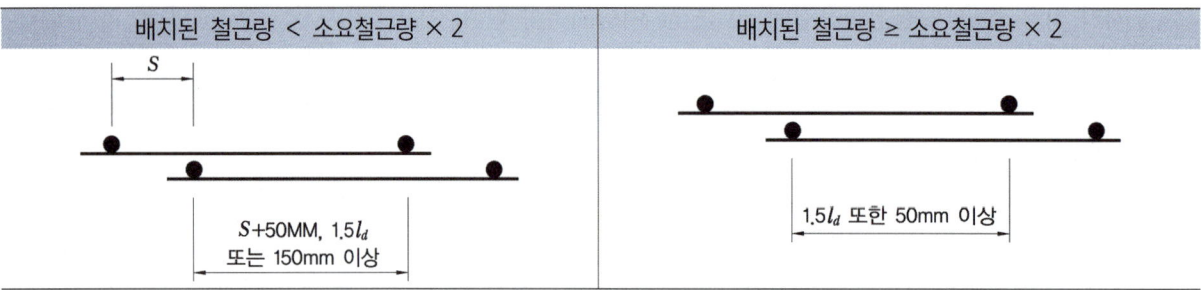

5. 기둥 철근이음에 관한 특별규정

(1) 겹침이음, 맞댐용접이음, 기계적이음 또는 단부 지압이음은 다음 (2)에서 (6)까지 규정의 제한조건에 따라 사용하여야 한다. 이와 같은 철근의 이음은 기둥의 모든 하중 조합에 대한 요구 조건을 만족하여야 한다.

(2) **계수하중에 의해 철근이 압축응력을 받는 경우 겹침이음**

① 「압축이형철근의 이음」 기준에 따라야 하며, 다음의 ②와 ③에도 따라야 한다.

② 띠철근 압축부재의 경우 겹침이음길이 전체에 걸쳐서 띠철근의 유효단면적이 각 방향 모두 $0.0015hs$ 이상이면 겹침이음길이에 계수 0.83을 곱할 수 있다. 그러나 겹침이음길이는 **300mm 이상**이어야 한다. 여기서, 유효단면적은 부재의 치수 h에 수직한 띠철근 가닥의 전체 단면적이다.

(여기서, h: 부재의 전체 두께, s: 정착길이(l_d) 구간 내에 있는 횡방향 철근의 최대 중심간 간격)

③ 나선철근 압축부재의 경우 나선철근으로 둘러싸인 축방향 철근의 겹침이음길이에 계수 0.75를 곱할 수 있다. 그러나 겹침이음길이는 **300mm 이상**이어야 한다.

(3) 계수하중이 작용할 때 철근이 $0.5 f_y$보다 큰 인장응력을 받는 경우 겹침이음은 B급 이음으로 하여야 한다.

(4) 기둥 철근의 용접이음 또는 기계적이음은 「용접이음과 기계적이음 강도규정」의 요구 조건을 만족하여야 한다.

(5) 단부 지압이음은 이음이 서로 엇갈려 있거나 이음 위치에서 추가철근이 배치된 경우 압축을 받는 기둥 철근에 적용할 수 있다. 기둥 각 면에 배치된 연속철근은 그 면에 배치된 수직철근량에 설계기준항복강도 f_y의 25%를 곱한 값 이상의 인장강도를 가져야 한다.

제8장 프리스트레스트 콘크리트구조 설계기준

1 프리스트레스트 콘크리트(PSC; Pre-stressed concrete)

1. 일반사항

(1) 정의

① Pre-stressed Con'c란 인장응력이 생기는 부분에 미리 압축의 prestress를 주어 Con'c의 인장강도를 증가시키는 콘크리트이다.

② 제작방법으로는 프리텐션(Pre-tension)공법과 포스트텐션(Post-tension)공법이 있으며, 구조물의 균열이 방지되고 내구성이 증가된다.

(2) 프리스트레스트 콘크리트의 특징

장점	단점
• 장스팬 구조물 축조 • 균열저감 및 강재부식 저감 • 탄력성 및 복원성 우수 • 콘크리트 전단면 유효 사용 • 고강도 강재를 사용하여 부재단면 및 자중 감소 • 공기단축 효과 우수	• 진동, 충격에 불리 • **화재에 취약**(별도 내화피복 필요) • 공정이 복잡 • 고도의 품질관리 요구 • 재료비 고가(공사비 증가) • 단면감소로 처짐과 진동에 취약

(3) 프리스트레스트 콘크리트의 사용재료

① 콘크리트

㉠ 프리스트레싱을 할 때의 콘크리트 압축강도는 어느 정도의 안전도를 확보하기 위하여 프리스트레스를 준 직후, **콘크리트에 발생하는 최대 압축응력의 1.7배 이상**이어야 한다.

㉡ **프리텐션 방식에 있어서 콘크리트의 압축강도는 30MPa 이상**이어야 한다.

㉢ 실험이나 기존의 적용 실적 등을 통해 안전성이 증명된 경우, 이를 25MPa로 하향 조정할 수 있다.

② PS 강재(긴장재; Pre-stressing Steel)

구분	설명
PS 강선	• D2.9 ~ 9mm 의 원형강선 • 원형선 과 이형선으로 구분
PS 강연선	• 2개 이상의 PS강선을 꼬은 강재 • 2연선 및 7연선을 주로 사용
PS 강봉	• D9.2 ~ 32mm로 주로 포스트텐션에 사용 • PS강봉은 강연선보다 강도는 감소되나, relaxation감소 및 정착부의 가공이 용이함
기타	PS경강선, 저릴렉세이션 PS강재, 피복된 PS강재 등

2. 프리스트레싱 공법

(1) 프리텐션(Pre-tension) 방식

구분	설명
정의	PS강재를 긴장한 상태에서 콘크리트를 타설·경화시킨 후 긴장을 풀어 부재 내에 프리스트레스 도입
제작순서	PS강재 긴장 및 정착 → 콘크리트 타설 → PS강재와 콘크리트의 접합 → 콘크리트에 프리스트레스 도입
공법종류	• 단독형틀법(individual method) • 롱라인법(long line method)

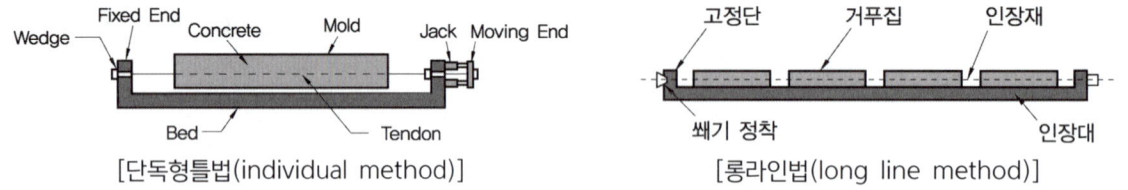

[단독형틀법(individual method)]   [롱라인법(long line method)]

(2) 포스트텐션(Post-tension) 방식

구분	설명
정의	시스관을 배치하고 콘크리트 타설·경화 시킨 후 시스관내 PS강재를 삽입·긴장 하여 고정하고 그라우팅하여 프리스트레스 도입
제작순서	거푸집 및 시스관 설치 → 콘크리트 타설·경화 → 시스관 내 PS강재 삽입 및 긴장·고정 → 시스관 내부 그라우팅 → 프리스트레스 도입
공법종류	• Post-tensioning 공법 • Unbond Post-tensioning 공법(sheath 관내 그라우팅작업 생략)

2 프리스트레스트 콘크리트 설계기준

1. 설계 일반사항

(1) 설계원칙

① 프리스트레스트콘크리트 부재의 설계는 프리스트레스를 도입할 때부터 구조물의 수명기간 동안에 모든 재하단계의 강도 및 사용조건에 따른 거동에 근거하여야 한다.

② 설계에서는 프리스트레스에 의하여 발생되는 응력집중을 고려하여야 한다.

③ 프리스트레스에 의해 발생되는 부재의 **탄·소성변형, 처짐, 길이변화 및 회전** 등에 의해 인접한 구조물에 미치는 영향을 고려하여야 한다. 이때 **온도와 수축의 영향**도 고려하여야 한다.

④ 덕트의 치수가 과대하여 긴장재와 덕트가 부분적으로 접촉하는 경우, 접촉하는 위치 사이에 있어서 **부재 좌굴과 얇은 복부 및 플랜지의 좌굴**이 발생할 가능성을 검토하여야 한다.

⑤ 긴장재가 부착되기 전의 단면 특성을 계산할 경우 덕트로 인한 **단면적의 손실**을 고려하여야 한다.

(2) 설계가정

① 휨모멘트와 축력을 받는 프리스트레스트콘크리트 부재의 강도설계는 「콘크리트구조 휨 및 압축 설계기준」의 가정에 따라야 한다.

② 프리스트레스를 도입할 때, 사용하중이 작용할 때, 그리고 균열하중이 작용할 때의 응력계산은 다음과 같은 가정에 근거한 선형탄성이론에 따라야 한다.

　㉠ 변형률은 중립축에서 떨어진 거리에 비례한다.

　㉡ 균열단면에서 콘크리트는 인장력에 저항할 수 없다.

③ 프리스트레스트콘크리트 휨부재는 미리 압축을 가한 인장구역에서 사용하중에 의한 인장연단응력 f_t 에 따라 다음과 같이 **비균열등급, 부분균열등급, 완전균열등급으로 구분**된다.

　㉠ 비균열등급: $f_t \leq 0.63\sqrt{f_{ck}}$

　㉡ 부분균열등급: $0.63\sqrt{f_{ck}} < f_t \leq 1.0\sqrt{f_{ck}}$

　㉢ 완전균열등급: $f_t > 1.0\sqrt{f_{ck}}$

　㉣ 2방향 프리스트레스트콘크리트 슬래브: $f_t \leq 0.5\sqrt{f_{ck}}$ 를 만족하는 비균열등급 부재로 설계

④ 비균열등급과 부분균열등급 휨부재의 사용하중에 의한 응력은 비균열단면을 사용하여 계산하여야 한다. 완전균열단면 휨부재의 사용하중에 의한 응력은 균열 환산단면을 사용하여 계산하여야 한다.

구분	비균열등급	부분균열등급	완전균열등급
등급 판정	$f_t \leq 0.63\sqrt{f_{ck}}$	$0.63\sqrt{f_{ck}} < f_t \leq 1.0\sqrt{f_{ck}}$	$1.0\sqrt{f_{ck}} < f_t$
응력계산	비균열단면 사용		균열환산단면 사용
처짐계산	전체 단면2차모멘트(I_g)	유효단면 2차모멘트(I_e)	

⑤ 프리스트레스트콘크리트 휨부재의 처짐은 「콘크리트구조 사용성 설계기준」에 따라 계산하여야 한다.

⑥ 인장연단 응력(f_t)에 따른 등급판정

2. 프리스트레스의 손실

(1) 즉시 손실(프리스트레스 도입 시 손실)

① 정착장치의 활동

② 콘크리트의 탄성수축

③ 포스트텐션 긴장재와 덕트 사이의 마찰(Post-tension 방식에서만 발생)

(2) 시간적 손실(프리스트레스 도입 후 손실)

① 콘크리트의 크리프

② 콘크리트의 수축(프리텐션 방식 > 포스트텐션 방식)

③ 긴장재 응력의 릴랙세이션(Relaxation)

> **참고**
>
> **릴랙세이션(Relaxation; PS강재의 응력이완)**
> 긴장재에 응력이 도입된 후 시간경과에 따라 인장응력이 감소하는 현상

3. 휨부재 설계

(1) 설계 일반사항
① 휨부재의 설계휨강도 계산은 강도설계법에 따라야 한다. 이때 긴장재의 응력은 f_y 대신 f_{ps}를 사용하여야 한다.
② f_{ps}는 변형률 적합조건을 기초로 하여 계산하여야 한다. 다만, 더 정확하게 f_{ps}를 계산하지 않는 경우에 f_{pe}의 값이 $0.5f_{pu}$ 이상이면 근사식으로 f_{ps}를 구할 수 있다.
③ **긴장재와 함께 사용되는 철근도 휨강도를 계산할 때 인장력을 발휘**하는 것으로 볼 수 있다. 이때 인장력은 변형률 적합조건을 적용한 해석에 의해 구한 철근의 응력에 근거하여야 한다.

(2) 설계 제한사항
① 프리스트레스트콘크리트 단면은 인장지배단면, 변화구간단면, 압축지배단면으로 분류하여야 한다.
② 부착긴장재를 가진 부재의 철근과 긴장재 전체량은 콘크리트의 파괴계수 f_r을 기초로 하여 계산된 균열하중의 1.2배 이상의 계수하중을 받는 데 충분하여야 한다. 다만, 전단강도와 휨강도가 계수하중으로 계산된 값의 2배 이상이 되는 휨부재는 이 조건을 따르지 않을 수 있다.
③ 프리스트레스트콘크리트 휨부재에서는 철근이나 긴장재를 포함한 부착보강재의 일부 혹은 전부를 가능하면 인장연단에 가깝게 배치하여야 한다. 비부착긴장재를 갖는 경우에는 최소 부착보강량(철근이나 긴장재)을 만족시켜야 한다.

(3) 최소 부착철근량
① 비부착긴장재가 배치된 모든 휨부재에는 다음 ②와 ③의 규정에 따라 최소 부착철근이 배치되어야 한다.
② 최소 부착철근량은 ③에 해당하는 경우를 제외하고 $A_s = 0.004 A_{ct}$에 따라 구하여야 한다.
　㉠ 최소 부착철근은 미리 압축을 가한 인장구역에서 가능한 한 **인장연단에 가깝게 균등하게 배치**하여야 한다.
　㉡ 사용하중에 의한 응력 상태에 관계없이 최소 부착철근을 배치하여야 한다.
③ 두께가 일정한 2방향 플랫 슬래브에 대한 최소 부착철근량과 배치
　㉠ 모든 프리스트레스 손실을 고려한 후 사용하중에 의한 콘크리트의 인장응력이 $0.17\sqrt{f_{ck}}$를 초과하는 경우 정모멘트 구역에 배치할 최소 부착철근량은 $A_s = \dfrac{N_c}{0.5 f_y}$이며, f_y는 400 MPa을 초과하지 않아야 하며, 최소 부착철근량은 가능한 한 인장연단에 가깝게 미리 압축을 가한 인장구역에 균등하게 배치하여야 한다.
　㉡ 기둥받침부의 부모멘트 구역에는 $A_s = 0.00075 A_{cf}$으로 계산된 최소 부착철근량을 각 방향으로 배치하여야 하며, 최소 부착철근은 기둥받침부 전면에서 각각 $1.5h$ 떨어진 슬래브폭 내에 4개 이상의 철근 또는 철선을 각 방향으로 300 mm 이하의 간격으로 배치하여야 한다.
④ ②와 ③에서 산정된 부착철근의 최소 길이
　㉠ 정모멘트 구역: 구역 중간점의 양쪽으로 부착철근을 순경간의 1/6 이상 연장 배치
　㉡ 부모멘트 구역: 받침부의 양쪽으로 부착철근을 순경간의 1/6 이상 연장 배치

4. 압축부재 설계

(1) 설계원칙
① 철근의 배치 유무에 관계없이 축력 또는 휨모멘트와 축력을 동시에 받는 프리스트레스트콘크리트 부재는 철근콘크리트 부재에 적용하는 이 설계기준의 강도설계법에 따라 설계하여야 한다.
② 압축부재를 설계할 때 프리스트레스, 크리프, 수축과 온도변화에 대한 영향을 고려하여야 한다.

(2) 철근 배치
① 유효프리스트레스에 의한 콘크리트의 평균 압축응력이 1.6MPa 미만인 부재에 대해서, 기둥의 경우「콘크리트 압축부재 설계기준」에 따라 그리고 벽체의 경우「콘크리트 벽체 설계기준」에 따라 **최소 철근을 배치**하여야 한다.
② 벽체를 제외하고 유효프리스트레스에 의한 콘크리트의 평균 압축응력이 1.6 MPa 이상인 부재에 대해서는 다음 규정에 따라 **나선철근 또는 띠철근으로 모든 긴장재를 둘러싸야** 한다.
  ㉠ 띠철근은 **D10 이상이거나 등가면적의 용접철망**이어야 하며, 띠철근의 수직간격은 **띠철근 또는 철선직경의 48배 이하, 압축부재 단면의 최소 치수 이하**로 하여야 한다.
  ㉡ 확대기초판 윗면 또는 임의의 각 층 바닥슬래브 윗면의 **기둥 하단에 배치하는 띠철근의 간격은 위의 ㉠에서 규정한 간격의 1/2 이하**로 하여야 하고, 또한 **기둥 상부에 배치되는 최하단 수평철근 아래에 위치하는 띠철근도 위의 ㉠에서 규정한 간격의 1/2 이하**로 하여야 한다.
  ㉢ 보 또는 브래킷이 기둥의 4변에 강결되어 골조를 이루는 경우, 이러한 보 또는 브래킷의 최하단 수평철근 아래 75mm 이하에서 띠철근 배치를 끝낼 수 있다.
③ 유효프리스트레스에 의한 콘크리트의 평균 압축응력이 1.6 MPa 이상인 벽체에서 구조해석 결과 충분한 강도와 안정성을 보여주는 경우「콘크리트 벽체 설계기준」에서 요구하는 최소 철근 규정을 따르지 않을 수 있다.

5. 슬래브 설계

(1) 설계원칙
① 2방향 이상 휨모멘트에 대해 보강된 프리스트레스트콘크리트 슬래브에서 계수휨모멘트와 계수전단력은 등가골조법의 규정에 따라 계산하거나 또는 상세한 해석 방법에 의해 계산하여야 한다.
② 프리스트레스트콘크리트 슬래브의 각 단면에서 휨강도는 콘크리트의 소요강도, 설계기준강도에 따라 계산된 설계단면력 이상이어야 한다.
③ 기둥에서 프리스트레스트콘크리트 슬래브의 전단강도는 콘크리트의 소요강도, 설계기준강도에 따라 계산된 설계단면력 이상이어야 한다.
④ 사용하중이 작용할 때 처짐을 포함한 모든 사용성 조건은 프리스트레스, 콘크리트의 크리프와 수축, 온도변화, 축방향 변형, 연결된 부재 요소에 의한 구속과 지반 침하의 영향으로 발생되는 반력, 휨모멘트, 전단력 및 축력을 고려한 탄성해석으로 규명에 기술된 요인을 만족하여야 한다.

(2) 긴장재와 철근 배치
　① 등분포하중에 대하여 배치하는 긴장재의 간격은 최소한 1방향으로는 슬래브 두께의 8배 또는 1.5 m 이하로 하여야 한다.
　② 유효프리스트레스에 의한 **콘크리트의 평균 압축응력이 0.9 MPa 이상** 되도록 긴장재의 간격을 정하여야 한다.
　③ 경간 내에서 단면 두께가 변하는 경우에는 단면 변화 방향이 긴장재 방향과 평행이거나 직각이거나에 관계없이 유효프리스트레스에 의한 콘크리트의 평균 압축응력이 모든 단면에서 0.9 MPa 이상 되도록 설계하여야 한다.
　④ 긴장재 간격을 결정할 때 슬래브에 작용하는 **집중하중이나 개구부를** 고려하여야 한다.
　⑤ **비부착 긴장재가 배치된 슬래브에서는 최소 부착철근을 배치**하여야 한다.
　⑥ 비부착 긴장재가 배치되는 슬래브에는 기둥 위치에서 **직경 12.7 mm 이상의 7연선을 최소 2개 이상 각 방향으로 배치**하여야 한다. 이들 긴장재는 **기둥의 축방향 주철근으로 둘러싸인 구역을 지나든가 그 구역에 정착**되어야 한다. 기둥이나 기둥전단머리 면을 벗어나서 이들 긴장재는 인접 경간의 직교하는 긴장재 하부에 배치되어야 한다. 이들 긴장재는 기둥의 도심을 지나는 위치까지 연장되어 정착되어야 한다.

제9장 콘크리트 내진설계

1 내진설계 특기사항

1. 적용범위

(1) 약진 지역에 속하거나 또는 낮은 지진위험도가 요구되는 구조물
  ① 콘크리트 설계기준의 요구사항을 적용하여야 한다.
  ② 중간 또는 특수 콘크리트 시스템을 사용하는 경우 중간 또는 특수 시스템에 대한 이 기준의 요구 사항을 만족하여야 한다.

(2) 중진 지역에 속하거나 또는 중간 지진위험도가 요구되는 구조물
  ① 중간 또는 특수모멘트골조 및 보통, 중간, 특수철근콘크리트 구조벽이 지진력에 저항하도록 설계하여야 한다.
  ② 특수 콘크리트 구조 시스템을 사용하는 경우 특수 시스템에 대한 이 기준의 요구 사항을 만족하여야 한다.

(3) 강진 지역에 속하거나 또는 높은 지진위험도가 요구되는 구조물
  ① 특수모멘트골조, 특수구조벽 그리고 격막구조 등이 지진력에 저항하도록 설계하여야 한다.
  ② 지진력에 저항하지 않는 구조 부재에 대하여는 지진력에 저항하지 않는 골조 부재의 요구 사항을 만족하도록 하여야 한다.

2. 구조 부재의 해석과 설계

(1) 지반운동에 대하여 구조 부재를 해석할 때, 구조물의 재료적인 측면에서 선형 및 비선형 응답에 영향을 주는 모든 구조 및 비구조 부재의 상호작용을 고려하여야 한다.

(2) 횡력 저항구조의 일부분이 아니라고 가정한 강체 부재도 구조 시스템의 응답에 대한 그의 영향이 고려되었을 때에는 사용할 수 있다. 또 횡력 저항 시스템의 일부가 아닌 구조 및 비구조 부재의 파괴의 영향에 대해서도 고려하여야 한다.

(3) 구조물의 밑면 아래에 있는 구조 부재 중에서 지진으로 인하여 발생한 힘을 기초에 전달하는데 필요한 부재도 이 기준의 요구 사항을 만족하여야 한다.

(4) 횡력 저항 시스템의 일부가 아니라고 생각되는 모든 구조 부재들도 지진력에 저항하지 않는 골조 부재의 요구 사항을 만족하여야 한다.

3. 지진력에 저항하는 콘크리트 및 철근

(1) 특수모멘트골조와 특수철근콘크리트 구조벽체의 콘크리트
① 콘크리트의 설계기준압축강도 f_{ck}는 **21MPa 이상**이어야 한다.
② 경량콘크리트의 설계기준압축강도는 35 MPa을 초과할 수 없다. 만약 실험에 의하여 경량콘크리트를 사용한 구조 부재가 같은 강도의 보통중량콘크리트를 사용한 부재의 강도 및 인성 이상을 갖는 것이 확인된다면, 이보다 큰 압축강도를 사용할 수 있다.

(2) 중간 및 특수 콘크리트 구조 시스템의 철근
① 지진력에 의한 휨모멘트 및 축력을 받는 중간모멘트골조와 특수모멘트골조, 그리고 특수철근콘크리트 구조벽체 소성영역과 연결보에 사용하는 철근은 **설계기준항복강도 f_y가 600MPa 이하**이어야 한다. 또한, 주철근은 다음 ② 또는 ③을 만족해야 하며, **전단철근의 f_y는 선부재의 경우 500MPa 이하, 벽체의 경우 600MPa 이하**이어야 한다.
② 골조나 구조벽체의 소성영역 및 연결보에 사용하는 주철근은 **특수내진용 S등급 철근을 사용**하여야 한다.
③ 단, 일반구조용 철근이 아래 두 가지 성능조건을 만족할 경우, 골조, 구조벽체의 소성영역 및 연결보의 주철근으로 사용할 수 있다.
  ㉠ 실제 항복강도가 공칭항복강도를 120MPa 이상 초과하지 않아야 한다.
  ㉡ 실제 항복강도에 대한 실제 인장강도의 비가 1.25 이상이어야 한다.

4. 특수모멘트골조와 특수철근콘크리트 구조벽체의 기계적이음 및 용접이음

(1) 기계적 이음
① 기계적 이음의 분류
  ㉠ 유형 1: 「콘크리트구조 정착 및 이음 설계기준(이음일반)」의 규정에 따라야 한다.
  ㉡ 유형 2: 「콘크리트구조 정착 및 이음 설계기준(이음일반)」의 규정에 따르고, 이음철근의 규정 인장강도를 달성할 수 있어야 한다.
② 기계적 이음의 분류에 따른 특성
  ㉠ 유형 1의 기계적 이음은 기둥이나 보의 단부로부터 또는 비선형 횡변위의 결과로 철근의 항복이 일어날 수 있는 단면부터 부재 깊이의 두 배만큼 떨어진 거리 안에서 사용할 수 없다.
  ㉡ 유형 2의 기계적이음은 어떤 위치에서든 사용할 수 있다.

(2) 용접이음
① 지진력에 저항하는 철근의 용접이음은 「콘크리트구조 정착 및 이음 설계기준(이음일반)」의 규정을 만족하여야 한다.
② 또한 기둥이나 보의 단부부터 또는 비선형 횡변위에 의해 철근의 항복이 발생할 수 있는 단면부터 부재 깊이의 2배만큼 떨어진 거리 안에서 사용할 수 없다.
③ 요구되는 종방향 철근에 대한 스터럽, 띠철근, 삽입물 또는 이와 유사한 요소의 용접은 허용되지 않는다.

2 중간모멘트골조 요구사항

1. 일반사항

(1) 설계전단강도
① 순경간의 각 고정단에서 부재 공칭휨강도 값에 따라 계산된 전단력과 계수 중력하중에 의한 전단력의 합 이상이어야 한다.
② 내진설계기준의 설계용 하중조합에서 지진하중을 2배로 하여 계산한 최대 전단력 이상이어야 한다.

(2) 보
① 휨강도
  ㉠ 접합면에서 정 휨강도는 부 휨강도의 1/3 이상
  ㉡ 부재의 어느 위치에서나 정 또는 부 휨강도는 양측 접합부의 접합면의 최대 휨강도의 1/5 이상
② 후프철근의 배치
  ㉠ 보부재의 양단에서 지지부재의 내측 면부터 경간 중앙으로 향하여 보 깊이의 2배 길이 구간
  ㉡ 첫 번째 후프철근은 지지 부재 면부터 50 mm 이내의 구간에 배치하여야 한다.
  ㉢ 후프철근의 최대 간격은 $d/4$, 감싸고 있는 종방향 철근의 최소 지름의 8배, 후프철근 지름의 24배, 300mm 중 가장 작은 값 이하이어야 한다.
③ 스터럽의 간격은 부재 전 길이에 걸쳐서 $d/2$ 이하이어야 한다.

(3) 기둥
① 나선철근을 배치하거나, 다음 ②, ③ 및 ④의 규정을 따라야 한다.
② 후프철근 배치기준
  ㉠ 접합면부터 길이 l_o구간에 걸쳐서 s_o이내의 간격으로 배치
  ㉡ 간격(s_o)은 후프철근이 감싸게 될 종방향 철근의 최소 지름의 8배, 띠철근 지름의 24배, 골조 부재 단면의 최소 치수의 1/2, 300mm 중에서 가장 작은 값 이하
③ 첫 번째 후프철근은 접합면부터 거리 $s_o/2$ 이내에 있어야 한다.
④ 길이(l_o) 이외의 구간에서 횡보강철근의 간격은 「압축부재의 횡철근」와 「전단철근의 간격제한」을 따라야 한다.
⑤ 여기서, 길이 l_o는 횡방향 철근을 배치하여야 하는 최소 구간으로 접합부의 표면에서 부재축 방향으로 측정한 길이(단위: mm)

(4) 보가 없는 2방향 슬래브
① 슬래브 받침부에서 지진에 의한 계수휨모멘트는 시설물별 기준에서 제시하는 조합하중에 따라 결정하여야 한다. 슬래브의 휨모멘트 M_s에 저항할 모든 철근은 주열대 내에 배치하여야 한다.
② 받침부에서 주열대 내의 철근 중 1/2 이상은 기둥을 중심으로 슬래브의 유효폭($c_2 + 3h$) 내에 배치하여야 한다.
③ 주열대 내 받침부의 상부철근 중 1/4 이상은 전체 경간에 걸쳐서 연속되어야 한다.
④ 경간 중앙부의 모든 중간대 하부철근과 주열대 하부철근 중 1/2 이상이 연속되어야 하고, 받침면에서 설계기준항복강도에 도달할 수 있도록 하여야 한다.

⑤ 슬래브 불연속단의 받침부에서 상부 및 하부철근은 받침면에서 충분히 정착되어야 한다.
⑥ 기둥의 위험단면에서 계수중력하중에 의한 2방향 전단력은 $0.4\phi V_c$ 이하가 되어야 한다. V_c는 프리스트레스를 받지 않는 부재 및 프리스트레스를 받는 부재 경우는 「2방향 거동에 대한 전단강도」에 따라 산정하여야 하며, 지진하중으로 인한 불균형휨모멘트가 불균형휨강도 ϕM_n의 1/2 이하라면 위의 요구사항은 적용하지 않을 수 있다.

3 특수모멘트골조

1. 휨부재

(1) 적용범위
① 부재의 계수축력은 $(A_g f_{ck}/10)$을 초과하지 않아야 한다.
② 부재의 순경간이 **유효깊이의 4배 이상**이어야 한다.
③ 깊이에 대한 폭의 비가 **0.3 이상**이어야 한다.
④ 부재의 폭은 **250 mm 이상**이어야 한다.
⑤ 부재의 폭은 휨부재 축방향과 직각으로 잰 지지부재의 폭에 받침부 양측면으로 휨부재 깊이의 3/4을 더한 값보다 작아야 한다.

(2) 축방향 철근
① 휨부재의 어떤 단면에서나 상부철근 및 하부철근의 철근량은 최소철근량 이상이어야 하고, 또한 $1.4 b_w d/f_y$ 이상이어야 한다. 그리고 철근비 ρ는 0.025 이하이어야 한다. 상부와 하부에 최소한 연속된 두 개의 철근으로 보강하여야 한다.
② 접합면에서 정모멘트에 대한 강도는 부모멘트에 대한 강도의 1/2 이상이어야 한다. 또 부재의 어느 위치에서나 정 또는 부모멘트에 대한 강도는 부재 양단 접합면의 최대 휨강도의 1/4 이상이어야 한다.
③ 휨철근의 겹침이음
  ㉠ 이음길이 부분에 후프철근이나 나선철근이 배치되어 있는 경우에만 사용할 수 있다.
  ㉡ 겹침이음 철근을 둘러싸는 횡방향 철근의 간격은 $d/4$ 이하, 또한 100 mm 이하이어야 한다.
  ㉢ 겹침이음은 접합부의 내부, 접합면부터 부재 깊이의 2배 이내의 거리 구간, 구조해석에서 골조의 비탄성 횡변위에 의한 휨 항복이 일어나는 곳에서 사용할 수 없다.

(3) 횡방향 철근
① 후프철근 배근구간
  ㉠ 휨부재 양단의 받침부 면에서 경간의 중앙방향으로 잰 **휨부재 깊이의 2배 구간**
  ㉡ 골조의 비탄성 횡변위로 인한 휨 항복이 일어날 수 있는 단면 좌우로 부재 깊이의 2배 이상의 거리 구간

② 후프철근 배근간격
  ㉠ 첫 번째 후프철근은 지지부재의 면부터 50mm 이내에 위치
  ㉡ 후프철근의 최대 간격은 $d/4$, 축방향 철근의 최소 지름의 8배, 후프철근 지름의 24배, 300mm 중 가장 작은 값을 초과하지 않아야 한다.
③ 후프철근이 필요한 곳에서 후프철근으로 감싸인 축방향 철근은 횡방향으로 지지되어야 한다.
④ 후프철근이 필요하지 않은 곳에서는 부재의 전 길이에 걸쳐서 $d/2$ 이내의 간격으로 양단 내진갈고리를 갖춘 스터럽을 배치하여야 한다.
⑤ 전단저항에 요구되는 스터럽이나 띠철근은 부재의 길이에 걸쳐 후프철근을 사용하여야 한다.
⑥ 휨부재의 후프철근은 **2개의 철근으로 구성**할 수 있다. 즉, 양단에 내진갈고리를 갖는 스터럽과 연결철근으로 구성되는 **폐쇄형 후프철근**을 사용할 수 있다. 동일한 축방향 철근과 접속되는 연속 연결철근은 휨부재의 반대측면에 번갈아가며 90°갈고리를 두어야 한다. 연결철근으로 고정되는 축방향 철근이 휨부재의 한쪽 면에서만 슬래브로 구속되어 있으면 연결철근의 90°갈고리는 그 슬래브가 있는 곳에 위치시켜야 한다.

2. 휨모멘트와 축력을 받는 특수모멘트골조 부재

(1) 적용범위
① 지진하중을 받고, 계수축력이 $(A_g f_{ck}/10)$을 초과하는 특수모멘트골조 부재에 적용
② 요구사항
  ㉠ 도심을 지나는 직선상에서 잰 최소 단면치수는 300mm **이상**이어야 한다.
  ㉡ 최소 단면치수의 직각방향 치수에 대한 길이 비는 **0.4 이상**이어야 한다.

(2) 기둥의 최소 휨강도
① 기둥의 휨강도

$$\Sigma M_c \geq (6/5)\Sigma M_g$$

- M_c : 접합부의 접합면에서 그 접합부에 연결된 기둥들의 설계휨강도의 합
- M_g : 접합부의 접합면에서 그 접합부에 연결된 보의 설계휨강도의 합

② 위의 기둥의 휨강도를 만족시키지 못하는 기둥의 횡방향 강도와 강성은 구조물의 강도와 강성 계산에서 무시하여야 한다.
③ 휨강도는 기둥의 휨모멘트가 보의 휨모멘트와 반대방향으로 작용하는 것으로 하여 합산한다.
④ 접합부에서 ①이 만족되지 않았을 때에는 그 접합부의 반력을 받는 기둥은 전체 높이에 대해서 횡방향 철근으로 보강하여야 한다.

(3) 축방향 철근
① 철근비(ρ_g)는 0.01 이상, 0.06 이하이어야 한다. ($0.01 \leq \rho_g \leq 0.06$)
② 겹침이음은 부재의 중앙부에서 **부재 길이의 1/2 구역 내**에서만 할 수 있고 **인장이음으로 설계**하여야 하며, 또한 횡방향 철근으로 둘러싸야 한다.

(4) 횡방향 철근

① 횡방향 철근은 단일 후프철근 또는 겹침 후프철근으로 이루어져야 한다.
　㉠ 이때 후프철근과 같은 굵기와 간격으로 된 연결철근을 사용할 수 있다.
　㉡ 연결철근의 끝은 외곽의 축방향 철근에 고정되어야 하고, 연속 연결철근은 축방향 철근을 따라 끝이 교대로 배치되어야 한다.

② 횡방향철근의 추가배치
　㉠ 횡방향 철근의 외부에 위치하여 구속되지 않은 **콘크리트의 두께가 100mm를 초과**하면, 횡방향 철근을 추가적으로 배치하여야 한다.
　㉡ 이 추가적인 **횡방향 철근에 대하여 피복 두께는 100mm 이내**가 되도록 하여야 하며, **간격은 300mm 이하**가 되도록 배치하여야 한다.

③ 횡방향 철구 간격은 **부재의 최소 단면치수의 1/4, 축방향 철근 지름의 6배, 또한** $s_x = 100 + [(350 - h_x)/3]$ **중 가장 작은 값 이하**가 되도록 배치하여야 한다(여기서, s_x값은 150mm보다 크지 않아야 하며, 100mm보다 작을 필요는 없음).

④ 연결철근이나 겹침후프철근은 **부재의 단면 내에서 중심 간격이 350mm 이내**가 되도록 배치하여야 한다.

⑤ 골조의 각 접합면부터 l_o 길이의 구간에 ①에서 ③까지 규정에 따르는 양의 횡방향 철근을 배치하여야 한다. 또 골조의 비탄성 횡변위에 의한 휨 항복이 일어날 가능성이 있는 단면 좌우 양쪽에도 이와 같이 한다. l_o는 부재 접합면 또는 휨 항복이 일어날 가능성이 있는 단면의 깊이, 부재 순경간의 1/6, 450 mm 중 가장 큰 값 이상이어야 한다.

⑥ 횡방향 철근이 기둥의 전 길이에 걸쳐 배치되어 있지 않은 경우, 횡방향 철근이 배치되어 있지 않은 구간은 중심 간격이 축방향 철근 지름의 6배 이하, 또한 150 mm 이하인 나선철근이나 후프철근으로 보강되어야 한다.

3. 특수모멘트골조의 접합부

(1) 일반사항

① 접합면에서 보의 종방향 철근의 작용력은 휨인장철근의 응력을 $1.25f_y$라고 가정하여 결정하여야 한다.
② 접합부의 강도는 해당 강도감소계수 값에 의하여 결정하여야 한다.
③ 기둥 속에서 끝나는 보의 종방향 철근은 횡보강된 기둥 심부의 반대 면까지 연장시켜야 한다.

(2) 횡방향 철근

① 접합부가 구조 부재로 구속되어 있지 않으면, 횡방향 후프철근을 접합부 내에 두어야 한다.
② 기둥의 접합부 4면에 보부재가 연결되어 각 부재 폭이 기둥폭의 3/4 이상일 때, 가장 깊이가 작은 부재의 깊이만큼 구간 내에서는 규정된 철근량의 1/2 이상의 횡방향 철근만을 배치할 수 있다. 이들 위치에서는 횡방향 철근의 간격을 150mm까지 증가시킬 수 있다.
③ 기둥 심부 외측에 있는 보의 종방향 철근이 그 접합부에 인입되는 다른 보에 의해 구속되어 있지 않을 때는 필요한 횡방향 철근을 접합부 내에 배치하여야 한다.

(3) 인장철근의 정착길이

① 보통중량콘크리트에서 90°표준갈고리가 있는 철근의 정착길이(l_{dh})

㉠ 보통중량콘크리트: D6에서 D35까지 철근의 경우 $8d$ 이상, 150 mm 이상, 또한 $l_{dh} = f_y d_b/(5.4\sqrt{f_{ck}})$ 이상

㉡ 경량중량콘크리트: $10d_b$ 이상, 190 mm 이상, 또한 위의 식으로 규정된 값의 1.25배 이상

㉢ 90°갈고리는 기둥이나 경계부재의 횡구속된 콘크리트 내까지 연장하여야 한다.

② D6에서 D35까지 철근에서 직선철근의 정착길이(l_d)

㉠ 철근 하부에 한 번에 친 콘크리트의 깊이가 300mm를 초과하지 않을 경우: ①에 규정된 길이의 2.5배 이상

㉡ 철근 하부에 한 번에 친 콘크리트의 깊이가 300 mm를 초과할 경우: ①에 규정된 길이의 3.5배 이상

③ 접합부에서 끝나는 직선철근은 기둥이나 경계부재의 횡구속된 심부를 완전히 가로질러야 한다. 횡구속된 심부에 걸쳐 있지 않은 부분의 매입정착길이는 1.6배 만큼 증가시켜야 한다.

④ 에폭시 도막 철근이 사용된 경우, (1)에서 (3)까지 기술된 정착길이는 규정된 계수 값을 곱하여야 한다.

4. 특수모멘트골조의 구조벽체와 연결보

(1) 철근

① 구조벽체의 철근비 ρ_v와 ρ_h는 0.0025 이상이어야 한다.

② 벽체에 작용하는 면내 계수전단력이 $(\sqrt{f_{ck}}/6)A_{cv}$를 초과하면 철근은 적어도 복배근으로 배치하여야 한다.

③ 횡하중에 의해 발생한 변위에 대하여 철근의 항복이 예상되는 곳에서는 철근의 설계기준항복강도를 1.25배 하여 정착길이를 산정하여야 한다.

(2) 전단강도

① 구조벽체의 공칭전단강도는 $V_n = A_{cv}(\alpha_c\sqrt{f_{ck}} + \rho_n f_y)$의 값 이상이어야 한다.

(여기서, 계수 α_c의 값은 $h_w/l_w \leq 1.5$일 때 1/4, $h_w/l_w \geq 2.0$일 때 1/6이고, $1.5 \leq h_w/l_w \leq 2.0$일 때는 1/4와 1/6을 선형보간하여 결정하여야 함)

② 한 횡방향력을 같이 부담하는 모든 벽기둥의 전단강도는 $(2\sqrt{f_{ck}}/3)A_{cv}$를 초과할 수 없다.

(이때, A_{cv}는 전체 단면적을 나타냄)

③ 개개의 벽체기둥의 공칭전단강도는 $(5\sqrt{f_{ck}}/6)A_{cp}$ 이하이어야 한다.

(여기서, A_{cp}는 고려하는 벽기둥의 단면적을 나타냄)

④ 수평부분벽과 연결보의 공칭전단강도는 $(5\sqrt{f_{ck}}/6)A_{cp}$를 초과할 수 없다.

(여기서, A_{cp}는 수평부분벽 또는 연결보의 단면적을 나타냄)

(3) 연결보
　① 세장비 $l_n/h < 4$인 연결보는 경간 중앙에 대하여 대칭인 대각선 다발철근으로 보강되도록 설계할 수 있다.
　② 경간 중앙에 대해 대칭 형태인 대각 형태로 배치된 연결보는 다음 ㉠과 ㉡를 만족하고 ㉢ 또는 ㉣ 중 하나를 만족시켜야 한다.
　　㉠ 대각선 다발철근은 **최소한 4개의 철근**으로 이루어져야 하며, 각 대각선 철근은 **벽체 안으로 인장에 대해 정착시켜야** 한다(다만, 철근 항복강도에 대한 정착길이의 1.25배 이상이 되도록 함).
　　㉡ 공칭전단강도(V_n): $V_n = 2A_{vd}f_y \sin\alpha \leq (5\sqrt{f_{ck}}/6)A_{cp}$
　　㉢ 대각선 철근은 횡철근으로 감싸주어야 한다. 또한 횡철근 간격은 철근 지름의 6배를 초과할 수 없다. 대각철근을 감싸는 횡철근의 외단에서 외단까지의 거리는 b_w에 **평행한 방향**으로 $b_w/2$ **이상**이어야 하고, 보 면 내에서는 대각선 철근에 대한 **수직방향으로** $b_w/5$ **이상**이어야 한다. 연결보의 종방향에 대한 횡방향 또는 평행 철근은 각 방향으로 철근의 면적이 $0.002b_w s$ 이상이어야 하고, 간격은 300mm 이하이어야 한다.
　　㉣ 횡방향 철근 간격은 150mm와 대각선철근 직경의 6배 중 작은 **값** 이하이어야 하며, **수직 및 수평방향으로 각각 200mm**를 초과하지 않도록 연결철근을 배치하여야 한다. 각 연결철근과 횡방향 철근의 갈고리는 동등 이상의 직경인 축방향 철근에 연결하여야 하며 기계적 정착철근을 연결철근으로 사용할 수 있다.

제10장 기타 콘크리트구조 설계기준

1 콘크리트용 앵커 설계기준

1. 설계 일반사항

(1) 적용범위

① 연결된 구조 요소 간 또는 안전에 관련된 부속물과 구조 요소 간에 인장, 전단 및 인장과 전단의 조합에 의해 구조 하중을 전달하는 데 사용되는 콘크리트용 앵커에 관한 설계 조건을 제시하고 있다.
② 여기서, 규정된 안전율은 단기간 취급할 때 또는 시공할 때보다는 사용할 때 조건을 고려한 값이다.
③ 선설치앵커(헤드볼트, 헤드스터드, 갈고리 볼트)와 후설치앵커(비틀림제어 확장앵커, 변위제어 확장앵커, 언더컷앵커, 부착식 앵커)에 모두 적용된다.
④ 부착식 앵커는 재령 21일 이상 콘크리트에 설치되어야한다.

(2) 설계 일반사항

① 앵커와 앵커 그룹은 탄성해석에 의해서 계수하중에 대해 설계되어야 한다.
② 소성해석은 변형 적합 조건이 고려되고 공칭강도가 연성강재요소에 의해 결정될 때 허용된다.
③ 앵커의 강도는 하중조합에 의해 결정되는 최대 소요강도 이상이 되도록 설계하여야 한다.

2. 앵커 강도에 관한 일반 규정

(1) 앵커의 파괴 유형

인장하중에 의한 파괴	전단하중에 의한 파괴
• 앵커 강재의 강도 • 콘크리트 브레이크 – 아웃 강도 • 뽑힘강도 • 헤드앵커의 콘크리트 측면파열 강도 • 부착식 앵커의 부착강도	• 앵커 강재의 강도 • 콘크리트 브레이크 – 아웃 강도 • 콘크리트 프라이 – 아웃 강도

(2) 앵커의 강도감소계수(ϕ)

구분	연성 강재요소의 강도에 지배되는 앵커	취성 강재요소의 강도에 지배되는 앵커
인장력	0.75	0.65
전단력	0.65	0.60

2 옹벽 설계

1. 설계 일반사항

(1) 옹벽의 정의 및 종류

① 옹벽의 정의

㉠ 횡토압을 지지하기 위하여 무근이나 철근콘크리트를 사용한 흙막이 구조물이다.

㉡ 토압에 대하여 옹벽의 자중 또는 배면토의 중량으로 안정을 유지하는 구조물이다.

② 옹벽의 종류

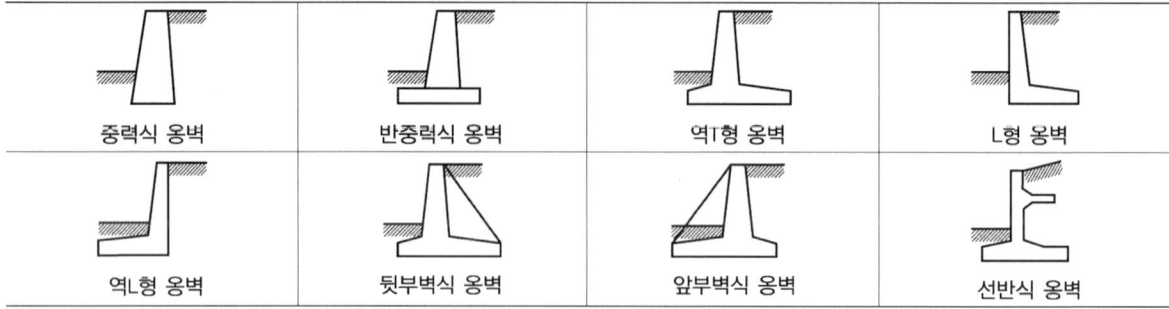

| 중력식 옹벽 | 반중력식 옹벽 | 역T형 옹벽 | L형 옹벽 |
| 역L형 옹벽 | 뒷부벽식 옹벽 | 앞부벽식 옹벽 | 선반식 옹벽 |

(2) 설계 원칙

① 옹벽은 **상재하중, 뒤채움 흙의 중량, 옹벽의 자중 및 옹벽에 작용되는 토압**, 필요에 따라서는 수압에 견디도록 설계하여야 한다.

② **무근콘크리트 옹벽**은 자중에 의하여 저항력을 발휘하는 **중력식 형태로 설계**하여야 한다.

③ 토압의 계산은 토질역학의 원리에 의거하여 필요한 지반특성계수를 측정하여 정하여야 한다.

④ 저판의 설계는 「콘크리트 기초판 설계기준」의 규정에 따라야 한다.

2. 옹벽의 안정조건

(1) 활동에 대한 저항력($F_s = 1.5$)

① 옹벽에 작용하는 **수평력의 1.5배 이상**이어야 한다.

② 저항력을 키우기 위해 **옹벽의 폭을 크게 하거나, 활동방지벽을 두기도 한다.** 이 경우 활동방지벽과 저판을 일체로 만들어야 한다.

(2) 전도에 대한 저항력($F_s = 2.0$)

① 전도에 대한 저항휨모멘트는 횡토압에 의한 **전도모멘트의 2.0배 이상**

② 옹벽의 앞굽 끝을 기준으로 하며, 모든 외력의 합력이 저판의 중앙 1/3 안에 들어오도록 설계한다.

(3) 지반의 침하에 대한 저항력($F_s = 1.0$)
   ① 지반에 유발되는 **최대 지반반력**은 지반의 허용지지력을 초과할 수 없다.
   ② 지반의 침하에 대한 안정성 검토는 다음의 두 가지 중 하나로 검토할 수 있다.
      ㉠ 지반반력의 분포경사가 비교적 작은 경우에는 **최대 지반반력**(q_{max})이 지반의 **허용지지력**(q_a)이하가 되도록 하여야 한다.
      ㉡ 지반의 지지력은 지반공학적 방법 중 선택하여 적용할 수 있으며, 지반의 내부마찰각, 점착력 등과 같은 특성으로부터 지반의 극한지지력을 추정할 수 있다(다만, 이 경우에 허용지지력 q_a는 $q_u/3$이어야 함).

3. 옹벽부재의 설계

(1) 저판
   ① 뒷굽판은 정확한 방법이 사용되지 않는 한, 뒷굽판 상부에 재하되는 모든 하중을 지지하도록 설계하여야 한다.
   ② 캔틸레버식 옹벽의 저판은 전면벽과의 접합부를 고정단으로 간주한 **캔틸레버로 가정하여** 단면을 설계할 수 있다.
   ③ 부벽식 옹벽의 저판은 정밀한 해석이 사용되지 않는 한, 부벽 사이의 거리를 경간으로 가정한 **고정보 또는 연속보**로 설계할 수 있다.

(2) 전면벽
   ① 캔틸레버식 옹벽의 전면벽은 저판에 지지된 **캔틸레버로** 설계할 수 있다.
   ② 부벽식 옹벽의 전면벽은 **3변 지지된 2방향 슬래브**로 설계할 수 있다.
   ③ 전면벽의 두께는 내력벽체의 최소 두께 규정에 따라야 한다.
   ④ 전면벽의 하부는 벽체로서 또는 캔틸레버로서도 작용하므로 연직방향으로 보강철근을 배치하여야 한다.

(3) 뒷부벽 및 앞부벽
   ① **뒷부벽**은 **T형보로** 설계하여야 한다.
   ② **앞부벽**은 **직사각형보로** 설계하여야 한다.

옹벽의 종류	설계위치	설계방법
캔틸레버식 옹벽	전면벽	캔틸레버 보
	저판	캔틸레버 보
앞부벽식 옹벽	전면벽	3변 지지된 2방향 슬래브
	저판	고정보 또는 연속보
	앞부벽	직사각형 보
뒷부벽식 옹벽	전면벽	3변 지지된 2방향 슬래브
	저판	고정보 또는 연속보
	뒷부벽	T형보

(4) 옹벽에 작용하는 주동토압

주동토압	랭킨의 주동토압 합력	비고	
$P_A = K_A \cdot \gamma \cdot H$	상재하중이 없는 경우 $H_A = \dfrac{1}{2} \cdot K_A \cdot \gamma \cdot H^2$	• K_A: 주동토압 계수 • γ: 흙의 단위중량 • H: 옹벽의 높이	

3 아치(Arch) 설계

1. 설계 일반사항

(1) 아치구조의 개념
  ① 천장을 위쪽으로 볼록하게 곡선과 곡면 형태로 만들어 각 부재가 압축력만을 받게 만든 구조이다.
  ② 아치 구조에서 가장 고려해야 할 것은, **지점에서 벌어지려는 힘의 반작용으로 발생하는 추력**(수평반력)이다.
  ③ 아치에 발생하는 **추력은 아치 높이에 반비례**(아치 높이가 낮을 경우 추력 증가)

(2) 설계 일반사항
  ① 아치의 축선이 고정하중에 의한 압축력선이나 또는 **고정하중과 등분포활하중의 1/2이 재하된 상태에 대한 압축력선과 일치하도록 설계**하여야 한다. 그렇지 않은 경우는 구조해석을 통하여 안전성을 검토하여야 한다.
  ② 아치의 축선은 곡선으로 되어 있기 때문에 **경간이 긴 아치의 경우, 횡좌굴, 휨 및 비틀림을 동시에 받아 일어나는 좌굴에 대한 안전성 검토를 수행**하여야 한다.
  ③ 아치 리브의 단면 형상은 **경간에 대한 높이의 비, 아치 축선, 재료의 강도, 시공 방법 등을 고려하여 선정**하여야 한다.
  ④ 아치 리브의 기초는 아치 리브 단부에 발생하는 반력에 충분히 저항할 수 있도록 단단한 지반에 놓여야 한다. 기초 지반이 연약한 경우에는 단단하게 개량하거나 반력에 저항하기 위한 별도의 대책을 수립하여야 한다.

2. 아치구조의 해석

(1) 구조해석 일반사항
  ① 아치의 축선은 **아치 리브의 단면 도심을 연결하는 선**으로 할 수 있다.
  ② 단면력을 산정할 때에는 콘크리트의 수축과 온도변화의 영향을 고려하여야 한다.
  ③ 부정정력을 계산할 때에는 아치 리브 단면변화를 고려하여야 한다.
  ④ 기초의 침하가 예상되는 경우에는 그 영향을 고려하여야 한다.
  ⑤ 아치 리브의 세장비가 35를 초과하는 경우에는 유한변형이론 등에 의해 **아치 축선 이동의 영향을 고려하여 단면력을 계산**하여야 한다.

(2) 세장비에 따른 좌굴검토

① 아치구조의 세장비

$$\lambda = l_{tr} \sqrt{\frac{A_{l/4} \cos\theta_{l/4}}{I_m}}$$

- l_{tr}: 환산부재 길이, $l_{tr} = \delta l$(mm)
- $A_{l/4}$: 경간 $l/4$ 위치에서 아치 리브의 단면적(mm²)
- $\theta_{l/4}$: 경간 $l/4$ 위치에서 아치 축선의 경사각
- I_m: 아치 리브의 평균 단면2차모멘트(mm⁴)
- δ: 아치 경간(l)에 대한 높이(h)의 비에 따른 계수
- l: 기초의 고정도를 고려한 경간(mm)

② $\lambda \leq 20$인 경우 좌굴 검토는 필요하지 않다.
③ $20 < \lambda \leq 70$인 경우 유한변형에 의한 영향을 편심하중에 의한 휨모멘트로 치환하여 발생하는 휨모멘트에 더하여 단면의 계수휨모멘트에 대한 안정성을 검토하여야 한다.
④ $\lambda > 200$인 경우 아치구조물로서 적합하지 않다.

4 셸과 절판부재 설계

1. 설계 일반사항

(1) 설계원칙

① **얇은 셸의 내력과 변위를 결정할 때에는 탄성거동으로 가정**할 수 있다.
② 이 탄성거동은 재료가 **선형탄성이고 균질하며 등방성이라고 가정**하여 균열이 없는 콘크리트 구조물의 해석에 기초한 계산에 의해 수행된다.
③ **콘크리트의 포아송비의 효과는 무시**할 수 있다.
④ 비탄성 해석은 그러한 해석법에 의할 때 안전하다는 것을 확인할 수 있는 경우에 사용할 수 있다.
⑤ 결과의 일관성을 확인하기 위하여 내력과 외력에 대한 평형이 확인되어야 한다.
⑥ **실험이나 수치해석 방법은 설계의 안전성이 확보될 수 있는 경우에 사용**할 수 있다.
⑦ 근사해석 방법은 이 방법으로 설계할 때 안전성을 확보할 수 있는 경우에 사용할 수 있다.
⑧ 프리스트레스트콘크리트 셸의 해석은 프리스트레스 힘을 가하는 중에 발생하는 하중 상태, 균열하중 상태 및 계수하중 상태의 거동을 고려하여야 한다. 긴장재가 셸 내부에 배치된 긴장재가 동일 평면 위에 놓이지 않음으로써 발생하는 셸의 힘 성분을 설계에 고려하여야 한다.
⑨ 셸의 두께와 보강철근은 이 구조기준에서 정한 요구되는 강도와 사용성을 만족하도록 설계하여야 한다.
⑩ 설계할 때는 셸의 안성성에 대하여 검토하여야 한다.
⑪ 보조부재는 이 구조기준의 해당 규정에 의해 설계되어야 한다. T형보의 플랜지 폭과 같은 셸부재의 일부는 보조부재와 함께 거동하는 것으로 가정할 수 있다. 셸의 보조부재에 직각방향으로 배치된 철근은 T형보의 플랜지에 대해 요구되는 철근량 이상이어야 한다.

⑫ 막응력과 휨모멘트를 받는 셸 슬래브의 강도설계는 탄성해석이나 비탄성해석에 의해 얻어진 응력과 변형률의 값에 근거하여야 한다.

⑬ 막균열이 예상되는 영역에서 **균열과 같은 방향에 대한 콘크리트의 공칭압축강도는 $0.4 f_{ck}$**이어야 한다.

(2) 재료의 설계기준강도
① 콘크리트의 설계기준압축강도(f_{ck}): 21MPa 이상
② 프리스트레스를 받지 않은 철근의 설계기준항복강도(f_y): 400MPa 이상

5 구조용 무근콘크리트 설계기준

(1) 적용범위
① 현장치기콘크리트 또는 프리캐스트콘크리트 부재 등과 같은 구조용 무근콘크리트 부재의 설계와 시공은 이 기준의 규정을 따라야 한다.
② 보도와 지표면 슬래브 등과 같이 지면에 바로 지지되는 슬래브의 설계와 시공은 이 기준을 적용하지 않는다. 다만, 이러한 부재가 다른 구조 부재에 의해 수직하중 또는 수평하중을 지면으로 전달하는 경우는 이 기준을 적용한다.
③ 아치, 지하 설비 구조물, 중력벽, 차폐벽과 같은 특수한 구조물에 대해서도 이 기준의 해당 규정들을 적용할 수 있다.

(2) 설계 제한사항
① 구조용 무근콘크리트는 다음의 ㉠, ㉡ 및 ㉢의 경우에만 사용할 수 있으며, **기둥에는 무근콘크리트를 사용할 수 없다.**
　㉠ 지반 또는 다른 구조용 부재에 의해 연속적으로 수직 지지되는 부재
　㉡ 모든 하중조건에서 아치작용에 의해 압축력이 유발되는 부재
　㉢ 벽체와 주각
② 구조용 무근콘크리트의 설계기준압축강도는 18MPa 이상, 동시에 내구성 제한 사항에서 요구하는 값 이상으로 하여야 한다.

(3) 설계방법
① 구조용 무근콘크리트 부재는 **하중계수와 강도감소계수($\phi = 0.55$)를 사용**하여 이 설계기준의 규정에 따른 적절한 강도를 발휘할 수 있도록 설계하여야 한다.
② **소요강도가 설계강도를 초과하는 경우에는 철근으로 보강**하여야 하며, 철근을 사용한 부재는 이 설계기준의 철근콘크리트 구조물 설계에 대한 모든 규정을 적용하여 설계하여야 한다.
③ 휨모멘트와 축력을 받는 구조용 무근콘크리트 부재의 강도설계는 압축과 인장 모두 선형 응력 – 변형률 관계에 근거하여야 한다.
④ 무근콘크리트 부재를 설계할 때 콘크리트의 인장강도를 고려할 수 있다.
⑤ 철근이 배치되어 있을 경우에도 철근의 강도는 고려하지 않는다.

⑥ 인장력은 각 무근콘크리트 요소의 외부 단부, 시공줄눈, 수축줄눈, 분리줄눈을 통해 전달되지 않아야 한다. 인접한 구조용 무근콘크리트 요소 사이의 인장에 의한 휨 연속성은 없다고 가정하여야 한다.

⑦ 휨모멘트, 휨모멘트와 축력의 조합, 전단력에 대한 강도를 계산할 때 부재의 전체 단면을 설계에 고려한다. 다만, **지반에 콘크리트를 치는 경우에 전체 두께(h)는 실제 두께보다 50mm 작은 값을 사용**하여야 한다.

2. 무근콘크리트 구조설계

(1) 강도

구분	설계 산정식
휨모멘트를 받는 단면의 설계	$\phi M_n \geq M_u$
압축력을 받는 단면의 설계	$\phi P_n \geq P_u$
휨모멘트와 축력을 동시에 받고 있는 부재	$P_u/\phi P_n + M_u/\phi M_n \leq 1$
	$M_u/S_m - P_u/A_g \leq 0.42\phi\lambda\sqrt{f_{ck}}$
전단력에 대한 직사각형 단면의 설계	$\phi V_n \geq V_u$
압축력을 받는 지압부의 설계	$\phi B_n = \phi 0.85 f_{ck} A_1 \geq P_u$

(2) 벽체

① 설계일반

㉠ 구조용 무근콘크리트 벽체는 지반, 기초판, 기초벽, 지중보 또는 수직연속지지 부재로 거동할 수 있는 다른 구조 부재에 의해 연속으로 지지되어야 한다.

㉡ 구조용 무근콘크리트 벽체는 벽체가 받고 있는 연직하중, 횡하중 그리고 다른 모든 하중을 고려하여 설계하여야 한다.

㉢ 구조용 무근콘크리트 벽체는 축하중에 의해 발생되는 최대 계수휨모멘트에 대응하는 편심에 대하여 설계하여야 한다. 이때 편심은 $0.10h$ 이상이다.

② 실용설계법

㉠ 직사각형 단면을 가진 구조용 무근콘크리트 벽체는 모든 계수축력의 합력이 벽체 전체 두께의 중앙 1/3 이내에 위치하는 경우

㉡ 설계 산정식: $\phi P_{nw} \geq P_u$ (P_u: 계수축력, P_{nw}: 공칭축강도)

㉢ 공칭축강도(P_{nw}): $P_{nw} = 0.45 f_{ck} A_g \left[1 - \left(\dfrac{l_c}{32h}\right)^2\right]$

③ 제한사항

㉠ 각각의 수직으로 작용하는 집중하중에 대한 벽체의 수평방향 유효폭은 하중들의 중심간 거리를 초과할 수 없으며, 또한 하중지압부의 폭에 벽체 두께의 4배를 더한 길이를 초과할 수 없다.

㉡ 내력벽의 두께는 벽체의 비지지 높이 또는 길이 중 작은 값의 1/24배 이상으로 하여야 하고, 또한 최소 150mm 이상으로 하여야 한다.

㉢ 지하층 외측 벽체와 기초 벽체판의 두께는 200mm 이상으로 하여야 한다.

㉣ 모든 창이나 출입구 등의 개구부 주위에 2개 이상의 지름 D16 이상의 철근을 배치하여야 한다. 이러한 철근은 개구부의 모서리에서 600mm 이상 연장하여 정착시켜야 한다.

해커스공무원 학원·인강
gosi.Hackers.com

해커스공무원 안병관 건축구조 기본서

제 6 편
강구조(철골구조)

제1장   강구조 개론
제2장   강구조 부재설계 기준
제3장   인장재 설계
제4장   압축재 설계
제5장   휨부재 설계
제6장   합성부재
제7장   강구조 연결 설계기준(하중저항계수설계법)
제8장   강구조 내진설계

제1장 강구조 개론

1 강구조 용어

구분	용어	설명
강도	공칭강도	하중효과에 저항하기 위한 구조체 혹은 구조부재의 강도(저항계수가 적용되지 않은 값)
	극한강도	부재가 붕괴 또는 파괴에 달할 때의 최대하중 또는 최대응력
	소요강도	한계상태설계 하중조합에 대한 구조해석 또는 구조부재에 작용하는 힘, 응력 또는 변형을 지칭
	설계강도	공칭강도와 저항계수의 곱
	공칭휨강도	구조체나 구조부재의 하중에 대한 휨저항능력으로서, 규정된 재료강도 및 부재치수를 사용하여 계산된 값
	항복강도	응력과 변형의 비례상태의 규정된 변형한계를 벗어날 때의 응력
	인장강도	재료가 견딜 수 있는 최대인장응력도
	파괴강도	재료가 외력에 의해 파괴할 때의 최대강도를 말함. 파단강도라고도 함
계수	강도저항계수	공칭강도와 설계강도 사이의 불가피한 오차 또는 파괴모드 및 파괴결과가 부차적으로 유발하는 위험도를 반영하기 위한 계수
	소성단면계수	휨에 저항하는 완전항복단면의 단면계수로서, 소성중립축 상하의 단면적의 중립축에 대한 1차모멘트
	안전계수	공칭강도와 실제강도 사이의 오차, 공칭하중과 실제하중 사이의 오차, 하중을 하중효과로 변환하는 해석 과정의 불확실성 또는 파괴모드 및 파괴 결과에 따른 위험도를 반영하기 위한 계수
	유효좌굴길이계수	유효좌굴길이와 부재의 비지지길이의 비
재료	압연강재	강을 압연해서 마무리 롤에 의해 막대나 판 등의 각종 형상으로 가공한 강재
	구조용강재	건축, 토목, 선박 등의 구조재로서 이용되는 강재. 탄소함유량이 0.6% 이하의 탄소강
	연강	탄소함유량 0.3% 이하의 탄소강. 구조용강재로 이용됨. 경강에 비해서 신축률이 큼
	고성능강	일반강에 비하여 강도, 내진성능, 내후성능 등에 있어서 1개 이상의 성능이 향상된 강을 통칭
	내후성강	적절히 조치된 고강도, 저합금강으로써 부식방지를 위한 도막 없이 대기에 노출되어 사용되는 강재
	극저항복점강	보통의 구조용강재에 비해 항복점이 매우 낮은 강재
	SN강재	용접성, 냉간가공성, 인장강도, 연성 등이 우수한 강재
	거싯플레이트	트러스의 부재, 스트럿 또는 가새재를 보 또는 기둥에 연결하는 판요소
	스티프너	하중을 분배하거나, 전단력을 전달하거나, 좌굴을 방지하기 위해 부재에 부착하는 ㄱ형강이나 판재 같은 구조요소
	수직스티프너	웨브에 부착하는 플랜지와 직각을 이루는 웨브스티프너
	횡방향 스티프너	웨브에 부착되고 플랜지와 수직을 이루는 웨브스티프너

	뒷댐판	용접에서 부재의 밑에 대는 금속판으로 모재와 함께 용접됨
	끼움재, 끼움판	부재의 두께를 조절하기 위해 사용되는 판재
	윙플레이트	철골주각부에 부착하는 강판으로서 사이드앵글을 거쳐서 또는 직접 용접에 의해 베이스플레이트에 기둥으로부터의 응력을 전함
	구속판요소	하중의 방향과 평행하게 양면이 직각방향의 판요소에 의해 연속된 압축을 받는 평판요소
	비구속판요소	하중의 방향과 평행하게 한쪽 끝단이 직각방향의 판요소에 의해 연접된 평판요소 (예) H형강의 플랜지)
한계 상태	한계상태	구조체 또는 구조요소가 사용하기에 부적당하게 되고 의도된 기능을 더 이상 발휘하지 못하는 상태(사용성한계상태) 또는 극한하중지지능력에 도달한 상태(강도한계상태)
	강도한계상태	항복, 소성힌지의 형성, 골조 또는 부재의 안정성, 인장파괴, 피로파괴 등 안정성과 최대하중지지력에 대한 한계상태
	사용성 한계상태	구조물의 외형, 유지 및 관리, 내구성, 사용자의 안락감 또는 기계류의 정상적인 기능 등을 유지하기 위한 구조물의 능력에 영향을 미치는 한계상태
	연성한계상태	연성한계상태에는 부재와 접합부의 항복, 볼트구멍의 지압변형, 그리고 4.10의 폭-두께비 제한을 만족하는 부재의 좌굴이 포함됨. 부재 및 접합부의 취성파괴 또는 접합요소의 좌굴은 연성한계상태에 포함되지 않음
	한계상태설계법	한계상태설계법 하중조합 하에서 부재의 설계강도가 소요강도 이상이 되도록 구조요소를 설계하는 방법
인장재 및 접합부	접합부	2개 이상의 부재 사이에 힘을 전달하는데 사용되는 구조요소 또는 조인트의 집합체
	순단면적	볼트구멍 등에 의한 단면손실을 고려한 총단면적
	유효순단면	전단지연의 영향을 고려하여 보정된 순단면적
	아이바	균일한 두께를 가진 특수한 형태의 핀접합부재로서 핀구멍이 있는 머리와 구멍이 없는 몸체에 거의 동일한 강도를 부여하도록 몸체의 폭보다 크게 단조되거나 산소 절단된 머리 폭을 가진 인장부재
	블록전단파단	접합부에서 인장파단 – 전단항복 혹은 인장항복 – 전단파단이 발생하는 한계상태
	단순접합부	접합된 부재 간에 무시해도 좋을 정도로 약한 휨 모멘트를 전달하는 접합부
	완전강접합	접합되는 부재 사이에 무시할 정도의 상대회전변형이 발생하면서 모멘트를 전달할 수 있는 접합
	인장역작용	프랫 트러스와 유사하게 전단력이 작용할 때 웨브의 대각방향으로 인장력이 발생하고 수직보강재에 압축력이 발생하는 패널의 거동(tension field action)
압축재	기둥	주로 축력을 저항하는 구조부재
	기둥주각부	철골 상부구조와 기초 사이에 힘을 전달하는데 동원되는 기둥 하부의 판재, 접합재, 볼트 및 로드 등의 어셈블리를 지칭
	세장비	휨축과 동일한 축의 단면2차반경에 대한 유효길이의 비
	임계세장비	탄성좌굴과 비탄성좌굴과의 영역의 분계가 되는 세장비를 말함
	좌굴	임계하중상태에서 구조물이나 구조요소가 기하학적으로 갑자기 변화하는 한계상태
	비틀림좌굴	압부재가 전단중심축에 대해 비틀리는 좌굴모드
	메탈터치이음	강재와 강재를 빈틈없이 밀착시키는 것의 총칭. 밀피니시이음(Mill finished joint)이라고도 함

휨재	유공보	웨브에 관통구멍이 규칙적 또는 불규칙적으로 있는 보
	연결보	인접한 철근콘크리트벽 부재를 연결하여 함께 횡력에 저항하게 하는 강재보 혹은 합성보
	전이보	건물 상층부의 골조를 어떤 층의 하부에서 별개의 구조형식으로 전이하는 형식의 큰보
	단곡률	곡률에 반곡이 있는 복곡률에 반대되는 것으로서 1방향의 연속적인 원호를 그리는 변형상태
	복곡률	단부모멘트에 의해 부재가 S형태로 변형되는 휨상태
	치올림	보나 트러스 등 수평부재에서 하중재하 시 생길 처짐을 고려하여 미리 중앙부를 들어 올리는 것
	커버플레이트	단면적, 단면계수, 단면2차모멘트를 증가시키기 위하여 부재의 플랜지에 용접이나 볼트로 연결된 플레이트
	패널존	접합부를 관통하는 보와 기둥의 플랜지의 연장에 의해 구성되는 보-기둥 접합부의 웨브영역으로, 전단패널을 통하여 모멘트를 전달하는 영역
	플레이트거더	강판과 ㄱ형강 등을 리벳 또는 용접으로 I형의 큰 단면으로 만든 조립보 또는 강판만으로 용접한 용접보
좌굴	웨브크리플링	보에서 집중하중이나 반력이 작용하는 위치의 웨브재에 발생하는 국부적인 파괴
	웨브횡좌굴	집중압축력작용점 반대편의 인장플랜지의 횡방향좌굴한계상태
	휨좌굴	단면의 비틀림이나 형상의 변화 없이 압축부재가 휨에 의해 발생하는 좌굴모드
	횡지지부재	주 골조부재의 횡좌굴 또는 횡비틀림좌굴이 방지되도록 설계된 부재
	횡좌굴	휨모멘트를 받는 보가 면외하중면에 대해 횡방향으로 좌굴하는 현상
	횡비틀림좌굴	휨모멘트가 어떤 값에 달해서 부재가 가로방향으로 처지고 비틀림을 수반하면서 좌굴하는 현상
	전단좌굴	면내에 순수전단력에 의해 보의 웨브와 같은 판요소가 변형하는 좌굴모드
	횡방향스티프너	웨브에 부착되고 플랜지와 수직을 이루는 웨브스티프너
	국부좌굴	부재 전체의 파괴를 유발할 수도 있는 압축판 요소의 좌굴
	비지지길이	한 부재의 횡지지가새 사이의 간격으로서, 가새부재의 도심 간의 거리로 측정
	조밀단면	힘을 받을 때 플랜지나 웨브에 국부좌굴이 일어나지 않고 완전소성상태에 도달하는 단면으로서 이 단면은 플랜지와 웨브의 세장비와 가새(브레이싱)에 관한 요구조건들을 만족해야 함(compact section)
	비조밀단면	국부좌굴이 발생하기 전에 압축요소에 항복응력이 발생할 수 있으나 소성힌지의 회전능력을 갖지 못하는 단면(noncompact section)
	세장판단면	탄성범위 내에서 국부좌굴이 발생할 수 있는 세장판요소가 있는 단면
접합	그루브용접	접합부재면에 홈을 만들어(개선하여) 이루어지는 용접
	필릿용접	용접되는 부재의 교차되는 면 사이에 일반적으로 삼각형의 단면이 만들어지는 용접
	필릿용접보강	그루브용접을 보강하기 위해 추가된 필릿용접
	플러그용접	겹치기한 2매의 판재에 한쪽에만 구멍을 뚫고 그 구멍에 살붙이하여 용접하는 방법. 주요한 부재에는 사용하지 않음
	슬롯용접	부재를 다른 부재에 부착시키기 위해 긴 홈을 뚫어서 하는 용접
	서브머지드 아크용접	두 모재의 접합부에 입상의 용제, 즉 플럭스를 놓고 그 플럭스 속에서 용접봉과 모재 사이에 아크를 발생시켜 그 열로 용접하는 방법

	목두께	용접부가 그 면에서 파단된다고 예상한 단면의 두께
	유효목두께	보강용접을 포함하지 않는 목두께로서 강도상 유효한 부분
	스캘럽	용접접합부에 있어서 용접이음새나 받침쇠의 관통을 위해 또한 용접이음새끼리의 교차를 피하기 위해 설치하는 원호상의 구멍. 용접접근공이라고도 함
	가우징	금속판의 뒷면깎기로 용접결함부의 제거 등을 위해 금속표면에 골을 파는 것
내화 설계	내화구조	화재에 견딜 수 있는 성능을 가진 구조로서 국토교통부령이 정하는 기준에 적합한 구조
	내화시간	내화구조성능의 기준이 되며, 화재 시의 가열에 견딜 수 있는 시간. 3시간, 1시간 및 30분 등으로 나누어져 있음
	설계화재	건축물에 실제로 발행하는 내화설계의 대상이 되는 화재의 크기
	사양적 내화설계	건축법규에 명시된 사양적 규정에 의거하여 건축물의 용도, 구조, 층수, 규모에 따라 요구내화시간 및 부재의 선정이 이루어지는 내화설계방법
	성능적 내화설계	건축물에 실제로 발생되는 화재를 대상으로 합리적이고 공학적인 해석방법을 사용하여 화재크기, 부재의 온도상승, 고온환경에서 부재의 내력 및 변형 등을 예측하여 건축물의 내화성능을 평가하는 내화설계방법
합성 부재	합성기둥	철근콘크리트가 피복된 강재단면이나 철근콘크리트가 충전된 강재단면을 사용한 기둥
	매입형 합성기둥	콘크리트기둥과 하나 이상의 매입된 강재단면으로 이루어진 합성기둥
	횡방향철근	매입형 합성기둥에서 강재코어 주위의 콘크리트를 구속하는 역할을 하는 폐쇄형타이나 용접철망과 같은 철근
	충전형 합성기둥	콘크리트로 충전된 사각 또는 원형강관으로 이루어진 합성기둥
	합성보	강재보가 슬래브와 연결되어 하나의 구조물로서 구조적 거동을 할 수 있는 보로서, 노출형합성보와 매입형합성보가 있음
	완전합성보	충분한 개수의 전단연결재를 사용하여 합성단면의 공칭소성휨강도를 발휘하는 합성보
	부분합성보	매입되지 않은 합성보로서 그 공칭휨강도가 스터드의 강도에 의해 결정되는 보
	매입형 합성보	슬래브와 일체로 타설되는 콘크리트에 완전히 매입되는 보
	콘크리트충전강관	원형강관 또는 각형강관 속에 콘크리트를 충전한 것으로 주로 기둥부재에 쓰임
	합성슬래브	데크플레이트에 부착되고 지지된 콘크리트슬래브로, 지진하중저항시스템의 부재 사이에 하중을 전달하는 다이아프램으로 거동하는 것
	합성전단벽	매입되지 않은 강재단면이나 철근콘크리트에 매입된 강재단면을 경계부재로 갖는 철근콘크리트벽
	전단연결재	합성부재의 두 가지 다른 재료사이의 전단력을 전달하도록 강재에 용접되고 콘크리트 속에 매입된 스터드, ㄷ형강, 플레이트 또는 다른 형태의 강재

2 강구조 설계 일반사항

1. 강구조의 특성

장점	단점
• 고강도: 경량화, 장경간 • 인성 우수: 소성변형능력 우수(내진성능 향상) • 세장한 부재 가능 • 증축 및 개축의 보수 용이 • 재료의 재사용: 친환경적 재료	• 내화성 낮음: 내화피복 필요 • 세장한 부재: 좌굴발생 용이 • 처짐 및 진동에 취약 • 접합부의 신뢰도 저감 • 강재의 부식, 피로강도 감소

2. 강구조의 재료

(1) 강재의 종류

① 강재의 형상별 종류

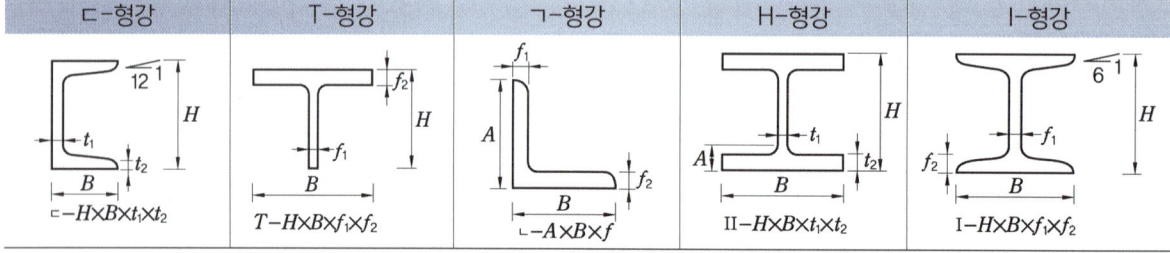

② 구조용 강재의 재질규격

구분	명칭	강종	비고
SS (Steel for Structure)	일반구조용 압연강재	SS235, SS275, SS315, SS410, SS450, SS550	• 용접성 → A<B<C (우수) • TMC (Thermo Mechanical Control Process) • W: 압연화한 그대로 녹 안정화 처리 • P: 도장처리
SM (Steel for Marine)	용접구조용 압연강재	SM 275 A, B, C, D -TMC SM 355 A, B, C, D -TMC SM 420 A, B, C, D -TMC SM 460 B, C -TMC	
SMA (Steel Marine Atmosphere)	용접구조용 내후성 열간 압연강재	SMA275AW, AP, BW, BP, CW, CP SMA355AW, AP, BW, BP, CW, CP SMA460W, P	
SN (Steel New)	건축구조용 압연강재	SN275 A, B, C SN355 B, C SN460 B, C	
SHN (Steel H-beam New)	건축구조용 열간압연 H형강	SHN275, SHN355, SHN420, SHN460	
HSA (High Strength Steel)	건축구조용 고성능 압연강재	HSA 650	

③ 주요 구조용 강재의 재료강도(MPa)

강도	강재기호 판 두께	SS235	SS275	SM275 SMA275[1]	SS315	SM355 SMA355[1]	SS410	SM420	SS450	SM460[2] SMA460[3]	SS550
F_y	16mm 이하	235	275	275	315	355	410	420	450	460	550
	16mm 초과 40mm 이하	225	265	265	305	345	400	410	440	450	540
	40mm 초과 75mm 이하	205	245	255	295	335	–	400	–	430	–
	75mm 초과 100mm 이하	205	245	245	295	325	–	390	–	420	–
	100mm 초과	195	235	235	275	305	–	380	–	–	–
F_u	–	–	330	410	410	490	490	540	520	590	570	690

1) SMA275CW,CP, SMA355CW, CP 적용두께 100mm 이하
2) SM460B, C는 주문자 제조자 협정에 따라 150mm 이하 강판 제조 가능
3) SMA460W, P 적용두께는 100mm 이하

강도	강재기호 판 두께	SN275	SN355	SN460	SHN275[2]	SHN355[2]	SHN420[2]	SHN460[2]
F_y	6mm 초과 40mm 이하	275	355	460	275	355	420	460
	40mm 초과 75mm 이하	255[1]	335	440				
F_u	100mm 이하	410	490	570	410	490	520	570

1) SN275A의 항복강도는 265MPa
2) SHN강의 적용두께는 75 mm 이내

④ 강재의 규격표시(예시)

SMA-355-B-P-TMC

- SMA: 용접구조용 내후성 압연강재
- 355: 항복강도: F_y = 355MPa [참고 ~ 인장강도: F_u = 490MPa]
- B: 샤르피흡수에너지 B등급(충격흡수 성능: A<B<C)
- P: 보통 도장처리 [참고 ~ W: 압연한 그대로 또는 녹안정화 처리)
- TMC: 압연 시 온도제어 압연 + 가속냉각법(급랭 또는 수랭)

(2) 강재의 화학성분
   ① 강재의 화학성분

구분	함유량	설명
철(Fe)	98% 이상	강재의 대부분을 차지하는 성분
탄소(C)	0.004 ~ 2%	탄소량 증가 시 강재의 강도·경도의 증가, 연성·용접성은 감소
망간(Mn)	0.5 ~ 1.7%	강재의 강도를 향상하고 충격
크롬(Cr)	0.1 ~ 0.9%	• 니켈 및 구리와 유사한 성질 • 강재의 부식을 방지하고 스테인리스강의 주성분으로 사용
규소(Si)	0.4% 이하	• 강재의 부식방지성능을 향상 • 항복점이 높아지며 주요 탈산제
구리(Cu)	0.2% 이하	강재의 주요한 부식 방지재
니켈(Ni)	-	강재의 부식을 방지하고 저온에서 취성파괴에 대한 인성을 향상
인(P), 황(S)	0.03 ~ 0.035 이하	• 탄소와 유사한 성질을 갖는 성분 • 취성이 증가하고 충격에 대한 인성이 감소된다.

   ② 강재의 탄소당량
      ㉠ 강재에 첨가된 합금성분들이 용접후 경화성에 미치는 정도를 탄소로 환산한 값을 말한다.
      ㉡ 탄소당량은 열영향부의 경화기준으로 사용되고, 탄소당량에 따라 용접시 재료선정 및 예열·후열처리 등의 판단기준을 제시한다.
      ㉢ 강재의 탄소당량(C_{eq}) 산정식

$$C_{eq} = C + \frac{Mn}{6} + \frac{Si}{24} + \frac{Ni}{40} + \frac{Cr}{5} + \frac{Mo}{4} + \frac{V}{14}$$

   - C: 탄소
   - Mn: 몰리브덴
   - Si: 바나듐
   - Cr: 크롬
   - Mo: 몰리브덴
   - V: 바나듐

      ㉣ 탄소당량의 특성(탄소당량이 많을 경우)

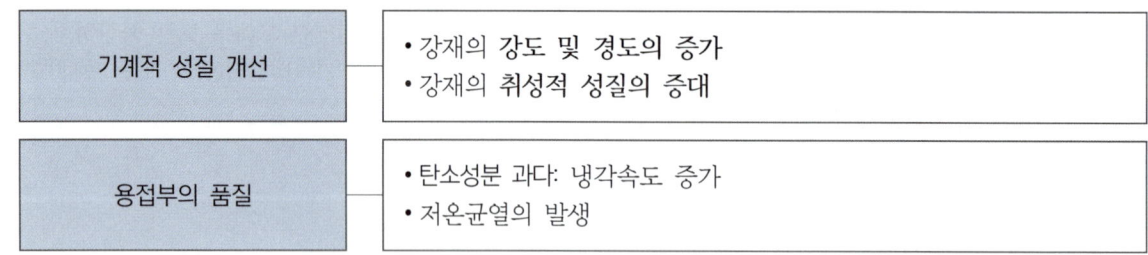

(3) 강재의 화학성분에 따른 강재의 분류
   ① 탄소강
      ㉠ 일반적으로 가장 많이 사용하는 강재
      ㉡ 강재의 탄소량 증가: 강재의 강도 및 경도의 증가, 취성적 성질의 증대, 용접성 저하
      ㉢ 탄소강의 종류

구분	설명
저탄소강	탄소량 0.15% 미만
연탄소강	탄소량 0.15 ~ 0.29%, 탄소당량 0.3% 이하의 강재로 구조용강재로 이용
중탄소강	탄소량 0.30 ~ 0.29%, 용접성능 저하
고탄소강	탄소량 0.15 ~ 0.29%, 용접성능 저하

      ㉣ 림드강: 기포가 많고 재질이 불균질한 강재
      ㉤ 킬드강: Si, Mn을 사용하여 재료의 균질성을 확보한 강재
   ② 구조용 합금강
      ㉠ 탄소강의 성질을 개선하기 위해 합금원소를 첨가시킨 강재
      ㉡ 망간과 탄소 대신 합금원소(Cb, Mo, V 등)을 첨가하여 고강도와 인성을 향상
   ③ TMCP강(Thermo Mechanical Control process steel)
      ㉠ 강재 압연 시 온도제어 압연을 기본으로 하고 급냉 또는 수냉에 의한 가속냉각법을 적용하여 강재의 기계적 성질을 개선
      ㉡ 특성
         ⓐ TMC 강재는 저탄소당량에서 높은 인장강도와 항복강도를 확보
         ⓑ 용접성을 개선시킨 특성
         ⓒ 고인성의 부재 제작, 용접성 향상, 후판부재 제작 가능
   ④ 신소재강

구분	설명
내후성강	적절히 조치된 고강도, 저합금강으로써 부식방지를 위한 도막 없이 대기에 노출되어 사용되는 강재
스테인리스강	**내식성 및 내구성**, 강재 표면의 광택이 우수하여 마감재에 주로 사용
저항복강	내진성능 확보를 목적으로 **소성에너지 흡수능력**을 높은 강재
건축구조용 압연강재(SN)	내진설계에서 **소성변형능력의 확보**, 변형능력의 실현 및 붕괴메커니즘의 재현성 확보, 용접성 확보 등을 위해 사용

3. 강재의 기계적 성질

(1) 강재의 기계적 성질
① 항복강도(f_y): 응력과 변형의 비례상태의 규정된 변형한계를 벗어날 때의 응력(**하항복점을 기준으로 함**)

② 인장강도(f_u): 강재가 인장응력에 견딜 수 있는 최대 인장응력도

③ 항복비(R_y): 강재의 인장강도에 대한 항복강도의 비 $\left(R_y = \dfrac{f_y}{f_u} \times 100(\%)\right)$

④ 연신율(ϵ_f): 인장시험편 파단후의 표점간 거리와 시험 전 표점간 거리의 차를 시험 진 표점간 거리에 대한 백분율로 나타낸 값

⑤ 피로강도: 변동하는 응력의 반복에 의한 파괴현상 $\left(\epsilon_f = \dfrac{L - L_0}{L_0} \times 100 = \dfrac{\Delta L}{L_0} \times 100\right)$

(2) 강재의 물리상수

구분	탄성계수(E)	전단탄성계수(G)	푸아송비(ν)	선팽창계수 α (1/℃)
강재	210,000MPa $\left(E = \dfrac{\sigma}{\epsilon}\right)$	81,000MPa $\left(G = \dfrac{E}{2(1+\nu)}\right)$	0.3 $\left(\nu = \dfrac{\Delta d/d}{\Delta l/l}\right)$	0.000012

(3) 응력 – 변형도 곡선

① 탄성영역(ⓗ): **응력과 변형률이 비례**하는 영역

② 소성영역(ⓘ): 응력의 증가없이 **변형률이 증가**하는 영역

③ 변형도 경화영역(ⓙ)
응력을 가해 변형도를 증가시켰을 때 그 **인장력이나 강성이 증가**하는 영역

④ 파단영역(ⓚ)
변형률은 증가하나, 응력은 감소되면서 파괴되는 영역

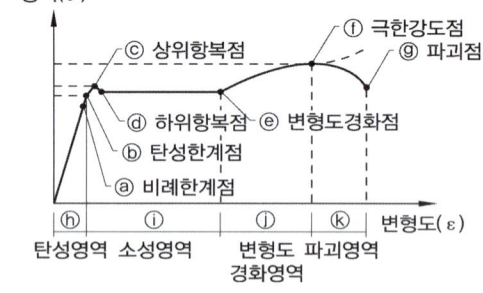

㉠ 비례한계점(ⓐ): 응력과 변형도가 비례하여 선형관계를 유지하는 한계의 응력

㉡ 탄성한계점(ⓑ): 비례한도보다 다소 높으며, 탄성한도까지 하중을 가했다가 제거하면 원점으로 돌아가는 지점(이 구간은 탄성이지만 비선형 = 응력과 변형률은 비례관계가 아님)

㉢ 상위항복점(ⓒ): 강재가 항복하기 이전의 최대강도

㉣ 하위항복점(ⓓ): 응력의 증가 없이 변형도가 크게 증가하기 시작하는 지점(강재의 항복강도를 의미)

㉤ 변형도경화점(ⓔ): 응력과 변형도가 비선형적으로 증가하는 한계

㉥ 극한강도점(ⓕ): 시험편이 받을 수 있는 최대응력(인장강도점)

㉦ 파괴점(ⓖ): 재료가 파괴되는 강도

제2장 강구조 부재설계 기준

1 하중과 하중조합

1. 공칭하중, 하중계수 하중조합
공칭하중, 하중계수 및 하중조합은 「건축구조기준 설계하중」에 따른다.

2. 공칭 활하중의 증가
(1) 충격이 발생하는 활하중을 지지하는 구조물은 그 효과를 고려하여 공칭활하중을 증가시켜야 한다.
(2) 별도의 규정이 없는 경우 최소한 다음의 증가율을 적용한다.

구분	최소 증가율
승강기 지지부	100%
피스톤운동기기 또는 동력구동장치의 지지부	50%
바닥과 발코니를 지지하는 행거	33%
운전실 조작 주행크레인 지지보와 그 연결부	25%
축구동 또는 모터구동의 경미한 기계 지지부	20%
펜던트 조작 주행크레인 지지보와 그 연결부	10%

2 설계 기본원칙

1. 소요강도
(1) 구조부재와 접합부의 소요강도는 하중조합을 적용한 구조해석에 의해 결정한다.
(2) 탄성해석, 비탄성해석 또는 소성해석에 의한 설계가 허용된다.
(3) 연속보의 모멘트재분배에 대한 규정은 탄성해석의 경우에만 허용된다.

2. 접합부 설계
(1) 단순 접합(전단접합)
   ① 단순접합은 접합부 내에 **무시할 정도의 모멘트**를 전달한다.
   ② 구조해석에서 단순접합은 접합되는 골조요소 사이에 구속되지 않는 상대회전변형을 허용하는 것으로 가정할 수 있다.
   ③ 단순접합은 구조물해석으로부터 산정된 요구회전변형을 수용할 수 있도록 **충분한 회전변형능력**을 보유하여야 한다.

(2) 모멘트 접합(강접합)
① 모멘트접합은 접합부 내에 모멘트를 전달한다.
② 아래 규정과 같이 2가지 형태의 모멘트접합, 완전강접합(FR)과 부분강접합(PR)이 허용된다.

구분	설명
완전 강접합(FR)	• 접합요소 사이에 무시할 정도의 회전변형을 가지면서 모멘트를 전달 • 구조물의 해석에서 상대회전변형이 없는 것으로 가정 • 완전강접합은 강도한계상태에서 접합된 부재 사이의 각도가 유지되도록 충분한 강도와 강성을 보유하여야 함
부분 강접합(PR)	• 모멘트를 전달하나 접합부재 사이의 회전변형은 무시할 정도가 아님 • 구조물의 해석에서 접합부의 힘 - 변형거동특성이 포함되어야 함 • 부분강접합의 거동특성은 기술문헌에 기술되어야 하거나 해석적 또는 실험적인 방법으로 정립되어야 함 • 부분강접합의 구성요소는 강도한계상태에서 충분한 강도, 강성 및 변형 능력을 보유하여야 함

3. 사용성 설계
(1) 구조물 전체와 각 구조부재, 접합부 및 접합재는 사용성에 대해 검토
(2) 사용성 설계 고려항목
　① 치올림: 치올림의 크기, 방향, 위치를 구조설계도면에 명시(치올림: 보 등의 부재에 힘을 고려하여 위쪽으로 볼록한 모양으로 만곡하는 것)
　② 처짐: 사용하중에 의한 구조부재 또는 골조의 처짐
　③ 수평변위: 내부칸막이벽과 외부마감재의 손상을 포함한 건축물의 사용성이 저해되지 않도록 설계
　④ 진동: 보행하중, 기계실 및 기타의 진동원에 의한 진동
　⑤ 바람에 의한 수평진동: 바람에 의한 건축물의 흔들림
　⑥ 팽창과 수축: 건축물 외부마감재의 손상은 누수와 부식을 야기할 수 있으므로 열팽창과 수축에 의한 효과
　⑦ 접합부 미끄럼: 볼트접합부의 미끄럼으로 인해 저해될 수 있는 설계에서는 접합부의 미끄럼효과를 고려

4. 피로 및 내화설계
(1) 피로설계
　① 정상적인 건축물 횡하중 지지시스템과 건축물의 외장요소에 대한 지진의 영향 또는 풍하중의 영향에 대해서는 피로를 고려할 필요가 없다.
　② 반복하중을 받는 크레인주행보 및 기계장치 등의 지지구조물은 피로에 대비하여야 한다.
(2) 내화설계
　① 건축물의 주요구조부는 「건축물의 피난 및 방화구조 등의 기준에 관한 규칙 제3조」에서 정하는 내화구조를 사용하여 화재에 대한 안전성을 확보하여야 한다.
　② 참조: 제10장 강구조 내화설계

제3장 인장재 설계

1 인장재 설계

1. 일반 인장재

(1) 세장비 제한

① 인장을 받는 부재의 설계 시 최대세장비의 제한은 없다.

② 다만, 인장력에 기초하여 설계되는 부재의 세장비(L/r)는 가급적 300을 넘지 않도록 한다.

③ 이 제한은 인장력을 받는 강봉이나 매달린 부재에는 적용하지 않는다.

(2) 설계인장강도

① 총단면의 항복한계상태와 유효순단면의 파단한계상태에 대해 산정된 값 중 작은 값으로 한다.

② 인장재의 설계인장강도($\phi_t P_n$)

총단면의 항복한계상태	유효순단면의 파단한계상태	비고
$P_n = \phi_t F_y A_g$ ($\phi_t = 0.90$)	$P_n = \phi_t F_u A_e$ ($\phi_t = 0.75$)	• A_g: 부재의 총단면적, mm² • A_e: 유효순단면적, mm² • F_y: 항복강도, MPa • F_u: 인장강도, MPa • P_n: 공칭인장강도, N • ϕ_t: 인장저항계수

(3) 강재의 단면적 산정

① 강재의 단면적 산정기준

구분	설명
총단면적(A_g)	부재축의 직각방향으로 측정된 각 요소단면의 합
순단면적(A_n)	• 볼트구멍 등에 의한 단면손실을 고려한 총단면적 • 두께와 계산된 각 요소의 순폭을 곱한 값들의 합
유효순단면적(A_e)	• 전단뒤짐의 영향을 고려하여 보정된 순단면적 • 유효순단면적 = 순단면적 × 전단뒤짐계수($A_e = A_n \times U$)

② 단면적 산정

구분	순단면적 산정식	비고
정렬배치	$A_n = A_g - ndt$	• n: 인장력에 의한 파단선상에 있는 구멍의 수 • d: 파스너 구멍의 직경, mm (d: +2, 3mm) • t: 부재의 두께, mm • p: 인접한 2개 구멍의 응력 방향 중심 간격, mm • g: 파스너 게이지선 사이의 응력 수직 방향 중심 간격, mm
불규칙배치 (엇모배치)	$A_n = A_g - ndt + \Sigma \dfrac{p^2}{4g} t$	

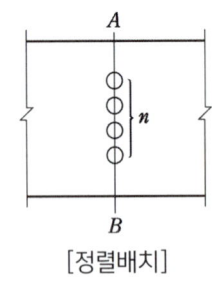

[정렬배치]

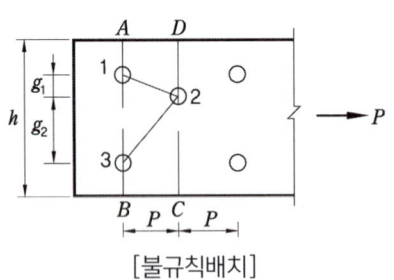

[불규칙배치]

③ 전단뒤짐에 의한 감소계수(U)

　㉠ 단일ㄱ형강, 쌍ㄱ형강, T형강 부재의 접합부는 전단뒤짐에 의한 감소계수가 0.6 이상

　㉡ 편심효과를 고려하여 설계하는 경우, 0.6보다 작은 값을 사용

> **참고**
>
> **전단뒤짐(Shear lag)**
> ① 인장재의 한 변만 접합에 사용되는 경우에는 전단지연 발생
> ② 접합에 사용된 면: 면 전체가 인장력을 부담
> ③ 접합에 사용되지 않는 면: 인장력의 불균등 발생

🔹 인장재 접합부의 전단뒤짐계수

사례	요소 설명		전단뒤짐에 의한 감소계수 (U)
1	인장력이 용접이나 파스너를 통해 각각의 단면요소에 직접적으로 전달되는 모든 인장재 (사례 3, 4, 5, 6과 같은 경우는 제외함)		$U = 1.0$
2	인장력이 길이방향 용접이나 파스너를 통해 단면요소의 일부에 전달되는, 판재와 강관을 제외한 모든 인장재 (H형강은 사례 7을 적용할 수도 있음)		$U = 1 - \overline{x}/l$
3	인장력이 가로방향 용접을 통해 단면요소의 일부에 전달되는 모든 인장재		$U = 1.0$ A_n = 직접 접합된 요소의 면적
4	인장력이 길이방향 용접만을 통해서 전달되는 판재		$l \geq 2w : U = 1.00$ $2w > l \geq 1.5w : U = 0.87$ $1.5w > l \geq w : U = 0.75$
5	중심축에 단일 거싯플레이트를 용접한 원형강관		$l \geq 1.3D : U = 1.0$ $D \leq l < 1.3D : U = 1 - \overline{x}/l$ 여기서, $\overline{x} = D/\pi$
6	각형강관 부재	중심축에 단일 거싯플레이트가 있는 경우	$l \geq H : U = 1 - \overline{x}/l$ 여기서, $\overline{x} = \dfrac{B^2 + 2BH}{4(B+H)}$
6		양측에 거싯플레이트가 있는 경우	$l \geq H : U = 1 - \overline{x}/l$ 여기서, $\overline{x} = \dfrac{B^2}{4(B+H)}$
7	H형강 또는 T형강 (사례 2와 비교하여 큰 값의 U를 사용할 수 있음)	하중방향으로 1열에 3개 이상의 파스너로 접합한 플랜지의 경우	$B \geq 2/3H : U = 0.90$ $B < 2/3H : U = 0.85$
7		하중방향으로 1열에 4개 이상의 파스너로 접합한 웨브의 경우	$U = 0.70$
8	단일 ㄱ형강 (사례 2와 비교하여 큰 값의 U를 사용할 수 있음)	하중방향으로 1열에 4개 이상의 파스너가 있는 경우	$U = 0.80$
8		하중방향으로 1열에 2개 또는 3개의 파스너가 있는 경우	$U = 0.60$

2. 조립 인장재

(1) 일반사항
① 판재, 형강 등으로 조립인장재를 구성하는 경우 조립재가 일체가 되도록 한다.
② 끼움재를 사용한 2개 이상의 형강으로 구성된 조립인장재는 개별 부재의 세장비가 가급적 300을 넘지 않도록 한다.

(2) 조립인장재의 재축방향 긴결간격
① 도장된 부재 또는 부식의 우려가 없어 **도장되지 않은 부재**의 경우 **얇은 판두께의 24배** 또는 **300mm**
② 대기 중 부식에 노출된 도장되지 않은 **내후성강재**의 경우 **얇은 판두께의 14배** 또는 **180mm**

(3) 띠판의 구조제한
① 띠판의 재축방향 길이: 조립부재 개재를 연결시키는 용접이나 파스너 사이 거리의 2/3 이상
② 띠판의 두께: 이 열 사이 거리의 1/50 이상
③ 띠판에서의 단속용접 또는 파스너의 재축방향 간격은 150mm 이하
④ 개별부재 사이의 연결재의 부재 축방향 간격은 연결재 사이의 임의의 부재에서 세장비가 가급적 300이하가 되도록 한다.

3. 핀접합 부재

(1) 핀접합 부재의 설계인장강도($\phi_t P_n$)
① 인장파단, 전단파단, 지압, 항복의 한계상태 중 가장 작은 값으로 한다.
② 설계인장강도($\phi_t P_n$)
　㉠ 유효순단면적에 대한 인장파단

$$P_n = 2tb_{eff}F_u$$
$$(\phi_t = 0.75)$$

- b_{eff}: 유효연단거리 (= $2t + 16$), mm
- t: 판재의 두께, mm

　㉡ 유효단면적에 대한 전단파단

$$P_n = 0.6F_u A_{sf}$$
$$(\phi_{sf} = 0.75)$$

- $A_{sf} = 2t(a+d/2)$, mm²
- a: 핀구멍의 연단으로부터 힘의 방향과 평행하게 측정한 부재의 연단까지의 최단거리, mm
- d: 핀직경, mm

(2) 핀접합 부재의 구조제한
① 핀구멍은 작용하중의 직각인 방향으로 부재의 중앙에 위치하여야 한다.
② 핀이 전하중상태에서 접합재들간의 상대변위를 제어하기 위해 사용될 때, 직경은 핀직경보다 1mm 이상 크면 안 된다.
③ 핀구멍이 있는 플레이트 폭은 $2b_{eff}+d$ 이상이어야 하며, 재축에 평행한 핀구멍의 연단거리 a는 1.33 b_{eff} 이상이어야 한다.

4. 아이바(Eye bar)

(1) 인장강도
① 인장강도는 일반 인장재의 인장강도를 따른다(다만, 아이바 몸체의 단면적을 A_g로 함).
② 아이바 몸체의 폭은 **두께의 8배**를 초과하지 않도록 한다.

(2) 아이바의 구조제한
① 아이바의 원형 머리 부분과 몸체 사이 부분의 반지름은 아이바 머리의 직경보다 커야 한다.
② 핀직경은 아이바 **몸체 폭의 7/8배보다 커야 하고**, 핀구멍의 직경은 핀직경보다 1mm를 초과하여 크면 **안 된다**.
③ F_y가 485MPa를 초과하는 강재의 구멍직경은 플레이트두께의 5배를 초과할 수 없고 아이바 몸체 폭은 그에 따라 감소시켜야 한다.
④ 플레이트두께는 핀플레이트나 필러플레이트를 조임하기 위해 외부 너트를 사용하는 경우에만 13mm 미만의 두께 사용이 허용된다.
⑤ 핀구멍의 연단으로부터 힘과 직각방향의 플레이트 가장자리(측단)까지의 폭은 아이바 몸체 폭의 2/3보다 커야 하고, 3/4배 이하이어야 한다.

2 블록전단파단

1. 개념
(1) 블록전단파단이란, 고력볼트의 사용이 증가함에 따라 접합부의 일부분이 찢어져 나가는 파괴를 말한다.
(2) 블록전단파단은 **전단파단과 인장파단**에 의해 나타나는 접합부의 파단형태이다.

블록전단파단 스케치	설명
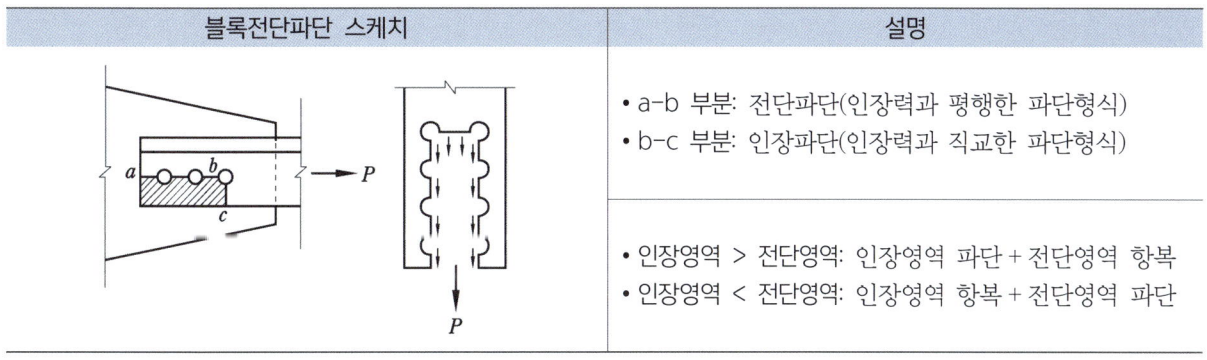	• a-b 부분: 전단파단(인장력과 평행한 파단형식) • b-c 부분: 인장파단(인장력과 직교한 파단형식)
	• 인장영역 > 전단영역: 인장영역 파단 + 전단영역 항복 • 인장영역 < 전단영역: 인장영역 항복 + 전단영역 파단

2. 블록전단강도

(1) 전단 파괴선을 따라 발생하는 전단파단과 직각으로 발생하는 인장파단의 조합인 블록전단파단 한계상태에 대한 설계강도는 다음과 같이 산정한 공칭강도에 "$\phi = 0.75$"를 적용하여 구한다.

(2) 보 단부 이음부의 상단 플랜지 없는 이음부 및 거싯 플레이트 등은 블록전단강도를 검토해야 한다.

(3) 설계블록전단강도(전단파단 + 인장파단의 조합)

$$R_n = 0.6 F_u A_{nv} + U_{bs} F_u A_{nt} \leq 0.6 F_y A_{gv} + U_{bs} F_u A_{nt}$$

$$(\phi_t = 0.75)$$

- 인장응력이 일정한 경우: $U_{bs} = 1.0$
- 인장응력이 일정하지 않은 경우: $U_{bs} = 0.5$
  - A_{gv}: 전단저항 총단면적, mm²
  - A_{nv}: 전단저항 순단면적, mm²
  - A_{nt}: 인장저항 순단면적, mm²

제4장 압축재 설계

1 압축재 설계

1. 설계 일반사항

(1) 설계압축강도($\phi_c P_n$)

① 공칭압축강도(P_n)

㉠ 휨좌굴, 비틀림좌굴, 휨-비틀림좌굴의 한계상태 중에서 가장 작은 값으로 한다.

㉡ 2축대칭부재와 1축대칭부재는 휨좌굴에 대한 한계상태를 적용할 수 있다.

㉢ 1축대칭부재와 비대칭부재, 그리고 십자형이나 조립기둥과 같은 2축대칭부재는 비틀림좌굴 또는 휨-비틀림좌굴에 대한 한계상태를 적용할 수 있다.

② 강도저항계수: $\phi_c = 0.90$

(2) 유효좌굴길이와 세장비 제한

① 기둥의 세장비

$$\lambda = \frac{KL}{r} \leq 200$$

- K: 유효좌굴길이계수
- L: 횡좌굴에 대한 비지지길이, mm
- r: 단면2차반경, mm $\left(r = \sqrt{\dfrac{I}{A}}\right)$

② 유효길이계수(K)

구분	이동 자유			이동 구속			비고
단부조건 (지지조건)	$2L$	$2L$	L	L	$0.7L$	$0.5L$	㉠ 회전고정, 이동고정 ㉡ 회전자유, 이동고정 ㉢ 회전고정, 이동자유 ㉣ 회전자유, 이동자유
이론값	2	2	1	1	0.7	0.5	
설계값	2.1	2.0	1.2	1.0	0.8	0.65	
좌굴강도계수 $n = \left(\dfrac{1}{K^2}\right)$	1/4	1/4	1	1	2	4	

③ 세장비의 제한
  ㉠ 압축력에 기초하여 설계되는 부재의 세장비(KL/r)는 가급적 200을 넘지 않도록 한다.
  ㉡ 가새골조 및 전단벽시스템(횡안정성이 되는 구조): 압축재에 대한 유효좌굴길이계수 $K = 1.0$

2. 압축재의 좌굴

(1) 오일러(Euler)의 좌굴하중과 좌굴응력

구분	산정식	비고
좌굴하중(P_{cr})	$P_{cr} = \dfrac{\pi^2 \cdot E \cdot I}{(K \cdot l)^2}$	• E: 부재의 탄성계수, MPa • I: 단면2차모멘트, mm⁴
좌굴응력(σ_b)	$\sigma_b = \dfrac{P_{cr}}{A} = \dfrac{\pi^2 \cdot E}{\lambda^2}$	• l: 기둥의 비지지 길이, mm • A: 기둥의 단면적, mm² • λ: 기둥의 세장비

(2) 국부좌굴에 대한 단면분류 - 강재단면을 구성하는 요소의 분류

① 구속판요소 및 비구속판요소

구분	설명
양연지지판 (구속판요소)	• 양쪽이 지지된 판요소 • 하중의 방향과 평행하게 양면이 직각방향의 판요소에 의해 연속된 압축을 받는 평판요소 • 압축력방향과 평행한 양쪽면에 지지된 형태: 웨브
자유돌출판 (비구속판요소)	• 한쪽만 지지된 판요소 • 하중의 방향과 평행하게 한쪽 끝단이 직각방향의 판요소에 의해 연접된 평판요소 • 압축력방향과 평행한 면 중에서 한쪽 면에만 지지된 형태: 플랜지

② 구속판요소 및 비구속판요소의 폭

구분	설명
비구속판요소 (자유돌출판)	• H-형강, I-형강, T-형강의 폭(b): 전체 공칭폭(b)의 1/2 • ㄱ-형강, ㄷ-형강, Z-형강의 폭(b): 다리폭(b) 전체 공칭치수(부재 두께 미공제) • 플레이트의 폭(b): 자유단으로부터 파스너의 첫 번째 줄 혹은 용접선까지의 길이 • T형강의 스템의 폭(d): 전체공칭춤
구속판요소 (양연지지판)	• **상하 플랜지 두께와 필렛/모서리 반경을 감한 값** • 조립단면 웨브의 높이(h): 연결재의 열간거리 또는 용접한 경우 플랜지 사이의 순간격 • 만일 모서리반경을 알 수 없으면 단면의 외부치수 폭에서 두께의 3배를 감한 값

③ 국부좌굴에 대한 단면의 분류

구분	설명
비세장판 단면	압축요소의 폭두께비 λ가 λ_r을 초과하지 않는 요소($\lambda \leq \lambda_r$)
세장판 단면	압축요소의 폭두께비 λ가 λ_r를 초과하는 요소($\lambda > \lambda_r$)

④ 압축판요소의 폭두께비(λ)

압연 H형강의 플랜지	압연 H형강의 웨브
$\lambda_f = \dfrac{B/2}{t_f} = \dfrac{b}{t_f}$	$\lambda_w = \dfrac{H-2(t_f+r)}{t_w} = \dfrac{h}{t_w}$

구분	설명
콤팩트단면	• 단면을 구성하는 모든 압축판요소가 콤팩트 요소인 경우 • 완전소성 응력분포가 발생할 수 있고 국부좌굴이 발생하기 전에 **약 3의 곡률연성비(회전능력)를 발휘할 수 있는 능력을 지닌 단면**
비콤팩트단면	• 단면을 구성하는 요소 중 하나 이상의 압축판요소가 비콤팩트요소인 경우 • 국부좌굴이 발생하기 전에 압축요소에 항복응력이 발생할 수 있으나 **회전능력이 3을 갖지 못하는 단면**
세장판단면	• 단면을 구성하는 요소 중 하나 이상의 압축판요소가 세장판요소인 경우 • **탄성범위 내에서 국부좌굴이 발생할 수 있는 세장판요소가 있는 단면**

2 조립압축재 설계

1. 일반사항

(1) 조립압축재의 특성

① 단일 압연형강으로 얻을 수 없는 큰 단면의 부재를 제작할 수 있다.
② 특별한 형태 및 크기의 부재를 제작할 수 있다.
③ 단면2차반경이 큰 부재 제작 가능으로 경제적 설계가 가능하다.
④ 좌굴검토: 각 부재가 아닌 전체 조립재에 대하여 좌굴 검토

(2) 조립압축재의 종류

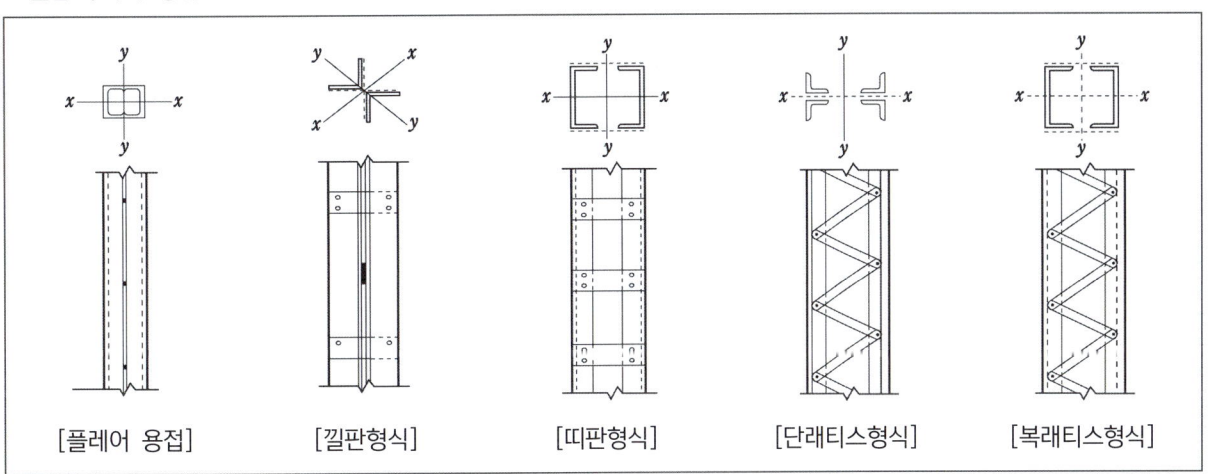

[플레어 용접] [낄판형식] [띠판형식] [단래티스형식] [복래티스형식]

2. 조립압축재 구조제한사항

(1) 일반사항
① 평강, ㄱ형강, ㄷ형강, 기타 형강을 래티스로 사용한다.
② 조립부재의 재축방향의 접합간격은 소재세장비가 조립압축재의 최대세장비를 초과하지 않도록 한다.

(2) 치수 요구조건
① 2개 이상의 형강들로 구성된 압축부재의 개별 구성요소들은 파스너 사이의 각 개재의 세장비(a/r_i)가 **조립부재 주요 세장비의 3/4배**를 초과하지 않도록 간격 a로서 접합한다.
② 지압 지지되는 조립압축재의 단부에서 개재 상호간의 접합
   ㉠ 용접접합: 용접길이가 조립재의 최대폭 이상이 되도록 하며 **연속용접**으로 한다.
   ㉡ 고장력볼트접합: 조립재 최대폭의 1.5배 이상의 구간에 대해서 **길이방향으로 볼트직경의 4배 이하** 간격으로 접합한다.
③ 덧판을 사용한 조립압축재
   ㉠ 파스너 및 단속용접 최대간격은 가장 **얇은** 커버플레이트 두께의 $0.75\sqrt{E/F_y}$배 또는 300mm 이하로 한다.
   ㉡ 파스너가 엇모배치될 경우에는 가장 **얇은** 커버플레이트 두께의 $1.12\sqrt{E/F_y}$배 또는 460mm 이하로 한다.

(3) 래티스형식의 조립압축재
① 평강, ㄱ형강, ㄷ형강, 기타 형강을 래티스로 사용한다.
② 래티스의 재축방향 간격은 조립부재의 플랜지요소 세장비가 부재전체의 최대세장비의 3/4을 초과하지 않도록 한다.
③ 래티스는 조립압축재 설계압축강도의 2%에 상당하는 부재축에 수직인 전단강도를 지지할 수 있어야 한다.
④ 단일래티스부재와 복래티스부재

구분	단일 래티스 부재	복 래티스 부재
세장비(L/r)	140 이하	200 이하
압축력을 받는 래티스의 길이	주부재와 접합되는 비지지된 대각선의 길이	단일 래티스의 70%
래티스 부재의 기울기	60° 이상	45° 이상

⑤ 래티스부재의 띠판 요구조건
   ㉠ 부재의 단부에는 띠판을 설치하여야 한다.
   ㉡ 래티스 설치에 지장이 있는 경우 그 부분의 양단부와 중간부에 띠판을 설치하여 유공커버플레이트 역할을 하도록 한다.

ⓒ 띠판 설치조건

구분	설치 조건
띠판의 폭	• 부재단부: 조립부재개재를 연결하는 용접 또는 파스너열 간격 이상 • 부재중간: 부재단부 띠판 길이의 1/2 이상
띠판의 두께	조립부재개재를 연결시키는 용접 또는 파스너열 사이 거리의 1/50 이상
띠판의 접합	• 용접접합: 용접길이는 띠판 길이의 1/3 이상 • 볼트접합: 띠판에 최소한 3개 이상의 파스너를 파스너 직경의 6배 이하 간격

3. 유공커버플레이트형식의 조립압축재

(1) 폭두께비
폭두께비는 「압축판요소의 판폭두께비 제한값」의 기준을 따른다.

(2) 응력방향의 개구부
① 응력방향의 개구부길이는 **개구부폭의 2배** 이하로 한다.
② 응력방향의 개구부 순거리는 가장 가까운 연결재 열 간 또는 용접선 간의 횡거리보다 길어야 한다.
③ 개구부의 모서리는 **곡률반경이 38mm 이상**이 되도록 하여야 한다.

제5장 휨부재 설계

1 설계 일반사항

1. 일반사항

(1) 휨부재의 특성
① 보는 휨과 전단에 의해 하중을 지지하는 구조부재로서, 주로 휨모멘트가 구조적 거동을 지배하는 휨재이다.
② 보는 휨과 전단에 의한 응력과 변형이 주로 발생하나 작용하중이 단면의 전단중심과 일치하지 않으면 비틀림이 발생한다.
③ 보는 충분한 휨강도와 전단강도를 보유하여야 하고, 수평부재로 이용되므로 처짐에 대한 사용성이 확보되어야 한다.

(2) 강재보의 일반사항
① 보의 부재는 주로 H형 압연강재가 이용된다.
② 큰 응력이 예상될 경우 강판을 접합하여 제작된 용접조립보(built-up beam)가 사용되기도 한다.
③ 휨모멘트가 지배하는 구조부재에서는 하이브리드보(hybrid beam)가 사용될 수 있다(하이브리드보: 웨브는 저강도의 강재 사용, 플랜지는 고강도의 강재를 사용).
④ 합성보: 강재보와 철근콘크리트 슬래브를 스터드 커넥터로 연결하여 일체화시킨 구조로 부재의 강성과 내력이 향상된다.
⑤ 장스팬 보나 하중이 커서 **휨강성이 크게 요구되는 경우**, 기성 압연부재로는 단면내력이나 강성이 부족할 수 있어 **커버플레이트보, 플레이트 거더 보, 허니컴 보 및 트러스보** 등이 사용된다.
⑥ 강재보의 응력분담
　㉠ 플랜지(flange): 휨모멘트를 주로 부담하며 플랜지의 단면이 부족할 경우 **커버플레이트로 보강**
　㉡ 웨브(web): 전단력을 주로 부담하며 웨브의 단면이 부족할 경우 **스티프너로 보강**

2. 강재보의 종류 및 특성

(1) 플레이트거더 보(Plate girder beam; 판보)
① 강판과 ㄱ형강 등을 리벳 또는 용접으로 I형의 큰 단면으로 만든 조립보 또는 강판만으로 용접한 용접보이다.
② 구성요소: 커버플레이트, 웨브플레이트, 플랜지 앵글, 스티프너, 필러 등
③ 보의 춤이 커서 휨모멘트 및 전단력이 크게 작용하는 곳에 사용한다.
④ 장경간이 요구되는 강당 및 체육관에서 시공성과 가공성이 용이하여 주로 이용된다.

⑤ 스티프너(Stiffener)의 구조기준
  ㉠ 설치목적: 웨브의 전단력 보강 및 웨브의 국부좌굴 방지
  ㉡ 종류

구분	설명
하중점 스티프너	집중하중이 발생하는 지점에 좌우 대칭으로 설치
중간(수직) 스티프너	웨브의 전단좌굴방지, 재축방향의 직각으로 좌우 대칭으로 설치
수평 스티프너	보의 재축방향으로 웨브판 보강, 휨 및 압축력에 의한 좌굴방지에 효과적

(2) 합성보(Composite beam)

① 강재보가 슬래브와 연결되어 하나의 구조물로서 구조적 거동을 할 수 있는 보(매입형과 충전형으로 구분)
② 콘크리트 슬래브와 강재보를 **전단연결재**(shear connector)로 연결하여 외력에 대한 구조체의 거동을 일체화시킨 구조

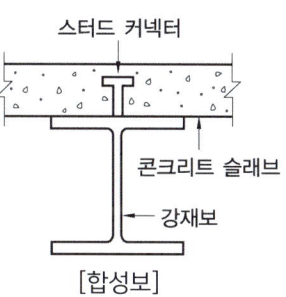

[합성보]

(3) 허니컴보(Honey-comb beam)

① 웨브에 관통구멍이 규칙적 또는 불규칙적으로 있는 보
② 바닥과 천장 사이에 덕트나 배관 등이 많이 지나가는 경우에 사용
③ 전단력이 큰 경우 보강을 필요로 할 때 사용

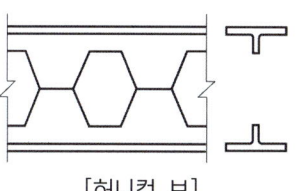

[허니컴 보]

(4) 하이브리드 보(Hybrid beam)

① 플랜지: 큰 휨모멘트에 저항하는 부재로 고강도의 강재 사용
② 웨브: 전단력에 저항하는 부재로 저강도의 강재 사용
③ 휨모멘트가 지배하는 구조부재에서 주로 사용
④ 구조성능 및 강재의 경제적 설계를 위해 사용

(5) 커버플레이트 보

① 단면적, 단면계수, 단면2차모멘트를 증가시키기 위하여 부재의 플랜지에 용접이나 볼트로 연결된 플레이트를 보강한 보
② 플랜지의 휨강성을 증가시켜 부재의 안정성을 확보

(6) 트러스 보

① 선부재를 삼각형 형태의 핀접합으로 조립하여 단면2차모멘트를 증가시켜 휨강성을 증가시킨 보
② 상하 플랜지는 휨모멘트에 저항하고 웨브재는 전단력에 저항
③ 장스팬, 큰 하중이 작용하는 구조물에 사용

2 휨재의 구조설계

1. 설계 휨강도의 산정

(1) 설계 휨강도

① 산정식

> 소요휨강도 ≤ 설계휨강도
> (M_u) $\quad\quad\quad$ (M_d)
>
> - M_u: 하중계수 × 공칭하중 값
> - M_d: 휨저항계수(ϕ_b) × 공칭휨강도(M_n)
> - 휨저항계수: $\phi_b = 0.90$

② 보의 공칭휨강도는 항복강도(소성휨모멘트), 횡좌굴강도, 플랜지의 국부좌굴강도, 웨브의 국부좌굴강도를 검토한 값 중 작은 값을 산정한다.

(2) 강축 휨을 받는 2축대칭 H형강 또는 ㄷ형강 콤팩트부재

① 공칭 휨강도: $M_n = M_p = F_y Z_x$ (F_y: 강재의 항복강도, MPa, Z_x: x축에 대한 소성단면계수, mm³)

② 보의 비지지길이와 소성한계 비지지길이의 관계

구분	설명	비고
$L_b \leq L_p$ ($M_n = M_p = F_y Z_x$)	• 횡좌굴강도 고려하지 않아도 됨 • 공칭휨모멘트(M_n) = 소성휨모멘트(M_p)	• L_b: 비지지길이 • L_p: 소성한계 비지지길이 • L_r: 탄성한계 비지지길이
$L_p < L_b \leq L_r$ ($M_n \leq M_p$)	• 비탄성거동을 보이며 횡좌굴 발생 • 비탄성 횡좌굴 구간에 해당	
$L_r < L_b$ ($M_n = F_{cr}S_x \leq M_p$)	• 조기에 횡좌굴 발생 • 공칭모멘트 강도(M_n) = 탄성좌굴강도(M_{cr})	

2. 휨부재의 단면산정

(1) 구멍단면적 공제

① 압연형강, 조립(용접)부재, 플레이트거더, 그리고 덧판이 있는 보는 일반적으로 **총단면적의 휨강도에 의해 단면을 산정**해야 한다.

② 공칭휨강도는 인장플랜지의 인장파괴한계강도로 산정한다.

(2) 커버플레이트

① 커버플레이트의 단면적은 **전체 플랜지단면적의 70%**를 넘지 않아야 한다.

② 플랜지와 웨브 또는 커버플레이트과 플랜지를 접합하는 고장력볼트나 용접은 보의 휨모멘트에 의해 발생한 전체수평전단력에 저항할 수 있어야 한다

③ 플랜지에 작용하는 하중이 직접 지압에 의해 웨브에 전달되는 것이 아닐 경우에는, 플랜지와 웨브를 접합하는 볼트 또는 용접은 플랜지에 작용하는 모든 하중이 웨브에 전달되도록 해야 한다.

④ 부분적인 커버플레이트의 길이는 이론상의 절단점을 넘어 연장되어야 하며, 그 연장부분은 절단점에서 발생하는 보의 휨응력 중 커버플레이트가 부담하는 응력을 전달할 수 있도록 마찰형 고장력볼트나 필릿용접으로 플랜지에 접합하여야 한다.
⑤ 용접한 커버플레이트의 경우, 그 연장길이는 이론상 절단점에서 보의 휨응력 중 커버플레이트가 부담하는 응력을 발휘할 수 있도록 커버플레이트의 **2연단을 따라 양단연속 용접**하여야 한다.
⑥ 용접의 연장길이

구분	연장길이
커버플레이트 단부면의 전체폭에 걸쳐 용접치수가 덧판두께의 3/4 이상인 연속용접을 하였을 경우	커버플레이트 폭
커버플레이트 단부면의 전체폭에 걸쳐 용접치수가 덧판두께의 3/4 미만인 연속용접을 하였을 경우	커버플레이트 폭 × 1.5
커버플레이트 단부면에 용접하지 않았을 경우	커버플레이트 폭 × 2.0

제6장 합성부재

1 합성부재 일반사항

1. 합성부재의 정의
(1) 합성부재는 내부 힘의 분산에 있어 강재요소와 콘크리트요소가 일체로서 거동하여 강재와 철근콘크리트의 단점을 상호 보완하는 구조이다.
(2) 합성부재는 강도가 우수하여 부재의 단면이 감소되므로 경제적 설계가 가능하며, 강성이 우수하여 지진 및 진동에 대한 저항성이 우수하여 초고층건축물에 필수적인 부재이다.

2. 합성부재의 분류
(1) 압연형강, 용접형강 또는 강관이 구조용 콘크리트와 함께 거동하도록 구성된 합성부재
(2) 철근콘크리트 슬래브와 이를 지지하는 강재보가 서로 연결되어 보와 슬래브가 함께 휨에 저항하도록 구성된 강재보

2 합성단면의 구조설계

1. 합성단면의 설계 일반사항
(1) 합성단면의 공칭강도
   ① 합성단면의 공칭강도 산정: **소성응력분포법 또는 변형률 적합법**
      ⊙ 소성응력분포법: 강재가 인장 또는 압축으로 항복응력에 도달할 때 콘크리트는 축력 또는 휨으로 인한 압축으로 $0.85f_{ck}$의 응력에 도달한 것으로 가정하여 공칭강도를 계산
      ⊙ 변형률 적합법: 단면에 걸쳐 변형률이 선형적으로 분포한다고 가정하며 콘크리트의 최대압축변형률을 0.003mm/mm로 가정하여 공칭강도 계산
   ② 합성단면의 공칭강도를 결정하는데 있어 **콘크리트의 인장강도는 무시**한다.
   ③ **충전형 합성부재는 국부좌굴의 영향을 고려**해야 한다(매입형합성부재는 국부좌굴을 고려할 필요가 없음).
(2) 재료의 강도제한

콘크리트 설계기준압축강도	구조용강재 및 철근의 설계기준항복강도
• 보통 콘크리트: 21MPa ≤ f_{ck} ≤ 70MPa • 경량 콘크리트: 21MPa ≤ f_{ck} ≤ 42MPa	f_y ≤ 650 MPa

(3) 국부좌굴에 대한 충전형 합성단면의 분류

① 압축력을 받는 충전형 합성부재의 단면은 조밀, 비조밀, 세장으로 분류한다.

구분	압축력 또는 휨을 받는 충전형 합성부재의 단면
조밀 단면	압축강재요소의 최대 폭두께비 λ가 λ_p를 초과하지 않는 요소($\lambda \leq \lambda_p$)
비조밀 단면	압축강재요소의 최대 폭두께비 λ가 λ_p를 초과하고 λ_r을 초과하지 않는 요소($\lambda_p < \lambda \leq \lambda_r$)
세장 단면	압축강재요소의 최대 폭두께비 λ가 λ_r를 초과하는 요소($\lambda > \lambda_r$)

② 압축력을 받는 충전형 합성부재의 압축강재요소에 대한 폭두께비 제한

구분	폭두께비	폭두께비 제한값			비고
		λ_p (조밀/비조밀)	λ_r (비조밀/세장)	$\lambda\max$ (최대허용)	
각형 강관	b/t	$2.26\sqrt{\dfrac{E}{F_y}}$	$3.00\sqrt{\dfrac{E}{F_y}}$	$5.00\sqrt{\dfrac{E}{F_y}}$	
원형 강관	D/t	$\dfrac{0.15E}{F_y}$	$\dfrac{0.19E}{F_y}$	$\dfrac{0.31E}{F_y}$	

2. 축력을 받는 부재

(1) 매입형 합성부재

① 구조제한 사항

㉠ 강재코어의 단면적은 합성기둥 총단면적의 1% 이상

㉡ 강재코어를 매입한 콘크리트는 연속된 길이방향철근과 띠철근 또는 나선철근으로 보강

㉢ 횡방향철근의 중심간 간격

ⓐ 직경 D10의 철근을 사용할 경우: 300mm 이하

ⓑ 직경 D13 이상의 철근을 사용할 경우: 400mm 이하

㉣ 횡방향 철근의 최대간격

ⓐ 강재 코어의 설계기준공칭항복강도가 450MPa 이하의 경우: 부재단면에서 최소크기의 0.5배 이하

ⓑ 강재 코어의 설계기준공칭항복강도가 450MPa 초과의 경우: 부재단면에서 최소 크기의 0.25배 이하

㉤ 연속된 길이방향철근의 최소철근비(ρ_{sr})는 0.004

$$\rho_{sr} = \frac{A_{sr}}{A_g}$$ (A_{sr}: 연속길이방향철근의 단면적, mm², A_g: 합성부재의 총단면적, mm²)

② 강도저항계수

㉠ 축하중을 받는 2축대칭 매입형합성부재: $\phi_c = 0.75$

㉡ 인장강도: $\phi_t = 0.90$ [인장강도 산정식: $\phi P_n = \phi(F_y A_s + F_{yr} A_{sr})$]

③ 상세요구사항
　㉠ 강재단면과 길이방향 철근 사이의 순간격: 철근직경의 1.5배 이상 또는 40mm 중 큰 값 이상
　㉡ 플랜지에 대한 콘크리트 순피복두께: 플랜지폭의 1/6 이상
　㉢ 2개 이상의 형강재를 조립한 합성단면인 경우 형강재들은 콘크리트가 경화하기 전에 가해진 하중에 의해 각각의 형강재가 독립적으로 좌굴하는 것을 막기 위해 띠판 등과 같은 부재들로 서로 연결되어야 한다.
④ 하중전달에 대한 요구사항
　㉠ 길이방향전단력을 전달하기 위한 강재 전단연결재는 하중도입부의 길이 안에 배치한다.
　㉡ **하중도입부의 길이는 하중작용방향으로 합성부재단면의 최소폭의 2배와 부재길이의 1/3 중 작은 값** 이하로 한다.
　㉢ 길이방향 전단력을 전달하기 위한 강재 전단연결재는 **강재단면의 축에 대해 대칭인 형태로 최소한 2면 이상**에 배치한다.
　㉣ 하중도입부의 길이 이외 구간에 배치하는 강재 전단연결재의 간격은 「합성구성요소 내부에 사용하는 강재앵커」의 규정에 따른다.

(2) 충전형 합성부재
① 구조제한 사항
　㉠ 강재코어의 단면적은 **합성기둥 총단면적의 1% 이상**
　㉡ 충전형 합성부재는 **국부좌굴효과를 고려**하여 분류한다.
② 강도저항계수
　㉠ 압축강도: $\phi_c = 0.75$
　㉡ 인장강도: $\phi_t = 0.90$
③ 하중전달에 대한 요구사항
　㉠ 길이방향전단력을 전달하기 위한 강재앵커는 **하중도입부의 길이 안에 배치**한다.
　㉡ **하중도입부의 길이는 하중작용방향으로 합성부재단면의 최소폭의 2배와 부재길이의 1/3 중 작은 값** 이하로 한다.
　㉢ 하중도입부의 길이 안에 배치하는 강재앵커 간격은 「합성구성요소 내부에 사용하는 강재앵커」의 규정에 따른다.

3. 휨을 받는 부재

(1) 일반사항
① 휨을 받는 합성부재의 종류
　㉠ 스터드앵커 또는 ㄷ형강으로 구성된 강재앵커(전단연결재)가 있는 합성보
　㉡ 매입형 합성부재 및 충전형 합성부재
　㉢ 합성트러스와 합성데크슬래브

② 시공 중의 강도
  ㉠ 동바리를 사용하지 않는 경우, 콘크리트의 강도가 설계기준강도의 75%에 도달하기 전에 작용하는 모든 시공하중은 강재단면 만으로 지지할 수 있어야 한다.
  ㉡ 강재단면의 휨강도: 휨부재의 설계휨강도에 따라 산정

구분	폭 두께비	폭두께비 제한값			비고
		λ_p (조밀/비조밀)	λ_r (비조밀/세장)	$\lambda \max$ (최대허용)	
각형 강관 (플랜지)	b/t	$2.26\sqrt{\dfrac{E}{F_y}}$	$3.00\sqrt{\dfrac{E}{F_y}}$	$5.00\sqrt{\dfrac{E}{F_y}}$	
각형 강관 (웨브)	h/t	$3.00\sqrt{\dfrac{E}{F_y}}$	$5.70\sqrt{\dfrac{E}{F_y}}$	$5.70\sqrt{\dfrac{E}{F_y}}$	
원형 강관	D/t	$\dfrac{0.15E}{F_y}$	$\dfrac{0.19E}{F_y}$	$\dfrac{0.31E}{F_y}$	

(2) 합성보 · 매입형 합성부재 · 충전형 합성부재의 유효폭
  ① 콘크리트슬래브의 유효폭: 보 중심을 기준으로 좌우 각 방향에 대한 유효폭의 합
  ② 유효폭의 산정: 다음 중에서 최솟값
    ㉠ 보스팬(지지점의 중심간)의 1/8
    ㉡ 보중심선에서 인접보 중심선까지 거리의 1/2
    ㉢ 보중심선에서 슬래브 가장자리까지의 거리

(3) 강재앵커(전단연결재)를 갖는 합성보
  ① 강재앵커: 스터드앵커 또는 ㄷ형강을 사용
  ② 설계 휨강도

구분	설계휨강도($\phi_b M_n$)	강도저항계수
정모멘트에 대한 휨강도	• $h/t_w \leq 3.76\sqrt{E/F_y}$: 소성응력분포로부터 산정(소성모멘트) • $h/t_w > 3.76\sqrt{E/F_y}$인 경우 탄성응력을 중첩하여 산정(탄성모멘트)	$\phi_b = 0.90$
부모멘트에 대한 휨강도	강재단면만을 사용하여 구하거나 항복한계상태(소성모멘트)에 대해 합성단면의 소성응력분포로부터 산정	$\phi_b = 0.90$

(4) 골데크플레이트를 사용한 합성보
① 데크플레이트의 공칭골 깊이는 75mm 이하
② 골 또는 헌치의 콘크리트 평균폭(w_r)은 50mm 이상
③ 스터드앵커
  ㉠ 스터드앵커의 직경: 19mm 이하, 데크플레이트를 통하거나 아니면 강재보에 직접 용접
  ㉡ 스터드앵커는 부착 후 데크플레이트 상단 위로 38mm 이상 돌출
  ㉢ 스터드앵커의 상단 위로 13mm 이상의 콘크리트피복
④ 데크플레이트 상단 위의 콘크리트 두께는 50mm 이상
⑤ 데크플레이트는 지지부재에 450mm 이하의 간격으로 고정

(5) 강재보와 슬래브 사이의 하중전달
① 정모멘트 구간에서의 하중전달
  ㉠ 강재보와 슬래브면 사이의 전체 수평전단력은 강재앵커에 의해서만 전달된다고 가정
  ㉡ 휨모멘트를 받는 강재보와 콘크리트가 합성작용을 하기 위해서 정모멘트가 최대가 되는 위치와 모멘트가 0이 되는 위치 사이의 총수평전단력 V'은 **콘크리트의 압괴, 강재단면의 인장항복, 강재앵커의 강도** 등의 3가지 한계상태로부터 구한 값 중에서 **최솟값**

구분	총수평전단력(V')	비고
콘크리트의 압괴	$V' = 0.85 f_{ck} A_c$	• A_c: 유효폭 내의 콘크리트단면적, mm²
강재단면의 인장항복	$V' = F_y A_s$	• A_s: 강재단면적, mm²
강재앵커의 강도	$V' = \Sigma Q_n$	• ΣQ_n: 정모멘트가 최대가 되는 위치와 모멘트가 0이 되는 위치 사이의 강재앵커 공칭강도의 합, N

② 부모멘트 구간에서의 하중전달
  ㉠ 연속합성보에서 부모멘트구간의 슬래브 내에 있는 길이방향철근이 강재보와 합성으로 작용하는 경우, 부모멘트가 최대가 되는 위치와 모멘트가 0이 되는 위치 사이의 총수평전단력 V'은 **슬래브철근의 항복과 전단연결재의 강도** 등의 2가지 한계상태로부터 구한 값 중에서 **최솟값**으로 한다.
  ㉡ 총수평전단력

구분	총수평전단력(V')	비고
슬래브철근의 인장항복	$V' = F_{yr} A_r$	• A_r: 콘크리트슬래브의 유효폭 내에 있는 적절하게 정착된 길이방향 철근의 단면적, mm² • F_{yr}: 철근의 설계기준항복강도, MPa
강재앵커의 강도	$V' = \Sigma Q_n$	• ΣQ_n: 정모멘트가 최대가 되는 위치와 모멘트가 0이 되는 위치 사이의 강재앵커 공칭강도의 합, N

4. 매입형 합성부재의 휨강도

(1) 매입형 합성부재

① 항복한계상태(항복모멘트): 동바리의 효과를 고려하여 합성단면에 작용하는 탄성응력을 중첩하여 산정한다.

② 강재단면의 항복한계상태(소성모멘트): 강재단면만의 소성소성응력분포를 사용하여 구한다.

③ 합성단면에 작용하는 **소성응력분포를 사용하여 구하거나 변형률적합법을 사용**하여 구한다. 매입형 합성부재에는 강재앵커를 사용해야 한다.

④ 강도저항계수: 휨저항계수 $\phi_b = 0.90$

(2) 충전형 합성부재

구분	층수평전단력(V')	비고
조밀단면	$M_n = M_p$	• M_p: 합성단면의 소성응력분포로부터 구한 모멘트, N·mm • M_y: 인장플랜지의 항복과 압축플랜지의 첫 항복에 대응하는 항복모멘트, N·mm
비조밀단면	$M_n = M_p - (M_p - M_y)\left(\dfrac{\lambda - \lambda_p}{\lambda_r - \lambda_p}\right)$	
세장단면	• 공칭휨강도는 첫 항복모멘트로부터 구한다. • 압축플랜지응력은 국부좌굴응력 F_{cr}로 제한한다. • 콘크리트응력분포는 최대압축응력을 $0.7f_{ck}$로 한 선형탄성응력분포로 한다.	
강도저항계수	휨저항계수 $\phi_b = 0.90$	

5. 강재 앵커

(1) 일반사항

① 정의: 합성보에서 바닥슬래브와 강재보를 일체화시켜 그 접합부에 발생되는 미끄러짐을 방지하고, 수평전단력을 부담시키기 위한 연결재

② 종류: 스터드 전단연결재(Stud anchor), ㄷ형강 전단연결재 등

③ 스터드앵커(전단연결재)의 직경은 강재단면의 웨브판과 직접 연결된 플랜지부분에 용접하는 경우 이외에 플랜지 두께의 2.5배를 초과할 수 없다.

④ 합성보의 강재앵커: 용접 후 밑면에서 머리 최상단까지의 **스터드 전단연결재 길이는 몸체직경의 4배 이상**으로 한다.

(2) 스터드 앵커(전단연결재)의 강도

콘크리트슬래브 또는 합성슬래브에 매입된 스터드앵커 1개의 공칭전단강도(Q_n)

$$Q_n = 0.5 A_{sa} \sqrt{f_{ck} E_c} \leq R_g R_p A_{sa} F_u$$

- A_{sa}: 스터드앵커의 단면적, mm²
- E_c: 콘크리트의 탄성계수, MPa
- F_u: 스터드앵커의 설계기준인장강도, MPa
- R_g, R_p: 감소계수

(3) 강재 전단연결재의 소요개수
　① 정 또는 부모멘트가 최대가 되는 위치와 모멘트가 0이 되는 위치 사이에 배열되는 강재앵커의 소요개수는 **총수평전단력을 강재앵커의 공칭강도로 나눈 값**으로 구한다.
　② 집중하중이 작용하는 위치와 이와 가장 가까운 모멘트가 0이 되는 위치 사이에 강재앵커의 소요개수는 집중하중이 작용하는 위치의 최대모멘트를 받을 수 있도록 충분한 수를 사용한다.

(4) 상세요구사항
　① 정 또는 부모멘트가 최대가 되는 위치에서 양측에 소요되는 강재 전단연결재는 최대 위치점과 모멘트가 0이 되는 위치 사이에 **일정한 간격으로 배치**
　② 강재 전단연결재의 **측면피복은 25mm 이상**
　③ 전단연결재의 중심에서 전단력방향에 있는 가장자리까지의 거리는 보통콘크리트에서는 200mm 이상, 경량콘크리트에서는 250mm 이상
　④ 스터드 전단연결재의 중심 간 간격
　　㉠ 합성보의 **길이방향으로는 스터드직경의 6배 이상, 직각방향으로는 직경의 4배 이상**
　　㉡ 골방향이 강재보에 직각인 데크플레이트의 골 내에 설치되는 경우, 중심간 간격은 모든 방향으로 스터드직경의 4배 이상
　　㉢ 강재 전단연결재의 중심간 간격은 슬래브총두께의 8배 또는 900mm를 초과할 수 없다.

(5) 합성구성요소 내부에 사용하는 강재앵커
　① 스터드 전단연결재의 길이

하중조건	보통콘크리트	경량콘크리트
전단력만 받는 경우	몸체직경의 5배 이상	몸체직경의 7배 이상
인장 또는 전단과 인장 조합의 경우	몸체직경의 8배 이상	몸체직경의 10배 이상

　② 인장 또는 전단과 인장의 조합력을 받는 스터드 전단연결재의 머리직경은 몸체직경의 1.6배 이상
　③ 스터드 전단연결재의 최소길이/직경비(h/d)

하중조건	보통콘크리트	경량콘크리트
전단	$h/d \geq 5$	$h/d \geq 7$
인장	$h/d \geq 8$	$h/d \geq 10$
전단과 인장의 조합력	$h/d \geq 8$	※

　　• h/d: 스터드 전단연결재의 몸체직경(d)에 대한 전체길이(h) 비
　　※ 경량콘크리트에 묻힌 앵커에 대한 조합력의 작용효과는 관련 콘크리트 기준을 따른다.

　④ 상세요구사항
　　㉠ 강재 전단연결재의 측면피복: 25mm 이상
　　㉡ 스터드 전단연결재의 중심간 최소간격: 어느 방향이든 몸체직경의 4배
　　㉢ 스터드 전단연결재의 중심간 최대간격: 어느 방향이든 몸체직경의 32배
　　㉣ ㄷ형강 전단연결재의 중심간 최대간격: 600mm

제7장 강구조 연결 설계기준(하중저항계수설계법)

1 접합부 설계 일반사항

1. 일반사항
(1) 접합 종류

① 단순접합

㉠ 작은보, 큰보 또는 트러스의 단부접합은 일반적으로 반력에 따른 **전단력에 대해서만 설계**한다.

㉡ 충분한 단부의 회전능력이 있어야 하며, 이를 위해서는 소정의 비탄성변형도 허용할 수 있다.

② 모멘트접합: 단부가 구속된 작은보, 큰보 및 트러스의 접합은 접합강성에 의하여 유발되는 **모멘트와 전단의 조합력에 따라 설계**하여야 한다.

③ 편심접합: 편심력이 작용되는 접합에서는 **편심의 영향을 고려**하여야 한다.

④ 기둥의 이음 및 지압접합

㉠ 기둥이음부의 고장력볼트 및 용접이음은 이음부의 응력을 전달함과 동시에 이들 인장내력은 피접합재 압축강도의 1/2 이상이 되도록 한다.

㉡ 이음부에서 단면에 인장응력이 발생할 염려가 없고, 접합부 단부의 면이 **절삭마감(메탈터치)**에 의하여 밀착되는 경우에는 소요압축력 및 소요휨모멘트 각각의 1/2은 접촉면에 의해 직접 응력전달시킬 수 있다.

(2) 접합부 최소강도

① 접합부의 설계강도는 **45kN 이상**이어야 한다.

② 다만, 연결재, 새그로드 또는 띠장은 제외한다.

2. 접합부의 설계강도
(1) 설계강도 산정기준

구분	설계강도 산정	강도감소계수
설계인장강도	• 인장항복과 인장파단의 한계상태에 따라 다음 중 작은 값 • 인장항복: $R_n = F_y A_g$ • 인장파단: $R_n = F_u A_e$ (A_e: 유효단면적, mm²)	• 인장항복: $\phi = 0.90$ • 인장파단: $\phi = 0.75$
설계전단강도	• 전단항복과 전단파단의 한계상태에 따라 다음 중 작은 값 • 전단항복: $R_n = 0.60 F_y A_g$ • 전단파단: $R_n = 0.6 F_u A_{nv}$ (A_{nv}: 유효전단단면적, mm²)	• 전단항복: $\phi = 1.00$ • 전단파단: $\phi = 0.75$
블록전단강도	• 전단저항과 인장저항의 합으로 산정 • $R_n = 0.6 F_u A_{nv} + U_{bs} F_u A_{nt} \le 0.6 F_y A_{gv}$	$\phi = 0.75$
설계압축강도	• $KL/r \le 25$인 경우: $P_n = F_y A_g$ • $KL/r > 25$인 경우: 압축재의 설계사항 적용(좌굴 고려)	$\phi = 0.90$

(2) 끼움재

구분		끼움재 설치기준
용접접합	두께 6mm 이상	• 끼움재는 이음판의 연단 밖으로 돌출 • 끼움재의 표면에 작용하는 하중을 이음판에 전달하는데 충분하도록 용접
	두께 6mm 이하	• 끼움재의 단부는 이음판의 단부와 일치되게 용접 • 이음두께에 끼움재 두께를 더한 크기의 하중을 전달할 수 있도록 용접
볼트접합	두께 6mm 이하	전단강도는 감소하지 않는다고 가정
	두께 6mm 초과 19mm 이하	감소계수 $[1-0.0154(t-6)]$를 곱하여 산정(여기서 t는 끼움재의 전체두께)

(3) 지압강도
① 설계지압강도 ϕR_n은 국부압축항복의 한계상태를 가정하여 산정
② 강도감소계수: $\phi = 0.75$

(4) 집중하중을 받는 플랜지와 웨브
① 한쪽의 플랜지에 집중하중을 받는 경우에는 플랜지국부휨, 웨브국부항복, 웨브크리플링 및 웨브횡좌굴에 대해 각각 설계한다.
② 양측의 플랜지로부터 집중하중을 받는 경우에는 웨브국부항복, 웨브압축좌굴에 대하여 각각 설계한다.
③ 소요강도가 한계상태의 설계강도를 초과하는 경우에는 소요강도와 설계강도의 차이만큼 스티프너 또는 2중플레이트를 설치하여야 한다.

3. 용접과 볼트의 병용

(1) 일반사항
① 볼트는 용접과 조합해서 하중을 부담시킬 수 없다. 이러한 경우 용접에 전체하중을 부담시키도록 한다.
② 다만, 전단접합 시에는 용접과 볼트의 병용이 허용된다.
③ 전단접합 시 표준구멍 또는 하중방향에 수직인 단슬롯구멍이 사용된 경우 볼트와 하중방향에 평행한 필릿용접이 하중을 각각 분담할 수 있다. 이때 볼트의 설계강도는 지압접합볼트설계강도의 50%를 넘지 않도록 한다.
④ 마찰볼트접합으로 기 시공된 구조물을 개축할 경우 고장력볼트는 기 시공된 하중을 받는 것으로 가정하고 병용되는 용접은 추가된 소요강도를 받는 것으로 용접설계를 병용할 수 있다.

(2) 볼트와 용접접합의 제한
다음의 접합에 대해서는 용접접합, 마찰접합 또는 전인장조임을 적용해야 한다.
① 높이가 38m 이상 되는 다층구조물의 기둥이음부
② 높이가 38m 이상 되는 구조물에서, 모든 보와 기둥의 접합부 그리고 기둥에 횡지지를 제공하는 기타의 모든 보의 접합부
③ 용량 50kN 이상의 크레인구조물 중 지붕트러스이음, 기둥과 트러스접합, 기둥이음, 기둥횡지지가새, 크레인지지부
④ 기계류 지지부 접합부 또는 충격이나 하중의 반전을 일으키는 활하중을 지지하는 접합부

4. 이음부 설계세부규칙

(1) 용접접합
　① 응력을 전달하는 단속필릿용접 이음부의 길이: 공칭용접치수의 10배 이상 또한 30mm 이상
　② 응력을 전달하는 겹침이음
　　㉠ 2열 이상의 필릿용접을 원칙
　　㉡ 겹침길이: 얇은 쪽 판두께의 5배 이상 또한 25mm 이상

(2) 볼트접합
　① 고장력볼트의 구멍중심간의 거리: 공칭직경의 2.5배 이상(표준거리: 3배)
　② 고장력볼트의 구멍중심에서 볼트머리 또는 너트가 접하는 재의 연단까지의 최대거리는 **판두께의 12배 이하 또한 150mm 이하**
　③ 길이방향의 볼트간격
　　㉠ 부식을 고려하지 않는 경우에는 얇은쪽 두께의 24배 또는 300 mm를 초과하지 않는 간격
　　㉡ 페인트하지 않은 내후성강재가 대기중에 노출되는 경우에는 얇은쪽 두께의 14배 또는 180mm를 초과하지 않는 간격

5. 강구조 부재의 접합방법

(1) 주각부 접합

주각부 일반(노출주각)	구성요소
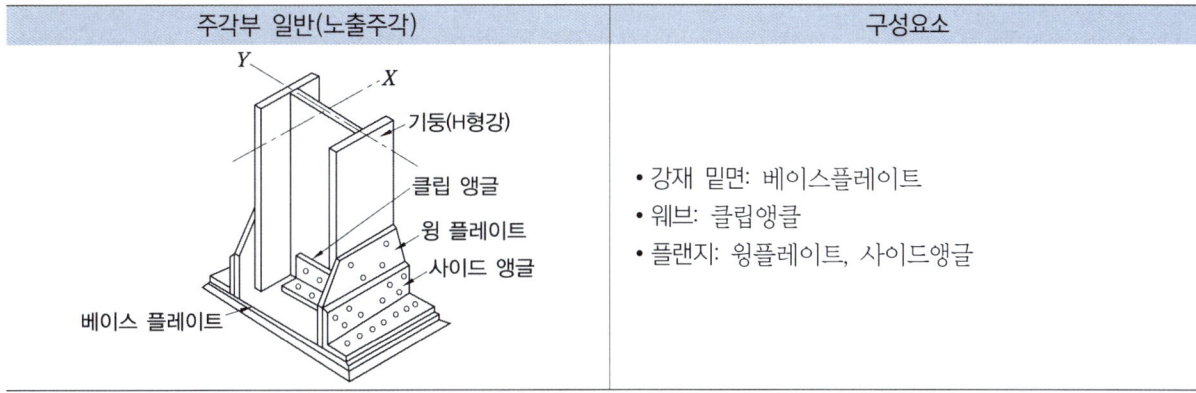	• 강재 밑면: 베이스플레이트 • 웨브: 클립앵클 • 플랜지: 윙플레이트, 사이드앵글

(2) 주각부 접합형식

고정주각	핀주각	매립주각
• 축방방향력, 전단력, 휨모멘트 저항 • 회전 불가 • 플랜지 외측으로 많은 양의 앵커볼트 시공(기초 과다)	• 축방향력, 전단력 저항 • 회전 가능 • 플랜지 내측으로 적은 양의 앵커볼트 시공(경제적 기초)	고정주각의 형태

2 용접접합(Welding connection)

1. 용접접합 일반사항

(1) 용접접합의 개념
  ① 용접은 2개 이상의 강재를 국부적으로 일체화시키는 접합으로서, 접합부에 용융금속을 생성하거나 또는 공급하여 국부용융으로 접합하는 방법이며, 모재의 용융을 동반한다.
  ② 강재의 용접에는 급속한 온도변화에 따라 모재의 재질변화, 용접변형, 잔류응력이 발생하므로 설계 및 시공에서 고려해야 한다.

(2) 용접접합의 종류

구분	용접접합의 종류
용접이음의 형태	맞댐이음, 겹침이음, 모서리이음, 단부이음, T이음 등
용접이음의 형식	그리부용접, 필릿용접, 플러그용접, 슬롯용접 등

① 그루브 용접: 접합부재면에 을 만들어(개선하여) 이루어지는 용접
② 필릿 용접: 용접되는 부재의 교차되는 면 사이에 일반적으로 **삼각형의 단면**이 만들어지는 용접
③ 플러그 용접: 겹치기 한 2매의 판재에 한쪽에만 구멍을 뚫고 그 구멍에 살붙이하여 용접하는 방법
④ 슬롯용접: 부재를 다른 부재에 부착시키기 위해 긴 을 뚫어서 하는 용접
⑤ 서브머지드아크용접: 두 모재의 접합부에 입상의 용제, 즉 플럭스를 놓고 그 플럭스 속에서 용접봉과모재 사이에 아크를 발생시켜 그 열로 용접하는 방법

2. 그루브 용접(Groove welding; 맞댐용접)

(1) 일반사항

① 부재의 한쪽 또는 양쪽 끝을 용접이 양호하게 될 수 있도록 끝단면을 비스듬히 절단하여 용접하는 방법
② 그루브용접부 개선형태: V형, I형, X형, K형, U형, H형 등

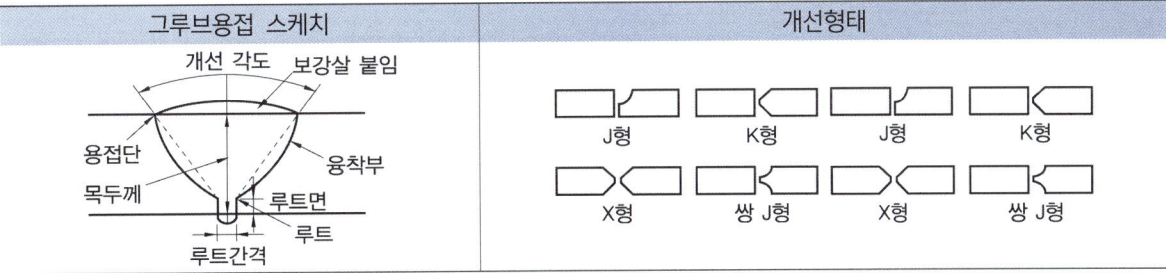

③ 종류: 완전용입그루브용접, 부분용입그루브용접
④ 그루브용접의 표기 형태(예시)

용접부 스케치	용접기호 표기	용접기호 해석
(19, 16, 2, 60°)	(16 / 2 \ 16°)	• V형 용접 • 모재 두께: 19mm (= 목두께) • 홈깊이: 16mm • 홈 각도(개선각도): 60° • 루트간격: 2mm

(2) 완전용입 그루브용접

① 모재의 규정 항복강도와 인장강도 이상이 되도록 용접된 완전용입 그루브용접의 공칭강도는 **접합되는 모재 중 공칭강도가 작은 쪽 값**으로 한다.
② **인장강도 600MPa 이상**의 강종에 대해 언더매칭 용접을 한 경우에는 **용접금속의 인장강도를 기준**으로 공칭강도를 정한다.

(3) 부분용입 그루브용접

① 유효목두께: $\sqrt{2t}$ mm 이상
  ㉠ 여기서, t는 접합부의 두꺼운 쪽 판의 두께이다.
  ㉡ 단, 부분용입 그루브용접의 유효목두께는 얇은 쪽 판의 두께 이하이어야 한다.
② 판두께에 따른 부분용입용접(PJP)의 최소 유효목두께

접합부의 얇은 쪽 소재 두께(t; mm)	최소 치수(s)
$t \leq 6$	3mm
$6 < t \leq 13$	5mm
$13 < t \leq 19$	6mm
$19 < t \leq 38$	8mm
$38 < t \leq 57$	10mm
$57 < t \leq 150$	13mm
$150 < t$	16mm

③ 유효길이(l_e): 접합되는 부분의 폭
④ 유효면적(A_e): 용접의 유효길이에 유효목두께를 곱한 것($A_e = l_e \times a$)

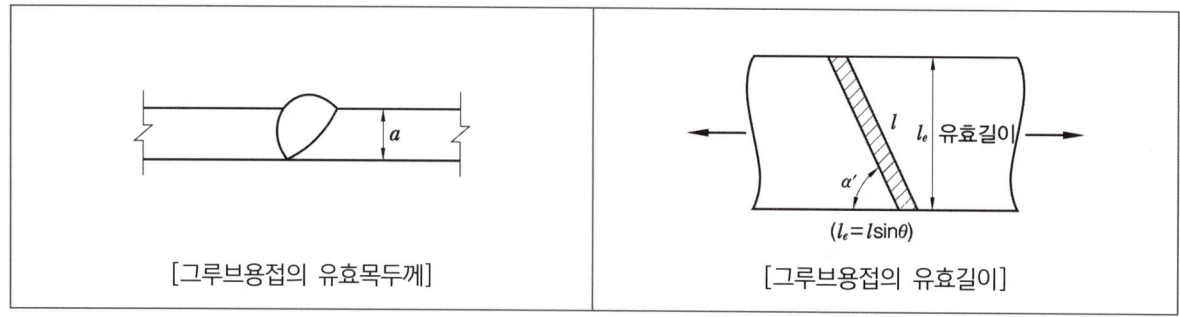

[그루브용접의 유효목두께]   [그루브용접의 유효길이]

3. 필릿용접(Fillet welding; 모살용접)

(1) 일반사항
 ① 2장의 판재를 겹쳐서 목두께의 방향이 모재의 면과 45°(삼각형 모양)가 되게 하는 용접
 ② 용접선의 종류에 따라 연속필렛용접, 단속필렛용접, 병렬용접, 엇모용접으로 구분한다.

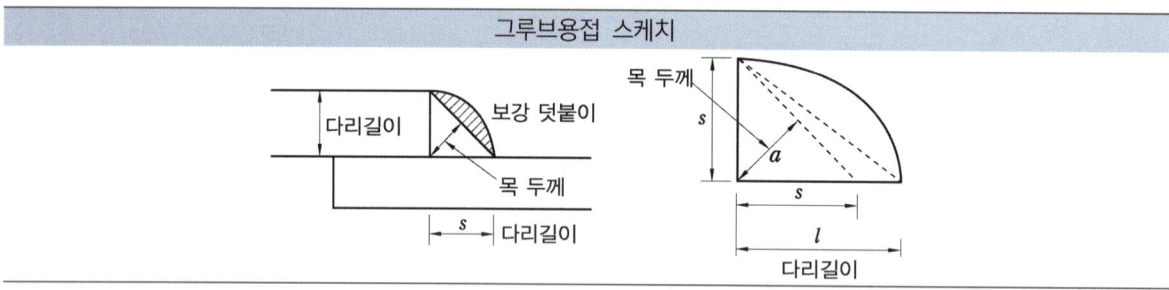

③ 필릿용접의 표기 형태(예시)

용접부 스케치	용접기호 표기	용접기호 해석
		• 필릿 병렬용접 • 용접길이: 50mm • 피치: 150mm
		• 필릿 엇모용접 • 전면 용접치수: 6mm • 후면 용접치수: 9mm • 용접길이: 50mm • 피치: 300mm

(2) 목두께(a) 및 유효길이(l_e), 유효면적(A_e)

① 유효목두께

㉠ 용접루트로부터 용접표면까지의 최단거리

㉡ 단, 이음면이 직각인 경우에는 **용접치수의 0.7배**로 한다($a = 0.7s$).

② 유효길이(l_e)

㉠ 필릿용접의 총길이에서 2배의 용접치수를 공제한 값($l_e = l_n - 2s$)

㉡ 구멍필릿과 슬롯필릿용접의 유효길이: 목두께의 중심을 잇는 용접중심선의 길이

③ 유효면적(A_e): 용접의 유효길이에 유효 목두께를 곱한 것($A_e = l_e \times a = [(l_n - 2s) \times 용접면수] \times a$)

④ 유효면적(A_e): 용접의 유효길이에 유효 목두께를 곱한 것($A_e = l_e \times a$)

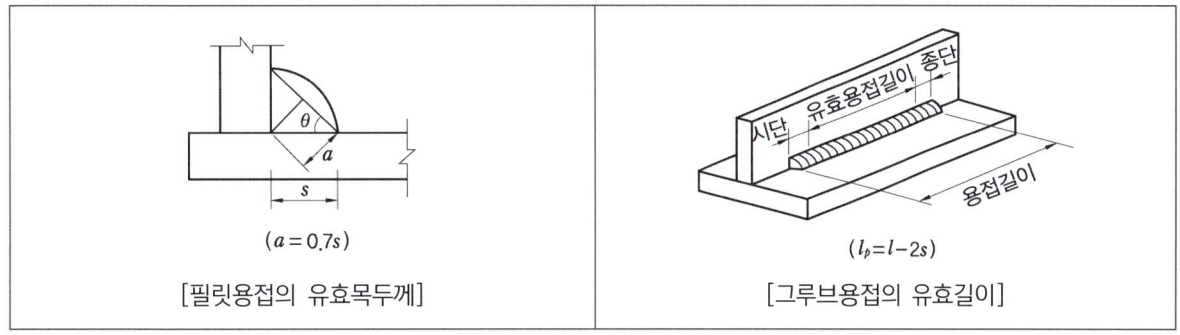

[필릿용접의 유효목두께] [그루브용접의 유효길이]

(3) 필릿용접의 제한사항

① 최소 및 최대 사이즈

접합부의 얇은 쪽 소재 두께(t; mm)	최소 치수(s)	최대 치수(s)
$t < 6$	3mm	
$6 \leq t < 13$	5mm	• $t < 6$mm일 때, $s = t$
$13 \leq t < 20$	6mm	• $t \geq 6$mm일 때, $s = t - 2$mm
$20 \leq t$	8mm	

② 강도를 기반으로 하여 설계되는 필릿용접의 최소길이: 공칭용접치수의 4배 이상

③ 유효용접치수는 그 유효용접길이의 1/4 이하로 하여야 한다.

④ 단부하중을 받는 필릿용접에서 용접길이가 용접치수

구분	유효길이	비고
실제 용접치수 ≤ 100 · s	실제 용접된 길이	• s: 용접치수(mm)
100 · s < 실제 용접치수 ≤ 300 · s	실제 용접길이 × β(감 소계수) $\beta = 1.2 - 0.002\left(\dfrac{l}{z}\right) \leq 1.0$	• l: 부재 단부 필릿용접의 실제 길이(mm)
300 · s < 실제 용접치수	용접치수의 180배	• z: 필릿용접의 치수(mm)

⑤ 단속필릿용접은 연결부 또는 겹친 면사이의 힘을 전달하거나 조립부재의 요소를 서로 접합하는 데 사용할 수 있다. 단속필릿용접에서 한 세그멘트 길이는 **용접치수의 4배 이상**이면서 **최소 38mm**이어야 한다.

⑥ 겹침이음의 경우 최소 겹침길이: 연결부(접합부)의 **얇은** 쪽 판 두께의 5배 또는 25mm로 한다.
⑦ 건축구조물의 돌출요소의 유연성이 요구되는 연결부(접합부)에서 단부돌림용접이 사용되는 경우, 단부돌림용접의 길이는 공칭용접사이즈의 4배 이하, 용접되는 부분 폭의 1/2 이하

4. 플러그 및 슬롯(Plug & Slot welding)

(1) 유효면적
플러그 및 슬롯용접의 유효전단면적은 접합면 내에서 **구멍 또는 슬롯의 공칭단면적**으로 한다.

(2) 제한사항
① 플러그 및 슬롯용접은 겹침이음부에서의 전단력 전달, 겹침이음한 요소들 사이의 벌어짐 또는 좌굴을 방지, 조립단면의 요소들 사이의 접합 등을 위해 사용할 수 있다.

② 플러그용접 제한사항

구분	설명
구멍직경	• 구멍이 있는 판두께에 8mm 더한 값 이상 • 용접 두께의 2.25배 또는 최소 직경에 3mm를 더한 값 이하
최고 중심간격	공칭구멍직경의 4배

③ 슬롯용접 제한사항

구분	설명
슬롯 길이	용접두께의 10배 이하
슬롯 폭	• 슬롯이 있는 판의 두께에 8mm를 더한 값 이상 • 용접두께의 2.25배 이하 • 슬롯의 끝부분은 반원형, 또는 귀퉁이를 판두께 이상의 반지름으로 둥글게 해야 함
간격	• 슬롯용접선의 횡방향 최소간격: 슬롯 폭의 4배 • 길이방향의 최소 중심간격: 슬롯길이의 2배

④ 플러그 및 슬롯용접의 두께는 판 두께 16mm 이하의 경우 판 두께와 동일하게 하고, 16mm를 초과하는 경우에는 판 두께의 1/2 이상으로 하되 최소 16mm로 한다.

5. 용접부 설계강도

(1) 용접부 설계강도(ϕR_n)
① 모재의 인장파단, 전단파단 한계상태에 의한 강도와 용접재의 파단한계상태 강도 중 **작은** 값으로 한다.
② 모재 강도 및 용접재 강도

모재 강도	용접재 강도
$\phi R_n = \phi F_{nBM} A_{BM}$	$\phi R_n = \phi F_{nw} A_{we}$
• F_{nBM}: 모재의 공칭강도, MPa • A_{BM}: 모재의 단면적, mm²	• F_{nw}: 용접재의 공칭강도, MPa • A_{we}: 용접재의 유효면적, mm² • ϕ, F_{nw}: 용접 조인트 강도표에 따름.

(2) 용접부 응력의 공칭강도(MPa)

용접구분	응력구분	공칭강도 (F_{nw})	저항계수 (ϕ)
완전용입 그루브용접	용접축에 직각인 인장	모재와 동일	
	용접축에 직각인 압축	모재와 동일	
	용접축에 평행한 인장, 압축	별도 검토하지 않음	
	전단	$0.6F_u$[1]	0.8
부분용입 그루브용접	용접축에 직각인 인장	$0.6F_u$[1,2]	0.8
	기둥의 선단밀착접합부 압축	별도 검토하지 않음	
	기둥 외의 선단밀착접합부 압축	$0.6F_u$[1]	0.8
	선단밀착접합부 외의 압축	$0.9F_u$[1]	0.8
	용접축에 평행한 인장, 압축	별도 검토하지 않음	
	전단	$0.6F_u$[1,2]	0.75
필릿용접	전단	$0.6F_u$[1,2]	0.75
	용접축에 평행한 인장, 압축	별도 검토하지 않음	
플러그, 슬롯용접	접합면에 평행한 전단	$0.6F_u$[1,2]	0.75

1) 용접부 모재의 인장강도이며, 언더매칭용접의 경우에는 용접재의 인장강도를 적용한다.
2) 인장강도 600MPa의 강종(HSB460)은 $0.56F_u$, 800MPa의 강종(HSA650, HSB690)은 $0.45F_u$을 적용하며, 인장강도가 이들 사이인 강종의 경우에는 보간법을 적용한다.

(3) 용접조인트 강도표

하중유형 및 방향	적용재료	저항계수(ϕ)	공칭강도(F_{nBM}, F_{nw}) (MPa)
1) 완전용입 그루부 용접			
용접선에 직교인장	모재에 의해 제한		
용접선에 직교압축	모재에 의해 제한		
용접선에 평행한 인장, 압축	용접부 설계에 고려할 필요가 없음		
전단	모재에 의해 제한		
2) 부분용입 그루부 용접(플레어V그루브용접, 플레어베벨그루브용접 포함)			
용접선에 직교인장	모재	0.75	F_u
	용접재	0.80	$0.6F_w$
기둥주각부와 기둥이음부의 압축	압축응력은 고려하지 않아도 됨		
기둥을 제외한 부재의 지압접합부의 압축	모재	0.90	F_y
	용접재	0.80	$0.6F_w$
지압응력을 전달할 수 있도록 마감되지 않은 접합부의 압축	모재	0.90	F_y
	용접재	0.80	$0.9F_w$
용접선에 평행한 인장, 압축	용접부 설계에 고려할 필요가 없음		
전단	용접재	0.75	$0.6F_w$
3) 필릿용접			
전단	용접재	0.75	$0.6F_w$
용접선에 평행한 인장, 압축	용접부 설계에 고려할 필요가 없음		

4) 플러그 및 슬롯용접			
유효면적의 접합면에 평행한 전단	용접재	0.75	$0.6F_w$
용접선에 평행한 인장, 압축	용접부 설계에 고려할 필요가 없음		

6. 용접부 결함 및 용접부 검사

(1) 용접부 결함

① 내부결함

용접결함 종류	정의	원인
블로홀(blow hole)	용융금속 응고 시 방출 gas가 남아 기포 발생	gas 잔류로 생긴 기공
슬래그감싸돌기	용접봉의 피복제 심선과 모재가 변하여 생긴 회분이 용착금속 내에 혼입되는 현상	슬래그가 용착금속 내 혼입
용입부족	모재가 녹지 않고 용착금속이 채워지지 않는 현상	용접부 형상이 좁을 경우

② 외부결함

용접결함 종류	정의	원인
크랙(crack)	용접 bead 표면에 생기는 갈라짐	용접후 급냉각, 과대전류 응고 직후 수축응력의 영향
크레이터(crater)	용접 bead 끝에 항아리 모양처럼 오목하게 파인 현상	운봉 부족, 과대전류
피쉬아이(fish eye)	기공 및 슬래그가 모여 둥근 은색의 반점	용접봉의 건조불량
피트(pit)	작은 구멍이 용접부 표면에 생기는 현상	용융금속의 응고시 수축변형

③ 형상결함

용접결함 종류	정의	원인
언더컷(under cut)	모재표면과 용접표면의 교차점에서 모재가 녹아 용착금속이 채워지지 않고 홈으로 남는 현상	용접전류의 과다, 용접부족
오버랩(over lap)	모재와 용접금속이 융합되지 않고 겹쳐지는 현상	용접전류의 과다
오버헝(Over hung)	용착금속의 흘러내림 현상	상향용접시 발생

④ 그 외 용접결함

  ㉠ 각장부족: 과소 전류 및 용접속도가 빠를 경우 발생

  ㉡ 목두께(throat) 불량: 용입불량 및 용접속도가 빠를 경우 발생

  ㉢ 라멜라티어링(lamella tearing): 다층용접에 의한 반복적인 열영향 및 환산성 수소, 부재의 구속력에 의한 열영향부의 변형(계단모양의 균열이 모재 내에 발생)

(2) 용접부 검사

① 용접 전/중/후 검사

구분	용전작업 전 검사	용접작업 중 검사	용접작업 후 검사
시험항목	• 접합면 트임새 모양 • 구속법 • 모아대기법 • 자세의 적부 • 용접부 청소상태	• 용접봉의 품질상태 • 운봉(weeving, 용접속도) • 용접전류(아크안정상태) • 용입상태, 용접폭 • 표면형상 및 root 상태	• 육안검사 • 절단검사(파괴검사) • **비파괴검사** (UT, RT, PT, MT)

② 비파괴 검사

구분		설명
내부 탐상	방사선투과 탐상시험 (RT; Radiographic test)	용접부에 X선·γ선을 투과하여 그 상태를 필름에 담아 내부결함을 검출하는 시험
내부 탐상	초음파 탐상시험 (UT; Ultra-sonic test)	용접부에 초음파를 투입하여 발사파와 반사파간의 속도와 반사시간을 측정하여 용접부의 내부결함을 검출하는 시험
외부 탐상	자기분말 탐상시험 (MT; Magnetic particle test)	용접부에 자분을 뿌리고 자력선을 통과시켜 자력을 형성할 때 결함부위에 자분이 밀집되어 용접부 결함을 검출하는 시험
외부 탐상	침투 탐상시험 (PT; Penetration test)	용접부에 침투액을 침투시킨 후 현상액으로 결함을 검출하는 시험

7. 용접부 기호 표시방법

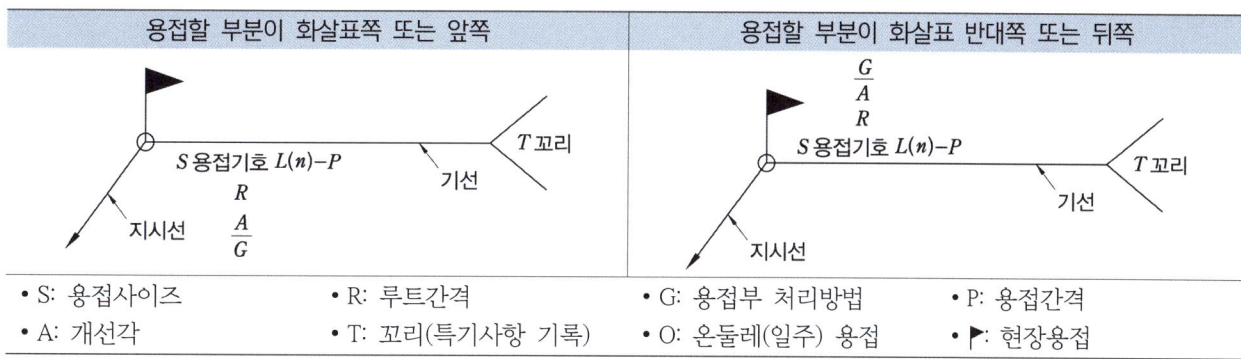

- S: 용접사이즈
- A: 개선각
- R: 루트간격
- T: 꼬리(특기사항 기록)
- G: 용접부 처리방법
- O: 온둘레(일주) 용접
- P: 용접간격
- ▶: 현장용접

3 볼트접합(High-tension bolt connection)

1. 볼트접합 일반사항

(1) 볼트의 종류
 ① 일반볼트: 영구적인 구조물에는 사용하지 못하고 가체결용으로만 사용
 ② 고장력볼트: 접합부에 진동, 충격 또는 반복하중을 받으면 접합부의 미끄럼에 의한 큰 변형이 생기므로 주요한 건물의 접합부에 사용

(2) 볼트접합 용어

구분	설명
피치(pitch)	볼트 상호 중심 간 직선거리
연단거리	볼트구멍 중심에서 부재 끝단까지의 거리
게이지 라인(gauge line)	볼트의 중심 축선을 연결한 선(볼트접합의 기준선)
게이지(gauge)	게이지 라인과 게이지 라인과의 거리

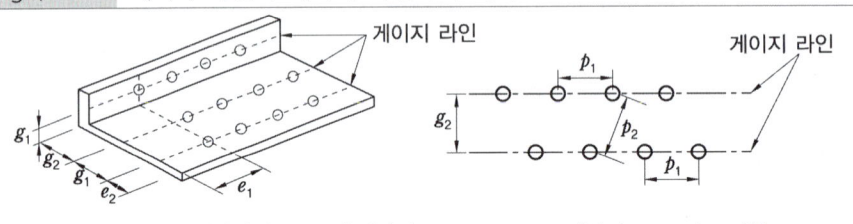

e_1: 연단거리 e_2: 측단거리 g_1, g_2: 게이지 p_1, p_2: 피치

(3) 볼트의 종류

구분	설명
흑볼트	• 나사부 이외의 부분이 흑피로 된 볼트 • 가조임용으로 사용
중볼트	• 두부하부와 중간부를 마무리한 것 • 진동 충격을 받지 않는 내력부에 사용
상볼트	• 볼트표면을 모두 연마 마무리한 것 • 핀 접합부에 사용

2. 고장력볼트접합

(1) 고장력볼트 일반사항

① 정의: 합금강 및 고탄소강 등을 열처리하여 제작한 고강도 볼트로서, 항복강도 700MPa 이상, 인장강도 900MPa 이상의 성능을 갖는다.

② 고장력볼트의 분류

구분	설명	고장력볼트의 기호
재질에 의한 분류	F8T, F10T, F11T	F10T-M22
크기에 의한 분류	M16, M20, M22, M24	• F: 마찰접합용 (For friction grip joint)
특수 고장력볼트	• 볼트축 전단형(TS볼트; Torque Shear bolt) • 너트 전단형 • 그립(grip)형 고장력볼트 • 지압형 고장력볼트	• 10T: 인장강도 10ton (tensile strength) • M22: 호칭지름 22mm

③ 고장력 볼트의 강도

볼트 등급 최소 강도	F8T	F10T	F13T	일반볼트 4.6
F_y	640	900	1170	240
F_u	800	1000	1300	400

④ 고장력볼트의 각부 명칭

구성요소	고장력볼트 스케치
• 고장력 볼트 1개 • 평와셔 2개(머리부, 꼬리부) • 너트 1개 • 핀테일(TS형 고력볼트에서 표준볼트장력에 도달하였을 경우 파단되는 부분)	(평와셔, 조임길이, 축부, 너트, 여유길이, 직경, 나사부, 평와셔, 핀테일)

(2) 고장력볼트 접합방식

구분	설명	접합방식 스케치
마찰접합	• 부재간 접합면의 마찰력으로 bolt축과 직각방향의 응력을 전달하는 전단형 접합방식 • 일반적으로 고장력볼트 접합은 마찰접합을 의미함	
인장접합	• 볼트의 인장내력으로 bolt의 축방향의 응력을 전달하는 인장형 접합방식 • 마찰력과 무관한 접합방식	
지압접합	• 볼트의 전단력과 볼트구멍의 지압내력에 의해 응력을 전달하는 방식 • 응력부담: 부재간의 마찰력 + 볼트축의 전단력 + 부재의 지압력	

(3) 고장력볼트 마찰접합의 특징

① 강한 조임력: 너트의 풀림 감소
② 응력의 방향이 바뀌어도 혼란이 없음
③ 응력집중의 감소: 반복응력에 우수
④ 고장력볼트의 전단응력 및 지압응력이 발생하지 않음
⑤ 불량한 볼트의 교체가 용이

(4) 고장력볼트 표준구멍 및 허용오차

고장력 볼트호칭 (공칭구멍)	표준구멍	대형구멍	허용오차	
			마찰이음	지압이음
M16	(+2mm)	18mm	20mm	+0.5mm	±0.3mm
M20		22mm	24mm		
M22		24mm	28mm		
M24	(+3mm)	27mm	30mm		
M27		30mm	35mm	+1.0mm	

(5) 고장력볼트 설계 일반사항

① 마찰접합 또는 전인장조임되는 고장력볼트는 너트회전법, 직접인장측정법, 토크관리법, 토크쉬어볼트 등을 사용하여 설계볼트장력 이상으로 조여야 한다.
② 밀착조임을 사용할 수 있는 경우
  ㉠ 지압접합
  ㉡ 진동 또는 하중변동에 의한 고장력볼트의 풀림이나 피로가 설계에 고려할 필요가 없는 경우
    (밀착조임: 임팩트렌치로 수 회 또는 일반렌치로 최대한 조여서 접합판이 견실하게 밀착된 상태)

(6) 볼트의 설계강도
  ① 볼트의 인장과 전단강도(ϕR_n)
    ㉠ 밀착조임 또는 전인장조임된 볼트의 설계인장강도 또는 전단강도는 **인장파단과 전단파단의 한계상태**에 대하여 산정
    ㉡ 인장과 전단강도: $R_n = F_n A_b$
    ㉢ 강도감소계수: $\phi = 0.75$
    ㉣ 볼트의 공칭강도

강도		강종	고장력볼트			일반볼트
			F8T	F10T	F13T	
공칭인장강도(F_{nt})			600	750	975	300
지압접합의 공칭전단강도(F_{nv})	나사부가 전단면에 포함될 경우		320	400	520	160
	나사부가 전단면에 포함되지 않을 경우		400	500	650	200

  1) 공칭인장강도: 인장강도의 0.75배
  2) 나사부 전단면에 포함될 경우: 인장강도의 0.4배
  3) 나사부가 전단면에 포함되지 않을 경우: 인장강도의 0.5배

  ② 지압접합에서 인장과 전단의 조합
    ㉠ 지압접합이 인장과 전단의 조합력을 받을 경우 볼트의 설계강도는 다음의 **인장과 전단파괴의 한계상태**에 따라서 산정
    ㉡ 인장과 전단의 조합에 대한 공칭강도: $R_n = F_{nt}' A_b$
    ㉢ 강도저항계수: $\phi = 0.75$
    ㉣ 전단 또는 인장에 의한 소요응력 f가 설계응력의 20% 이하이면 조합응력의 효과를 무시할 수 있다.
  ③ 볼트구멍의 지압강도
    ㉠ 지압한계상태에 대한 볼트구멍에서 설계강도(ϕR_n)에서 강도감소계수는 $\phi = 0.75$를 적용한다.
    ㉡ 접합부의 지압강도는 각 볼트마다의 지압강도를 합하여 산정한다.
    ㉢ **지압접합과 사용성한계상태의 마찰접합 모두에 대하여 볼트구멍의 지압강도가 검토되어야 한다.**
  ④ 고장력볼트의 미끄럼강도
    ㉠ **마찰접합(slip-critical connection)은 미끄럼을 방지하고 지압접합에 의한 한계상태에 대하여도 검토해야 한다.**
    ㉡ 마찰접합볼트에 필러를 사용할 경우에는 미끄럼에 관련되는 모든 접촉면에서 미끄럼에 저항할 수 있도록 해야 한다.

ⓒ 미끄럼 한계상태에 대한 마찰접합의 설계강도

구분	설명
미끄럼강도	$R_n = \mu h_f T_o N_s$ • μ: 미끄럼계수 　- $\mu = 0.5$: 무도장이고 흑피를 제거한 강재 표면 또는 블라스트 처리한 강재에 미끄럼계수 0.5 발현이 실험적으로 검증된 코팅을 한 표면 　- $\mu = 0.4$: 무기질 아연분말프라이머 도장한 표면 　- $\mu = 0.3$: 무도장이고 흑피를 제거한 강재 표면 또는 블라스트 처리한 강재에 미끄럼계수 0.3 발현이 실험적으로 검증된 코팅을 한 표면 • h_f: 필러계수($h_f = 1.0$, $h_f = 0.85$) • T_0: 설계볼트장력, kN • N_s: 전단면의 수
강도감소계수	• 표준구멍 또는 하중방향에 수직인 단슬롯 구멍에 대하여, $\phi = 1.00$ • 대형구멍 또는 하중방향에 평행한 단슬롯구멍에 대하여, $\phi = 0.85$ • 장슬롯구멍에 대하여, $\phi = 0.70$

⑤ 고장력볼트의 설계볼트장력(T_0)

볼트의 등급	볼트의 호칭	공칭단면적(mm²)	설계볼트장력(T_o, kN)
F8T	M16	201	84
	M20	314	132
	M22	380	160
	M24	452	190
F10T	M16	201	106
	M20	314	165
	M22	380	200
	M24	452	237
	M27	573	301
	M30	707	371
F13T	M16	201	137
	M20	314	214
	M22	380	259
	M24	452	308

1) 설계볼트장력은 볼트의 인장강도의 0.7배에 볼트의 유효단면적을 곱한 값
2) 볼트의 유효단면적은 공칭단면적의 0.75배

제8장 강구조 내진설계

1 재료 규격

1. 특수 모멘트골조, 중간 모멘트골조, 특수중심 가새골조, 편심 가새골조, 좌굴방지 가새골조 및 특수강판 전단벽에서는 내진성이 뛰어난 강재인 **SN 및 SHN강 또는 TMC강을 사용**해야 한다.
2. 단, 국가공인기관에 의한 실험결과나 다른 합리적 기준에 의해 강재의 적합성을 입증할 수 있는 경우에는 **구조용 압연강재**를 사용할 수 있다.

2 특수모멘트골조

1. 적용범위

특수모멘트골조는 설계용 지진동이 유발한 외력을 받을 때 **상당한 비탄성변형을 수용**할 수 있는 골조를 지칭하며 다음 조항의 규정들을 만족하도록 설계한다.

2. 보 – 기둥 접합부

(1) 요구사항
 ① 접합부는 **최소 0.04 rad의 층간변위각**을 발휘할 수 있어야 한다.
 ② 기둥 외주면에서 접합부의 계측 휨강도는 0.04 rad의 층간변위에서 적어도 보 공칭소성모멘트(M_p)의 **80% 이상**이 유지되어야 한다.
 ③ 접합부의 소요전단강도는 다음의 지진하중효과 E에 의해 산정한다.

$$E = 2\,[1.1 R_y M_p]/L_h$$

- R_y: 공칭항복강도(F_y)에 대한 예상항복응력의 비
- M_p: 공칭소성모멘트
- L_h: 보 소성힌지 사이의 거리

(2) 보호영역
 ① 보호영역: 비탄성변형이 발생하는 보의 양단 부분
 ② 특수모멘트골조의 보 소성힌지영역은 보호영역으로 고려해야 한다.
 ③ 일반적으로, 비보강접합부의 보호영역은 기둥 외주면에서부터 소성힌지점을 지나 보춤의 1/2 지점까지 확장된 범위가 된다.

3. 보 - 기둥 접합부의 횡지지

(1) 횡지지된 접합부

① 보웨브와 기둥웨브가 동일 평면상에 있고 기둥의 패널존 외부가 탄성상태를 유지한다면, 보 - 기둥 접합부의 기둥플랜지는 보의 상부플랜지 위치에서만 횡지지가 요구된다.

② 기둥플랜지의 직접 횡지지는 횡좌굴방지를 위해 기둥플랜지의 적합한 위치의 부착된 가새나 기타 부재, 데크 또는 슬래브에 의해 이루어진다.

③ 기둥플랜지의 간접횡지지는 기둥플랜지에 직접 부착되지는 않지만 기둥웨브나 스티프너 플레이트를 통해 작용하는 부재나 접합부의 강성에 의한 횡지지를 지칭한다.

(2) 보의 횡지지

① 보의 상하 플랜지는 모두 $L_b = 0.086 r_y E/F_y$ 이하로 횡지지되어야 한다.

② 집중하중점이나 단면의 변화가 생기는 위치에는 추가로 횡지지를 설치해야 한다.

(3) 기둥의 이음

① 그루브용접을 사용할 경우는 완전용입용접으로 해야 한다.

② 적절한 응력집중계수 또는 파괴역학의 응력집중계수를 고려하여 산정된 기둥이음부의 소요강도는 비탄성해석에서 얻어진 이음부 소요강도를 초과할 필요가 없다.

3 중간모멘트골조

1. 적용범위

중간모멘트골조는 설계용 지진동이 유발한 외력을 받을 때 **제한된 크기의 비탄성변형을 수용할 수 있는 골조**를 지칭하며 다음 조항의 규정들을 만족하도록 설계한다.

2. 보 - 기둥 접합부

(1) 요구사항

① 접합부는 최소 0.02rad의 층간변위각을 발휘할 수 있어야 한다.

② 기둥 외주면의 접합부의 휨강도는 0.02 rad의 층간변위각에서 적어도 보의 **공칭소성모멘트(M_p)의 80% 이상**이 되어야 한다.

(2) 접합부 성능입증

보플랜지를 완전용입용접으로 접합하고 보의 웨브는 용접 또는 고장력볼트로서 접합한 접합부로서 보의 춤이 750mm를 초과하지 않으면 중간모멘트골조의 접합부로서 인정할 수 있다.

(3) 보호영역

① 보호영역: 비탄성변형이 발생하는 보의 양단 부분

② 중간모멘트골조의 보소성힌지영역은 보호영역으로 고려되어야 한다.

③ 일반적으로 비보강접합부의 보호영역은 기둥 외주면에서부터 소성힌지점을 지나 보춤의 1/2지점까지 확장된 범위가 된다.

3. 일반사항

(1) 보의 횡지지
① 보의 상하플랜지 모두 횡지지되어야 한다. 횡지지 간격은 $L_b = 0.17 r_y E/F_y$를 넘지 않도록 한다.
② 횡지지는 집중하중이 작용하는 부근이나 단면의 변화가 생기는 위치에는 추가로 설치되어야 한다.

(2) 기둥의 이음
① 기둥의 이음은 「강구조 내진설계기준(기둥의 이음)」의 규정에 따른다.
② 그루브용접을 사용할 경우는 완전용입용접으로 해야 한다.

4 보통모멘트골조

1. 적용범위
(1) 보통모멘트골조는 설계지진력이 구조물에 작용할 때 **부재와 접합부가 최소한의 비탄성변형을 수용할 수 있는 골조**를 지칭하며 이 조항의 규정을 만족하도록 설계한다.
(2) 중간모멘트골조의 요구사항을 충족하더라도 **보의 높이가 750mm를 초과하는 경우에는 보통모멘트골조로 분류한다.**

2. 보 – 기둥 접합부

(1) 요구사항
① 보 – 기둥 접합부는 용접이나 고장력볼트를 사용하여야 하며, 규정에 따라 완전강접 또는 부분강접으로 설계할 수 있다.
② 보플랜지, 전단플레이트, 그리고 보웨브와 기둥 사이의 완전용입용접부는 임계용접부로서 고려한다.

(2) 연속판
① 완전강접모멘트접합부에서 보의 플랜지 또는 보 – 플랜지 연결플레이트를 기둥플랜지에 직접 용접하는 경우에는 연속판을 설치하여야 한다.
② 또한, 기둥 플랜지의 두께가 다음 조건에 해당하는 경우에도 연속판을 설치하여야 한다.
③ 연속판이 필요한 경우 두께규정
  ㉠ 편측 접합부에서 연속판두께는 보플랜지두께의 1/2 이상
  ㉡ 양측 접합부에서 연속판두께는 연결되는 보플랜지의 두께 중 큰 것 이상
④ 기둥플랜지와 연속판의 용접부는 완전용입용접이나 필릿용접으로 보강된 양면부분용입용접 또는 양면 필릿용접에 의하여 제작한다.
  ㉠ 이러한 용접부의 소요강도는 연속판과 기둥플랜지의 접촉면에서의 설계인장강도보다 커야 한다.
  ㉡ 연속판과 기둥웨브의 용접부의 소요강도는 다음 중 가장 작은 값으로 한다.
    ⓐ 기둥플랜지와 연속판의 접합부에서 설계인장강도의 합
    ⓑ 기둥웨브와 연속판 접촉면에서의 설계전단강도
    ⓒ 기둥패널존의 설계전단강도를 발휘하는 용접의 설계강도
    ⓓ 스티프너에 의하여 전달되는 실제응력

해커스공무원 학원·인강
gosi.Hackers.com

해커스공무원 안병관 건축구조 기본서

제 7 편
막구조 및 케이블구조

제1장   막구조 및 케이블구조
제2장   부유식 구조

제1장 막구조 및 케이블구조

1 막구조 및 케이블구조 용어

구분	용어	설명
일반	막구조	자중을 포함하는 외력이 셸구조물의 기본원리인 막응력에 따라서 저항되는 구조물로서, 휨 또는 비틀림에 대한 저항이 작거나 또는 전혀 없는 구조
	공기막구조	공기막 내외부의 압력 차에 따라 막면에 강성을 주어 형태를 안정시켜 구성되는 구조물
	케이블구조	휨에 저항이 작은 구조로 인장응력만을 받을 목적으로 제작 및 시공되는 부재
재료	막재	직포, 코팅재에 따라 구성된 재료 고무시트 등 구성재가 다른 재료는 고려하지 않음
	직포	섬유실에 따른 직물 또는 망목상 직물
	코팅재	직포의 마찰방지 등을 위하여 직포에 도포하는 재료
강도	초기 인장력	연성 막재의 형상을 유지하기 위해 도입하는 초기하중
	내압	공기막구조를 형성하기 위한 내부압력
	인장강도	재료가 견딜 수 있는 최대 인장응력
	인장크리프	지속하중으로 인하여 막재에 일어나는 장기변형
	인열강도	재료가 접힘 또는 굽힘을 받은 후 견딜 수 있는 최대 인장응력
해석 및 접합	형상해석	설계자의 의도와 역학적인 평형조건을 동시에 만족하는 형상을 찾는 일련의 해석과정이며, 막 구조물 및 케이블 구조물과 같은 연성구조물에 적용되는 해석방법
	봉제접합	접합하고자 하는 막재료의 겹친 부분을 다른 막재의 단부와 평행하게 봉제하는 접합방식
	열판용착접합	판을 눌러 막재의 겹치는 부분을 코팅제 또는 해당 부분에 삽입한 용착필름을 용융하여 막재를 압착하는 접합방식
	열풍용착접합	열풍에 따라 접합하고자 하는 막재의 겹친 부분의 코팅재를 용융하고 압착하여 접합하는 방식
	고주파용착접합	고주파를 이용하여 막재의 겹친 부분의 코팅재를 용융하여 막재를 압착하여 접합하는 방식

2 해석과 설계원칙

1. 설계하중

(1) 설계하중의 종류
- ① 고정하중(D)
- ② 활하중(L)
- ③ 설하중(S)
- ④ 풍하중(W)
- ⑤ 지진하중(E)
- ⑥ 초기 인장력(T_i)
- ⑦ 내부압력(P_i)

(2) 하중조합

막구조 및 케이블구조의 허용응력설계법에 따른 하중조합

구조형태	하중의 종류	하중조합	비고
막구조 및 케이블 구조	장기하중	$D + L + T_i(P_i)$	(P_i: 공기막구조 내압)
	단기하중	$D + L + S + T_i(P_i)$	(P_i: 공기막구조 내압)
		$D + L + W + T_i(P_i)$	(P_i: 공기막구조 내압)

D: 고정하중 L: 활하중 S: 설하중 W: 풍하중 T_i: 초기장력 P_i: 내부압력

2. 막구조의 해석

(1) 막구조의 해석순서 및 방법

① 해석순서
  ㉠ 형상 해석 → 응력 - 변형도 해석 → 재단도 해석 순서
  ㉡ 만약 필요하다면 시공해석도 수행

② 해석방법
  ㉠ 막구조의 구조해석에는 유한요소법, 동적이완법, 그리고 내력밀도법 등이 있다.
  ㉡ 막구조의 해석에서 기하학적 비선형을 고려하여야 한다.
  ㉢ 재료 비선형은 무시될 수 있지만 일반적으로 재료이방성은 고려하여 해석을 수행한다.

(2) 형상 해석

① 막구조에 있어서 케이블재와 막재의 초기장력 값은 막구조 형식, 하중, 변형, 시공 및 기타 요인들을 고려하여 결정한다.

② 막재에 도입하는 초기장력

막재의 종류	초기장력
A, B 종	2 kN/m 이상
C 종	1 kN/m 이상

(3) 응력 – 변형도 해석
① 막구조의 응력 – 변형도 해석은 형상해석에서 결정된 **초기장력과 기하학적 형상을 바탕**으로 한다.
② 주어진 **하중조합에 따라서** 발생되는 막구조의 응력과 변형을 고려한다.
③ 응력 – 변형도 해석에 따른 결과가 형상 및 재료의 역학적 요구를 만족하지 않는 경우에는 형상해석을 다시 수행하여야 한다.

(4) 재단도 해석
① 재단도 해석법에는 지오데식 라인법, 플랫트닝법 등이 있으며 커팅 라인을 결정하는 데 사용된다.
② 재단선의 외관, 막재의 폭을 고려한 효율적인 사용, 막의 직교이방성 등에 유의하여 재단선을 정한다.
③ 재단도해석에서 초기장력과 막의 크리프 특성을 주의하여야 한다.
④ 각각의 막 스트립의 수축 값에 따라 재단의 크기가 수정될 수 있기 때문에 막 특성에 근거하여 면밀히 확인하여야 한다.

(5) 공기막구조 해석
① 최대 내부압, 최소 내부압, 상시 내부압이 합리적으로 보장하여야 한다.
② 최대 내부압은 심각한 구조변경에서도 최악의 상태가 발생하지 않도록 설정하여야 한다.
③ 최소 내부압은 정상적인 기후와 서비스 상태에서 구조 안전성을 확보하기 위한 것으로 일반적으로 200 N/m^2 이상이어야 한다.

3. 케이블구조의 해석

(1) 해석상의 가정
케이블 부재는 원칙적으로 **인장력에만 저항하는 선형 탄성부재**로 가정한다.

(2) 케이블구조의 해석
① 케이블 부재의 모델링: 구조해석은 경계조건을 포함한 구조모델을 적절히 설정한 후에 수행
② 초기형상해석: 케이블구조의 형상은 케이블의 장력분포와 깊은 관계가 있으므로 초기형상해석을 수행

3 설계 요구사항

1. 조명설계
(1) 반투명한 막재의 특성을 조명디자인에서 고려한다.
(2) 조명설비는 막 표면으로부터 **최소 1.0m** 떨어져 있어야 한다.

2. 배수설계
(1) 배수경사와 위치는 사용상 특성과 일반적인 평면의 요구에 따라 확인하여야 한다.
(2) 또한 다설지역에서는 낙설 방지대책이 필요하다.

3. 막재와 구조물과의 이격거리
막재와 실내외 구조물과의 간격은 **가장 불리한 조건을 고려하여 막 표면의 변형길이 보다 두 배 이상** 길어야 하고 **최소 1.0m**로 하여야 한다.

4 재료

1. 막구조의 재료

(1) 막재의 재료 일반사항

① 막재의 구성요소: 직포, 코팅재, 그 외 구성된 재료

② 막재의 강도 및 내구성

구분	설명
두께	0.5mm 이상
인장강도	300N/cm 이상
파단 신장률	35% 이하
인열강도	• 정의: 재료가 접힘 또는 굽힘을 받은 후 견딜 수 있는 최대 인장응력 • 100N 이상, 인장강도 × 1cm의 15% 이상
인장크리프 신장률	15%(합성섬유실에 따른 직포의 막재는 25% 이하)
변질 및 마모손상	변질·마모손상에 강한 막재 또는 변질 혹은 마모손상 방지를 위한 조치를 한 막재

(2) 막재의 재료 요구사항

구분	설명
두께측정	두께 측정기를 이용하여 75mm 이상 간격으로 5개소 이상에 대하여 측정한 값의 평균치
직물의 휨강성	300mm 이상 간격으로 5개소 이상에 대하여 측정
접힘 인장강도	종사방향 및 횡사방향 각각의 인장강도 평균치가 동일한 로트에 있어 시험 전에 측정된 각 실 방향 인장강도 평균치의 70% 이상
내후성	• A종 및 B종: 종사 및 횡사방향의 인장강도가 각각 초기인장강도의 70% 이상 • C종: 종사 및 횡사방향의 인장강도가 각각 초기인장강도의 80% 이상
습윤시 인장강도	종사방향 및 횡사방향의 인장강도 평균치는 각각 초기인장강도의 80% 이상
고온시 인장강도	종사방향 및 횡사방향의 인장강도 평균치는 각각 초기인장강도의 70% 이상
내흡수성	흡수길이의 최대치가 20mm이하

2. 케이블구조의 재료

(1) 케이블의 종류

① 구조용 스트랜드 로프

② 구조용 스파이럴 로프

③ 구조용 록 코일 로프

④ 구조용 평행선 스트랜드

⑤ 피복 평행선 스트랜드

⑥ PC 강연선

(2) 케이블의 재료의 성질
   ① 프리스트레싱 후 초기신장

케이블 재료	초기신장
구조용 스트랜드 로프	0.1 - 0.2
구조용 스파이럴 로프 구조용 록 코일 로프	0.05 - 0.1
평행연 스트랜드 피복 평행연 스트랜드 PC 강연선(7가닥 꼬임, 19가닥 꼬임)	0

   ② 프리스트레싱 후 탄성계수

케이블 재료	탄성계수(N/m^2)
구조용 스트랜드 로프	140,000
구조용 스파이럴 로프 구조용 록 코일 로프	160,000
평행연 스트랜드 피복 평행연 스트랜드	200,000
PC 강연선(7 가닥 꼬임, 19 가닥 꼬임)	190,000

   ③ 크리프 변형도

케이블 재료	크리프 변형도(%)	응력 수준
구조용 스트랜드 로프	0.025	
구조용 스파이럴 로프 구조용 록 코일 로프	0.015	장기 허용인장응력 이하, **단기 허용인장응력은 장기의 1.33배로 함**
평행연 스트랜드 피복 평행연 스트랜드 PC 강연선	0.007	

제2장 부유식 구조

1 부유식 구조 용어

구분	용어	설명
일반	부유식 건축물	대지 대신에 물 위에 뜨는 함체 위에 지어진 건축물
	부유식 함체 (floating pontoon)	자체 부력에 따라 물 위에 뜨는 구조로 된 함체
	부유식 구조물	부유식 함체 위에 설치되는 부유식 건축물을 포함한 구조물의 총칭
	계류시설	부유구조물이 바람, 유속에 따라 흘러가지 않도록 위치를 고정시키는 시설
하중	파랑하중	파도에 의해 구조물에 가해지는 하중
	파압	파랑에 따라 함체가 물과 접하는 면에 발생하는 압력
	항주파	선박이 항해하면서 생기는 파도

2 해석과 설계원칙

1. 설계하중

(1) 부유식 구조의 하중

① 항구적인 발라스트의 하중은 고정하중으로 고려
② 정수압과 부력
　㉠ 부유식 구조의 설계에서는 정수압과 부력의 영향을 고려
　㉡ 정수압과 부력은 유체압(F)의 하중계수를 적용
③ 계류, 견인장치에 의한 하중: **활하중의 하중계수를 적용**
④ 환경하중: 파랑, 해류·조류 등의 유속, 조석, 지진, 지진해일·폭풍해일, 적설, 결빙, 유빙, 빙압, 생물부착 등
⑤ 파랑하중
　㉠ 설계용 파고 및 주기는 부유식 구조의 설치위치 상황에 따른 파랑변형을 고려하여 설정한다.
　㉡ **설계용 파향은 부유식 구조물 또는 그 부재에 가장 불리한 방향을 취하는 것으로 한다.**
⑥ 해류·조류 등의 유체력: 해류·조류 등에 의한 유체력을 고려해야 하며, 작용 유체력은 유향방향의 저항력과 그 직각방향의 양력으로 구분하여 산정한다.
⑦ 지진하중
　㉠ 계류장치를 매개로 해서 작용하는 진동력
　㉡ 지진에 의해 발생하는 지진해일

⑧ 설하중
  ㉠ 부유식 구조에 중량으로 작용하는 적설
  ㉡ 부유식 구조에 작용하는 풍하중 등을 증대시키는 적설
  ㉢ 적설에 의한 부유식 구조의 복원성능에 대한 영향
⑨ 빙하중
  ㉠ 해빙의 이동에 따라 작용하는 빙하중
  ㉡ 결빙에 따른 빙압력
  ㉢ 착빙에 따른 복원성의 영향
  ㉣ 표류빙의 충돌

2. 해석

(1) 일반사항
① 부유식 구조의 구조해석은 자연 환경조건, 하중조건 및 구조물의 특성을 종합적으로 고려한 적절한 해석 방법에 근거하여야 한다.
② 복잡한 구조물의 경우에는 구조물을 단순화시키거나 축소 모형실험을 통하여 구조물의 거동을 확인하는 것이 바람직하다.
③ 부유식 구조물의 구조해석 시에는 수·해양구조물의 특수성을 고려하여야 한다.

(2) 정적해석
① 동적하중을 정적하중으로 치환하여, 정적해석에 의해서 구조물의 거동과 단면력을 산정한다.
② 동적해석에 의한 값보다 안전측의 해석결과 값을 제공하여야 한다.

(3) 동적해석
① 정적하중으로 거동을 예측하기 어려운 구조물에 대해서는 동적해석에 따라 구조물의 거동과 단면력을 산정한다.
② 동적 해석은 전체적 응답(진동) 해석과 국부 응답(진동) 해석으로 나누어 실시할 수 있다.

3 부유식 구조의 설계

1. 부유식 함체

(1) 일반사항

① 부유식 함체는 수밀성과 안정성이 먼저 검토된 후에, 예상되는 하중에 대하여 함체시스템의 내력이 확보되고 각 부재별 내력이 만족하도록 설계한다.

② 부유식 함체는 강구조(합성구조), 철근콘크리트구조(프리스트레스트 콘크리트) 및 목구조 등의 적용이 가능하다.

③ 수직하중과 예상되는 파랑하중의 다양한 입사각에 대하여 종방향모멘트와 전단력에 저항하도록 설계하여야 한다.

④ 수직하중에 따라 발생한 정수압과 파랑하중에 의한 파압에 저항할 수 있도록 부유식 함체의 측벽과 저면바닥을 설계하여야 한다.

⑤ 부유식 함체는 파랑하중 등에 의한 피로항복이 발생하지 않도록 설계하여야 한다.

(2) 강구조 일반사항

① 부식에 따라 구조부재의 강도가 저하되는 것을 적절한 방법으로 방지하거나 부식을 허용하도록 설계하여야 한다.

② 파랑 등의 반복재하에 의한 피로를 고려하여야 한다.

③ 두께 계측을 할 수 있도록 모든 구조체에 적절한 접근대책을 제공하도록 설계 및 제작해야 한다.

④ 주요구조부재는 적절한 강도의 연속성을 보장할 수 있는 방법으로 배치하여야 한다. 갑작스러운 부재 높이 또는 횡단면의 변화를 피해야 한다.

⑤ 8mm를 초과하는 판 두께의 변화는 피해야 하며, 그러한 경우에는 중간 정도 두께의 판으로 전이구역을 두어야 한다.

⑥ 2차구조부재가 주요구조부재 위치에서 끝나거나 절단되는 경우 구조적 연속성을 확보하기 위하여 브래킷 또는 보강재를 설치하여야 한다.

⑦ 높은 응력이 발생한 지역은 개구부 설치도 가능한 피해야 하며, 개구부가 배치된 경우 개구부의 모양은 응력집중을 감소시킬 수 있도록 설계하여야 한다.

⑧ 강도가 다른 강재를 사용하는 경우 경계부 응력에 주의를 기울여야 하며, 고강도강재의 주요구조부재의 강성과 변형에 의한 보강재의 과도한 응력을 피하기 위한 부재치수를 적절히 고려하여야 한다.

(3) **철근콘크리트구조 일반사항**
① 해풍, 해수 등에 노출된 부위는 「콘크리트구조 설계기준의 내구성설계기준」에 따른 내구성 설계를 하여야 한다.
② 균열의 영향, 침투성, 표면손상 등을 고려하여 「콘크리트구조 철근상세 설계기준」에 따른 최소 피복두께 이상이 되도록 한다.
③ 파랑 등의 반복재하에 의한 피로를 고려하여야 한다.
④ 철근 부식을 고려하여 에폭시도막철근, 내부식성 철근 등을 사용할 수 있다.
⑤ 주요구조부재는 적절한 강도의 연속성을 보장할 수 있는 방법으로 배치하여야 한다. 갑작스러운 부재 높이 또는 횡단면의 변화를 피해야 한다.
⑥ 구조적 불연속이 존재하는 부분에서는 응력집중이 발생할 수 있으며, 그러한 응력집중을 줄이기 위하여 적절한 보강 등의 충분한 주의를 기울여야 한다.
⑦ 철근의 용접이음 및 기계적 연결부는 저온의 영향을 고려하여 실험 등을 통하여 그 성능을 확인하여야 한다.
⑧ 철근의 이음이나 프리스트레스 정착구가 정적허용응력의 50% 이상의 반복인장응력을 받을 경우 이음길이나 프리스트레스 정착길이를 50% 이상 증가시켜야 한다.

2. 상부구조물
(1) 상부구조물의 설계는 건축구조기준에 따른다.
(2) 부유식 수·해양구조물은 저주파 진동에 의한 동요 영향이 최소화되도록 설계한다.
(3) 부유식 수·해양구조물은 상하부 구조(RC, 프리스트레스, 강재)를 포함하여 사용하중에 의한 과도 처짐으로 비구조재 등의 손상을 유발하여 수·해양구조물의 사용성이 저해되지 않도록 설계한다.

2026 대비 최신판

해커스공무원
안병관
건축구조 기본서

초판 1쇄 발행 2025년 7월 4일

지은이	안병관 편저
펴낸곳	해커스패스
펴낸이	해커스공무원 출판팀

주소	서울특별시 강남구 강남대로 428 해커스공무원
고객센터	1588-4055
교재 관련 문의	gosi@hackerspass.com
	해커스공무원 사이트(gosi.Hackers.com) 교재 Q&A 게시판
	카카오톡 플러스 친구 [해커스공무원 노량진캠퍼스]
학원 강의 및 동영상강의	gosi.Hackers.com

ISBN	979-11-7404-261-3 (13540)
Serial Number	01-01-01

저작권자 ⓒ 2025, 안병관

이 책의 모든 내용, 이미지, 디자인, 편집 형태는 저작권법에 의해 보호받고 있습니다.

서면에 의한 저자와 출판사의 허락 없이 내용의 일부 혹은 전부를 인용, 발췌하거나 복제, 배포할 수 없습니다.

공무원 교육 1위,
해커스공무원 **gosi.Hackers.com**

해커스공무원

· **해커스공무원 학원 및 인강**(교재 내 인강 할인쿠폰 수록)
· 해커스 스타강사의 **공무원 건축구조 무료 특강**
· 정확한 성적 분석으로 약점 극복이 가능한 **합격예측 온라인 모의고사**(교재 내 응시권 및 해설강의 수강권 수록)

한경비즈니스 2024 한국품질만족도 교육(온·오프라인 공무원학원) 1위